D1670571

Ein Sommer voller Abenteuer

Dagmar Wilhelmsen-Schmitt

Ein Sommer voller Abenteuer

Der große Brand

Teil 2

BOYENS

Für meine Tochter Dana-Carolin

Die Schulausgabe wurde herausgegeben von der
Stiftung Museum, Kunst und Kultur der Stadt Neumünster
mit finanzieller Unterstützung der Stiftung der Sparkasse Südholstein.

Alle wahren Begebenheiten sind im Schriftbild hervorgehoben

BOYENS
BUCHVERLAG

ISBN 978-3-8042-1347-0 (Teil 2)

©2011 by Dagmar Wilhelmsen-Schmitt
Alle Rechte vorbehalten
Fachlektorat: Dr. Karl-Heinz Harbeck,
    Dr. Alfred Heggen, Klaus Tidow
Herstellung: Boyens Buchverlag
Umschlaggestaltung: Wiebke Hennings
Druck: Boyens Offset, Heide
Printed in Germany

Inhaltsverzeichnis

Teil 2

Was bisher geschah

Die vier Schulfreunde Ole, Tim, Hendrik und Merle sind gemeinsam mit ihrem Hund Nicky auf der Suche nach dem geheimnisvollen Schatz der Wittorfer Burg, der in ihrer Heimatstadt Neumünster einer alten Sage nach seit vielen Jahrhunderten versteckt sein soll. Walburga, ein wunderschönes Burgfräulein, hat ihnen ihre Hilfe versprochen, wenn die Kinder ihren, im 12. Jahrhundert verschwundenen, Geliebten Volkwart wieder finden.

Walburga gibt den Kindern einen magischen, schwarzen Stein, der die vier Freunde in das 12. Jahrhundert führen soll. Wenn da nur nicht diese Schwierigkeiten mit dem richtigen Zaubern wären! Leider schafft es das Burgfräulein nicht, auf Anhieb das 12. Jahrhundert zu treffen.

Also müssen die vier Freunde einige, spannende Abenteuer in verschiedenen, vergangenen Jahrhunderten bestehen. Dabei lernen sie neue Freunde kennen und erfahren sehr viel über das Leben der Menschen in früheren Zeiten.

So werden sie im 9. Jahrhundert von dem gutmütigen Bauern Winfried vor gefährlichen Soldaten gerettet, die die Kinder hinterlistig bestehlen wollen.

Ein paar Jahrhunderte später finden die Freunde in einem verlassenen Dorf ein Baby. Sie kümmern sich um das Kind, das sie Sarah nennen, ohne zu ahnen dass sie sich damit erneut in Lebensgefahr bringen, denn Walburga hat sie versehentlich ins 14. Jahrhundert gezaubert. Und da wütet im ganzen Land die Pest, eine gefährliche, ansteckende Krankheit, die meistens tödlich endet. Aber zwei reiche, nette Herzöge helfen den Kindern, unbeschadet das Jahrhundert zu verlassen.

Im 15. Jahrhundert geht es ähnlich spannend zu, denn Merle wird von einer hinterhältigen Nonne in ein Kloster entführt. Dort will sie das Mädchen vergiften, weil sie glaubt, Merle sei eine Hexe. Natürlich finden die Kinder auch in diesem Jahrhundert einen neuen Freund, mit dessen Hilfe sie das aufregende Abenteuer gut überstehen.

Irrtümlich schickt Walburga die Kinder dann ins 16. Jahrhundert. Hier lernt Merle Christian, einen armen Bauernsohn kennen, verliebt sich in ihn und ruft dadurch die Eifersucht ihres Schulfreundes Ole hervor. Aber dabei bleibt es nicht allein. Die Freunde erleben einen grausamen Mord und finden in einer alten Holzkiste jede Menge kostbaren Schmuck. Nur eben leider wieder nicht den Schatz der Wittorfer Burg.

So probiert Walburga erneut, die Kinder in das 12. Jahrhundert zu zaubern. Aber auch dieser Versuch misslingt und die vier Freunde landen im 17. Jahrhundert, wo sie ein altes, liebenswertes Ehepaar kennen lernen. Da Hendrik und Tim unglücklicherweise von Räubern entführt werden, verbringen Merle und Ole ein paar Tage bei dem Ehepaar, um nach den verschwundenen Freunden zu suchen. Dabei geht auch noch der magische, schwarze Stein verloren, der sie mit Walburga verbindet.

Natürlich nimmt auch dieses Unheil ein gutes Ende, denn im zweiten Teil der historischen Abenteuergeschichte geht die spannende Schatzsuche jetzt weiter und führt die Kinder in das 18. sowie das 19. Jahrhundert. Wieder sind sie großen Gefahren ausgesetzt, die sie gemeinsam meistern müssen, wenn sie Walburgas Geliebten Volkwart finden wollen und hinterher mit dem Schatz der alten Burganlage belohnt werden möchten.

Werden sie in diesen Jahrhunderten Hinweise auf Volkwart und den lang ersehnten Schatz finden? Lest es selber und erlebt gemeinsam mit Ole, Tim, Hendrik, Merle und dem Hund Nicky spannende Abenteuer in längst vergangenen Zeiten!

Im 18. Jahrhundert

Der große Brand

„Verdammt ist mir heiß! Ich glaube, die Winterjacken hätten wir uns sparen können. Es ist Hochsommer!" Ole zog sich schwitzend die warme Jacke aus und versuchte, sie in seinen Rucksack zu zwängen. Doch da sie viel zu dick war, legte er sie auf den Sandboden der Wittorfer Burg.

Seine drei Freunde waren noch etwas benommen von der Zeitreise, bemerkten aber ebenfalls sehr schnell die sengende Sonne, die gnadenlos auf sie herunterbrannte.

„Es muss schon lange nicht mehr geregnet haben. Der Sand ist knochentrocken und die Pflanzen verwelken überall", bemerkte Merle, als ihr Blick auf ein paar verblühte blaue Blumen fiel. Auch sie zog es vor, ihr Sommerkleid anzuziehen.

„Die Burganlage ist völlig unbewohnt. Das Haus von Bernhard und Barbara steht nicht mehr. Die Schwale und die Stör sind schmaler geworden. Ich denke, das sind Zeichen dafür, dass wir dem 21. Jahrhundert immer näher rücken. Was bedeutet, wir sind wieder nicht im 12. Jahrhundert gelandet", überlegte Tim und wischte sich den Schweiß von der Stirn. Die plötzliche Hitze überforderte ihn und er zog sich ebenfalls um.

„Dieses Mal werde ich aber keine einzige Minute länger im falschen Jahrhundert bleiben, das schwöre ich euch. Merle, ruf sofort Walburga! Hier will ich so schnell wieder verschwinden, wie ich hergekommen bin", forderte Ole energisch und sah sich in der kargen Umgebung um. Vor ihm lagen große Felder und Wiesen. Die Flüsse führten einen niedrigen Wasserspiegel, denn die Sonne hatte das Wasser verdunsten lassen.

„Okay, ich bin auch dafür, sofort weiterzureisen. Aber ich möchte noch einen kurzen Blick auf unseren Schatz unten am Schwaleufer werfen. Ich will wissen, ob der Stein noch genauso da liegt, wie wir ihn im 16. Jahrhundert dort hingelegt haben!" Hendrik, der durch den Überfall der beiden Banditen Kurt und Erwin sehr misstrauisch geworden war, wollte sich noch einmal vergewissern, dass ihr Schatz nicht geraubt wurde.

„Wenn es denn unbedingt sein muss, dann geh kurz runter und sieh nach! Wir warten auf dich", genervt ließ Ole dem Freund seinen Willen. Auf ein paar Minuten kam es schließlich auch nicht mehr an, überlegte er kurz und setzte sich in den staubigen Sand. Für ihn war es unfassbar, dass das Haus, in dem er bis vor wenigen Minuten noch gewesen war, urplötzlich verschwunden war und nichts, aber auch gar nichts mehr an Bernhard und seine Frau erinnerte. Es stieg ein Gefühl in ihm hoch, das ihm unheimlich, ja fast gespenstisch vorkam.

Merle sah Hendrik hinterher, der auf dem Weg zu ihrem gemeinsamen Schatz aus dem 16. Jahrhundert war. Dabei dachte sie wieder an Christian. Sie griff nach dem kleinen Silberkreuz, das wohlbehalten neben dem schwarzen Stein an ihrer Kette hing. Wie gern hätte sie endlich ausprobiert, ob sie mit dem Schmuckstück wirklich Kontakt zu Christian bekam. Aber es gab für sie keine Möglichkeit dazu, denn sie war bisher nachts nie völlig ungestört gewesen. Merle seufzte tief, sie hoffte sehr, dass sich das bald ändern würde. Doch vielleicht wollte Christian sie gar nicht wiedersehen und hatte sie längst vergessen! Sie versuchte, den Gedanken daran zu verdrängen. Heute wollte sie nicht mehr darüber grübeln.

„Der Schatz liegt noch genauso da, wie wir ihn damals zurückgelassen haben. Das Gras ist allerdings ziemlich hoch, so dass ich den Stein nicht gleich fand. Cool, das Versteck scheint ideal zu sein!" Hendrik kam völlig außer Atem zurück, die Hitze und der steile Weg zur Burg machten ihm arg zu schaffen.

„Super! Da können wir gleich weiterreisen!" Tim sah erwartungsvoll zu Merle, die ebenfalls bereit war für eine neue Zeitreise. Gemeinsam standen die vier Freunde zusammen, um Walburga zu rufen.

„Halt! Nicht anfangen, Merle! Nicky ist weg! Eben saß er doch neben mir. Verdammt, wo ist er nur so schnell hin? Nicky! Nicky!" Ole stoppte gerade noch rechtzeitig Merle, die schon den schwarzen Stein des Burgfräuleins in der Hand hielt, dann suchte er die Umgebung nach seinem Hund ab.

„Er kann nicht weit gekommen sein. Wahrscheinlich jagt er wieder irgendeinem Tier hinterher. Kaninchen gibt es hier in Hülle und Fülle!"

Natürlich halfen Tim, Hendrik und Merle ihm bei der Suche.

Plötzlich hörten sie in geringer Entfernung ein lautes Bellen.

„Das kann nur Nicky sein! Ich erkenne sein Kläffen. Dort läuft er! Ich sehe ihn! Kommt schnell, hinterher! Na, der kann was erleben. Zur Strafe kriegt er Leinenzwang", schimpfte Ole und lief durch ein großes Roggenfeld, in dem Nicky gerade ein braunes Wildkaninchen verfolgte, das Haken schlagend versuchte, seinem Feind zu entfliehen.

„Nicky, hierher! Komm sofort zurück!" Ole rief vergebens nach dem Hund, der sich immer weiter von ihnen entfernte.

„Besonders gut erzogen ist Nicky nicht gerade. Wenn er so weiterrennt, kriegen wir den nie mehr wieder", keuchte Tim, während er neben Ole herlief.

„Wenn es nur nicht so heiß wäre! Ich habe wahnsinnigen Durst!" Hendrik hatte große Mühe, den Freunden zu folgen.

„Wo ist Merle? Eben war sie doch noch neben mir!" Ole sah sich um, aber von der Freundin war weit und breit nichts zu sehen.

„Oh nein, nicht schon wieder eine Entführung!", stöhnte Tim und hatte nur noch einen Wunsch, er wollte sofort nach Hause. Seine Nerven lagen blank, die plötzliche Hitze, seine eigene Entführung und die vielen Abenteuer der letzten Wochen machten ihm sehr zu schaffen.

„Hey, wartet doch auf mich! Ich kann nicht so schnell rennen wie ihr", rief Merle den Jungen zu. Sie war beim Laufen gestolpert und dabei hingefallen, nun schmerzte ihr linker Fuß.

„Oh Mann, du hast uns einen gehörigen Schrecken eingejagt. Wir dachten schon, dass dich jemand entführt hat!" Hendrik war froh, dass das nicht der Fall war.

„Dafür ist Nicky verschwunden. Eben hab ich ihn noch gesehen, jetzt ist er weg. Wir müssen weiter nach ihm suchen!" Ole achtete nun darauf, dass die vier nicht mehr getrennt durch das Feld liefen. So konnte er sicher sein, dass niemandem von ihnen etwas zustoßen würde.

„Was ist denn das für eine dunkle Riesenwolke am Himmel?" Hendrik wunderte sich über den immer größer werdenden schwarzen Fleck am Horizont.

„Dort brennt es! Sieht aus, als wenn der Wald brennt. Wir sollten schnellstens verschwinden", mahnte Tim.

„Aber bestimmt nicht ohne meinen Hund. Oder glaubst du, dass ich ihn hier seinem Schicksal überlasse und selber abhaue?" Ole war empört über Tims Äußerung.

„Nee, natürlich nicht, aber wir sollten uns beeilen, ihn zu finden, wer weiß, woher das Feuer kommt", meinte Tim beschwichtigend.

„Feuer! Feuer! Es brennt! Der Flecken brennt, schnell helft alle mit, wir müssen den Brand löschen!", rief plötzlich eine tiefe Männerstimme durch das Roggenfeld. Schon im nächsten Augenblick bekam die Stimme ein Gesicht, denn vor ihnen stand ein braungebrannter Mann, der offensichtlich bei der Erntearbeit auf dem Feld half.

„Worauf wartet ihr noch! Steht nicht so herum! Die anderen sind schon unterwegs in Richtung Flecken. Es ist heiß und trocken, die Häuser brennen wie Zunder", aufgeregt lief der Mann auf und ab und verstand nicht, warum die vier Kinder ihm nicht sofort folgten.

„Wir suchen unseren Hund", entschuldigte sich Ole.

„Euren Hund? Der wird sicher wieder auftauchen. Aber es ist wichtiger, das Feuer zu löschen, wir brauchen jeden Bürger dazu. Also kommt jetzt endlich mit!" Der Unbekannte ließ die Kinder nicht aus den Augen, und so blieb den Freunden nichts anderes übrig, als ihm widerwillig zu folgen.

„Wir haben alle auf dem Feld informiert, Simon. Jetzt heißt es schnell zu sein, damit wir retten können, was noch zu retten ist", erklärte ein junger Bauer, der zu ihnen gelaufen kam und den Fremden neben ihnen „Simon" nannte. Ehe sich die vier Freunde versahen, saßen sie mit Simon und dem Bauern in einem Pferdefuhrwerk und fuhren mit Windeseile in Richtung Neumünster. Vor ihnen waren noch zwei weitere Wagen mit mehreren Männern, Frauen und Kindern unterwegs. Die Pferde wurden mit lautem Peitschenknallen zu noch schnellerem Tempo angetrieben.

„Nicky! Da ist mein Hund! Anhalten, bitte, haltet an!" Ole hatte Nicky erblickt, der ihnen bellend gefolgt war.

„Sag mal, spinnst du etwa? In unserem Flecken brennen die Häuser ab und du forderst von uns, dass wir anhalten, um deinen komischen Hund in den Wagen zu holen? Du bist schon ein merkwürdiges Bürschchen. Wie heißt du eigentlich? Ich hab dich und deine Freunde hier noch nie gesehen!" Simon sah fragend auf die Kinder, die sich offensichtlich mehr für ihren Hund als für den Brand des Fleckens interessierten.

„Nicky, warte, ich komm zu dir!" Ole hielt es nicht für nötig, Simon eine Antwort zu erteilen. Sein Hund war ihm wichtiger. Deswegen stand er während der Fahrt auf und sprang mit einem Satz aus dem Pferdefuhrwerk. Das geschah so schnell, dass Tim und Hendrik keine Zeit mehr dazu fanden, um ihn von diesem waghalsigen Unternehmen zurückzuhalten.

Unsanft landete Ole im staubigen Sand auf seinem Hinterteil, das sich sofort schmerzhaft meldete. Doch kam er gar nicht dazu, sich großartig Gedanken darüber zu machen, denn er wurde im nächsten Moment von seinem Hund jaulend und schwanzwedelnd begrüßt. Ole war überglücklich, dass er Nicky wiederhatte. Nicht eine Sekunde dachte er an eine Gefahr, als er aus dem fahrenden Fuhrwerk sprang.

„Potzblitz, was bist du für ein eigenwilliger Bursche! Man sollte dir die Ohren langziehen und dir das Fell versohlen! Wenn wir das Feuer gelöscht haben, werde ich mal ein Wörtchen mit deinen Eltern reden!" Simon hatte den Pferdewagen mürrisch gestoppt, um Ole mit seinem Hund wieder einzuladen. Er konnte es nicht übers Herz bringen, den Jungen nach dem riskanten Sprung aus dem Fuhrwerk vielleicht verletzt zurückzulassen. Insgeheim bewunderte er ihn sogar für seinen Mut, sich ihm zu widersetzen, um den geliebten Hund nicht allein zu lassen.

„Schnell, Detlef! Treib die Pferde wieder an! Hund und Junge sind im Wagen. Wir dürfen keine Zeit verlieren!" Simon rückte ein bisschen zur Seite, damit Ole neben ihm sitzen konnte.

„Danke!" Ole verspürte keine Lust mehr zu sagen. Schließlich folgte er dem Mann nur widerwillig. Wäre Nicky nicht weggelaufen, hätte er diesen Menschen nie kennengelernt, überlegte Ole und sah Simon dabei das erste Mal etwas näher an. Unsympathisch schien er nicht zu sein. Irgendwie erinnerte er ihn ein bisschen an Leonardo di Caprio aus dem Film „Titanic", den er schon dreimal gesehen hatte, denn es war der Lieblingsfilm seiner Mutter.

„Du scheinst nicht sehr gesprächig zu sein, genauso wie deine Freunde. Hast du dich bei dem Sprung eben verletzt oder ist alles klar bei dir?", wollte Simon wissen und lächelte jetzt das erste Mal. Zweifellos, er sah dabei wirklich aus wie dieser Leonardo, stellte Ole erstaunt fest.

„Mit mir ist alles bestens", entgegnete Ole und stellte sich dann endlich vor.

„Und das sind meine besten Freunde Tim, Hendrik und Merle!"

„Ich heiße Simon Schubert und bin Schuster hier im Flecken. Heute wollte ich meinem Freund Detlef bei der Ernte helfen. Tja, und jetzt brennt es in unserem Ort. Hoffentlich ist mein Haus verschont geblieben!" Simon sah zum Himmel. Überall waren schwarze, dicke Rauchwolken zu sehen, die immer dichter wurden. Detlef trieb die Pferde noch einmal ordentlich an, fast hatten sie den Ort erreicht.

„Welches Datum haben wir heute?" Hendrik, der sich die Gegend ansah, stellte etwas verunsichert fest, dass der Turm der Bartholomäuskirche verschwunden war. Schließlich galt er als weit erkennbares Wahrzeichen Neumünsters. Sollte die Kirche abgerissen worden sein? Er hätte es gern gewusst, aber er traute sich nicht, Simon danach zu fragen. Das hätte schließlich bedeutet, ihm von ihrer Zeitreise zu erzählen.

12

Das wollte Hendrik aber auf keinen Fall, weil er dem Fremden noch kein Vertrauen schenkte.

„Wir schreiben den **11. August 1780**. Habt ihr denn keinen Kalender zu Hause, oder warum weißt du das heutige Datum nicht?" Simon schien sehr erstaunt über die Frage zu sein.

„Ich schaue eben nicht jeden Tag auf den Kalender", erklärte Hendrik und bemühte sich, dabei gleichgültig zu klingen, obwohl er die Information sehr interessant fand.

„**Seht mal da, das Schild: ‚Schleussberg'!** Letztes Mal war es noch nicht da. **Ich wusste gar nicht, dass es die Straße schon so lange gibt.**" Tim freute sich sehr darüber, einen vertrauten Straßennamen zu lesen, denn sie hatten endlich den Ort erreicht.

„Ihr seid wohl nicht von hier, was? Woher kommt ihr und wen wollt ihr im Flecken besuchen?" Simon wunderte sich immer mehr über die Kinder.

Hendrik trat Tim in einem unbeobachteten Moment ans Schienbein. Wie konnte sein Freund nur so trottelig sein und so etwas sagen! Hoffentlich stellte Simon jetzt nicht noch mehr unangenehme Fragen, dachte Hendrik und seufzte leise dabei.

„Eigentlich wollten wir gar nicht in den Flecken, aber Sie mussten uns ja unbedingt zum Feuerlöschen mit in den Ort nehmen!" Ole blieb vorsichtig, denn auch er traute dem Schuster nicht. Durch die vielen Abenteuer in den vorherigen Jahrhunderten war er Fremden gegenüber zurückhaltend geworden.

„Wenn es bei uns brennt, wird jeder benötigt, um zu helfen, den Brand einzudämmen. Da ist es egal, ob du fremd bist oder hier wohnst. Es wird dieses Mal ein schwerer Brand sein. Der Wind hat gedreht, das bedeutet nichts Gutes. Wahrscheinlich ist wieder ein Funken von einer Schmiede auf ein Strohdach geflogen. Bei der Sommerhitze brennt es ziemlich schnell!" Simon wurde spürbar nervöser, je näher sie dem Brand kamen. Inzwischen waren sie am Teich angelangt. Viele Menschen liefen aufgeregt auf der Straße hin und her in Richtung Großer Flecken. **Laut läutete die Sturmglocke und eine Trommel dröhnte durch den Ort, es war das Zeichen für Feueralarm.**

„**Es brennt beim Schmied Fraun!** Nehmt eure Eimer und Feuerhaken mit, wir brauchen dringend Hilfe", schrie ein junger Mann den Menschen zu, die panische Angst vor dem Feuer hatten.

„Also habe ich recht gehabt, bei einer Schmiede ist das Feuer ausgebrochen. **Der Schmied Fraun wohnt in der Bruhnstraße, das ist am Ortsausgang Richtung Plön. Wir müssen die Pferde vor einen Wasserschlöpen spannen!** Detlef, treib die Pferde schneller an, bevor das Feuer auf die anderen Häuser übergreift!" Simon war jetzt hoch konzentriert. In seinem Kopf wirbelten die Gedanken durcheinander, er wollte keinen Fehler machen.

„**Was sind denn Wasserschlöpen?**", fragte Ole, der sich nicht erinnern konnte, jemals so einen Begriff gehört zu haben.

„**Wie, die kennst du nicht? Einige Leute sagen dazu auch Feuerschlöpen. Das sind große Wassertonnen, die man auf Räder oder Kufen stellt. Damit** man sie vorwärts bewegen kann, werden Pferde davorgespannt. Auf dem Großen Flecken stehen immer gefüllte Wasserschlöpen für den Notfall bereit. Außerdem haben wir noch drei Feuerspritzen, das ist sehr viel, im Flecken Kellinghusen ist gar keine vorhanden. So, wir sind endlich da. Und jetzt heißt es mit anpacken, um größeren Schaden zu vermeiden!" Simon sprang vom Pferdefuhrwerk, denn sie standen direkt vor den Wasserschlöpen. Gemeinsam mit Detlef wurden die Pferde ausgespannt, um sie sofort vor die mit Wasser gefüllten Tonnen zu spannen.

„Schnell, lauft zur Bruhnstraße", forderte Simon die vier Freunde auf, die sich fragend ansahen.

„Wo ist die Bruhnstraße? Wir kennen den Weg nicht!" Merle hatte noch nie von dieser Straße gehört, deswegen wusste sie auch nicht, wohin sie laufen sollten.

„Dann bleibt bei mir, ich zeige euch den Weg", meinte Simon, während Detlef mit den Pferden und der Wasserschlöpe zum Brandort fuhr.

Im Dauerlauf rannten die vier Freunde hinter Simon den Großen Flecken hinauf und bogen dann links in eine Straße, die Bruhnstraße. Sofort sahen sie das Feuer, das inzwischen schon auf die Scheune neben dem brennenden Haus des Schmiedes übergesprungen war. Die gesamte Ernte, die bereits eingefahren war, brannte lichterloh, und dichter Qualm drang ihnen entgegen.

„Verdammt, brennt das heftig! Hoffentlich können wir noch etwas retten!" Simon war verzweifelt und hustete, denn der starke Qualm reizte seine Atemwege.

„Aber das ist hier doch die Plöner Straße", entfuhr es Hendrik und schon im nächsten Moment bereute er seine Unachtsamkeit. Was sollte nur Simon von ihm denken? Hendrik hoffte, dass er es nicht gehört hatte.

„Was redest du da? Plöner Straße? Das könnte man vielleicht denken, denn sie führt nach Plön. Aber da irrst du dich, denn es ist die Bruhnstraße. Sie wurde nach dem Bäcker Marx Bruhn benannt, der hier wohnte. Ihr seid schon ein paar sonderbare Kinder. Und jetzt packt mit an, damit wir das Feuer löschen können! Dort hinten stehen Eimer und Feuerhaken, schnell, holt Wasser aus der Wasserschlöpe!", forderte Simon die Freunde auf, während Detlef schon einen Eimer mit Wasser füllte, um die Flammen einzudämmen.

„Das sind vielleicht ein paar merkwürdige Dinger, sie sind aus Leder!", stellte Ole fest und besah sich die Eimer genauer, die vor dem Nachbarhaus standen. Es war Gesetz, dass jeder Bürger Ledereimer und Feuerhaken zur Brandbekämpfung vor seinem Haus stehen haben musste.

„Plastik ist auch noch nicht erfunden worden. Leder ist ziemlich wasserdicht, wenn es gut eingefettet wird. Außerdem ist ein Ledereimer leichter als ein Eiseneimer. Das ist schon wichtig, wenn er mit Wasser vollgefüllt wird. Die Leute müssen ganz schön schwer schleppen. Unsere Feuerwehrleute haben es wesentlich bequemer mit ihren modernen Geräten einen Brand zu löschen, als die armen Menschen hier im 18. Jahrhundert!" Tim beobachtete, wie Simon und Detlef sich bei dem Versuch, Herr über die Flammen zu werden, abmühten.

Die vier Freunde halfen mit so gut es ging und füllten ständig ihre Eimer aufs Neue mit Wasser, um es dann in die Flammen zu gießen.

„Da kommt **der Amtschreiber Ovens**! Wir brauchen dringend mehr Leute, die mit anpacken. Sonst brennen uns alle Häuser ab, der Ostwind treibt die Flammen direkt in den Großen Flecken!" Simon spürte die große Hilflosigkeit, denn seine Löschversuche waren vergeblich. Das Feuer griff immer weiter um sich.

„Die Männer sind alle auf dem Feld bei der Ernte. Ich habe im Amtshaus alles stehen und liegengelassen, als ich von dem Brand hörte. **Amtmann von Bülow ist auf einer Reise nach Kopenhagen und Branddirektor Horn wohnt drei Meilen von uns entfernt, der kommt so schnell hier nicht her. Deswegen musste ich die Oberleitung der Löscharbeiten übernehmen, was wahrlich nicht einfach ist.** Wo ist der Schmied Fraun? Konnte er noch etwas aus seinem Hause retten?" Amtsschreiber Ovens packte kräftig mit an, um beim Löschen zu helfen. Ihm stand der Schweiß auf der Stirn, und seine Kleidung war schon schmutzig vom Ruß.

„Hier bin ich! **Der Scharfrichter Roeßler hat mir mit ein paar Tagelöhnern vom Bauern Rode geholfen, die wichtigsten Sachen aus meinem brennenden Haus auf die Straße zu bringen, aber viel konnten wir nicht mehr retten. Jetzt ist er zu seinem Feld gelaufen, um seine Pferde zu holen, damit er eine Wasserschlöpe ziehen kann. Das Haus von Kornhändler Cornilsen steht inzwischen auch in Flammen, der Scharfrichter versucht es zu löschen. Die Scheune ist schon abgebrannt.** Es ist die Rache Gottes, die uns widerfahren ist!" **Schmied Fraun,** ein kräftiger Mann, war gerade damit beschäftigt, gemeinsam mit seinem Gesellen Johann seine geretteten Habseligkeiten vor dem Feuer in Sicherheit zu bringen, denn der starke Ostwind trieb das Feuer immer weiter. **Jetzt griff es auch auf die gegenüberliegenden Wohnräume über. Ein Wagen mit Korn stand auf der Straße, der durch die Funken in Brand geriet, und so brannten auch schnell wieder weitere Häuser.** Merle verfolgte mit Panik, wie heftig die Kraft des Feuers war. Sie und ihre drei Freunde wären am liebsten auf der Stelle weggelaufen. Die Angst, im Feuer umzukommen, war groß, aber der Schmied brauchte ihre Hilfe.

„He, Kinder, stellt euch drüben bei den Leuten in der Reihe mit auf! Wir müssen mit Eimern löschen, das Weinhaus steht auch in Flammen. Eine Feuerspritze ist bereits kaputt und die anderen zwei weiß niemand richtig zu bedienen", trieb Schmied Fraun die vier Freunde an.

Nicky lief brav bei Ole an der Leine. Das Feuer flößte ihm Furcht ein und die Hitze war unerträglich.

„Hoffentlich kommen wir heil aus dieser Hölle heraus. Das Weinhaus scheint eine Kneipe zu sein. Versuchen wir das Feuer dort zu löschen!" Tim hatte bereits ein rußverschmiertes Gesicht und seine Kleidung war stark verschmutzt. Aber die Menschen in ihrer Not jetzt allein zu lassen, das brachte er nicht übers Herz. Er reichte die Eimer, die mit dem Wasser aus den Wasserschlöpen gefüllt waren, weiter an seine Freunde. Jeder schwitzte vor Anstrengung.

„Ohne Wasser wird das schlecht möglich sein. Die Brunnen sind durch die große Sommerhitze ausgetrocknet. Wir können die Wasserschlöpen nicht auffüllen, wenn sie leergeworden sind", meinte Gastwirt Goldbeck, dem das Weinhaus gehörte. Ihm brach es fast das Herz, mit ansehen zu müssen, wie sein Wirtshaus in den Flammen verbrannte.

„Aber dort hinten fließt doch die Schwale. Da können wir Wasser nachfüllen!" Hendrik konnte nicht verstehen, dass es keine Möglichkeiten gab, den Brand endlich unter Kontrolle zu bekommen.

„Wir haben aber nicht genügend Pferde, die sie ziehen können, sie arbeiten noch auf den Feldern bei der Ernte. Ich komme gerade mit meinen Pferden vom Feld und habe sie vor eine Wasserschlöpe gespannt. Zu allem Unglück ist eine von diesen Dingern vor dem Cornilsenhaus eben gerade abgebrannt. Das Feuer kann also ungehindert weitere Häuser vernichten!", schimpfte Christian Friedrich Roeßler, der gerade wieder einen Eimer mit Wasser füllte und an Tim weitergab.

„Unser Scharfrichter ist sehr mutig. Ich bin froh, dass er einen klaren Kopf behält und uns so tatkräftig unterstützt", meinte Gastwirt Goldbeck, der sonst weniger gut über den Mann dachte, der die Todesurteile im Flecken Neumünster ausführte. Christian Friedrich Roeßler war unbeliebt bei den Bürgern, er wurde gemieden und verachtet wegen seines Berufes.

Die Kinder erschraken, als sie erfuhren, dass sie vor einem Henker standen. Noch zu gut hatten sie das Erlebnis mit dem Scharfrichter Jochen Harder aus dem 16. Jahrhundert in Erinnerung. Sollte dieser Typ etwa genauso ein grauenhafter Bandit sein?

„Sie sind wirklich Scharfrichter?" Ungläubig sah Merle dem Mann in die Augen, der vor ihr stand und unermüdlich Wasser in die Eimer schöpfte.

„Du kennst mich nicht? Eigentlich kennt mich jeder hier im Flecken. Die meisten geben es nur nicht gern zu", erwiderte der Scharfrichter etwas verbittert und Merle fand, dass er eigentlich nett aussah. Nur bei dem Gedanken, wie er sein Geld verdiente, war ihr sehr unwohl. Sie konnte gut verstehen, dass die Bürger den Mann nicht sonderlich mochten.

„Die Pastorenscheune brennt! Die Kirche hat auch schon Feuer gefangen! Schnell, wir brauchen dort ein paar Leute zum Löschen!" Völlig außer Atem kam Schuster Pahl zum brennenden Weinhaus. Er war einer der unermüdlichen Brandhelfer und bat nun um Unterstützung an der Bartholomäuskirche.

„Wir kommen gerne mit!" Ole folgte sofort mit seinen drei Freunden dem Schuster zur Brandstelle an der Pastorenscheune.

„Es ist zwecklos, sie ist schon fast abgebrannt. Kümmern wir uns lieber um das Feuer an unserer Kirche. Zum Glück liegt die direkt an der Schwale, so haben wir wenigstens genug Wasser zum Löschen!" Schuster Pahl zog die Kinder eilig mit zur Kirche. Der starke Wind hatte dafür gesorgt, dass die Flammen nun auch schon dort ihr Unwesen treiben konnten. In einem Nachbargarten brannten sogar die Johannisbeersträucher und jeder Anwesende arbeitete mit vollem Einsatz daran, endlich die vielen Brände zu besiegen.

„Warum hat die Kirche keinen Turm mehr? Er ist ja total zerfallen, was ist damit passiert?" Hendrik beschäftigte diese Frage jetzt erneut und er hoffte, von Schuster Pahl vielleicht eine Antwort zu erhalten.

„Oh Mann, du stellst vielleicht Fragen und das jetzt, wo wir hier ein Riesenfeuer löschen müssen!" Michel Pahl, der Schuster, schleppte eifrig mit seinem Eimer Wasser aus der Schwale zur Kirche und goss es schwungvoll in die hellen Flammen. Hendrik und seine drei Freunde folgten seinem Beispiel und füllten einen Eimer nach dem anderen mit dem Flusswasser.

„Es interessiert mich eben, warum man den kaputten Turm nicht wieder aufbaut!" Hendrik stöhnte unter der Last des Wassers und der starken Hitze, die zum einen von der Sonne kam und zum anderen natürlich von dem riesigen Feuer. Viel lieber hätte er in der Schwale gebadet, als das Wasser zu schleppen, dachte er sehnsüchtig.

„Nun gut, ich werde es dir erzählen. Als vor achtzehn Jahren am 17. Juli 1762 der russische Zar Peter III. ermordet wurde, läutete man die Glocken im Kirchturm. Dabei löste sich die größte Glocke vom Glockenstuhl. Sie fiel herunter und zerschlug dabei die Balken, die den alten, längst maroden Kirchturm zusammenhielten. Im Jahr darauf wurde der Turm abgebaut. Bis heute hat ihn niemand wieder aufgebaut. Warum, weiß ich nicht, vielleicht ist kein Geld dafür da!" Michel Pahl goss erneut Wasser in die Flammen, so dass es laut zischte. Ein paar Funken sprangen ihm entgegen und brannten kleine Löcher in sein Hemd.

„Aber mir gefiel die Kirche mit dem Turm wesentlich besser. Er war das Wahrzeichen von Neumünster. Man konnte ihn schon von weitem erkennen. Die Kirche ist so riesig, und ohne Turm sieht sie komisch aus", überlegte Hendrik, während er weiter Wasser schleppte.

„Woher weißt du denn, wie die Kirche früher aussah? Du bist doch noch viel zu jung, um das zu wissen?" Michel Pahl sah Hendrik prüfend an und wunderte sich über seine Äußerungen.

„Zu jung? Ja, na klar! Ich kenne die Kirche natürlich von Bildern. Meine Mutter hat sie mir gezeigt!" Zu spät wurde Hendrik klar, dass sein loses Mundwerk ihn fast in Schwierigkeiten gebracht hätte. Tim trat ihm dabei kräftig auf den Fuß.

„Trottel!", zischte er seinem Freund leise zu, denn natürlich wollte auch Tim nicht, dass sie durch unbedachte Redereien Misstrauen bei den Menschen erweckten und somit wieder von ihrer Zeitreise berichten mussten.

„Aua!", klagte Hendrik und verschüttete die Hälfte des Wassers aus seinem Eimer.

„Hast du dich verletzt?" Michel Pahl sah erschrocken zu Hendrik hinüber.

„Nee, ich bin nur gestolpert!", log Hendrik und spürte einen fiesen Schmerz in seinem linken Fuß.

„Das passiert hier schnell, es liegen so viele Äste herum. Seid vorsichtig, Kinder!" Der Schuster war unermüdlich damit beschäftigt, Wasser über die Flammen zu schütten.

„Wäre gut, wenn es endlich mal regnen würde. Aber ich glaube, diese Brandstelle haben wir gleich gelöscht", hoffte Michel Pahl, denn seine Kräfte schwanden zunehmend von der anstrengenden Arbeit in der sommerlichen Hitze. Er tauchte seine schmutzigen Hände in das erfrischende Wasser der Schwale und wusch sich dann das verschwitzte Gesicht.

Tatsächlich war das Feuer an der Kirche eingedämmt. Die Pastorenscheune war inzwischen restlos abgebrannt. Der Garten war vollkommen vernichtet und sah trostlos aus mit den versengten Sträuchern und Blumen darin. Für einen kurzen Augenblick konnten auch Ole und seine drei Freunde eine Pause einlegen. Sie kühlten sich ebenfalls im Flusswasser ab und sanken dann erschöpft ins vertrocknete Gras am Uferrand. Nicky tobte durch den Fluss und jagte übermütig ein paar Enten hinterher.

„So stelle ich mir den Krieg vor! Seht euch mal den Himmel an, überall sind dicke schwarze Rauchwolken. Der ganze Ort brennt. Hoffentlich bleiben noch ein paar Häuser verschont", meinte Merle und wünschte sich nichts mehr, als endlich diese schreckliche Gegend verlassen zu können. Instinktiv griff sie nach ihrer Kette mit dem Kreuz und dem schwarzen Stein. Zum Glück waren beide Schmuckstücke bei der anstrengenden Arbeit nicht verlorengegangen.

„Wir können keine große Pause einlegen, jede Hilfe wird dringend benötigt", mahnte Michel Pahl und füllte wieder seinen Wassereimer auf.

„Ich kann nicht mehr. Ich bin total kaputt und müde. Außerdem knurrt mein Magen vor Hunger", stöhnte Hendrik laut.

„He, so sieht man sich wieder! Ihr faulenzt hier am Fluss, während wir schwitzen und schuften. So war das aber nicht gemeint. Also hoch mit euch! Es gibt noch eine Menge zu tun. **Ich komme gerade aus der Bruhnstraße. Dort sind inzwischen alle Häuser abgebrannt. Es gibt nichts mehr zu retten. Am Großflecken breitet sich das Feuer auch immer weiter aus, das Posthaus, das Baumwärterhaus und gegenüber das Haus von Schlachter Schmidt brennen lichterloh. Dadurch ist der Durchgang zwischen Haart und Großflecken versperrt. Kommt schnell mit, vielleicht können wir dort noch ein Haus vor den Flammen bewahren! Hier an der Kirche habt ihr das Feuer glücklicherweise gelöscht.** Dem Himmel sei Dank dafür!"

Michel Pahl und die vier Freunde blickten hoch, als sie die bekannte Stimme von Simon hörten. Er war voller Schmutz und Ruß, seine Kleidung zerrissen und an einigen Stellen angebrannt. Aber er schien noch immer voller Kraft zu sein, was Hendrik nicht verstehen konnte.

„Ich komme um vor Hunger und werde nicht einen Eimer Wasser mehr schleppen, wenn ich nichts zu essen kriege", murrte Hendrik und verschränkte die Arme vor der Brust.

„Dir kann geholfen werden. Schlachter Schmidt hat aus seinem Haus Schinken und Wurst retten können und alles zum Großflecken geschafft. Er verteilt davon an alle, die beim Löschen des Feuers mithelfen. Also, spürst du wieder neuen Lebensmut, junger Freund?", lachte Simon, und seine weißen Zähne blitzten im schwarz verrußten Gesicht.

18

„Etwas zu essen! Das können wir gut gebrauchen. Natürlich kommen wir mit!" Tim spürte jeden einzelnen Knochen in seinem Körper, und der Hunger peinigte ihn obendrein.

Merle und Ole waren ebenfalls dankbar, endlich eine Stärkung zu bekommen.

„Du hilfst doch sicher auch weiter mit, Michel?" Simon sah den Schuster fragend an.

„Versteht sich wohl von allein", meinte Michel Pahl und schloss sich der kleinen Schar an.

„Das Haus von Paul Pieper brennt jetzt schon zum dritten Mal, dabei haben wir es doch jedes Mal gelöscht. Immer fängt es wieder erneut Flammen. Hoffentlich kriegen wir diesen verdammten Brand bald in den Griff!" Detlef, der junge Bauer, den die Kinder auf dem Feld vor der Wittorfer Burg das erste Mal gesehen hatten, stand plötzlich aufgeregt vor ihnen. Da die Bruhnstraße vollkommen niedergebrannt war, half er nun an anderen Brandstätten mit zu löschen.

„Diese Strohdächer sind ein Fluch! Jeder Bürger weiß, dass sie eigentlich verboten worden sind, aber kaum einer hält sich daran. Darum kommt es immer wieder zu diesen furchtbaren Bränden", schimpfte Simon wütend.

Auf dem Großflecken stand in Richtung Norden mitten auf der Straße ein mit Schinken und Wurst beladener Tisch. Der hintere Teil des Großfleckens war noch vom Feuer verschont, und so hatte Schlachtermeister Schmidt seine Fleischwaren dort mit einem Handwagen hingefahren.

Ein paar Menschen hatten sich schon vor dem Tisch versammelt, um sich kurzfristig zu stärken, denn es gab im Ort wohl niemanden, der nicht beim Löschen des Feuers half, ausgenommen natürlich die Kranken. Aber selbst Kinder, die alt genug waren, Wassereimer zu tragen, mussten mit anpacken.

„Endlich etwas zu essen! Fast wäre ich verhungert!" Hendrik schmatzte zufrieden, denn der Schinken von Schlachter Schmidt schmeckte vorzüglich, und die Brote, die Bäcker Kahl gespendet hatte, waren ebenfalls sehr lecker.

„Ich wäre froh, wenn wir dieses Jahrhundert endlich wieder verlassen könnten", stöhnte Ole und fütterte dabei Nicky mit einem Stückchen Wurst.

„Ich auch, aber wir müssen den Leuten hier noch helfen, den Brand zu löschen. Außerdem fällt es auf, wenn wir so einfach verschwinden. Uns lässt jetzt doch keiner gehen. Ich habe auch wenig Lust, Simon und den anderen Männern zu erzählen, woher wir kommen. Das bringt uns nur wieder in Schwierigkeiten", flüsterte Tim leise zu seinen Freunden. Zwar waren sie für einen Moment ungestört, denn Simon unterhielt sich gerade mit ein paar Männern, aber trotzdem wollten sie kein Risiko eingehen, vielleicht doch noch belauscht zu werden.

„Es ist Sommer, da können wir auch spät abends zur Burg zurückgehen. Es bleibt lange hell. Das ist für uns ein Riesenvorteil!" Merle hoffte sehr, bis zum Abend wieder an der Burg zu sein.

„Glaubst du wirklich, dass dieses Wahnsinnsfeuer bis zum Abend gelöscht ist? Du hast doch gehört, dass in der Bruhnstraße kein Haus mehr steht. Es brennt überall munter weiter. Wer weiß, vielleicht verbrennt der ganze Ort, und wir sind mittendrin. Ich bin dafür, dass wir in einem günstigen Moment die Biege machen und verschwinden. Verbrennen stelle ich mir nämlich nicht so lustig vor!" Hendrik beobachtete die schwarzen Rauchwolken, die am Sommerhimmel für Dunkelheit im südlichen Teil Neumünsters sorgten.

„Ich will euch ja nicht stören, aber wir sollten wieder an die Arbeit gehen! Das Feuer hat in der Wittorfer Straße alles in Schutt und Asche gelegt. In der Scharfrichterstraße brennt es überall. Wir müssen dorthin, um wenigstens ein paar Häuser vor den Flammen zu retten. Amtsschreiber Ovens und der Fleckensvorsteher Köster versuchen den Brand hier am Großflecken einzudämmen, damit er nicht weiter nach Norden zieht. Sie haben jetzt genug Leute zum Löschen, sie werden es auch ohne uns schaffen. Also, worauf wartet ihr noch?", fragte Simon ungeduldig, so dass die Freunde keine andere Wahl sahen, als ihm, Detlef, dem Schuster Pahl und ein paar anderen Männern in die **Scharfrichterstraße** zu folgen. Da sie noch nie von der Straße gehört hatten, waren sie gespannt, wohin Simon sie führen würde.

Als sie den Großflecken in Richtung Haart hinuntereilten, bemerkten sie voller Angst, dass das Feuer ihnen immer schneller entgegenkam. Auf der linken Seite brannte ein Haus lichterloh.

„Das ist das Haus von meinem Freund Claus Fock, Fleckensvorsteher Köster hilft ihm mit ein paar Männern, die Flammen zu löschen. Armer Teufel, der Claus, hoffentlich brennt nicht alles nieder!" Simon war verzweifelt und hoffte, den schrecklichen Brand bald besiegen zu können. Dafür war er bereit, notfalls auch die ganze Nacht zu schuften.

„He, Michel, was hast du vor? Wo willst du hin?", fragte plötzlich Detlef, der bemerkte, wie Schuster Pahl auf die gegenüberliegende Straßenseite lief und genau vor dem brennenden Haus stoppte.

„Hier kann ich noch etwas retten, wenn ich auf das Dach klettere und von oben lösche. Ich werde nicht mit ansehen, wie das Feuer den armen Eckmanns ihr Haus raubt", rief Michel Pahl ihm zu.

„Der ist verrückt! Der muss völlig irre sein! Kein normaler Sterblicher würde sich trauen, auf ein brennendes Haus zu klettern. Hoffentlich hält Amtsvorsteher Ovens ihn von dem Vorhaben ab!" Simon sah entsetzt zu dem in Flammen stehenden Gebäude. Dort hatte der Amtsvorsteher Ovens die Leitung über den Brand übernommen. **Michel wechselte ein paar kurze Worte mit ihm und dann kletterte er tatsächlich waghalsig auf das Hausdach. Ein paar Männer folgten ihm mutig, und nun reichten Helfer ihm von unten mit Wasser gefüllte Eimer hoch, so dass er den Brand von oben besser besiegen konnte. Wasser war an dieser Stelle genug da, denn die Schwale lag in direkter Nähe.**

„Der Typ ist vielleicht cool! Das hätte ich mich nie getraut. Hoffentlich schafft er es auch, das Feuer zu löschen!" Hendrik staunte nicht schlecht über den Mut des Schusters und der anderen Männer, die unermüdlich Wasser über die immer wieder auflodernden Flammen gossen.

„Ich glaube, der Bursche hat eine gute Idee gehabt. Sieht so aus, als würden sie den Brand zumindest eindämmen können. So besteht die Hoffnung, dass nicht noch mehr Häuser in Flammen aufgehen werden. Ein Teufelskerl, dieser Michel Pahl!" Simons Bewunderung für den Schuster war groß. Er hätte gern gewusst, ob der Einsatz wirklich von Erfolg gekrönt sein würde und das Haus gerettet werden konnte, aber die Zeit war knapp und er musste in die Scharfrichterstraße, wo das Feuer immer schlimmer tobte.

Merle hatte bei der Hitze große Mühe, dem Tempo der Jungen und Männer zu folgen. Während sie durch die Straße hetzte, dachte sie an ihre Heimatstadt, wie sie sie kannte. Es schien ihr unvorstellbar, dass in etwas mehr als zweihundert Jahren etwa dort, wo jetzt das Eckmann-Haus brannte, das „Karstadt"-Warenhaus stehen würde. Wie sehr sich die Stadt doch verändert hatte!

„Merle, nun leg mal einen Gang schneller ein", rief Ole und riss Merle aus ihren Gedanken.

„Ich kann bei der Hitze nun mal nicht rennen wie ein Wiesel, außerdem stört mich der Rucksack auf dem Rücken ungemein", antwortete Merle etwas gereizt.

Ole war stehengeblieben und wartete nun auf die Freundin.

„Du hast recht, mich nervt der Rucksack auch. Aber wir können ihn nicht einfach irgendwo ablegen. Er würde uns gestohlen werden und das wäre nicht gut. Was gebe ich drum, wenn wir endlich das richtige Jahrhundert erwischen würden, um Walburga zu erlösen und um den Schatz der Wittorfer Burg zu finden. Diese ganzen Abenteuer, in die wir ständig hineinschlittern, werden mir allmählich zu gefährlich. Manchmal frage ich mich, ob es richtig war, diese Zeitreise zu beginnen!" Ole lief langsam neben Merle her und sah dabei, dass Simon und die anderen angehalten waren, um auf sie zu warten.

„Wir haben gar keine andere Wahl. Wir müssen dieses Abenteuer bis zum Ende durchstehen. Schließlich hat Walburga unser Ehrenwort, dass wir ihr helfen werden. Ich hätte allerdings nie damit gerechnet, dass die ganze Angelegenheit so lange dauert und so gefährlich wird. Hoffentlich kommen wir unbeschadet aus dieser Feuergeschichte wieder heraus!", wünschte sich Merle.

„Da hab mal keine Angst, ich pass auf dich auf", erklärte Ole und fühlte sich als Merles Beschützer, obwohl ihm selber nicht sehr wohl in seiner Haut war.

„Wenn ihr weiter wie zwei Schnecken kriecht, verbrennen noch mehr Häuser. Da vorne fängt die Scharfrichterstraße an, daneben geht die Wittorfer Straße ab. Das Feuer wütet dort nicht schlecht. Also ran an die Arbeit! Hier ist der große Ziehbrunnen, er müsste noch genug Wasser haben!" Simon füllte einen Eimer mit dem Brunnenwasser, das zum Glück noch nicht von der Hitze verdunstet war.

„Die Scharfrichterstraße könnte heute die Altonaer Straße sein, sieht jedenfalls ganz danach aus, wenn hier die Wittorfer Straße ist", flüsterte Merle Ole zu, während sie am Brunnen Wasser holten. Die alten Straßennamen waren ihr unbekannt, und sie wunderte sich, warum die Straßen überhaupt umbenannt werden mussten.

„Es sieht hier verheerend aus, sämtliche Häuser sind verbrannt. Aber wisst ihr, was ich weiß? Hier am Anfang des Großfleckens sind doch gerade alle Häuser niedergebrannt. Im nächsten Jahr bauen die Menschen genau an der Stelle ein neues Haus, in dem in unserer Zeit Kaffee und Kuchen serviert werden. Es ist das ‚Café Oldehus‘! Ich erinnere mich nämlich daran, dass an dem alten Haus die Jahreszahl ‚1781‘ steht. Es ist eines der ältesten Häuser unserer Stadt!" Hendrik kannte das historische Haus sehr gut, denn seine Oma hatte ihn dort schon häufig zum Kuchenessen eingeladen.

„Endlich verstehe ich, warum wir so wenig alte Gemäuer in unserer Stadt haben. Die meisten sind wohl verbrannt, so oft wie es in der Vergangenheit Großbrände gab!" Tim zog wieder einen Eimer Wasser aus dem Brunnen.

„Diese Ledereimer stehen wirklich an jeder Ecke. Ist aber verdammt mühsam, damit ein Haus zu löschen, das in Flammen steht!" Ole schleppte einen vollen Wassereimer zu einem brennenden Haus, das Simon verzweifelt vor den Flammen zu retten versuchte.

„Lasst mich zu meinem Baby! Es ist in dem Haus! Ihr dürft mich hier nicht festhalten! Mein Kind muss sonst in den Flammen sterben!"

„Was ist da los? Warum hilft niemand der jungen Mutter? Ihr Baby ist in Lebensgefahr", entsetzt ließ Merle ihren gerade frisch gefüllten Wassereimer stehen. Sie sah, wie eine junge Frau verzweifelt versuchte, sich von ein paar Männern loszureißen, die sie daran hinderten, in das brennende Haus zu laufen, in dem ihr Baby schrie. Die Frau war fast wahnsinnig vor Angst um ihr Kind. Doch niemand der umherstehenden Menschen traute sich, das Haus zu betreten. Merle zögerte nicht lange. Sie nahm den Wassereimer und goss sich das Wasser über ihren Körper. Für ein paar Sekunden zuckte sie zusammen, denn die plötzliche Erfrischung kühlte ihren überhitzten Körper sehr schnell ab. Völlig durchnässt rannte sie in das brennende Haus, ohne jede Ahnung, wo das Baby sich befinden konnte. Viel Zeit zum Suchen blieb ihr nicht. Das Feuer fraß sich erbarmungslos durch das viele Holz, aus dem das Haus gebaut war. Überall knisterte es und knackte bedrohlich. Merle hielt sich ihr nasses Sommerkleid vor Nase und Mund. Der Rauch biss in ihren Augen. Sie konnte kaum etwas sehen. Da hörte sie wieder das Baby schreien. Es musste ganz in ihrer Nähe sein! Jetzt befand sie sich in der Elternschlafstube, denn vor ihr brannten zwei Holzbetten. Da bemerkte sie durch den dichten Rauch schemenhaft eine kleine blaue Wiege. Wie durch ein Wunder war sie noch vom Feuer verschont geblieben. Merle beugte sich hinüber und entdeckte das schreiende Baby. Sofort nahm sie es vorsichtig in den Arm und suchte nach der Haustür.

Doch der Rauch hatte stark zugenommen. Sie konnte nun nichts mehr sehen und wusste nicht, wohin sie laufen sollte. Merle hustete heftig und drückte das Kind enger an sich. Wie sollte sie jemals aus dem ihr unbekannten Haus herausfinden? Wie dumm sie gewesen war! Sie befand sich in höchster Lebensgefahr, weil sie nicht nachgedacht hatte! Sie wollte doch einfach nur helfen, ein Leben zu retten. Der dicke Qualm reizte ihre Augen. Die Angst und die verräucherte Luft schnürten ihr den Atem ab. Merle spürte, wie ihr schwindelig wurde.

„Walburga, hilf mir!" Merle griff zitternd nach ihrem schwarzen Stein.

Plötzlich fühlte sie eine Hand, die sie am Arm griff und mühelos durch die Räume zog. Ein Balken fiel hinter ihr zu Boden, der sich aus dem Dachstuhl gelöst hatte. Flammen schlugen ihr entgegen. Doch bevor sie ohnmächtig werden konnte, hörte sie eine vertraute Stimme.

„Hab keine Angst, ich führe dich und das Kind sicher nach draußen!" Es war Walburga! Jetzt sah sie verschwommen in ihr wunderschönes Gesicht mit den langen, blonden Haaren. Das Burgfräulein ließ sie erst los, als sie endlich durch eine Hintertür, die in den Garten des Hauses führte, in Sicherheit waren. Doch als Merle sich bei ihr für die Rettung bedanken wollte, war Walburga genauso plötzlich wieder verschwunden, wie sie erschienen war.

„Danke!", seufzte Merle noch, dann sank sie ohnmächtig mit dem Baby zu Boden.

Es dauerte eine Weile, bis sie jemand fand, denn Merle war nicht die Einzige, die in das brennende Haus gelaufen war.

Ole musste entsetzt mit ansehen, wie seine Freundin ohne Vorankündigung in die Flammen lief. In großer Panik und Angst um die Freundin folgte er ihr. Nicky bellte aufgeregt und lief ihm ein Stück hinterher. Vergeblich versuchte er Ole davon abzuhalten das brennende Haus zu betreten, indem er ihm ein paar Mal in die Wade biss. Aber sein Freund reagierte nicht auf die Warnung und schüttelte ihn ab. So wartete Nicky jaulend und bellend vor der Tür auf seine Freunde. Die Angst vor dem Feuer war zu groß, und sein Instinkt ließ nicht zu, sich in die Gefahr zu begeben.

Tim und Hendrik sowie alle Leute, die das Feuer zu löschen versuchten, hielten vor Entsetzen den Atem an, als Ole plötzlich in dem Haus verschwand. Niemand hatte damit gerechnet, und daher konnte ihn so schnell keiner aufhalten.

Die Mutter des Kindes fühlte sich schuldig für das, was da vor ihren Augen geschah. Erneut versuchte sie sich von ihren Bewachern loszureißen, was ihr allerdings wieder missglückte.

Ole schrie Merles Namen, doch verlor er sehr schnell im dichten Qualm die Orientierung. Dabei fiel er über Holzstücke, die auf dem Boden lagen und brannten. Eben wollte er ein Fenster einschlagen, das er vor sich an einer Hauswand vermutete, als über ihm ein Balken herabstürzte und ihn am Kopf traf. Bewusstlos von dem schweren Schlag sackte Ole zusammen und fiel zu Boden. Das Feuer fraß sich mit bedrohlicher Gier immer näher an ihn heran. Doch Ole bemerkte nichts davon. Regungslos lag er auf dem brennenden Holzfußboden. So sah er auch nicht die zierliche, weiße Gestalt, die ihn in allerletzter Sekunde an den Schultern packte und zur Hintertür zog. Nur wenige Schritte von ihm entfernt lag auch Merle noch immer ohnmächtig im Gras.

Das Baby schrie jetzt aus Leibeskräften, so dass Simon, der schon mehrfach versucht hatte, in das Haus einzudringen, Merle und den Säugling fand. Er wollte sie gerade hochheben, als Nicky plötzlich um die Ecke geflitzt kam. Sein feiner Geruchssinn hatte ihn zu seinem verletzten Freund geführt. Jaulend und bellend saß Nicky nun vor Ole und stieß ihn dabei immer wieder mit seiner feuchten Hundenase an, ohne dass sein Freund jedoch darauf reagierte.

Als Simon sah, dass Ole leblos in der Tür des Hauses lag, das jeden Moment zusammenzufallen drohte, wendete er sich von Merle und dem Baby ab und eilte ohne zu zögern sofort zu dem Jungen. Behutsam hob er ihn hoch und legte ihn neben die ohnmächtige Merle. Es war auch allerhöchste Zeit, denn nur Bruchteile von Sekunden später stürzte das gesamte Dach ächzend zusammen und brennende Balken und Holzteile fielen mit lautem Gepolter dorthin, wo gerade noch Ole gelegen hatte.

„Verdammt, das war knapp! Wenn du mich nicht durch dein Bellen alarmiert hättest, wäre dein Freund Ole wohl jetzt ein Opfer der Flammen. Bist ein braver Hund!" Simon streichelte Nickys dickes Fell, denn der Hund wachte nun neben Ole.

„Ole! Junge, komm, sag etwas!" Simon wischte sich den Schweiß von der Stirn. Voller Sorge betrachtete er den Jungen, der kaum Lebenszeichen von sich gab. Am Hinterkopf hatte er eine Platzwunde, aus der Blut sickerte.

„Pass gut auf Ole auf, Nicky! Ich kümmere mich mal kurz um Merle und das Baby!" Simon drehte Ole den Rücken zu.

Die Aufforderung hätte er sich allerdings sparen können, denn Nicky machte keinerlei Anstalten, seinen Freund auch nur eine Minute aus den Augen zu lassen. Aufrecht und mit aufmerksamem Blick saß er neben ihm, als hoffte er, dass sein treuer Kumpel endlich die Augen öffnen würde, um wieder mit ihm zu reden und umherzutollen.

Simon beugte sich gerade hinunter zu Merle, als sie zu sich kam und ihn mit großen Augen ansah.

„Walburga? Wo ist Walburga?" Merle blinzelte in Simons angsterfülltes Gesicht. Im Augenblick wusste sie nicht, wo sie war.

„Keine Ahnung, wo die Dame ist. Hier bin nur ich, Simon! Du hast wahnsinniges Glück gehabt, dass du mit dem Baby aus dem brennenden Haus herausgefunden hast. Deinem Freund ist es nicht so gut ergangen", erklärte Simon und war froh, dass Merle lebte. Er nahm das Baby auf den Arm, das sich inzwischen etwas beruhigt hatte und nicht mehr weinte.

„Ich werde es der Mutter bringen. Sie wird dir unendlich dankbar sein, du mutiges Mädchen. Kannst du aufstehen?" Simon hielt Merle seine freie linke Hand hin, denn im rechten Arm lag das Kind.

„Danke, es geht, mir ist nur noch etwas schwindelig", hustete Merle, denn der Rauch hatte ihre Lungen arg belastet.

Da fiel ihr Blick auf Nicky und sie sah den verletzten Ole neben ihm liegen.

Augenblicklich vergaß sie, dass ihr schwindelig war, und sie stürzte zu ihm.

„Was ist mit ihm passiert? Warum liegt er hier? Ole, hörst du mich, wach auf, bitte!"

„Er ist dir hinterhergelaufen, als du das Baby aus dem Haus retten wolltest. Dabei muss er sich am Kopf verletzt haben. Wahrscheinlich versuchte er mit letzter Kraft dem Feuer zu entkommen. Aber an der Tür ist er zusammengebrochen. Nicky hat ihn dort gefunden und ich konnte ihn im letzten Moment aus dem Haus bergen. Er wäre sonst verbrannt. Wir müssen unseren Arzt Doktor Bremer holen. Er ist hier si-

24

cher irgendwo, denn es gab viele Verletzte. Hoffentlich finden wir ihn in diesem Gewirr!" Tröstend strich Simon über Merles Haar. Sie tat ihm unendlich leid und er hoffte, dass man ihrem Freund schnell helfen konnte.

„Simon, bitte holen Sie doch Hendrik und Tim zu mir! Ich kann jetzt hier nicht weg!" Merle setzte sich neben den Freund und besah sich die Platzwunde am Kopf. Wären sie in ihrer Zeit, würde es kein Problem sein, Ole sofort zu helfen. Aber im 18. Jahrhundert kannte die Medizin sicherlich noch keine großen Fortschritte, dachte Merle verzweifelt.

Simon folgte ihrer Bitte und kam kurz darauf mit Tim und Hendrik zurück. Auch ein paar Bürger des Ortes waren bei ihm, genauso wie Hanne Dreesen, die Mutter des Kindes, das Merle gerettet hatte. Sie fiel ihr weinend um den Hals.

„Danke, dass du mein Kind gerettet hast! Tausend Dank! Ich bin fast wahnsinnig geworden vor Angst um die Kleine. Ich habe eben gehört, was mit deinem Freund passiert ist. Wenn du Hilfe brauchst, werde ich alles für dich tun, was in meiner Macht steht, das verspreche ich dir. Meine Eltern leben in der Straße am Teich. Dort werden mein Mann und ich die nächste Zeit wohnen, bis wir wieder ein neues Haus gebaut haben. Willst du mich treffen, frage einfach nach dem Tuchmacher Lohmann, so heißen meine Eltern!"

Die junge Frau war überglücklich, ihr Kind wieder in den Armen halten zu können, sah aber das tiefe Leid, das Merle und ihre Freunde umgab. Sie hoffte sehr, dass es Ole bald wieder bessergehen würde.

Tim und Hendrik standen tief betroffen vor Ole.

„Wird er sterben?", fragte Hendrik leise mit bebender Stimme, als er den Freund so regungslos vor sich liegen sah.

„Nein, sicher nicht! Er ist nur ohnmächtig geworden", meinte Simon, aber es klang nicht überzeugend.

„Können Sie bitte nach dem Arzt suchen? Ich wäre froh, wenn er Ole behandeln würde. Wer weiß, wie schlimm die Verletzung am Kopf bei ihm ist!" Merles Stimme klang sorgenvoll. Welch großes Glück hatte sie selber doch gehabt, dass ihr Walburga zur Hilfe kam, als sie im brennenden Haus durch den Qualm irrte. Wahrscheinlich wäre sie ohne das Burgfräulein verbrannt. Für Merle war jetzt auch klar, warum Walburga so schnell verschwunden war, nachdem sie sie ins Freie geführt hatte. Das Burgfräulein musste die Gefahr gesehen haben, in der Ole sich befand. Sie zog ihn bis zur Hintertür des Hauses, damit er nicht in den Flammen umkam. Sicherlich wusste sie, dass jemand ihn dort finden würde. Aber warum brachte sie ihn nicht in den Garten? Ob sie Angst davor hatte, von Simon entdeckt zu werden? Schließlich war er mit Nicky in unmittelbarer Nähe und das Burgfräulein war nicht für jeden sichtbar!

„Bleibt ihr bei Ole, ich suche nach **Doktor Bremer**. Ich werde mich beeilen. Passt gut auf Ole auf!" Simon verschwand ziemlich schnell, und so hofften Merle, Tim und Hendrik, dass er bald mit jemandem zurückkam, der wusste, wie man Ole aus seiner Ohnmacht befreien konnte.

„Es wird nicht mehr lange dauern bis zum Abend. Ich glaube kaum daran, dass wir heute noch zur Burg zurückkehren. Wer weiß, wann Ole wieder fit ist!" Tim war sehr niedergeschlagen.

„Noch ist es doch nicht dunkel. Wir könnten es vielleicht schaffen. Wo sollten wir heute Nacht auch hin? Die halbe Ortschaft ist abgebrannt, und die Leute haben sicher andere Sorgen, als sich um uns zu kümmern", seufzte Hendrik und sah auf die wenigen Reste des verbrannten Hauses, aus dem Merle das Baby gerettet hatte. Es war inzwischen bis auf den Grund niedergebrannt, aber aus der Glut sprangen immer wieder gefährliche Funken in die Höhe.

„He, Kinder, was ist mit eurem Freund passiert? Hat er sich verletzt?", fragte eine tiefe Männerstimme, die den Kindern vertraut vorkam. Merle drehte sich um und erkannte den Scharfrichter Roeßler. Ein kühler Schauer lief ihr über den Rücken, denn der Mann war ihr unheimlich. Deswegen erklärte sie auch nur sehr knapp, allerdings trotzdem freundlich, was mit Ole geschehen war.

„Das ist ja entsetzlich! Aber wir haben einen guten Arzt im Flecken. Er wird Ole behandeln und ihr werdet sehen, dass er bald wieder munter und vergnügt durch die Gegend läuft. Es haben sich heute eine Menge Leute Brandwunden zugezogen. Dieses Feuer ist eines der schlimmsten in der Geschichte unseres Ortes. Langsam bekommen wir es in den Griff. Amtsschreiber Ovens berichtete mir gerade, dass bereits 46 Wohnhäuser und 39 Nebengebäude, wie Scheunen und Ställe, verbrannt sind. Viele Menschen haben kein Dach mehr über dem Kopf. Es wird lange dauern, bis wieder jeder ein neues Haus besitzt." Erschöpft von den vielen anstrengenden Stunden der Löscharbeiten, setzte sich der Scharfrichter neben die Kinder ins Gras. Er sah sich Ole dabei genauer an und machte sich nun ernsthafte Gedanken, ob er wirklich wieder so schnell gesund werden würde. Der Junge wirkte schwer verletzt. Allerdings verschwieg er das den Kindern. Er wollte sie mit seinen Vermutungen nicht unnötig beunruhigen.

„Woher kommt ihr eigentlich? Ich habe nie jemanden von euch vorher hier gesehen. Wo sind eure Eltern?", fragte der Scharfrichter stattdessen lieber und wartete gespannt auf eine Antwort.

Doch auf die musste er noch warten, denn Simon traf gerade mit dem Arzt ein, der einen braunen Lederkoffer bei sich trug, in dem er seine Untersuchungswerkzeuge und ein paar Verbandstoffe aufbewahrte.

Ohne viel zu fragen kniete er vor Ole und untersuchte ihn vorsichtig am Kopf, denn Simon hatte ihn bereits über den Unfall informiert. Sein Blick war sehr ernst. Der Arzt verband die Wunde mit einer weißen Binde. Zum Glück war die Blutung zum Stillstand gekommen. Doktor Bremer fühlte Oles Puls und schüttelte den Kopf.

„Der Junge gefällt mir gar nicht. Er hat eine schwere Kopfverletzung. Wir müssen ihn nach Hause bringen. Steht das Haus eurer Eltern noch?", fragte der Arzt und sah dabei Merle nachdenklich an.

„Wir wohnen nicht in Neumünster. Wir sind nur zufällig hergekommen und kennen niemanden hier." Merle fühlte, wie Tränen aus ihren Augen liefen. Ole war schwer verletzt! Was sollte jetzt aus ihnen werden?

Der Arzt spürte die Hilflosigkeit und Angst der Kinder. Er war alt und sehr erfahren. Seine klugen Augen sahen mitleidig durch eine kleine runde Brille, die ihm immer wieder auf seiner spitzen Nase hin und her rutschte, wenn er sprach. Die weißen, schulterlangen Haare und der gepflegte Vollbart gaben seinem Gesicht etwas Gutmütiges, Sympathisches. Merle entschied sofort, dass sie dem Mann vertrauen konnte. Aber leider fehlte ihm das ärztliche Wissen des 21. Jahrhunderts, und das beunruhigte sie natürlich.

„Nun weine mal nicht, mein Kind! Wir werden eine Lösung finden. Reisen kann euer Bruder im Moment allerdings nicht. Mein Haus ist abgebrannt, deswegen kann ich euch auch nicht anbieten, bei mir zu bleiben, bis eure Eltern informiert sind. Wo könnte ich euch nur unterbringen?", überlegte Doktor Bremer und strich Merle dabei tröstend über die Schultern. Hendrik und Tim mussten heftig schlucken, um nicht ebenfalls in Tränen auszubrechen. In welch einen Schlamassel waren sie da nur wieder hineingeraten!

„Ich könnte euch für ein paar Tage bei mir aufnehmen, wenn es euch nichts ausmacht, bei einem Scharfrichter zu wohnen", schlug Christian Friedrich Roeßler den Kindern vor.

Simon sah die entsetzten Blicke der drei Freunde. Natürlich würde es ihnen etwas ausmachen! Niemand lebte gern mit einem Henker unter einem Dach, erst recht keine Kinder, dachte er.

„Also, wenn ich da mal einen Vorschlag machen darf, meine Mutter würde sich sicher freuen, wenn sie Besuch bekäme. Ich denke, sie hat nichts dagegen, wenn ihr für ein paar Tage meine Gäste seid. Und Ole kann sich in Ruhe erholen. Na, seid ihr einverstanden mit meiner Idee?", fragte Simon und freute sich sehr über seinen genialen Einfall.

Merle sah ihre Freunde Tim und Hendrik an. Beide nickten nur stumm, denn sie dachten an Ole, der noch immer reglos vor ihnen lag. Wie lange würde es dauern, bis er mit ihnen dieses Jahrhundert wieder verlassen konnte?

„Wir nehmen Ihr Angebot an, es bleibt uns sowieso keine andere Wahl. Aber wie können wir Ole zu Ihrer Mutter bringen? Wir können ihn doch nicht tragen!" Merle fühlte sich unendlich elend und schwach, dieser Tag war zu anstrengend gewesen.

„Das ist das kleinste Problem. Ich werde ein Pferdefuhrwerk besorgen, damit können wir Ole ganz einfach zum Haus meiner Mutter fahren. Wir wohnen am Teich, das ist nicht weit von hier. Wartet einen Moment, ich bin gleich wieder da", erklärte Simon und war auch schon unterwegs, um einen Wagen aufzutreiben.

„Hoffentlich bekommt Ole keine Infektion. So eine Wunde kann schnell zu hohem Fieber führen. Ich werde jeden Tag nach ihm sehen. Wichtig ist nur, dass er endlich aus seiner Ohnmacht aufwacht!" Doktor Bremer beugte sich noch einmal zu Ole und fühlte seinen Puls, dann holte er aus seiner braunen Arzttasche ein kleines Fläschchen heraus.

„Er hat einen schwachen Puls, das ist kein gutes Zeichen. Einer von euch muss immer bei ihm wachen. Wenn sich sein Zustand verschlechtert, müsst ihr mich sofort holen. Da mein Haus heute ebenfalls den Flammen zum Opfer gefallen ist, werde ich in der nächsten Zeit bei meiner Schwester Magda am Kleinflecken wohnen. Simon weiß, wo das ist, denn das Haus seiner Mutter liegt nicht weit davon entfernt!" Der Arzt öffnete das Fläschchen und hielt es Ole unter die Nase.

„Was ist denn in der Flasche drin?" Tim sah neugierig zu, wie Doktor Bremer das Glasfläschchen unter Oles Nase hin und her bewegte. Was sollte das bewirken?

„Das ist Riechsalz! Das kennt doch jedes Kind. Durch den Geruch kommt ein Ohnmächtiger wieder zu sich, wenn man Glück hat. Habt ihr denn so etwas noch nie gesehen?", fragte der Scharfrichter die Kinder ungläubig. Er war nicht von Oles Seite gewichen und wollte sicher sein, dass der Junge und seine Freunde gut aufgehoben waren, bevor er sich weiter um den großen Brand kümmerte. Es war inzwischen spät geworden, und langsam trat die Dämmerung ein. Dem Scharfrichter schien es, als wenn das Feuer langsam eingedämmt worden war, denn nirgendwo über dem Ort sah er mehr hohe Flammen brennen. Es zogen lediglich dicke Rauchschwaden am Himmel entlang.

„Können Sie Ole denn sonst keine andere Medizin geben? Das Zeug wirkt doch gar nicht bei ihm", flehte Hendrik völlig verzweifelt.

„Was für eine Medizin soll das sein? Er ist ohnmächtig, da schluckt er sowieso nichts herunter. Nein, mein Junge, wir können nichts für ihn tun, nur warten und beten!" Der alte Arzt schüttelte seinen Kopf und sah sehr traurig aus, denn er hatte nur wenig Hoffnung, dass Ole den Unfall überleben würde. Aber das teilte er den Kindern nicht mit. Er hätte es nicht übers Herz gebracht. Als Mediziner wusste er, wie viele kranke Kinder täglich sterben mussten, weil die Medizin, die er ihnen verabreichte, nicht half. Aber auch das behielt er lieber für sich. Er dachte mit Grauen an die letzte Scharlachepidemie im Flecken. Viele Kinder starben unter seinen Händen weg, er konnte ihr Leben nicht retten. In einer Tuchmacherfamilie waren gerade drei Kinder schwer an Masern erkrankt, ob sie es überleben würden, stand in den Sternen. Wie gern hätte er ein Wundermittel dagegen erfunden, um dem Leid, das diese Krankheiten verursachten, ein Ende zu bereiten.

„Wie lange dauert es denn noch, bis er endlich zu sich kommt? Ich war doch auch ohnmächtig. Ich verstehe das nicht!" Merle hatte sich an Nicky gelehnt, als würde sie bei dem Hund Halt und Schutz suchen. Doch auch Nicky spürte, wie schlecht es Ole ging. Immer wieder leckte er vorsichtig seine Hand.

„Habt Geduld, Kinder! Es wird alles wieder gut, ich bin mir absolut sicher. Seht mal, da kommt Simon mit einem Pferdefuhrwerk. Er ist ein toller Kumpel, man kann sich immer auf ihn verlassen!" Scharfrichter Roeßler wartete noch, bis Simon die Pferde stoppte und vom Wagen sprang, dann verabschiedete er sich von ihnen.

„Bis bald, Kinder und gute Besserung für Ole! Ich muss sehen, wo ich noch im Flecken helfen kann. Ich glaube, das Feuer haben wir im Griff. Wir sehen uns bestimmt bald wieder, ich komme euch irgendwann besuchen. Simons Mutter kocht einen wunderbaren Kaffee und Backen ist eine ihrer größten Stärken", lachte der Scharfrichter und ging mit schnellem Schritt in Richtung Großflecken.

Ole wurde nun vorsichtig von Simon auf den Pferdewagen getragen. Noch immer bewegte er sich nicht. Nicky wich dabei keinen Moment von seiner Seite, sprang mit einem Satz auf den Pferdewagen und legte sich neben seinen Freund. Schweigend setzten sich Tim, Merle und Hendrik dazu.

„Ich werde morgen nach dem Jungen sehen, Simon! Wir müssen mit dem Schlimmsten rechnen, aber erzähl es nicht den Kindern. Sie würden es nicht verkraften. Kümmere dich ein bisschen um sie und versuche herauszufinden, wo ihre Eltern sind. Sie werden sich Sorgen um ihren Sohn machen. Vermutlich wohnen sie in einem Nachbardorf. Wir schicken jemand, der die Eltern herholen kann. Mach's gut, mein Freund und einen Gruß an deine Mutter!" Doktor Bremer unterhielt sich leise noch kurz mit Simon, bevor er seine Tasche nahm und sich auf den Weg zu weiteren Patienten machte.

Simon ließ die Peitsche knallen und die Pferde trabten langsam über den Großflecken, vorbei an niedergebrannten Häusern. Überall waren Menschen damit beschäftigt, ihre geretteten Habseligkeiten auf Pferdewagen zu verstauen und zu Freunden oder Verwandten zu bringen, wo sie die nächste Zeit wohnen mussten, bis ihre Häuser wieder aufgebaut waren. Viele Bewohner des Fleckens hatten es nicht einmal mehr geschafft, ihren Besitz aus den brennenden Häusern herauszuholen. Sie waren nun völlig mittellos. Es roch im ganzen Ort verbrannt. Ab und zu loderte noch einmal eine Flamme auf, doch das Feuer war zum Stillstand gekommen. Trotzdem wurden Wachen aufgestellt, die die ganze Nacht dafür sorgen mussten, dass sich aus der Glut, die noch überall vorhanden war, nicht wieder neue Brände entwickeln konnten.

Merle und ihre beiden Freunde schwiegen noch immer. Tim hatte festgestellt, dass der Großflecken inzwischen gepflastert worden war. Das war ihm am Mittag, als sie mit Simon in dem kleinen Ort angekommen waren, gar nicht aufgefallen. Jetzt aber wanderte sein Blick ziellos durch die Straßen und da erst hatte er es bemerkt.

„Wir sind da! Was für ein Glück, dass es noch etwas hell ist, der Sommer ist doch einfach die schönste Jahreszeit. Abends kann man lange auf Licht verzichten, und warm ist es auch!" Simon versuchte fröhlich und heiter zu wirken, um die Kinder aufzumuntern. Aber es gelang ihm nicht.

Sie hatten vor einem hübschen Fachwerkhaus angehalten. In einem Fenster hing ein Schild mit der Aufschrift „Schuster". Alles sah ordentlich und gepflegt aus. Ein paar Blumen blühten im Garten vor dem Haus, und Merle erinnerte sich daran, dass der Tuchmacher Hans Thomsen ungefähr hier gewohnt haben musste. Aber nichts sah mehr so aus wie vor hundert Jahren, als sie den Ort zuletzt besucht hatten. Sie fragte sich, ob es noch Tuchmacher mit dem Namen Thomsen in der Gegend gab. Genau gegenüber von ihnen lag der Teich. Das Wasser roch unangenehm, wie sie feststellte.

„**Es stinkt hier im Moment ziemlich heftig, weil die Tuchmacher, Gerber und Färber den Teich für ihre Arbeit nutzen. So wird das Wasser stark verschmutzt, und deswegen riecht es nicht so gut, außerdem verstärkt die große Hitze den üblen Gestank noch**", erklärte Simon, als er bemerkte, wie Merle die Nase rümpfte.

„Für die Fische im Teich ist es bestimmt nicht gerade gesund, in der ekligen Brühe herumzuschwimmen", meinte Tim und Simon zweifelte daran, ob überhaupt ein Lebewesen in dem Wasser existieren konnte, denn bislang hatte noch niemand jemals einen Fisch dort gefangen.

„Was für ein Glück, du bist wieder heil zu Hause angekommen. Ich habe mir schon große Sorgen gemacht, dass dir bei dem Brand etwas zugestoßen sein könnte. Wen hast du denn da mitgebracht? Das ist aber eine Überraschung! Besuch zu so später Stunde?"

Eine kleine, dickliche Frau, die unaufhörlich redete, stand plötzlich vor Simon und den Kindern. Sie waren so in das Gespräch über den Teich vertieft gewesen, dass sie dabei gar nicht bemerkten, wie sich die Tür des Fachwerkhauses öffnete und sich jemand zu ihnen gesellte.

„Du brauchst dich nicht immer so zu ängstigen, du weißt doch, dass ich vorsichtig bin. Kinder, das ist meine Mutter Elisabeth Schubert! Sie hat ständig Angst um mich, aber das ist wohl bei allen Müttern so", lachte Simon und freute sich, sie den Freunden vorstellen zu können. Er erklärte ihr nun auch, wer die fremden Kinder waren und warum er sie mitgebracht hatte.

„Natürlich dürft ihr bei mir bleiben, bis es Ole wieder gut geht, das ist doch selbstverständlich. Außerdem bin ich die beste Krankenschwester hier im Flecken. Ich zog zehn Kinder groß, fünf eigene und noch fünf von Freunden und Verwandten, die ihre Eltern verloren haben. Sie sind inzwischen erwachsen, kommen mich aber oft besuchen. Simon ist der einzige, der noch bei mir wohnt, weil er die Schusterwerkstatt seines Vaters übernommen hat. Mein Mann ist nämlich vor einem Jahr plötzlich verstorben. Es war ein Unfall, er stürzte …"

„Mutter, du redest wie ein Wasserfall, niemand kommt außer dir zu Wort. So ist sie, meine Mama, aber sie ist herzensgut. Allerdings müsst ihr damit rechnen, jeden Tag stundenlang Geschichten von ihr zu hören", unterbrach Simon seine Mutter.

Hendrik war Simons Mutter sofort sympathisch, sie erinnerte ihn an seine Oma. Und die Tatsache, dass Frau Schubert gut backen konnte, ließ ihn, der leidenschaftlich gern aß, hoffen, dass sie auch im Kochen über hervorragende Qualitäten verfügte.

„Ach, Simon, du übertreibst wieder, aber ich gelobe mich zu bessern. Es ist nur nicht so einfach, weil mir immer neue Geschichten einfallen, die ich unbedingt erzählen muss. Wusstest du überhaupt schon, dass …" Frau Schubert fiel wieder eine interessante Neuigkeit ein, aber Simon unterbrach sie gerade noch rechtzeitig.

„Ich möchte Ole jetzt ins Haus tragen, wir sollten ihn in die kleine Kammer legen. Das ist die Nordseite, dort ist es am kühlsten bei dieser Sommerhitze!"

„Natürlich, das Bett ist auch hergerichtet. Der arme Junge, ich werde ihn schon gesundpflegen. Ich koche ihm jeden Tag eine kräftige Hühnerbrühe, da kommt er schnell wieder auf die Beine!" Frau Schubert ging voraus, und Simon folgte mit Ole auf dem Arm, während Tim, Hendrik und Merle traurig hinter ihnen hergingen. Nicky erschnüffelte neugierig die ungewohnte Umgebung.

Merle stellte fest, dass das Haus aussah wie eines der vielen Häuser im Freilichtmuseum Molfsee, das sie schon oft mit ihren Eltern besucht hatte. Sie fragte sich immer, wie die Menschen in diesen einfachen Häusern ohne Toilette und Bad, aber mit ihren Kühen und Schweinen unter einem Dach leben konnten.

In einem winzigen Raum, der einen mit Holzdielen ausgelegten Boden hatte, legte Simon Ole in ein in die Wand eingelassenes Schrankbett. Ein kleines Fenster sorgte für das nötige Tageslicht. Außer einem Tisch mit einem Stuhl davor gab es keine Möbel in dem Raum.

„Er hat sich bewegt, Ole bewegt sich!" Tim sah als Erster, dass Ole seinen Kopf etwas drehte.

„Vielleicht wacht er endlich aus seiner Ohnmacht auf", wünschte Merle, und beobachtete gespannt den kranken Freund.

„Ich hole mal einen feuchten Lappen für seine Stirn, das wird ihm gut tun!" Frau Schubert verschwand und kehrte kurz darauf mit einem nassen Leinentuch zurück, um Ole damit das Gesicht zu kühlen.

„Er macht die Augen auf! He, Ole, Kumpel, sag etwas!" Tim freute sich und beugte sich über den Freund.

Ole sah ihn an, brachte aber kein Wort heraus, so sehr er sich auch bemühte.

„Warum redet er nicht?" Merle streichelte seine Hand.

„Vielleicht war der Schlag auf den Kopf so stark, dass er eine schlimme Gehirnerschütterung hat und noch unter Schock steht", vermutete Tim.

„Ich denke, du hast recht. Jetzt wird es nicht mehr lange dauern und er spricht wieder, da bin ich mir ganz sicher", erklärte Simons Mutter.

„Ich werde bei ihm bleiben", entschied Merle, zog sich den Stuhl zum Bett heran und setzte sich.

„Gut, ich löse dich nachher ab! Wenn Ole etwas braucht, rufst du einfach", sagte Frau Schubert. „Er muss Ruhe haben, um gesund zu werden!"

Sie schob Tim und Hendrik hinaus aus der Kammer, nur Nicky ließ sich nicht dazu bewegen, den Raum zu verlassen. Er legte sich neben Merle vor Oles Bett.

„Machst du uns etwas zu essen?", fragte Simon seine Mutter. „Wir setzen uns in der Zwischenzeit schon mal in die gute Stube und unterhalten uns noch ein wenig. Es war ein anstrengender Tag und wir waren jetzt schon eine ganze Weile zusammen. Doch bisher habe noch nicht mehr als eure Namen von euch erfahren. Wir hatten ja auch kaum eine Gelegenheit, miteinander zu plaudern. Übrigens, sagt doch bitte ‚Simon' zu mir und auf das ‚Sie' könnt ihr ebenfalls verzichten. Ich denke, wir sind auf dem besten Wege, Freunde zu werden, und da hört sich ‚du' einfach besser an", bot Simon Hendrik und Tim an.

Während Simons Mutter in der offenen Küche in der großen Diele eine kleine Mahlzeit zubereitete, erzählten Tim und Hendrik den wahren Grund für ihren Aufenthalt im Flecken Neumünster. Tim entschied sich dafür, Simon nicht anzulügen, denn er erwies sich wirklich als ein hilfsbereiter Freund. Außerdem wäre es sicher irgendwie herausgekommen, dass sie aus einer anderen Zeit stammten, wenn sie im

Haus der Schuberts wohnten. Da hätte eine Lüge alles Vertrauen, das ihnen die beiden netten Menschen entgegenbrachten, zerstört.

Simon war sprachlos über die Geschichte, die abwechselnd mal Tim, dann Hendrik erzählte. Er konnte kaum glauben, was er da hörte.

„So, jetzt könnt ihr euch stärken, meine Bratkartoffeln sind überall im Flecken beliebt. Ich hoffe, dass ihr Kartoffeln mögt!" Frau Schubert trug eine Pfanne voll duftender Bratkartoffeln, die mit Zwiebeln und Speck gebraten waren, zum Tisch. Dazu servierte sie Spiegeleier. Hendriks Augen glänzten.

„Es gibt endlich wieder Bratkartoffeln! Hm, wie die duften! Mir läuft das Wasser im Mund zusammen", rief er freudig und half Frau Schubert sogar, den Tisch zu decken.

„Jetzt schreiben wir schon das Jahr 1780, Kartoffeln stehen endlich auf dem Speiseplan. Aber es benutzt noch niemand eine Gabel. Die Menschen essen nur mit Löffel oder Messer", bemerkte Tim und füllte sich den Teller auf.

„Es gibt schon Gabeln, aber die benutzen nur die feinen, reichen Herrschaften. Sie sind für uns einfache Leute zu teuer", erzählte Simon und ließ sich das Essen schmecken.

Natürlich konnte Frau Schubert nichts mit dem, was Tim sagte, anfangen, daher klärte Simon sie auf. Seiner Mutter fielen vor Schreck fast die Kartoffeln aus dem Mund, als sie von der Zeitreise der Kinder hörte.

„Simon, geht es dir gut? Oder hat das Feuer deinen Verstand verbrannt? Wir sind Christen, eine Zeitreise ist Hexerei, daran glaube ich nicht", empörte sich Frau Schubert.

„Simon hat die Wahrheit erzählt, wir kommen wirklich aus der Zukunft. Aber keine Angst, wir sind auch Christen, deswegen wollen wir ja dem armen Burgfräulein helfen, damit sie endlich in Frieden ruhen kann. Wir haben es ihr versprochen. Allerdings ahnte keiner von uns, worauf wir uns da eingelassen haben. In jedem Jahrhundert passiert irgendetwas Schlimmes, aus dem wir immer nur mit viel Glück entkommen", seufzte Tim.

Nach einigen Überlegungen entschied sich Simons Mutter, den Jungen zu glauben. Schließlich trugen sie Armbanduhren, die sie noch nie gesehen hatte, und die Namen der vier Kinder waren auch ungewöhnlich für das 18. Jahrhundert.

„Im 17. Jahrhundert lebte hier der Tuchmacher Thomsen mit seiner Frau, wir haben ihn damals besucht. Gibt es noch Tuchmacher mit dem Namen hier am Teich?", forschte Tim nach, der sich herrlich gestärkt fühlte von dem köstlichen Essen.

„Ja, die gibt es, im Hause nebenan. Dort lebt die alte Frieda Thomsen mit ihrem Sohn, der Schwiegertochter und den drei Kindern. Sie ist sicher mit den Thomsens von damals verwandt. Vielleicht fragt ihr sie morgen einmal. Die Alte erzählt viele Geschichten von früher. Sie ist blind und kann sich nicht mehr nützlich machen, als dass sie den Kindern von ihrer Kindheit im Flecken erzählt. Viele sagen, sie ist eine Spökenkiekerin, denn sie ist etwas wundersam. Manche Leute glauben, dass sie die Zukunft voraussagen kann. Aber daran glaube ich nicht", erzählte Frau Schubert, während sie Bratkartoffeln für Merle auf einen Teller füllte.

„Ich werde mal nach Ole sehen und dabei eurer Freundin etwas zu Essen bringen, denn sicher hat sie Hunger nach dem langen Tag. Simon, koch du uns noch einen schönen Tee! Vielleicht mag Ole auch etwas trinken. Tee ist immer gut für Kranke!" Simons Mutter verschwand in die kleine Kammer, wo Merle noch immer neben Ole saß und leise auf ihn einsprach. Doch so sehr sie es sich auch wünschte, er antwortete ihr nicht, sondern sah sie nur hilflos an und schloss dann wieder seine Augen. Dabei verzog er das Gesicht, so dass Merle daraus folgerte, dass er unter starken Schmerzen litt.

„Ich habe etwas Leckeres für dich gekocht!" Frau Schubert reichte Merle den Teller mit den Bratkartoffeln.

„Die schmecken wirklich gut. Ich möchte Ole so gern auch etwas zu essen geben. Bratkartoffeln mag er bestimmt!" Während Merle aß, beobachtete sie ihren Freund.

Er hielt die Augen geschlossen, hörte aber jedes Wort, das gesprochen wurde, und wünschte sich sehr, etwas sagen zu können. Doch in seinem Kopf hämmerte es vor Schmerzen, so dass er kein Wort hervorbrachte. Was zum Teufel war mit ihm geschehen? Er versuchte sich zu erinnern, doch es strengte ihn zu sehr an! Er wusste nicht einmal, wo er sich befand und wie er in dieses Bett gekommen war. Ole stöhnte leise. Nicky stand auf und legte seinen Kopf und eine Pfote auf die Bettdecke seines Freundes. Ole erkannte seinen Hund und hätte ihn zu gern gestreichelt, aber er war zu schwach, um die Hand nach ihm auszustrecken.

„Du hattest einen schweren Unfall und bist am Kopf verletzt. Simons Mutter hat uns bei sich aufgenommen, wir bleiben hier, bis du wieder gesund bist", erzählte Merle, als ahnte sie, was Ole dachte.

„Ich koche ihm einen Haferbrei, den kann er besser schlucken", entschied Frau Schubert und machte sich trotz später Stunde sofort daran, noch etwas für Ole zu kochen.

„Na, wie geht es ihm?" Hendrik kam leise in die kleine Kammer, um nach dem Freund zu sehen.

„Noch immer nicht besser, er kann nicht sprechen. Wahrscheinlich hat er große Schmerzen, wenn er sich bewegt. Hätten wir nur ein gutes Schmerzmittel für ihn. Aber ich kann mir nicht vorstellen, dass man im 18. Jahrhundert etwas Brauchbares kennt", bezweifelte Merle traurig.

„Simon sagt, dass es hier eine Apotheke gibt. Immerhin ein großer Fortschritt, denn im 17. Jahrhundert hatten sie hier in Neumünster noch keine, das weiß ich genau. Lass uns morgen mal dorthin gehen. Vielleicht hat der Apotheker doch ein gutes Schmerzmittel für Ole. Geld besitzen wir genug, daran kann es nicht scheitern", schlug Hendrik vor und Merle war einverstanden. Einen Versuch war es wert. Schließlich hatten die Menschen nicht umsonst eine Apotheke im Ort.

„Setz du dich mal zu Tim und Simon, ich werde jetzt bei Ole bleiben", entschied Hendrik, und Merle überließ ihm den Platz an Oles Seite.

Als sie in die Diele kam, tranken Simon und Tim herrlich duftenden Pfefferminztee und unterhielten sich angeregt miteinander. Simon hatte tausend Fragen, die die Zukunft betrafen. Er konnte gar nicht genug von all den Dingen hören, die in ferner Zeit erfunden werden sollten.

„Tim und Hendrik haben uns von eurer spannenden Zeitreise erzählt. Ich könnte ihnen stundenlang zuhören. Es klingt so unwahrscheinlich, dass man durch einen Zeittunnel fliegen kann. Aber ich glaube euch und möchte so viel wie möglich von euch lernen, so lange ihr bei uns wohnt. Allerdings denke ich, dass es besser ist, wenn ihr den anderen Bürgern hier im Flecken nichts von eurer Geschichte erzählt. Sie könnten euch für Betrüger halten, und das wäre nicht gut", warnte Simon.

Die Freunde waren froh, dass er und seine Mutter in ihr Geheimnis eingeweiht waren. So konnten sie unbeschwerter mit den beiden umgehen.

Längst saßen sie bei Kerzenlicht, als Simons Mutter zufrieden aus der Kammer von Ole kam.

„Da seht ihr mal, wie gut es war, dass ihr zu mir gekommen seid. Ole hat soeben eine kleine Schüssel Haferbrei mit Honig gegessen. Ich habe ihn höchstpersönlich gefüttert und glaube, dass es ihm geschmeckt hat!" Strahlend zeigte Frau Schubert auf den leeren Teller, den sie in ihrer Hand hielt.

„Das ist ja super! Sicher wird er bald gesund. Vielleicht kann er morgen auch schon wieder sprechen. Mutter, du bist einsame Spitze", lobte Simon.

Merle und Tim waren ebenfalls glücklich über den kleinen Fortschritt ihres Freundes.

„Es ist spät geworden. Ich werde unseren Gästen zeigen, wo sie schlafen können!" Frau Schubert führte Tim in eine Kammer, in der zwei Betten in die Wand eingelassen waren.

„Hier schliefen bis vor kurzem noch Hinnerk und Hein, unsere beiden Knechte. Sie wollten aber mal in einem anderen Ort arbeiten, deswegen verließen sie uns. Bis wir wieder neue Knechte einstellen, bleibt dieser Raum frei. Also können Hendrik und Tim hier übernachten", erklärte Simons Mutter.

Während Tim sich hundemüde in sein Bett legte, führte Frau Schubert Merle in eine andere Kammer.

„Hier kannst du die nächsten Nächte verbringen! Es war einmal das Zimmer meiner vier Töchter. Auf dem Tisch steht eine Schüssel und ein Krug mit frischem Wasser, so kannst du dich morgen früh ungestört waschen!" Frau Schubert wünschte ihren Gästen eine gute Nacht und ließ sie dann allein. Sie war eine herzensgute alte Dame und sehr bemüht, es den fremden Kindern gemütlich zu machen.

Merle wollte vor dem Einschlafen noch einmal kurz nach Ole sehen. Simon hatte sich angeboten, die Nachtwache bei Ole zu übernehmen, so dass auch Hendrik zu Bett gehen konnte.

„Es macht mir nichts aus, im Stuhl zu schlafen. Wenn irgendetwas mit Ole nicht stimmt, wecke ich euch", versprach Simon, während Merle ihn in Oles Kammer begleitete. Der kranke Freund schien zu schlafen, wie Merle im Schein ihrer Taschenlampe feststellte.

„Wahnsinn, diese Lampe! Sie geht auf Knopfdruck an und aus. Das ist die Erfindung. So würde kein Haus mehr abbrennen können. Was glaubst du wohl, wie viele Häuser in Flammen aufgehen, weil jemand vergessen hat, eine Kerze am Abend zu löschen", klagte Simon und besah sich voller Staunen Merles Taschenlampe, die sie kurz vorher aus ihrem Rucksack geholt hatte.

„Schlaf gut, Simon, und danke für deine Hilfsbereitschaft, du bist echt ein netter Typ", flüsterte Merle ihm zu, als sie leise Oles kleine Kammer verließ, um endlich schlafen zu gehen.

In dieser Nacht konnte sie trotz ihrer großen Müdigkeit nicht einschlafen. Ihre Gedanken kreisten erst um Ole und dann um Christian. Sie war das erste Mal seit langem nachts allein in einem Zimmer. Sollte sie es wagen, mit Christian in Kontakt zu treten? Würde der Zauber Walburgas tatsächlich wirken?

Merle hielt das kleine silberne Kreuz fest in ihrer rechten Hand.

„Ich wünsche mir so sehr, dich zu sehen, Christian! Ich möchte wissen, wie es dir geht", murmelte sie leise und schloss dabei die Augen.

Plötzlich spürte sie einen leisen Windhauch, jemand berührte ihre Haare! Merle öffnete die Augen. Obwohl es dunkel in dem Zimmer war, sah sie ganz deutlich Christian vor sich stehen. Er lächelte sie glücklich an und setzte sich zu ihr auf die Bettkante. Ein warmes Licht umgab ihn wie den Schein einer großen Kerze. Merle wischte sich die Augen, das konnte nicht wahr sein! Sicherlich bildete sie sich das alles nur ein!

„He, Merle, das ist kein Traum! Es hat endlich geklappt. Ich hab es mir sehr gewünscht, dich endlich wiederzutreffen. Du fehlst uns allen so. Natürlich aber am meisten mir!"

Augenblicklich saß Merle kerzengerade im Bett und fiel Christian glücklich um den Hals.

„Es funktioniert wirklich. Ich weiß zwar nicht, warum und wie, aber es funktioniert. Christian, du bist es wirklich! Schön, dass wir uns wiedersehen können. Walburga hat recht gehabt!" Merle war plötzlich nicht mehr müde.

Sie erzählte Christian von den Erlebnissen der vergangenen Zeit, natürlich auch von Oles Unfall. Christian hörte ihr zu und tröstete sie mit seiner wunderbar unkomplizierten Art.

Obwohl er Ole nicht besonders leiden konnte, tat er ihm jetzt leid.

„Merle, komm zurück zu uns! Es ist so langweilig ohne dich. Bitte einfach Walburga, dass sie dich wieder in unsere Zeit schickt. Du bist meine beste Freundin, mit dir kann ich alles bereden. Bitte, überleg es dir! Wir verstehen uns doch wirklich gut", bat Christian und streichelte Merle liebevoll über ihr Gesicht.

„Das geht niemals, Christian! Du weißt doch, dass ich meine Familie nicht verlieren will. Meine Eltern würden sterben vor Kummer, wenn ich nicht mehr zurückkomme", versuchte Merle dem Jungen zu erklären. Doch Christian wollte nichts verstehen, und bevor er etwas sagen konnte, hörten sie Walburgas Stimme.

„Die Zeit ist um, ihr müsst euch für heute verabschieden!"

„Wir werden uns wieder treffen", versprach Merle, und Christian drückte sie noch einmal kurz an sich, dann war der Zauber vorbei. Das Zimmer lag im Dunkeln und Merle war wieder allein. Es dauerte noch eine ganze Weile, bis sie endlich einschlafen konnte. Wie schön war es, Christian wiederzusehen! Aufgewühlt kreisten ihre Gedanken erst um ihn, dann um Ole. Sie wälzte sich von einer auf die andere Seite, bis sie endlich in einen tiefen Schlaf fiel und von den beiden träumte.

Am nächsten Morgen wurde sie von einem merkwürdigen Geräusch geweckt. Es hörte sich an, als wenn jemand mit einem Hammer auf etwas schlug. Nach einer kurzen Katzenwäsche in der Waschschüssel zog sich Merle an und sah aus dem Fenster. Die Sonne strahlte und am Himmel war nicht eine Wolke zu sehen. Merle öffnete das kleine Kammerfenster, um die frische Morgenluft einzuatmen, doch sie schloss es schnell wieder, denn es roch draußen noch immer verbrannt. Also verließ sie ihr Zimmer und besuchte Ole. Frau Schubert saß bei ihm und Nicky.

„Guten Morgen, Merle! Konntest du gut schlafen?", fragte sie freundlich.

Merle erwiderte den Morgengruß.

„Ich habe geschlafen wie ein Murmeltier. Allerdings wurde ich durch ein merkwürdiges Hammergeräusch geweckt. Wie geht es Ole?", erkundigte sich Merle und erwähnte natürlich nichts von ihrem nächtlichen Erlebnis.

„Er war eben wach und hat ein wenig Hafergrütze gegessen und Tee getrunken. Jetzt ist er wieder eingeschlafen. Simon war die ganze Nacht bei ihm. Das Hämmern kam gewiss aus der Schusterwerkstatt. Mein Sohn arbeitet schon seit einer Stunde. Er hat viele Aufträge, die er erledigen muss. Wenn du willst, kannst du nach dem Frühstück mit deinen beiden Freunden in die Werkstatt gehen und ihm bei der Arbeit zusehen", schlug Frau Schubert vor.

„Ja, das ist eine gute Idee! Nachher kommt aber Doktor Bremer, um Ole zu untersuchen. Da will ich auf jeden Fall dabei sein", erklärte Merle und stand vor Oles Bett. Er schlief und bekam nichts von dem Gespräch zwischen ihr und Frau Schubert mit.

Merle verließ leise die kleine Kammer und ging in die Diele, wo Hendrik und Tim am Frühstückstisch saßen.

„Stell dir vor, es gibt inzwischen Kaffee, die Biertrinkerei hat ein Ende. Ich hab schon drei Eier gegessen und zwei Scheiben Brot mit Käse und Schinken. Ich bin pappsatt", verkündete Hendrik überglücklich und klopfte sich auf den Bauch.

„Du hast wohl immer nur dein blödes Essen im Kopf. Nebenan liegt Ole und keiner weiß, wann er wieder gesund ist. Wir sollten uns überlegen, was wir für ihn tun können", rügte ihn Merle, während sie sich ein Brot mit Butter bestrich.

„Hendrik ist eben sehr einfach zufriedenzustellen, das Zauberwort heißt: Essen! Nee, aber im Ernst, wir sollten den Arztbesuch abwarten und dann den Apotheker aufsuchen. Jetzt gehe ich erst einmal zu Simon in die Werkstatt. Ich will doch mal sehen, wie im 18. Jahrhundert Schuhe hergestellt werden. Frau Schubert hat mir gezeigt, wo die Werkstatt ist, beeile dich also mit dem Frühstück", forderte Tim und wartete ungeduldig, bis Merle den letzten Bissen hinuntergeschluckt hatte.

Gemeinsam suchten sie nach Simon, der im hinteren Teil des Fachwerkhauses in einem großen Raum seiner Arbeit nachging. Überall lagen Lederstücke, jede Menge

Nägel und Holzstücke, aus denen er die Leisten arbeitete, die er zur Herstellung der Schuhe benötigte. In einem Regal standen ein paar fertige Männerschuhe.

„Guten Morgen! Schön, dass ihr mich bei der Arbeit besucht. Ich habe eine Menge Bestellungen, die Leute brauchen immer mal ein paar neue Schuhe", erzählte Simon und schnitt ein Stückchen Leder zurecht.

Die drei Freunde bewunderten sein Geschick, mit dem er die Arbeit erledigte.

„Warum habt ihr denn noch Kühe, Schweine und Hühner? Reicht deine Arbeit als Schuster nicht aus?", wunderte sich Hendrik, denn er fand, dass Simon genug zu tun hatte.

„Bei uns im Flecken leben fast alle Leute von der Landwirtschaft und betreiben trotzdem nebenbei noch einen Handwerksberuf. Das Land hier in der Gegend ist nur wenig fruchtbar, darum reicht die Landwirtschaft allein nicht aus, um eine große Familie zu ernähren. So arbeiten viele eben als Schuster, Tuchmacher, Gerber, Färber oder haben Fuhrwerke. Unsere Waren verkaufen wir dann auf dem Wochenmarkt hier am Großflecken oder wir fahren auf die Märkte in andere Orte", erklärte Simon, während er das Leder jetzt um den Leisten legte und prüfend die Arbeit begutachtete.

„Ihr habt hier einen Wochenmarkt? Kauft ihr dort auch den Kaffee, den ich heute Morgen getrunken habe?", wollte Tim wissen, denn er hatte sich schon gewundert, wo Frau Schubert das Getränk herbekommen konnte.

„Natürlich! Alle Waren, die wir täglich benötigen, kaufen wir auf dem Markt!"

„Den Wochenmarkt haben wir in unserer Zeit im 21. Jahrhundert auch, sogar zweimal die Woche, allerdings auf dem Kleinflecken. Aber als wir im 17. Jahrhundert hier waren, gab es ihn noch nicht wöchentlich, da hat sich wohl einiges verändert", überlegte Merle.

„Unser damaliger Amtmann, Baron von Mardefeld, hat 1764 den wöchentlichen Markt eingeführt. Er war ein tüchtiger Mann, hat viel für unseren Flecken getan. Er ließ einige Hauptstraßen im Flecken pflastern und hat auf dem Großflecken die Linden gepflanzt. Das sieht hübsch aus. Allerdings hat der Brand den Bäumen sehr zugesetzt, und die Hitze dieses Sommers tut ihnen auch nicht gut. Heute wird es sicher ebenso heiß wie gestern. Wie schön, dass es hier im Haus kühl ist", freute sich Simon und trank einen Schluck Wasser aus einem Krug, der neben ihm auf einem Tisch stand.

Tim erzählte dem staunenden Schuster, wie die Schuhe im 21. Jahrhundert hergestellt werden.

„Das macht doch alle Schuster arbeitslos", sagte er entsetzt und freute sich, nicht im 21. Jahrhundert zu leben.

Merle erklärte ihm, dass es in ihrer Zeit noch immer Schuster gab, aber eben nicht mehr so viele, und dass ihre Hauptaufgabe darin bestand, Schuhe zu reparieren.

„Von Hand werden nur noch wenige Schuhe angefertigt? Das kann ich mir gar nicht vorstellen", meinte Simon entrüstet.

„Der Doktor ist gerade gekommen, er sitzt bei Ole", aufgeregt kam Frau Schubert in die Werkstatt gelaufen. Ihr langer, schwarzer Rock, unter dem sie mehrere Unterröcke trug und der deswegen ziemlich weit war, blieb fast im Türrahmen hängen. Sofort ließ Simon seine Arbeit liegen und folgte ihr mit den Kindern zu Ole in die kleine Kammer. Doktor Bremer fühlte gerade Oles Puls und danach die Stirn. Er sah wieder sehr ernst und nachdenklich aus.

„Ole hat Fieber bekommen, eine Infektion! Frau Schubert, Sie müssen ihm feuchte Wadenwickel machen! Und ihr, Kinder, geht gleich zum Apotheker und holt ein paar Blutegel. Ich werde bei ihm zur Ader lassen, das wird das Fieber senken. Außerdem lasst ihr euch Weidenrindentee einpacken, daraus kocht ihr einen Tee für meinen Patienten. Worauf wartet ihr noch?" Doktor Bremer wirkte hektisch, seine kleine Brille rutschte wieder und wieder beim Sprechen die Nase hinunter, so dass er sie ständig hinaufschieben musste.

„Ist es schlimm mit Ole?", fragte Merle ängstlich.

„Nun ja, ich will es mal so sagen, gut sieht es nicht aus. Ich hoffe, dass wir ihn bald wieder auf die Beine bekommen. Sind eure Eltern informiert?", fragte der alte Arzt, während er vorsichtig den Verband an Oles Kopf erneuerte.

„Ja, wir haben einen Bekannten zu ihnen geschickt. Ich hoffe, dass sie bald hier eintreffen", log Simon so perfekt, dass er nicht einmal verlegen wurde, wie Merle staunend feststellte.

„Das ist gut, das ist sehr gut", wiederholte Doktor Bremer.

„Wir haben da ein kleines Problem, wir wissen nicht, wo die Apotheke ist", meldete sich Tim zu Wort.

„Sie liegt am Großflecken, zum Glück dort, wo es nicht gebrannt hat. Grüßt den Apotheker von mir und jetzt beeilt euch", erklärte der Arzt und wurde ungeduldig.

Simon steckte ihnen schnell noch etwas Geld zu, und dann verließen Tim, Hendrik und Merle sofort die kleine Kammer, um die Apotheke aufzusuchen.

Vor der Tür stieß Hendrik fast mit einem Jungen zusammen, der dort mit einem Mädchen „Fangen" spielte.

„He, du Trottel, pass mal besser auf, wo du hingehst", schimpfte er und sah Hendrik verächtlich an.

„Ich bin kein Trottel, du Zwerg!", entgegnete Hendrik wütend.

Natürlich wollte der andere Junge kein Zwerg sein, und so gab ein Wort das andere, und wenn Merle nicht beherzt eingegriffen hätte, wäre es zu einer ordentlichen Schlägerei gekommen.

„Verdammt, wir haben keine Zeit zum Prügeln! Wir müssen zum Apotheker", rief sie und zog Hendrik von dem fremden Jungen weg.

„Erst entschuldigst du Blödmann dich bei mir", entfuhr es nun wieder dem fremden Jungen.

„Pah, das hab ich gar nicht nötig! Wer mich Trottel nennt, den kann ich auch Zwerg nennen", entgegnete Hendrik, um seine Ehre wiederherzustellen.

„Merkt ihr eigentlich gar nicht, wie doof ihr euch verhaltet?", fragte nun das fremde

Mädchen und ging dazwischen. „Mein Bruder Ferdinand ist manchmal etwas zu frech. Das sagen unsere Eltern auch immer!"

Die beiden Streithähne trennten sich voneinander und standen sich gegenüber.

„Frieden?", fragte Hendrik und streckte die Hand aus.

„Frieden!", erklärte Ferdinand und reichte ihm die Hand.

„Ihr seid nicht aus Neumünster, was? Besucht ihr die Witwe Schubert? Sie ist sehr nett. Wir wohnen hier nebenan. Ich bin Hella Thomsen, das ist mein Bruder Ferdinand!", stellte sich das Mädchen vor.

„Mein Name ist Merle und das sind meine Freunde Tim und Hendrik. Du hast recht, wir sind für ein paar Tage bei den Schuberts eingeladen. Da werden wir uns sicher öfter sehen. Jetzt müssen wir uns aber beeilen. Wir suchen die Apotheke, die soll irgendwo auf dem Großflecken sein."

„Ja, das ist nicht weit. Wenn ihr nichts dagegen habt, können wir euch begleiten. Ich kenne den Apotheker der **Einhorn-Apotheke** ziemlich gut. Wir müssen dort öfter Medizin für unsere Oma holen", erklärte Hella, und ihr Bruder schien nichts dagegen zu haben.

„Das ist eine prima Idee, da können wir uns noch ein bisschen unterhalten. Müsst ihr denn gar nicht in die Schule?", fragte Merle, während sie am Teich entlang zum Großflecken spazierten.

„Nö, wir haben schulfrei, weil gestern etliche Häuser abgebrannt sind und die Kinder den Familien beim Aufräumen mithelfen müssen. Es ist heute auch wieder viel zu heiß, um zur Schule zu gehen. Da habe ich sowieso keine Lust auf Unterricht", stöhnte Ferdinand, der in seinen aufgekrempelten Leinenhosen und dem kurzärmeligen Hemd mächtig schwitzte. Er trug fast schulterlange Haare, die ihn bei der Wärme ziemlich störten.

„Wisst ihr, was das da hinten für ein Haus ist?", fragte Hella plötzlich die drei Freunde, und zeigte mit dem Finger auf ein Gebäude, das hinter einigen Bauernhäusern auf dem Großflecken zu sehen war.

Merle stellte überrascht fest, dass dort, wo einst das alte Nonnenkloster stand, jetzt offensichtlich ein neues Anwesen errichtet worden war.

„Keine Ahnung, vielleicht ist es das Haus eines Grafen?", rätselte Hendrik, denn auch ihm war die Veränderung aufgefallen. Aber er schwieg lieber, denn sonst hätte er Verwunderung bei den beiden Tuchmacherkindern ausgelöst. Wie sollte er ihnen auch erklären, dass hier mal ein Nonnenkloster stand, mit dem er schlechte Erinnerungen verknüpfte. Er hatte aber nicht den blassesten Schimmer einer Ahnung davon, was nach dem Abriss des alten Gemäuers hier gebaut worden war.

„Hahaha, das Haus eines Grafen! **Hier wohnen Irre und Verbrecher!** Meine Oma hat erzählt, dass hier früher mal ein Kloster stand. Das wurde abgerissen und vor hundert Jahren hat ein Herzog, ich glaube, er hieß **Christian Albrecht**, ein neues Gebäude an dieser Stelle gebaut. Er ist von hier aus immer auf Jagd gegangen, so sagt man. Vor fünfzig Jahren etwa wurde das **Haus zu einem Zuchthaus für Verbrecher umgebaut. Seht ihr den hohen Palisadenzaun? Der Wassergraben, der** schon damals das Gebäude umgab, wurde extra noch vertieft. Beides hat man dazu angelegt, damit die Gefangenen nicht entkommen können. Wenn einer der Gefangenen stirbt, wird er übrigens dort drüben auf dem kleinen Osthügel am Zuchthaus begraben. Es wurde nämlich extra ein Friedhof für die Mörder und Räuber eingerichtet. Auf unserem Friedhof an der Bartholomäuskirche wird ihnen die ewige Ruhe verweigert. Neben dem Zuchthaus seht ihr das Dollhaus. Da leben Irre, die sind völlig durchgeknallt. Ich kannte mal einen hier im Flecken, der hat sich für einen Herzog gehalten und nur dummes Zeug geredet. Er glaubte auch immer, dass er fliegen könnte. Als er auf das Dach von Schuster Pahl kletterte, um von dort einen Rundflug zu starten, haben sie ihn eingefangen und ins Dollhaus gesteckt", erzählte Ferdinand und freute sich, den fremden Kindern einiges aus dem Flecken erklären zu können.

„Gibt es denn so viele Verbrecher hier? Und was treiben die den ganzen Tag im Zuchthaus?" Tim interessierte die Sache sehr.

„Die Gefangenen müssen natürlich arbeiten. Amtmann Baron von Mardefeld hat es nämlich mächtig gestört, dass er die Leute alle mit Nahrungsmitteln umsonst durchfüttern sollte. Daher hat er entschieden, dass sie Wolle für die Tuchmacher bearbeiten mussten. Aber die war von so schlechter Qualität, dass kein Tuchmacher sie abnehmen wollte! Außerdem produzierten sie viel zu viel. So bekam das Zuchthaus eine eigene Tuchmacherwerkstatt, die heute noch existiert", erzählte jetzt Hella weiter, denn sie war bestens über das Zucht- und Dollhaus informiert, da ihr eigener Vater als Tuchmacher sehr viel über die Tuchmacherwerkstatt des ehemaligen Klosters berichtete.

„Kann ich mir gut vorstellen, dass die Verbrecher nicht besonders sorgfältig arbeiten. Schließlich werden sie nicht dafür bezahlt, und eingesperrt sind sie ebenfalls. Da haben sie kaum Lust zum Wollespinnen", vermutete Merle.

„Leben denn da auch Mörder?", fragte Tim neugierig.

„Na klar! Mörder, Diebe, Betrüger, Vagabunden, alles bunt durcheinander! Ich möchte nicht Aufseher dort sein. Stell dir vor, es ist Nacht und die Mörder brechen aus und murksen dich ab!" Ferdinand machte eine schneidende Handbewegung an seinem Hals.

„Das stell ich mir lieber nicht vor!" Hendrik war weniger wohl zu Mute bei dem Gedanken, dass im Flecken Mörder gefangen waren. Er hoffte inständig, dass sie keine Chance hatten, auszubrechen.

„Werden denn die Mörder nicht vom Scharfrichter Roeßler hingerichtet?" Merle konnte kaum erklären, wozu der Flecken sonst einen Henker brauchte.

„Na klar! Aber sie kommen doch vorher vor ein Gericht. Erst wenn das Urteil gefällt wurde, schickt der Scharfrichter sie ins Jenseits", berichtete Ferdinand mit ernster Miene.

„Wer fängt denn die Verbrecher? Habt ihr hier irgendwo eine Polizei?", erkundigte sich jetzt Tim.

„Natürlich! Der Polizeisergeant Kruse ist für den Flecken und die Umgebung zuständig. Er hat viel zu tun. Schlägereien, Saufereien, Betrügereien und auch mal ein Mord. Die Menschen halten sich nicht alle an Gesetze", meinte Hella, während sie weiter zur Apotheke liefen.

„Wir sollten nicht so viel stehenbleiben, sonst verlieren wir Zeit und kommen womöglich zu spät zurück zu Ole", trieb Merle ihre Begleiter zu mehr Eile an.

Der südliche Teil des Großfleckens sah furchtbar aus. Überall lagen Überreste der verbrannten Häuser, die die Menschen trotz der großen Hitze emsig wegschafften. Jeder hatte das Ziel, so schnell wie möglich mit dem Aufbau eines neuen Hauses zu beginnen.

„Hier ist die Einhorn-Apotheke! Sollen wir draußen warten?" Hella stand mit den Freunden und ihrem Bruder vor einem kleinen Haus. Ein Einhorn aus Metall hing über dem Eingang und daneben prangte in Großbuchstaben der Name „Einhorn-Apotheke".

„Wenn ihr wollt, könnt ihr gern mitkommen!" Merle hatte nichts dagegen, und auch Tim und Hendrik störte die Gegenwart der Geschwister nicht.

„Guten Tag Hella und Ferdinand! Na, was soll es denn heute für die Oma sein? Braucht sie Baldrian zum Einschlafen oder Weißdorn für ihr schwaches Herz?", fragte sie der nette, alte Apotheker im weißen, langen Kittel. Ähnlich wie Doktor Bremer trug auch er eine kleine runde Brille mit Metallgestell.

„Wir brauchen heute gar nichts, Herr Apotheker. Unsere Freunde wollen etwas kaufen", höflich grüßte Hella und zeigte auf Merle, Tim und Hendrik.

„Ihr seid wohl neu bei uns im Flecken, was? Ich hoffe, es gefällt euch hier! Habt ihr den Brand unbeschadet überstanden?" Der Apotheker musterte die drei fremden Kinder. Irgendwie sahen sie sehr ungewöhnlich aus. Aus welchem Teil des Landes sie wohl kamen, überlegte der Alte nachdenklich.

„Ja, das heißt, nein, denn uns dreien ist nichts passiert. Aber unser Freund hat sich schwer am Kopf verletzt. Doktor Bremer schickt uns. Wir sollen Blutegel und Weidenrindentee holen", trug Merle freundlich vor.

„Oh, das ist nicht gut, da hat der Junge wohl hohes Fieber bekommen?", schloss der Apotheker aus den gewünschten Dingen, die die Kinder verlangten.

„Ja, er hat Fieber und eine Infektion. Kennen Sie noch ein gutes Mittel, damit unser Freund bald wieder gesund wird?", erkundigte sich Tim und sah, wie der Alte aus einer Metalldose, auf der in schwarzen Buchstaben „**Cortex Salicis**" stand, **ein paar braune Stückchen in eine Tüte schüttete und sie auf einer Waage mit zwei Waagschalen abwog. Auf der einen Seite lagen kleine Metallgewichte und auf der anderen befand sich die Tüte mit den Weidenrindenstückchen. Immer wieder schüttete er etwas mehr in die Papiertüte und tippte mit dem Finger an die Waagschale, auf der die Tüte lag, um zu sehen, wie viel er noch dazu wiegen musste. Prüfend sah er, ob sich die Nadel der Waage auch wirklich in der Mitte der Messskala befand. Zufrieden nahm er schließlich die abgewogene Tüte von der Waagschale und verschloss sie, indem er sie oben zusammenfaltete.**

„So, das ist euer Weidenrindentee. Einen Löffel auf eine Tasse kochendes Wasser geben und ziehen lassen! Ich werde es noch einmal auf die Tüte schreiben, damit ihr es nicht vergesst", meinte der Apotheker und schrieb mit sauberer Handschrift die Gebrauchsanleitung auf das Papier.

„Haben Sie sich da eben vielleicht vergriffen?", fragte Tim etwas ängstlich. „Auf der Teedose stand nirgendwo ‚Weidenrindentee'. Ich möchte nämlich nicht, dass unser Freund etwas Falsches bekommt und daran stirbt!"

„Nein, nein, mein Junge! Da brauchst du keine Angst zu haben. **Hier in der Apotheke haben alle Pflanzen einen lateinischen Namen und Weidenrinde heißt auf lateinisch ‚Cortex Salicis'.** So, und nun bekommt ihr noch meine kleinen Lieblingstierchen, die Blutegel. Sie sind auch schon mächtig hungrig. Wollt ihr sie mal sehen?" Der Apotheker winkte die Kinder zu sich in sein Labor. Es roch dort ziemlich stark nach Schwefel und anderen Chemikalien, die zur Herstellung von Arzneien gebraucht wurden. Überall standen große braune Glasgefäße mit Flüssigkeiten, die die Kinder nicht kannten. Auch hier war alles mit lateinischen Namen beschriftet, und Latein verstand keiner von ihnen.

„Hier sieht es aus wie in einer Alchemistenküche!", staunte Merle, als sie all die vielen Glaskolben und Gefäße sah.

„**Ich muss ja auch viele Medikamente herstellen. Da drüben allerdings, das ist meine Lieblingsecke. Ich mache dort Marzipan und Liköre! Ab und zu probiere ich natürlich auch mal, ob es schmeckt. Und ich muss sagen, es schmeckt sehr gut! Kein Wunder, dass die Bürger aus dem Flecken mir die Sachen gerne abkaufen. Zur Jahreswende stelle ich sogar Feuerwerkskörper her. Das ist allerdings sehr gefährlich. Mein Gehilfe hätte sich dabei im letzten Jahr fast die Hand abgerissen. Mit Salpeter, Schwefel und Phosphor muss man eben richtig umgehen können**", warnte der Apotheker die Kinder, die aus dem Staunen nicht mehr herauskamen.

„Sie stellen in der Apotheke Likör her? Ich dachte, es gibt hier nur Medizin", wunderte sich Hendrik.

„**Liköre sind die reinste Medizin, sag ich euch!** Eigentlich dürfen Kinder keinen Likör trinken, aber wenn ihr mich nicht verratet, lasse ich euch einmal dran lecken. Mehr ist nicht erlaubt. Ich war neulich mit Doktor Bremer in meinem Labor. Wir haben gemeinsam den Honigwein getestet, mal er, dann ich, dann wieder er und so weiter. Nach zwei Stunden waren wir mächtig angesäuselt! Aber es war lustig, das könnt ihr mir glauben", lachte der Apotheker verschmitzt und seine Brille tanzte wieder auf seiner Nase. Aus einem großen, braunen Glasgefäß goss er eine etwas dickliche, bräunliche Flüssigkeit in einen Glaskelch und hielt Merle den Kelch hin.

„Nur ein klitzekleines Schlückchen, hörst du! Damit du weißt, wie köstlich **Honigwein ist. Er dient zur Stärkung von Kranken**", erklärte der Apotheker, während Merle vorsichtig am Glas nippte und es dann an Hendrik weiterreichte. Einer nach dem anderen probierte ein wenig von dem süßen Honigwein.

„Schmeckt lecker nach Honig, vom Alkohol merke ich gar nichts", fand Tim und hätte gern von dem süßen Wein getrunken, doch mehr wurde ihm nicht genehmigt.

„So, und hier wohnen meine Lieblingstierchen!" Der Apotheker zeigte auf ein Wassergefäß, in dem bräunlichgrüne, dickliche Würmer schwammen.

„Da sind meine Blutegel. Sie haben mächtig Appetit. Ich gebe euch ein paar in ein Glas. Seid aber vorsichtig, dass ihr nicht stolpert, sonst landen die armen Tiere im Sand!"

„Ihgitt! Die sehen aber ekelhaft aus!", entfuhr es Merle beim Anblick der Blutegel.

„Ja, hast du denn noch nie welche gesehen?" Der Apotheker war sehr erstaunt. **Mit Blutegeln arbeiteten die Mediziner doch schon lange.** Wie konnte es da angehen, dass das fremde Mädchen sie nicht kannte?

„Nein, wir brauchten bisher keine!", gab Merle ehrlich zu. Sie hoffte auch sehr, niemals welche zu benötigen. Ob der Einsatz dieser Tiere Ole wieder gesund machen würde, bezweifelte sie stark, aber sie wagte nicht, das dem Apotheker zu sagen.

Als die Kinder den Tee und die Blutegel erhalten hatten, bezahlten sie und bedankten sich bei dem netten Apotheker für den Rundgang durch sein Labor. Er freute sich sehr über die Abwechslung, dachte aber noch einige Zeit über die drei fremden Kinder nach, die ihm so anders vorkamen als die übrigen Kinder im Flecken.

„Gute Besserung für euren Freund! Und viele Grüße an eure Oma Frieda", rief der alte Apotheker den fünf Kindern hinterher. Er sah ihnen noch nach, bis sie seinem Blick entschwanden.

„Hoffentlich waren wir jetzt nicht zu lange unterwegs. Doktor Bremer hat gesagt, wir sollen uns beeilen", befürchtete Merle, als sie wieder auf dem Rückweg waren.

„Die paar Minuten werden schon nicht so schlimm gewesen sein. Wir sind ja gleich wieder zu Hause", beruhigte Ferdinand.

„Ihr habt einen tollen Apotheker! Ist der immer so nett?", wollte Tim wissen, während er an den leckeren Honigwein dachte.

„Ja! Wir kennen ihn schon lange, er ist wirklich sehr freundlich. In seinem Labor waren wir allerdings noch nie. Das war heute neu für uns. Hat aber richtig Spaß gemacht", freute sich Ferdinand.

„Diese Blutegel finde ich nicht sehr schön!" Hendrik hielt das Wasserglas in die Höhe und betrachtete die vier Tiere, die sich im Wasser hin und her bewegten.

„Ist doch einerlei, wie sie aussehen. Sie sollen Ole gesund machen!" Tim war es egal, ob die Egel hübsch oder hässlich waren.

„Als ich fünf Jahre alt war, hatte ich mal so ein Ekeltier am Bein. In einem Tümpel hier im Flecken saugte sich so ein Viech beim Baden an meiner Wade fest. Ich habe geschrien wie am Spieß, bis meine Mutter kam und den Blutegel abmachte. Das war gar nicht einfach, denn er hatte sich festgebissen und war schon am Blutsaugen. Ich hab das bis heute nicht vergessen, obwohl ich inzwischen schon 13 Jahre alt bin. Die Bisswunde blutete noch eine ganze Weile ziemlich heftig", erinnerte sich Ferdinand mit Abscheu an das Erlebnis an einem warmen Julitag.

„Du bist schon dreizehn Jahre alt? Da bist du ja zwei Jahre älter als wir", stellte Hendrik fest. „Aber größer bist du nicht!"

„Meine Eltern sind auch nicht besonders groß. Mir ist das völlig egal", winkte Ferdinand ab und tat ziemlich gleichgültig dabei.

„Ach du alter Spinner! Natürlich stört es dich. Wie oft ärgerst du dich darüber, wenn die Leute glauben, dass ich älter bin als du, bloß weil ich größer bin", petzte Hella, und Merle bemerkte, dass es Ferdinand sehr unangenehm war, was seine Schwester da ausplauderte.

„Bist du denn etwa jünger als dein Bruder?", fragte Tim, denn auch er hatte vermutet, dass Hella die ältere Schwester von Ferdinand war.

„Nein, wir sind beide 13 Jahre alt! Er ist sogar fünf Minuten älter als ich, wir sind nämlich Zwillinge", berichtete Hella lachend.

„Wie? Ihr seht euch aber gar nicht ähnlich", staunte Merle, denn Ferdinand hatte blonde Haare und seine Schwester rote. Sie sah ein wenig aus wie „Pippi Langstrumpf" mit den vielen Sommersprossen auf der Stupsnase und den feuerroten langen Zöpfen. Nur die Kleidung war ordentlicher. Sie trug ein fast bodenlanges, kurzärmeliges, kariertes Sommerkleid mit einer blauen Schürze. Dass die beiden Geschwister und zudem auch noch Zwillinge waren, das konnte so schnell keiner erraten.

Kurze Zeit später standen sie wieder vor dem Haus der Witwe Schubert und verabschiedeten sich erst einmal von den neuen Freunden.

„Wir kommen später noch rüber zu euch! Erst müssen wir sehen, wie es Ole geht", entschied Merle.

Ferdinand und Hella hatten vollstes Verständnis dafür und freuten sich schon darauf, bald wieder mit den dreien zusammen sein zu können.

Sie liefen in das Nachbarhaus, um ihrer Oma Frieda von den fremden Kindern zu erzählen.

„Hier sind die gewünschten Blutegel und der Weidenrindentee!" Tim stellte das Wasserglas und die Teetüte auf den kleinen Tisch in Oles Kammer.

Doktor Bremer hatte schon nervös auf die Rückkehr der Kinder gewartet, denn Oles Zustand verschlechterte sich ständig. Die Witwe Schubert erneuerte gerade wieder die feuchtwarmen Wadenwickel, die sie auf Anweisung von Doktor Bremer bei Ole am Bein anlegte. Die Wickel sollten das Fieber senken, das jedoch langsam immer höher stieg.

Simon war wieder in seine Werkstatt gegangen. Er konnte für Ole im Augenblick nichts tun.

Merle sah das besorgte Gesicht von Frau Schubert und beobachtete, wie Doktor Bremer sehr ernst den Puls ihres schwer erkrankten Freundes prüfte.

Ole lag mit hochrotem Gesicht in seinem Bett. Schweißperlen rannen ihm die Stirn hinunter. Dabei stöhnte er immer wieder und murmelte etwas Unverständliches. Nicky wich nicht von seiner Seite. Die ganze Zeit war er nicht einmal aus dem Zimmer gelaufen. Simon hatte ihm einen Teller mit Wasser zum Trinken hingestellt. Er berührte es aber genauso wenig, wie den saftigen Schinken aus Frau Schuberts Speisekammer.

Doktor Bremer nahm das Glas mit den Blutegeln, öffnete es und nahm ein Tier heraus.

„Der ekelhafte Wurm beißt sich gleich bei Ole fest? Wie schrecklich!", rief Merle angewidert aus.

Der Arzt hielt den Egel so zwischen den Fingern, dass er sich bei ihm nicht festsetzen konnte, und zeigte das Tier Merle, Tim und Hendrik.

„Hier, das sind die Saugnäpfe, mit denen sich die Tiere am Körper festsaugen. Erst dann beißen sie mit ihren Zähnen zu und beginnen Blut zu saugen. Nach dreißig bis sechzig Minuten ungefähr sind sie satt und vollgefressen, dann lassen sie sich einfach fallen!" erklärte Doktor Bremer, während er den Egel an die rechte Schläfe an Oles Kopf setzte. Es dauerte nicht lange, da hatte sich das wurmartige Tier festgebissen. Der Arzt setzte einen zweiten Egel auf die linke Schläfenseite. Fasziniert, aber trotzdem angeekelt, beobachteten die drei Freunde das Schauspiel. Ole bekam nichts von alldem mit, zu hoch war sein Fieber.

„Hoffentlich hilft es ihm auch!" Hendrik betrachtete mitleidig den kranken Freund.

„Natürlich wird das helfen! Die Entzündung verschwindet und damit das Fieber. Ich bin mir absolut sicher. Natürlich geht es nicht von einer Sekunde zur anderen, ein bisschen Geduld brauchen wir schon. Der Tee wird die Heilung unterstützen. Ole sollte gleich eine Tasse davon trinken, wenn er aufwacht. Mehr können wir jetzt nicht für ihn tun!" Der alte Arzt beobachtete aufmerksam, wie die beiden Blutegel langsam dicker wurden.

„Ich koche ihnen gleich einen schönen starken Kaffee, Doktor, den haben Sie sich verdient!" Frau Schubert deckte Ole vorsichtig zu, denn sie hatte gerade wieder einen Wadenwickel entfernt.

„Das ist nett, Frau Schubert, eine Stärkung ist jetzt genau das Richtige für mich", antwortete Doktor Bremer freundlich und sah die Witwe lächelnd dabei an.

„Merle, komm du doch mit und hilf mir beim Kaffeemahlen, dann geht es schneller", bat die Witwe Schubert, und Merle folgte ihr in die Diele zur offenen Herdstelle.

Mit einer Handkaffeemühle aus Holz musste Merle die Kaffeebohnen kleinmahlen. Anfangs ging es etwas schwer, aber dann ließ sich der Griff der Mühle leichter drehen und schon bald war die Schublade der Kaffeemühle voll mit duftendem, braunem Pulver. Merle kam sich vor wie die Großmutter beim Räuber Hotzenplotz, die ständig Kaffeebohnen mahlte. Zu schade nur, dass diese Kaffeemühle nicht mit einer Spieluhr ausgestattet war!

„Aber das Pulver kommt doch nicht in die Kaffeekanne, sondern in einen Filter mit einer Filtertüte!" Merle stutzte, so hatte sie noch nie jemanden Kaffee kochen gesehen, denn Frau Schubert **schüttete das Pulver direkt in eine Kanne und überbrühte es mit kochendem Wasser.**

„Filtertüte? Filter? Was redest du da? Wir kochen unseren Kaffee alle so. Filtertüten kenne ich nicht, wozu sollen die gut sein?", fragte Frau Schubert etwas ratlos.

Merle erklärte es ihr, und die Witwe fand die genannten Gegenstände äußerst praktisch.

„Da hätten wir schließlich nicht mehr den ekelhaften Kaffeesatz im Mund. Das ist eine gute Erfindung. Mal sehen, ob ich so eine Tüte aus Stoff nacharbeiten kann. Unser Papier ist viel zu schnell kaputt. Wenn ich Wasser draufgieße, zerreißt es sicherlich", meinte sie nachdenklich.

Kurze Zeit darauf trug Merle auf einem Tablett Tassen und die Kanne mit dem heißen Kaffee in Oles kleine Kammer. Frau Schubert folgte ihr mit einem selbstgebackenen Sandkuchen, bei dessen Anblick Hendrik das Wasser im Mund zusammenlief.

„Wie geht es Ole?", erkundigte sich Merle, während sie Kaffee in eine Tasse goss und dem alten Arzt reichte, der bei ihrem Freund auf dem Bett saß und ihn immer noch beobachtete.

„Ich glaube, das Fieber ist etwas gesunken. Er fühlt sich nicht mehr so heiß an. Da, seht mal, der erste Blutegel ist satt, er fällt gerade herunter!" Doktor Bremer nahm den Egel, der jetzt dick und rund geworden war, von Oles Kopfkissen. Auf die kleine Bisswunde legte er ein sauberes Tuch. Der zweite Blutegel folgte ziemlich schnell seinem Artgenossen. Beide kamen nun in eine kleine Schüssel, in der sich Wasser befand.

„Die beiden haben jetzt für zwei Jahre keinen Hunger mehr. Da könnt ihr mal sehen, wie genügsam sie sind", schmunzelte Doktor Bremer und trank einen Schluck Kaffee.

„Ich kann mir nicht vorstellen, dass diese kleinen Tiere heilen können", bezweifelte Tim und besah sich die dicken Blutegel in der Waschschüssel.

„Oh ja, sie haben irgendeinen Wirkstoff in ihrem Speichel, der heilt. Das wissen selbst die frei lebenden Tiere. Wenn sie Verletzungen haben, suchen sie Gewässer auf, in denen Blutegel leben, und gehen hinein, damit die Tiere sie beißen und von ihren Erkrankungen heilen. Das haben Wissenschaftler beobachtet", wusste der alte Arzt zu berichten und nahm sich nun auch ein Stückchen Kuchen. Man sah, dass es ihm sehr gut schmeckte. „Köstlich, köstlich, dieser Kuchen, meine liebe Frau Schubert! Ihre Backkünste sind einfach einmalig, einmalig!"

„Das ehrt mich sehr, Herr Doktor Bremer! Kinder, ihr dürft natürlich auch gern ein Stückchen Kuchen essen!" Die Witwe Schubert war sehr verlegen und bekam ganz rote Wangen, denn sie freute sich über das Kompliment, das ihr der Arzt gemacht hatte. Hendrik ließ sich das natürlich nicht zweimal sagen. Als Erster griff er hastig zu.

„Durst! Ich hab so schrecklichen Durst!", flüsterte Ole plötzlich kaum hörbar, doch Merle, die dicht neben ihm stand, vernahm die leisen Worte.

„Ole redet! Er möchte etwas trinken. Schnell, wir müssen ihm etwas Wasser geben!"

46

rief Merle vor lauter Freude und wollte in die Diele laufen, um ihm etwas Wasser zu holen.

„Nein, kein Wasser! Er muss den Weidenrindentee trinken, der senkt das Fieber und lindert die Schmerzen", mahnte der Arzt, so dass Frau Schubert eilig zum Herd lief, um Wasser zum Kochen zu bringen, damit sie Tee zubereiten konnte. Merle, Tim und Hendrik waren überglücklich, dass der Freund endlich mit ihnen sprach.

„Es geht ihm besser, Doktor Bremer! Vielleicht ist er morgen schon wieder auf den Beinen. Ich denke, Ihre Medizin mit den ekelhaften Würmern hat geholfen", freute sich Merle.

„Also, morgen kann er sicher noch nicht mit euch durch die Gegend laufen, aber ich bin froh, dass er wieder mit uns redet. Das bedeutet, dass es aufwärts geht. Ich werde aber trotzdem jeden Tag einen Hausbesuch machen, sicher ist sicher! Seine Wunde am Kopf muss regelmäßig verbunden werden!" Doktor Bremer nahm sich zufrieden ein zweites Stückchen Sandkuchen.

„Hier mein Junge, der Tee wird dir gut tun!" Witwe Schubert kam mit dem Weidenrindentee zurück.

Vorsichtig, Schluck für Schluck, trank Ole das heiße Getränk.

„Wo bin ich hier? Was ist mit mir passiert? Ich kann mich an nichts erinnern", flüsterte Ole und wollte mit der Hand an seinen Kopf fassen.

Doktor Bremer konnte ihn gerade noch rechtzeitig daran hindern. Er erzählte ihm, was geschehen war. Ole wollte es kaum glauben, doch seine drei Freunde bestätigten die Aussage des Arztes.

„Du hast sehr viel Glück gehabt! In ein paar Tagen kannst du mit uns weiterreisen!" Hendrik war wieder zuversichtlich.

„Wieso sollte ich mit euch verreisen?", fragte Ole „Ich kenne euch doch gar nicht!"

„Hahahaha, das Dings ist gut! Ole macht wieder Späße. Wenn ich dich nicht schon so lange kennen würde, könnte ich annehmen, du meinst es ernst", kicherte Tim und freute sich über Oles Witz.

„Ich kenne euch wirklich nicht! Ich habe keinen von euch jemals in meinem Leben gesehen. Wer seid ihr?" Ole strengte sich an, um sich zu erinnern, aber es nützte nichts. Seine Vergangenheit war ausgelöscht. Erschöpft drehte er den Kopf zur Seite und schlief ein.

„Das war eben kein Witz. Ole hat die Erinnerung an alles verloren. Ich glaube, dass er noch lange nicht wieder gesund ist", befürchtete Doktor Bremer, und sein Blick war sorgenvoll.

„Aber das gibt es doch gar nicht. Wir kennen uns schon Ewigkeiten. Er muss sich an uns erinnern. Vielleicht hilft Nicky weiter, er ist schließlich sein Hund, ihn hat er sicher nicht vergessen", hoffte Tim und war verzweifelt. Wie sollte es mit Ole weitergehen, wenn er sein Gedächtnis verloren hatte?

„Ich denke, dass seine Erinnerungen zurückkommen, wenn eure Eltern hier eintreffen. Ich habe aber auch schon Fälle erlebt, wo sich die Patienten nie mehr an ihre Vergangenheit erinnerten. Sie mussten dann das glauben, was die Angehörigen und

Freunde ihnen über sie erzählten. Ein Mann erkannte seine Frau und die eigenen Kinder nicht mehr. Das ist sehr schlimm für die Betroffenen", erzählte der alte Arzt.

„Ist dieser Gedächtnisverlust durch den schweren Schlag auf den Kopf entstanden?", wollte die Witwe Schubert wissen und überlegte fieberhaft, wie sie dem Jungen helfen konnte.

„Ja, durch schreckliche Erlebnisse und Kopfverletzungen entsteht manchmal eine Amnesie, so nennen wir Ärzte den Gedächtnisverlust. Falls euer Bruder selbst seine Eltern nicht erkennt, wird es schwierig werden, ihn davon zu überzeugen, mit ihnen nach Hause zu fahren. Allerdings kann er auch nicht ewig hier bei Ihnen bleiben, Frau Schubert. Das werden die Eltern sicher auch nicht wollen, genauso wenig wie Sie. Obwohl ich weiß, wie gastfreundlich Sie sind, gnädige Frau! Wir müssen eine Lösung finden", überlegte Doktor Bremer und kratzte sich nachdenklich am Ohr.

„Na, wie geht es unserem Patienten?" Simon betrat leise die kleine Kammer und sah erschrocken in betretene Gesichter.

„Er kann wieder reden, erinnert sich aber an nichts. Er erkennt keinen von uns", unglücklich berichtete Merle von Oles Zustand.

„Ach was, die Erinnerung kehrt bestimmt zurück. Wir werden viel mit ihm sprechen, das hilft auf jeden Fall. Die Hauptsache ist doch, dass er nicht mehr in Lebensgefahr ist!" Simon war optimistischer als alle anderen Anwesenden.

„Ich bin dafür, dass wir ihn jetzt schlafen lassen. Er braucht viel Ruhe. Morgen sehe ich wieder nach Ole!" Doktor Bremer griff nach seiner Arzttasche und verließ leise den Raum. Simon, seine Mutter und die Kinder folgten ihm. Als sie die Tür hinter sich schließen wollten, gönnte sich Nicky auch eine kurze Verschnaufpause von der Krankenwache am Bett seines Freundes.

Kaum war Doktor Bremer aus dem Haus, saßen alle am großen Tisch in der Diele.

„Was sollen wir bloß machen, wenn der Arzt herausfindet, dass wir ihn angelogen haben? Schließlich leben unsere Eltern in einer ganz anderen Zeit. Ich fühle mich ganz schön mies, denn Doktor Bremer ist wirklich nett und kümmert sich super um Ole", bemerkte Hendrik und dachte angestrengt nach.

„Ein, zwei Tage können wir ihn noch hinhalten, dann müssen wir ihm aber wohl eure Geschichte erzählen. Allerdings wird er euch für völlig verrückt erklären. Deswegen überlege ich, ob wir noch eine andere Lösung finden", erklärte Simon nachdenklich.

„Am wichtigsten ist es, dass Ole schnell wieder gesund wird. Wir müssen alles tun, was ihm hilft, fit zu werden!" Merle war es inzwischen ziemlich egal, ob der Arzt von ihrer Zeitreise wissen durfte oder nicht. Sie machte sich große Sorgen um ihren kranken Freund.

„Ich werde jetzt mal Kühe melken gehen und dabei nachdenken. Es ist wieder so heiß heute, die Kühe geben bestimmt weniger Milch", seufzte Simon, während er vom Tisch aufstand.

„Wie viele Kühe habt ihr denn?", fragte Merle und versuchte sich dabei ein wenig abzulenken.

„Im Moment sind es fünf. Vor vier Jahren hatten wir noch 12 Tiere, aber sie sind alle eingegangen, als 1776 hier die Rinderpest grassierte. 321 Kühe und Kälber starben daran, nur 34 von ihnen haben die schreckliche Seuche überlebt. Später kauften wir wieder neue Tiere, denn Kühe sind für unsere Ernährung sehr wichtig. Ohne Milch, Butter und Käse schmeckt kein Frühstück, oder? Ich hoffe nur, dass sich diese Rinderpest nicht so bald wiederholt! Aber was erzähle ich euch das alles. In eurer Zeit gibt es solche Krankheiten sicher nicht mehr. Wenn eure Kühe krank sind, bekommen sie eine Medizin, die sie heilt, oder?", vermutete Simon und dachte dabei daran, wie viel Geld eine gute Kuh kostete.

„Nee, du irrst dich! Diese Rinderseuche hat sich die Jahrhunderte über gehalten. Bei uns mussten erst vor ein paar Jahren hunderte von Rindern getötet werden, weil sie BSE hatten. Die Krankheit ist sogar für uns Menschen ansteckend. Die Tiere sterben an dieser Krankheit jämmerlich, und ein Medikament dagegen gibt es noch nicht", erzählte Tim, und Simon hörte interessiert zu. Es gab also selbst im 21. Jahrhundert kein Mittel, das bei so einer Seuche heilen konnte!

„Das hätte ich nicht vermutet, wo doch in der Zukunft so vieles erfunden wird, wie ihr erzählt habt. Nun muss ich aber schleunigst zu den Tieren, sonst bin ich zum Abendessen nicht mit dem Melken fertig", stöhnte Simon und verließ das Haus.

Merle erzählte Frau Schubert von dem Zusammentreffen mit den beiden Nachbarskindern Hella und Ferdinand Thomsen.

„Warum geht ihr nicht hinüber zu ihnen? Sie werden bestimmt schon auf euch warten. Ich kümmere mich um Ole und Nicky. Warum sollt ihr hier trübsinnig herumsitzen und euch immer nur Gedanken um alles machen?" Die Witwe sah die Kinder aufmunternd an.

„Sollte nicht wenigstens einer von uns bei Ole im Haus bleiben?", fragte Merle unsicher, denn sie wollte nicht, dass Frau Schubert durch den kranken Freund zu sehr belastet wurde.

„Nicky wird mich schon rechtzeitig informieren, wenn Ole wach wird und etwas braucht. Er läuft ständig in die kleine Kammer, um nach ihm zu sehen. Nicky ist wirklich ein prächtiger Hund, und was für ein herrliches Fell er hat", lachte Witwe Schubert und strich liebevoll über Nickys Rücken. „Ich glaube, dass er Appetit auf ein dickes Stückchen Wurst hat!"

Nicky ahnte sofort, dass ihn ein Leckerbissen erwartete, denn das Wort „Wurst" hatte sich schon seit frühester Welpenzeit als besonders positiv in seinem Gehirn verankert. Er setzte sich schon einmal vorsichtshalber sehr artig auf seine Hinterpfoten und machte „Männchen". So etwas rührte schließlich jedes Menschenherz, vor allem das von weiblichen Geschöpfen. Ein Charmeur wie Nicky beherrschte eben sein Handwerk! Mit großen, treuen Hundeaugen sah er mit Unschuldsblick zu Witwe Schubert. Es funktionierte wieder perfekt. Sie hielt ihm ein gut riechendes Riesenstück Mettwurst vor die Hundenase. Nicky tropfte das Wasser vor Freude aus der Schnauze. Schmatzend verschlang er gierig das Stück Fleisch.

„Es schmeckt ihm richtig gut", stellte die Witwe erfreut fest. „Hier, da hast du noch ein Stückchen!"

„Sie sind wirklich super nett, Frau Schubert. Gut, dass wir Sie und Ihren Sohn kennengelernt haben. Wer weiß, was sonst aus Ole geworden wäre", meinte Tim.

„Ihr macht mich ja total verlegen. Jetzt verschwindet aber nach nebenan zu den Thomsen-Kindern, bevor ich noch vor Rührung das Heulen kriege", lächelte die alte Dame und war sehr gerührt über das Lob.

„Wir sind bald wieder zurück", rief Tim, als er mit Merle und Hendrik das Haus verließ.

„Sagt mal, ist euch gar nichts an den beiden Häusern rechts von dem Haus der Witwe Schubert aufgefallen?", fragte Merle und ging ein Stück voraus.

„Du läufst in die falsche Richtung! Hella und Ferdinand wohnen links von den Schuberts", rief Tim ihr zu.

„Das weiß ich auch. Aber seht euch mal diese zwei Häuser an!", forderte Merle ihre beiden Freunde auf.

Hendrik und Tim konnten nichts Auffälliges daran erkennen und sahen sie fragend an.

„Was soll denn so Tolles an den Häusern sein? Sie sehen aus, wie alte Häuser eben aussehen", wunderte sich Hendrik und drängte Merle, endlich zu den Thomsens zu gehen.

„In unserer Zeit standen diese beiden Häuser noch bis vor knapp vier Jahren in Neumünster am Teich. Sie wurden abgerissen, weil es niemanden gab, der die inzwischen baufälligen Gebäude wieder renovieren wollte. Wahrscheinlich war das wohl zu teuer. Ich kann mich noch ganz genau an die alten Tuchmacherhäuser erinnern. Meine Mutter ist oft mit mir dort vorbeigegangen. Dabei beobachteten wir eines Tages, wie ein Bagger die alten Häuser abriss. Frau Meyer erzählte es uns sogar später im HSU-Unterricht. In der Zeitung konnte man noch ein Foto der beiden Gebäude sehen, bevor sie dann für immer von der Bildfläche verschwanden", erzählte Merle, und jetzt erinnerten sich auch Tim und Hendrik an die Häuser.

„Ja, du hast recht! Heute ist da nur noch eine große, unbebaute Fläche, wo lauter Unkraut wächst. Schade, dass die Häuser in unserer Zeit nicht mehr stehen. Sie müssen nach unserem letzten Besuch im 17. Jahrhundert von den Tuchmachern gebaut worden sein", vermutete Tim.

„Wir werden es sicher von der Witwe Schubert erfahren, wenn wir sie fragen!" Merle fühlte so etwas wie Verbundenheit zu ihrer Zeit im 21. Jahrhundert. Die Häuser, vor denen sie jetzt stand, kannte sie nur zu gut. Allerdings hatten sie natürlich in ihren letzten Jahren nicht mehr das schöne Aussehen, das sie im 18. Jahrhundert besaßen. Sie waren schon lange Zeit unbewohnt. Irgendwer hatte die Fensterscheiben mutwillig zerstört, weshalb die Fenster mit Brettern vernagelt worden waren. Auf diesen Brettern klebten Plakate, und die beiden Gebäude waren mit den Jahren zu einem Schandfleck in der Stadt geworden.

„Schade, dass ich zu dem Zeitpunkt noch nicht Schatzbesitzer war. Sonst hätte ich eines der alten Häuser gekauft und so eingerichtet, wie wir es hier im 18. Jahrhundert kennengelernt haben. Vielleicht wäre so eine Art kleines Tuchmachermuseum mit Café daraus geworden! Natürlich mit Strom und Heizung, sonst wäre es mir im Winter zu kalt. Die Besucher aus dem Museum „Tuch und Technik" am Kleinflecken wären dann direkt zu mir in mein kleines Tuchmachercafé gekommen, um sich mit Kuchen und Kaffee den Bauch vollzuschlagen. Dabei hätten alle sehen können, wie die Menschen früher hier mal lebten!", träumte Hendrik laut vor sich hin.

„Da hättest du aber Ärger mit den Leuten vom Museum ‚Tuch und Technik' gekriegt, weil du für sie eine Konkurrenz gewesen wärst. Außerdem täte es deiner Figur weniger gut, denn den meisten Kuchen in deinem Café würdest du sicherlich selber essen", spottete Tim über Hendriks Spinnereien.

„Macht ihr euch man lustig über mich", ärgerte sich Hendrik und schlug vor, nun endlich zu den Thomsens zu gehen.

„Na endlich, wir warten schon eine Ewigkeit auf euch", stöhnte Ferdinand, als sie an die Tür klopften.

„Wie geht es eurem Freund Ole?" Hella zog Merle an der Hand mit ins Haus.

„Er erkennt uns nicht, er hat sein Gedächtnis verloren", berichtete Tim und folgte Hella und Ferdinand in die große Diele, die fast genauso aussah wie die im Haus der Schuberts.

„Oh weh, das ist ja schrecklich! Hoffentlich wird er wieder gesund!" Hella sah die Freunde bestürzt an.

„Wer ist dort? Haben wir Besuch?", fragte plötzlich eine Stimme. Merle drehte sich suchend um, aber sie sah niemanden.

„Ja, Oma! Es sind Kinder aus der Nachbarschaft", rief Hella laut in Richtung Wohnstube, die sich hinter der offenen Küche befand.

„Ich möchte sie gern kennenlernen", klang es aus der Stube zurück.

„Natürlich, Oma, wir kommen sofort!" Hella war etwas genervt, weil sie viel lieber mit den fremden Kindern reden wollte, als zu ihrer Großmutter zu gehen. Aber sie traute sich auch nicht, sich der Bitte der alten Frau zu widersetzen.

„Gehen wir kurz zu meiner Oma, sie ist blind und freut sich über jede Abwechslung. Aber wundert euch nicht, wenn sie vielleicht etwas merkwürdig redet! Sie ist schon sehr alt und spinnt manchmal!" Ferdinand ging mit seiner Schwester vor und Merle folgte ihnen mit Tim und Hendrik.

„Möchtest du ein bisschen draußen im Schatten unter der großen Linde sitzen, Oma? Hier drinnen ist es doch viel zu warm und stickig", schlug Hella vor, und die Großmutter nickte.

„Ja, das ist eine gute Idee, mein Kind. Draußen lässt es sich angenehmer plaudern. Wie heißen denn die Kinder aus der Nachbarschaft? Seid ihr gerade hergezogen? Ich habe noch nie eure Stimmen gehört", fragte die blinde Frau und ließ sich von Hella in den Garten führen, wo sie sich auf eine kleine Holzbank setzte.

Merle betrachtete die Großmutter von Hella und Ferdinand. Sie wunderte sich sehr, dass sie trotz der großen Hitze ein langes, schwarzes Kleid trug, das auch noch lange Ärmel hatte. Die grauen Haare waren zu einem strengen Knoten zusammengebunden, darüber saß eine kleine weiße Haube mit Rüschen. Das Gesicht der alten Frau war voller tiefer Falten, und die trüben, etwas zusammengekniffenen Augen blickten starr geradeaus, als würde sie konzentriert einen Gegenstand beobachten.

Hella erzählte der Großmutter von den Kindern, die bei den Schuberts für ein paar Tage zu Besuch waren.

„Du wirst ‚Merle' genannt? Das ist aber ein Zufall! Genauso hieß die Schwester meines Mannes Harald Thomsen auch. Leider starb sie schon als ganz kleines Mädchen mit drei Jahren an sehr hohem Fieber. Harald und ich waren damals 10 Jahre alt. Außer Merle hatte er keine Geschwister. Als Nachbarskinder spielten wir fast jeden Tag zusammen. Seine kleine Schwester sah so niedlich aus mit ihren blonden Löckchen. An einem kalten Wintertag erkrankte sie plötzlich schwer, und kurz darauf war sie tot. Wir waren alle sehr traurig und haben viel geweint. Oft saß ich mit Harald in der Webstube bei seiner Mutter, um sie zu trösten und abzulenken. Wir erzählten ihr, was sich so alles im Flecken abspielte, denn sie wollte nicht mehr unter Menschen gehen. Meistens haben wir dabei die Wolle gekratzt, die sie dann später am Spinnrad zu Garn spann. Die Eltern von Harald waren nämlich Tuchmacher so wie auch meine Eltern und fast alle übrigen Anwohner am Teich. Die Wochen zogen ins Land, ohne dass es Haralds Mutter besser ging. Doch eines Tages, es war bereits Frühling geworden, da spürten wir plötzlich eine Veränderung an ihr. Frau Thomsen lachte wieder, und es klang fast so fröhlich wie vor dem Tod ihrer kleinen Tochter. Den Grund dafür erfuhren wir bald: sie erwartete ein Kind! Von nun an überlegte sie jeden Tag, wie das Baby heißen sollte. Sie wünschte sich sehr, dass es wieder ein Mädchen sein würde. Ich schlug ihr vor, es doch ebenfalls ‚Merle' zu nennen, aber das lehnte sie ab. Sie meinte, dass jedes Kind einmalig sei und auch ein gleicher Name daran nichts ändern könnte. Nie würde das neue Kind ihr das verstorbene ersetzen, und das wollte sie auch nicht. Außerdem, so erklärte sie uns, verband sie eine besondere Geschichte mit dem Namen ‚Merle'. Natürlich wollten Harald und ich diese Geschichte von ihr hören, aber sie erzählte sie nicht, so sehr wir sie auch darum baten", berichtete die blinde, alte Frau den Kindern.

Hella und Ferdinand lauschten ihrer Großmutter neugierig, denn diese Erzählung kannten sie noch nicht. Tim, Merle und Hendrik fühlten eine starke Unruhe in sich aufkommen, denn sie ahnten, um was es in der Geschichte ging.

„Nun mach es nicht so spannend, Oma! Hast du denn später von dieser besonderen Geschichte zu hören bekommen?", wollte Ferdinand wissen, der die Erzählungen seiner Großmutter sehr liebte.

„Ja, aber nur durch einen Zufall. Wollt ihr wirklich wissen, was damals geschah?" Die alte Frau horchte angestrengt und wartete einen Moment auf die Antwort der Kinder, die sie aber eigentlich längst kannte. Sie wusste, wie sehr ihre Enkelkinder ihre Geschichten schätzten.

„Natürlich wollen wir das wissen!" Ferdinand wurde allmählich ungeduldig. Er saß neben seiner Großmutter auf der Holzbank und rutschte unruhig hin und her.

„Also gut! Es vergingen einige Monate und Harald und ich dachten schon gar nicht mehr an das Gespräch mit seiner Mutter. Ihr Baby wurde im September geboren, genau am Krüselabend kam es auf die Welt. Es war tatsächlich ein Mädchen und erhielt den Namen ‚Barbara'. Alle hatten nur noch Augen für das Kind, und Haralds Mutter strahlte vor Glück. Jeden Tag war ich bei ihr und durfte die kleine Barbara sogar wickeln. Als sie fast drei Monate alt war, bekam sie eine starke Erkältung. Frau Thomsen machte sich große Sorgen um ihr Baby. Der Doktor wurde gerufen und musste Barbara untersuchen. Er schickte Harald und mich los, wir sollten Medizin besorgen. Da es kurz vor Weihnachten war, lag inzwischen hoher Schnee, durch den wir zum Großflecken stapfen mussten. Drei Jahre vorher, im **Januar 1703, hatte dort der Apotheker Bünemann die erste Apotheke im Flecken eröffnet**. Das war ein großer Segen für uns Bürger, so konnten wir im Krankheitsfall besser versorgt werden. Wir kauften also die Medizin für die kleine Barbara und kamen ziemlich durchgefroren wieder zu Hause an, denn auf dem Heimweg setzte starker Schneefall ein. Das Baby lag bei Haralds Mutter im Arm und wurde gestillt. Ich wollte die Kissen in der dunkelblauen Holzwiege, die neben uns in der guten Stube stand, aufschütteln und wieder ordentlich hineinlegen, als ich unter dem Kopfkissen eine goldene Münze fand. Sie war wunderschön und größer als unsere Reichstaler, die ich kannte. Harald nahm das Goldstück aus der Wiege und wollte es sich näher betrachten, als ihn seine Mutter dabei ertappte.

‚Was ist das für ein Geldstück?', fragte er sie.

Frau Thomsen wurde nervös und antwortete ziemlich ärgerlich, dass er die Finger davonlassen sollte.

Natürlich verstanden Harald und ich nicht, warum sie so etwas von uns forderte. Wir ahnten nur, dass es etwas Besonderes mit dem Goldtaler auf sich hatte. Inzwischen kam auch der Vater von Harald aus seiner Webstube und setzte sich zu uns. Unsere Neugierde war grenzenlos, deshalb fragte Harald ihn nun nach dem Geldstück, in der Hoffnung, von ihm mehr zu erfahren.

‚Ach, habt ihr den Goldtaler von Merle gefunden? Er soll unserer kleinen Barbara Glück bringen', begann Herr Thomsen zu erzählen.

‚Eigentlich ist es doch unser Geheimnis, Hans! Warum redest du darüber?', unterbrach ihn Haralds Mutter energisch.

Wir Kinder standen ratlos daneben. Ein Goldtaler von Merle? Woher hatte die kleine Schwester, die schon seit einem Jahr nicht mehr lebte, jemals solch ein Geldstück bekommen? Und warum sollte es ein Geheimnis sein? Wahrscheinlich erriet der Vater unsere Gedanken.

‚Es ist doch eine schöne Geschichte, und außerdem weiß Harald dann, warum wir seine Schwester damals ‚Merle' getauft haben. Ich finde, er hat ein Recht darauf, alles zu erfahren', meinte er.

Frau Thomsen konnte nun nichts mehr dagegen sagen. So hörten wir von ihr die unglaublichste Geschichte unseres Lebens.

Sie berichtete von vier Kindern, die durch eine Zeitreise aus der Zukunft in ihre Zeit gekommen waren. Eines der Kinder war ein Mädchen und hieß ‚Merle‘. Die Kinder hatten viele gefährliche Abenteuer erlebt und sogar einen Schatz gefunden, der aus Goldstücken und Schmuck bestand. Das Goldstück, welches ich unter dem Kopfkissen der kleinen Barbara gefunden hatte, war eines aus dem Schatz. Das Mädchen Merle bezahlte damit Kleidungsstücke und wollte kein Wechselgeld zurückhaben, obwohl das Goldstück viel wertvoller war als die Kleidung. Sie schenkte es Frau Thomsen, weil sie so freundlich zu ihnen war. Natürlich erzählten die fremden Kinder auch, was in der Zukunft hier im Flecken passieren würde. Eines Tages sollten in Neumünster noch viel mehr Tuchmacher leben und durch ihr Handwerk den Flecken zu einer wichtigen Stadt werden lassen. Aber sie sprachen auch von anderen Dingen wie Flugzeugen, in denen Menschen sitzen und die wie Vögel in der Luft hin und her fliegen können. Von Maschinen, die sehr viel schneller arbeiten können als wir Menschen und uns schwere Arbeit abnehmen werden. Eines hat sich inzwischen schon bewahrheitet. Die Anzahl der Tuchmacher ist seit damals enorm gestiegen! Wie es scheint, wird dieses Handwerk für unseren Ort immer wichtiger. Ich bin mir sicher, dass eines Tages auch die außergewöhnlichen Maschinen Einzug in unsere Tuchmacherstuben erhalten werden. Leider bekomme ich diesen Augenblick nicht mehr mit. Dafür bin ich zu alt. Aber ihr Kinder, ihr habt vielleicht die Gelegenheit dazu, **denn vor ein paar Jahren hat ein Engländer die ‚Spinning Jenny‘ erfunden. Das ist eine Spinnmaschine, die anfangs acht Spindeln auf einmal füllte,** inzwischen sollen es schon viel mehr sein, wie mir neulich euer Vater erzählte. Wie schnell ist da das Garn gesponnen! So eine Maschine erspart eine Menge Zeit und Arbeit. Bis heute hat noch kein deutscher Tuchmacher sie in seiner Webstube. Aber lange wird dieser Fortschritt vor unserem Handwerk nicht haltmachen!" Die blinde Großmutter machte eine kleine Pause. In der Erinnerung sah sie sich in der kleinen, warmen Stube neben ihrem Harald stehen und den Worten seiner Mutter lauschen.

„Das ist ja einfach unglaublich! Das ist Zauberei! Kein Mensch kann eine Zeitreise machen, Oma. Hast du dir das nicht alles einfach nur ausgedacht? Die Leute sagen doch, dass du eine Spökenkiekerin bist!" Hella konnte nicht fassen, was sie gerade gehört hatte. Auch Ferdinand traute seinen Ohren kaum. Merle, Tim und Hendrik waren dagegen auffällig still.

Die gerade gehörten Dinge berührten sie sehr.

„Ich bin keine Spökenkiekerin. Aber ich habe den Leuten hier schon einige Male erzählt, was eines Tages auf unseren Flecken und die Menschen in unserem Land zukommen wird. Deswegen glauben sie, dass ich eine bin. Allerdings wissen sie nichts von den Kindern und ihrer Zeitreise. Sie würden mir die Geschichte nie glauben, genauso wenig, wie ihr es macht. Darum behalte ich sie für mich. Nur ihr kennt nun mein Geheimnis. Zum Zeichen dafür, dass alles sich so zugetragen hat, werde ich euch etwas zeigen!"

Gespannt schauten die Kinder auf die Alte. Sie tastete ihren schwarzen Rock ab und zog dann plötzlich etwas hervor, das sie kurz in ihrer knöchrigen, faltigen Hand hielt, bevor sie sie langsam öffnete.

„Das Goldstück!", entfuhr es Merle und im nächsten Augenblick befürchtete sie, dass sie sich durch ihre unbedachte Äußerung verraten haben könnte. Doch weder Ferdinand noch Hella oder die Großmutter schienen etwas bemerkt zu haben. Tim sah sie vorwurfsvoll an, sagte aber kein Wort.

„Ja, du hast richtig geraten, Merle, es ist das Goldstück, das Frau Thomsen damals von dem Mädchen aus der Zukunft bekommen hatte. Als Harald und ich heirateten, schenkte sie es uns als Glücksbringer zur Hochzeit. Seiner Schwester Barbara hat das Goldstück ebenfalls Glück gebracht. Sie hat einen reichen Freund von Caspar von Saldern geheiratet und ist in die Nähe von Kiel gezogen. Oft kam sie uns mit der Postkutsche besuchen. Das war immer eine Freude! Leider starb sie vor ein paar Jahren, genau wie ihr Mann und mein Harald. Ich bin nun die Letzte, die übrig geblieben ist. Der liebe Gott will mich noch nicht bei sich haben, obwohl ich blind und alt bin. Aber so kann ich euch wenigstens noch mit schönen Geschichten erfreuen", erklärte die Großmutter den Kindern und lächelte glücklich.

„Wie lange sind die Kinder denn geblieben, und warum haben sie überhaupt eine Zeitreise gemacht?" Ferdinand interessierte die Geschichte sehr, auch wenn er sie nicht richtig glauben konnte.

„Das kann ich euch gar nicht sagen. Haralds Eltern haben uns nichts davon erzählt. Ich weiß nur, dass sie bei einem alten Ehepaar in der Wittorfer Burg wohnten. Die Frau hieß Barbara, nach ihr wurde Haralds zweite Schwester genannt. Der Name des Mannes fällt mir im Augenblick leider nicht ein. Ja, ja, mit dem Alter vergisst man vieles! Ich weiß nur noch genau, dass Haralds Mutter immer weinte, wenn sie von den beiden Alten erzählte. Es war auch zu schlimm, was ihnen widerfuhr! Aber wozu erzähle ich euch das alles? Es interessiert euch sicher gar nicht, Geschichten über unbekannte Personen zu hören!" Die Großmutter machte wieder eine Pause.

Die Hitze war unter der alten Linde angenehmer zu ertragen. Es wehte ein leichter Wind, der die Blätter wie einen Fächer hin und her rauschen ließ.

Merle spürte wie ihr Herz laut klopfte. Was hatte die blinde Frau von Bernhard und Barbara gesagt? Ihnen war etwas Schlimmes widerfahren? Natürlich interessierte sie sich für die beiden herzensguten Menschen, die sie mit so viel Liebe und Fürsorge aufgenommen hatten. Aber sie konnte unmöglich die Großmutter von Hella und Ferdinand danach fragen. Tim und Hendrik erging es ähnlich.

„Deine Geschichten sind immer spannend, Oma! Warum sollten wir nicht auch etwas von Barbara und ihrem Mann hören? Ich finde es schon recht merkwürdig, dass sie in der Wittorfer Burg wohnten. Da lebt doch schon ewig kein Mensch mehr", wunderte sich Hella und bat die Großmutter, weiter zu erzählen.

„Also, wenn eure neuen Freunde sich auch für meine Geschichten interessieren, sollt ihr sie hören", entschied die alte Frau und wartete auf eine Antwort.

„Natürlich! Ich würde schon gern wissen, was mit den Leuten in der Burg geschah!" Hendrik brannte geradezu darauf, aber das verschwieg er lieber.

„Das alte Ehepaar war sehr traurig, als die vier Kinder wieder fort waren. Sie hatten sich immer eigene Kinder gewünscht, aber nie bekommen. Als die kleine Merle geboren wurde, besuchte Frau Thomsen die alten Leute so oft sie konnte, denn Barbara war ganz vernarrt in das Baby. Eines Tages, es war im September, Merle muss so vier oder fünf Monate alt gewesen sein, fuhr Frau Thomsen mit ihr und ihrem Ehemann wieder einmal zu Besuch zu ihren alten Freunden in der Wittorfer Burg. Als sie von weitem den schwarzen Rauch sah, der über dem Haus der beiden in den Himmel stieg, dachte sie zuerst, dass er aus der offenen Herdstelle kam. Doch dann bemerkte sie, dass die Hütte der beiden alten Leute brannte. Herr Thomsen lief sofort los, um zu sehen, ob Barbara und ihr Mann noch in dem Holzhaus waren. Was er erlebte, war furchtbar! Barbara lag tot auf ihrem Bett, man hatte sie kaltblütig erschossen! Bernhard, ach seht mal, jetzt fällt mir sein Name wieder ein! Bernhard also, saß schwer verwundet auf einem Stuhl. Herr Thomsen trug ihn sofort aus dem Haus und konnte ihn noch fragen, was geschehen war. Räuber hatten ihr Haus überfallen, sie ausgeraubt und auf sie geschossen. Barbara starb vor seinen Augen, er konnte ihr nicht mehr helfen, dann steckten sie das Haus in Brand. Bernhard starb in den Armen von Herrn Thomsen. Das alles war sehr traurig. Frau Thomsen konnte nächtelang nicht schlafen. Immer wieder sah sie den schwer verwundeten Bernhard vor sich liegen. Das Haus ist völlig abgebrannt. Die Leiche von Barbara konnte keiner mehr bergen. Bernhard haben sie auf dem Friedhof an der Bartholomäuskirche beerdigt. Ihr könnt euch vorstellen, wie sehr die Thomsens geschockt waren von dem Erlebnis! Jetzt wisst ihr auch, warum das zweite Mädchen der beiden den Namen ‚Barbara' erhielt", beendete die Großmutter ihre Erzählung.

Betroffen saßen die Kinder um die Alte herum. Keiner sprach ein Wort.

„Das ist ja schrecklich! Dabei waren die beiden so nett. Weiß man denn, wer die Mörder waren?", fragte Hendrik geschockt. Ihm lief es eiskalt den Rücken herunter.

„Nicht so genau. Bernhard hat zwei Namen gemurmelt, die keiner richtig verstand. Haralds Vater meinte, einer klang wie ‚Edwin' oder so ähnlich. Die Räuber wurden nie gefunden, weil es keine Zeugen gab, die sie am Tatort gesehen haben", berichtete die Großmutter nachdenklich.

„Hella, Ferdinand, wo steckt ihr denn?", rief plötzlich eine helle Stimme, und sofort erhoben sich die Zwillinge von ihren Plätzen unter der Linde.

„Wir sind hier draußen mit Großmutter und ein paar Freunden", antwortete Hella und sah, dass ihre Mutter in den Garten kam.

„Eigentlich solltet ihr eurem Vater in der Werkstube helfen", mahnte die Mutter ein wenig vorwurfsvoll. „Aber wie ich sehe, hört ihr lieber die Geschichten eurer Großmutter. Wer sind denn die Kinder? Ich habe sie noch nie hier gesehen!"

Ferdinand stellte Merle, Tim und Hendrik vor. Dabei erzählte er auch von Ole, der krank nebenan bei den Schuberts im Bett lag.

„Ich bin Christina Thomsen!" Die Mutter reichte den drei Freunden lächelnd die Hand. „Es tut mir leid für euren Freund! Bei dem schlimmen Brand gestern sind sehr viele Menschen verletzt worden. Doktor Bremer hat ordentlich zu tun. Eigentlich wollte ich heute mit Ellen zu ihm, aber er war unterwegs zu seinen Patienten. Mir gefällt eure kleine Schwester gar nicht. Sie ist so rot im Gesicht und klagt über Halsschmerzen. Vorhin habe ich ihre Stirn gefühlt, ich glaube, dass sie Fieber hat. Hoffentlich bekommt sie nicht die Masern wie der Sohn von Tuchmacher Klose. Er war doch vor zehn Tagen bei uns und hat mit Ellen gespielt!"

„Wenn Doktor Bremer morgen nach Ole sieht, werde ich ihm Bescheid sagen, dass er Ihre kleine Tochter untersuchen soll. Ist Ihnen das recht?", schlug Merle der jungen Frau vor.

„Oh ja, das wäre nett von dir. Man sagt, dass die Masern sehr ansteckend und gefährlich sind. Da mache ich mir schon Sorgen um die Kleine", erklärte die Mutter und hörte, wie das Mädchen weinend nach ihr rief.

„Entschuldigt mich, ich muss zu Ellen!" Mit schnellen Schritten lief sie ins Haus.

„Sind die Masern wirklich so gefährlich?", wollte Merle wissen. Sie kannte die Krankheit nicht, wusste aber, dass sie dagegen geimpft worden war.

„Leider ja, daran sterben jedes Jahr etliche Kinder. Wer sie überlebt, hat manchmal bleibende Schäden davonzutragen, wie ständige Schwäche und kranke Augen. Es ist eine sehr tückische Krankheit. Ich hoffe, dass Ellen sie nicht bekommt", wünschte die Großmutter und bat Hella darum, sie wieder ins Haus zu führen.

„Hatte einer von euch diese blöde Krankheit schon?", fragte Ferdinand und sah dabei Merle, Tim und Hendrik an.

Alle drei schüttelten mit dem Kopf.

„Hella und ich sind bisher auch davon verschont geblieben. Aber ich bin sowieso immer gesund. Jungen sind eben viel widerstandsfähiger als die mimosenhaften Mädchen", tönte Ferdinand. „Ich gehe ja auch noch barfuß, wenn es draußen schneit!"

„Alter Angeber! Du heulst doch wie ein Baby, wenn du dich mal irgendwo verletzt", verteidigte sich Hella und sah den Bruder schadenfroh dabei an.

Inzwischen waren sie in der Wohnstube angekommen, wo Christina Thomsen mit der weinenden Ellen auf einem Stuhl saß. Das vierjährige Mädchen hatte ein hochrotes Gesicht und fühlte sich sehr unwohl. Frau Thomsen war verzweifelt.

„Mach dem Kindchen doch einen Wadenwickel!", riet die Großmutter, während Hella sie zu ihrem Lehnstuhl mit dem kleinen Fußbänkchen davor führte.

„Ja, das ist eine gute Idee. Hella, halte du doch bitte deine Schwester einen Moment im Arm! Ich hole feuchte Tücher. Ellen muss sofort wieder ins Bett!"

Während Hella versuchte, das kleine Mädchen zu beruhigen, streichelte Merle dem Kind liebevoll über die Haare, die ebenso karottenrot waren wie die ihrer Schwester Hella.

„Ich glaube, es ist besser, wenn wir jetzt nach drüben zu den Schuberts gehen. Deine Mutter wird sicher eure Hilfe brauchen, und ich möchte sehen, wie es Ole geht. Sollen wir euch morgen wieder besuchen?" Merle sah Hella fragend an.

„Natürlich! **Aber wir müssen morgen früh um fünf Uhr in die Werkstube, von neun bis zwölf zur Schule und nach dem Mittag wieder bis spät nachmittags in der Werkstatt arbeiten.** Wir können uns erst gegen Abend treffen, leider", bedauerte Hella und beneidete Merle und die beiden fremden Jungen, die all diese Verpflichtungen nicht zu haben schienen.

„Das ist aber doof! Könnt ihr nicht mal eure Eltern bitten, dass sie euch ausnahmsweise am Nachmittag frei geben?" Tim fand die Zwillinge sehr nett und wünschte insgeheim, dass Frau Thomsen seine Bitte erhören würde.

Die Mutter war inzwischen mit den Tüchern für den Wadenwickel in die Stube zurückgekehrt und wickelte sie um die Beine ihrer kranken Tochter. Sie war zwar sehr beschäftigt mit der kleinen Ellen, aber die Worte von Tim entgingen ihr trotzdem nicht.

„Ihr habt heute nicht in der Werkstube geholfen. Morgen geht ihr zur Schule und hinterher wird gearbeitet. Ihr dürft allerdings ausnahmsweise schon am frühen Nachmittag um drei Uhr Feierabend machen, aber nur, wenn ihr vernünftig gearbeitet habt", ermahnte Frau Thomsen.

Hella und Ferdinand freuten sich sehr. **Die langen Arbeitstage in der Tuchmacherwerkstatt strengten sie bei der Hitze noch mehr an als an anderen Tagen. Zwar konnten sie sich in den drei Schulstunden am Vormittag immer etwas ausruhen, aber das änderte nichts daran, dass sie nach dem Mittagessen weiterarbeiten mussten, oftmals bis acht Uhr abends. Da begann für alle in der Werkstatt der ersehnte Feierabend.**

„Was macht ihr denn so lange in der Werkstatt? Ihr habt ja kaum noch freie Zeit für euch!" Hendrik war sehr erstaunt darüber, dass Kinder so lange arbeiten mussten. Ihn nervte schon die Schulzeit, die meistens mittags endete. Die Vorstellung, schon vor der Schule morgens um fünf Uhr irgendwo einer Tätigkeit nachgehen zu müssen, die er erst abends um acht Uhr beenden durfte, fand er wenig nachahmenswert. Zum Glück lebte er im 21. Jahrhundert, wo Kinderarbeit verboten war.

„**Wir arbeiten am Kratzbock und kratzen Wolle**", erklärte Ferdinand und wunderte sich, dass die drei fremden Kinder offensichtlich nirgendwo Geld verdienen mussten.

„Was ist denn ein Kratzbock? Ich kann mir nichts darunter vorstellen, wie man Wolle kratzt und wozu das gut sein soll!" Tim überlegte, welcher ungewöhnlichen Tätigkeit Hella und Ferdinand in der Tuchmacherwerkstatt wohl nachgingen.

„Du kommst sicher nicht aus einer Tuchmacherfamilie, sonst würdest du so etwas nicht fragen", lachte Ferdinand. „**Ein Kratzbock besteht aus Holz und hat zwei Drahtbürsten. Wir legen die Wolle oben auf die eine Bürste und mit der anderen kratzen wir den Schmutz dann heraus. Schließlich ist die Wolle nicht sauber, wenn wir sie einkaufen. Die Schafe waschen sich bekanntlich nicht so gerne. Außerdem ist es wichtig, dass die Wolle ordentlich gekämmt wird, damit man später einen Faden daraus spinnen kann.** Wenn ihr morgen Zeit habt, könnt ihr uns in der Werkstatt besuchen und uns bei der Arbeit helfen!"

„Vielleicht! Aber wir müssen erst den Besuch von Doktor Bremer abwarten. Er will Ole morgen wieder untersuchen!" Merle interessierte die Tätigkeit der Geschwister schon, aber Ole war ihr wichtiger.

Während Frau Thomsen sich voller Sorge um ihre kleine Tochter Ellen kümmerte, verließen Merle, Tim und Hendrik mit den Zwillingen die Wohnstube.

„Richtet bitte ein paar liebe Grüße an die Witwe Schubert und ihren Sohn Simon aus", rief die blinde Großmutter den Kindern noch hinterher.

„Wird gemacht", verabschiedete Merle sich freundlich von der alten Frau.

Hella und Ferdinand brachten die drei Freunde noch bis zur Haustür und freuten sich auf das Wiedersehen am nächsten Tag.

Die Witwe Schubert erwartete die Kinder schon in der Diele. Sie hatte bereits das Abendessen zubereitet.

„Ich muss mal eben in den Garten verschwinden!" Hendrik verspürte plötzlich ein menschliches Bedürfnis und ging hinaus.

Merle setzte sich neben Tim an den Dielentisch und richtete die Grüße von Frau Thomsen aus, dann fragte sie nach Ole.

„Er schläft wieder. Vorhin war er kurz wach und hat etwas gegessen und getrunken. Viel reden wollte er nicht. Ich glaube, sein Kopf schmerzt noch zu stark. Nicky sitzt die ganze Zeit neben ihm. Ab und zu verlässt er mal die Kammer, um zu fressen. Ich hab ihn auch schon nach draußen gelassen, damit er ein wenig laufen und die Gegend erkunden kann. Aber lange bleibt er nie weg. Er will immer nah bei Ole sein. Dabei weiß ich nicht einmal, ob er seinen Hund überhaupt erkennt", überlegte Frau Schubert und wirkte sehr traurig dabei.

„Hoffentlich wird er bald wieder gesund", seufzte Merle niedergeschlagen.

„Ich wünschte, es gäbe hier ein Krankenhaus oder bessere Medikamente, leider haben die Ärzte noch nicht das Wissen der Mediziner im 21. Jahrhundert. Ich komme mir so hilflos vor", stöhnte Tim und überlegte fieberhaft, wie er Ole helfen konnte.

Während die Stimmung in der Diele nicht gerade erfreulich war, ging plötzlich die Tür auf und Simon kam gutgelaunt herein.

„Stellt euch vor, was ich für ein Glück habe", rief er freudestrahlend und hielt einen Brief in die Luft.

„Erzähl schon, mach es nicht so spannend! Was ist das für ein Brief?" Simons Mutter platzte förmlich vor Neugier.

„Ich bin vom Amtsschreiber Ovens ins Amtshaus eingeladen! Mir werden 2 Reichstaler Belohnung aus der Brandkasse gezahlt, weil ich so viel Einsatz bei der Löschung des großen Brandes gezeigt habe. Schuster Michel Pahl und der Scharfrichter Roeßler erhalten ebenfalls diese Belohnung, weil auch sie sehr viel Mut bewiesen haben. Wisst ihr was? Ich freu mich riesig! Übermorgen wird uns das Geld übergeben", jubelte Simon und umarmte seine Mutter ausgelassen.

„Das ist ja wunderbar! Welch eine Ehre für euch!" Frau Schubert war sehr stolz auf ihren Sohn. „Du solltest es deinen Geschwistern erzählen. Sie werden sich mit dir freuen!"

„Das mache ich morgen. Wollt ihr mich zu diesem großen Ereignis begleiten?", fragte Simon aufgeregt seine Mutter, Merle und Tim.

„Ja, gerne, aber wer bleibt bei Ole, wenn es ihm übermorgen noch nicht besser geht?" Merle wollte den Freund in seinem Zustand auf keinen Fall allein lassen.

„Geht ihr nur mit, Kinder, ich bleibe bei ihm. Ihr könnt mir hinterher alles ganz genau erzählen. Es ist im Moment so heiß draußen, dass ich froh bin, wenn ich keine weiten Wege laufen muss. Mir macht die Hitze sehr zu schaffen!" Die Witwe Schubert gönnte ihrem Sohn von ganzem Herzen, dass er für seine Tapferkeit belohnt wurde. Aber sie kümmerte sich trotzdem gern um Ole und überließ es so den Kindern, Simon zu begleiten.

„Vielleicht geht es Ole bald besser, dann nehmen wir ihn einfach mit. Leute, bin ich aufgeregt! Was glaubt ihr wohl, wie ich gestaunt habe, als der Fleckensvorsteher Köster mir vorhin den Brief vom Amtsschreiber Ovens überreichte. Ich hatte doch keine Ahnung, was drin stand. Sagt mal, wo ist eigentlich Hendrik?" In seiner großen Freude bemerkte Simon erst jetzt, dass Hendrik fehlte.

„So ein Plumpsklo ist eine feine Sache. Endlich brauche ich nicht mehr auf einen Misthaufen oder irgendwo in den Garten hinter einen Baum zu gehen. Ist nur etwas ungewohnt. Mit unseren Toiletten aus dem 21. Jahrhundert haben diese Klos nicht viel gemeinsam. Ich hatte schon Angst, dass ich das Gleichgewicht verliere und hineinfalle. Außerdem stören mich die vielen Fliegen, und dass es noch kein Klopapier gibt, finde ich doof. Mit diesen Stofffetzen ist die Angelegenheit ganz schön unpraktisch!" Als hätte er geahnt, dass von ihm gesprochen wurde, kam Hendrik in diesem Augenblick fröhlich und ungeniert plaudernd zurück. Er stutzte, als alle Anwesenden laut über seinen unbeschwerten Auftritt lachten.

„Wieso lacht ihr so? Hab ich etwas falsch gemacht?", fragte Hendrik etwas unsicher, denn eigentlich war er sich keines Fehlers bewusst.

„Wir haben gerade von Simon erfahren, dass er eine Belohnung für seinen mutigen Einsatz gestern bei dem schrecklichen Brand erhält. Er ist dazu ins Amtshaus eingeladen, und wir dürfen ihn begleiten. Und in so einem feierlichen Moment kommst du hier hereinspaziert und erzählst uns von Plumpsklos! Wenn das nicht zum Lachen ist", erklärte Merle kichernd dem völlig verdutzten Hendrik. Anerkennend gratulierte er Simon und freute sich für ihn.

„Mich nervt, dass man abends im Dunkeln kaum was sehen kann, wenn man durch den Garten zum Klo gehen muss. Wir können von Glück reden, dass wir eine Taschenlampe haben!" Tim hatte sich inzwischen mit dem ungewohnten Klohäuschen abgefunden.

„Wir leben hier nicht mit dem Luxus des 21. Jahrhunderts. Seid froh, dass ihr keine Löcher mehr graben müsst!" Merle fand es höchst unpassend, dass die beiden Freunde so ein Thema am Tisch besprachen. Doch Simon und seine Mutter interessierte es sehr, wie sich das stille Örtchen in den nächsten zweihundert Jahren weiterentwickeln würde, und Hendrik übernahm gern die Aufgabe, es ihnen zu erklären.

Nach einem ausgiebigen Abendessen besuchten Merle, Tim und Hendrik ihren kranken Freund Ole in seiner kleinen Kammer. Die Witwe Schubert hatte das Fenster in der Stube weit geöffnet, denn es war draußen inzwischen angenehm kühler geworden. So konnte endlich etwas frische Luft in den Raum gelangen. Nicky hob nur kurz den Kopf hoch, als die Freunde das Zimmer betraten. Ole lag wach in seinem Bett und sah die drei fragend an.

„Nett, dass ihr mich besucht. Ich fühle mich hier ganz schön einsam, und mein Kopf tut immer noch wahnsinnig weh", sprach er leise, und die Kinder ahnten, wie schwach Ole war.

„Morgen kommt der Doktor und sieht wieder nach dir. Ich bin froh, dass sich Frau Schubert so gut um dich kümmert!" Merle erzählte Ole auch von den Erlebnissen am Nachmittag bei den Thomsen-Kindern.

„Wenn ich mich doch nur an irgendetwas erinnern könnte. Ich kenne euch nicht, und ihr behauptet, dass wir Freunde sind", klagte Ole und wälzte sich im Bett hin und her, als könnte er dadurch seine Erinnerung wiederfinden.

„Wir werden dir einfach alles von uns erzählen, irgendwann erinnerst du dich bestimmt an etwas!" Tim war sich seiner Sache zwar nicht ganz sicher, aber einen Versuch war es allemal wert.

So saßen die drei Freunde an Oles Bett und redeten nun abwechselnd von ihren vielen gemeinsamen Erlebnissen. Ab und zu unterbrach Ole sie, um ein paar Fragen zu stellen, doch all ihre Mühe blieb vergebens. Der Freund konnte sich an nichts erinnern.

„Ich fühle mich so schlapp, ich möchte nur noch schlafen! Ihr seid so nett zu mir, aber es hat keinen Sinn. Mir kann wohl niemand mehr helfen. Es ist schön, zu wissen, dass ich Freunde habe, die bei mir sind", flüsterte Ole und wurde dabei immer leiser, bis er schließlich einschlief.

Merle, Tim und Hendrik verließen die kleine Kammer und gingen zu Simon und seiner Mutter in die Wohnstube. Inzwischen begann es dunkel zu werden und Simon hatte die Öllampen angezündet.

„Es ist ja schon halb zehn!" Tim zog seine Armbanduhr aus der Hosentasche hervor. Schon seit langem hatten die Kinder ihre Uhren nicht mehr umgebunden. Es war ihnen zu gefährlich, denn der Zeitmesser hätte sie verraten können. Schließlich trug niemand im 18. Jahrhundert so etwas um sein Handgelenk. Es gab höchstens Taschenuhren und die besaßen nur die reichen Leute.

„Deine Uhr ist wunderschön! Darf ich sie mal umbinden?" Voller Bewunderung strich Simon mit seinen Fingern über Tims Armbanduhr, als dieser sie ihm in die Hand legte.

„Hier im Haus ist nicht eine einzige Uhr. Woher wisst ihr eigentlich immer, wie spät es ist?", fragte Merle, während sie sich erstaunt umsah.

„Eine Uhr ist sehr teuer. Im Sommer richten wir uns nach der Sonne, da ist es nicht schwer, die Zeit ungefähr zu erraten. Im Winter wird es schwieriger. Nachts ruft der Nachtwächter die Uhrzeit aus, am Tag kann man die Kloster-uhr schlagen hören. Wie gut habt ihr es da in eurer Zeit. Ihr könnt so wunderschöne Uhren tragen!" Simon wäre zu gern Besitzer eines solchen Prachtstücks gewesen.

„Ja, wir leben wirklich wesentlich bequemer. Bevor wir unsere Zeitreise starteten, habe ich mir oft gewünscht, einmal einen Abstecher in die Vergangenheit machen zu dürfen. Ich fand die Kleider der Frauen so unbeschreiblich schön. Aber nie im Traum dachte ich daran, dass das Leben für euch viel beschwerlicher ist. Ich hoffe nur, dass wir wieder zurück in unsere Zeit gelangen werden, denn solange Ole krank ist, können wir hier unmöglich weg." Merle spürte, dass sie Heimweh bekam.

„Unsere Eltern werden uns schon lange suchen. Niemand ahnt auch nur im Geringsten, dass wir eine Zeitreise machen. Wir bereiten ihnen bestimmt großen Kummer", bedauerte Tim und sehnte sich nach seiner Familie.

„Warum habt ihr euch auch auf eine so verrückte Sache wie diese Zeitreise eingelassen? Woher wusstet ihr von Walburgas Geschichte?", wollte Simon wissen, für den diese Zeitreise immer noch unerklärlich war.

„Aus der Schule. Es gibt da eine Sage über die Wittorfer Burg", berichtete Hendrik und überlegte, ob er von dem Schatz erzählen sollte. Doch er war vorsichtiger geworden, und so verschwieg er es lieber.

„Und da wolltet ihr dem Burgfräulein helfen, ihren Frieden zu finden, damit sie nicht mehr als Geist herumspuken muss? Eine wahnsinnige Idee", fand Simon und schüttelte mit dem Kopf.

„Ich finde die Idee gut, aber ich glaube kaum, dass ich so mutig gewesen wäre und mich auf solche gefährlichen Abenteuer eingelassen hätte!" Frau Schubert bewunderte die Freunde.

Sie unterhielten sich noch eine Weile und Merle berichtete dabei von der Geschichte, die die blinde Großmutter der Thomsen-Kinder ihnen am Nachmittag erzählt hatte.

„Irgendwie werde ich das Gefühl nicht los, dass sie ahnt, wer wir sind. Aber sie sagt es nicht", schloss Merle ihre Erzählung.

„Sie ist eine sehr feinfühlige alte Dame. Die Leute glauben, dass sie in die Zukunft sehen kann, weil sie seltsame Dinge über unseren Flecken erzählt. Sie hat uns vor drei Tagen erst vor einem großen Brand im Flecken gewarnt. Ich hab ihr nicht geglaubt und redete auch mit niemandem darüber. Aber unheimlich ist sie mir manchmal schon. Wer weiß, vielleicht können blinde Menschen wirklich Dinge voraussagen", überlegte Frau Schubert nachdenklich.

Es war inzwischen spät geworden, so dass der gemütliche Abend nun ein Ende fand. Merle ging noch einmal mit Frau Schubert in Oles Kammer, während die Freunde und Simon sich schlafen legten.

„Merle, es brennt! Komm raus aus dem Haus, schnell! Warum finde ich dich nicht? Walburga?"

„Ole fantasiert im Schlaf. Er erinnert sich an den Brand, an mich und Walburga. Vielleicht kommt sein Gedächtnis langsam zurück", hoffte Merle, als sie hörte, wie Ole im Schlaf redete.

„Ich hoffe, du hast recht. Lass uns leise wieder gehen, damit er nicht aufwacht. Jetzt schläft er auch ruhiger. Sein Traum ist wohl vorbei. Armer Kerl, er tut mir unendlich leid", flüsterte Frau Schubert und schloss geräuschlos das Fenster. Anschließend verließ sie mit Merle das Krankenzimmer und ging schlafen.

Merle legte sich sofort in ihr Bett, doch sie fand keinen Schlaf. Ihre Gedanken wanderten immer wieder zu Ole. Wie sollte sie ihm helfen? Er musste schnell wieder gesund werden, damit sie weiterreisen konnten. Der Schatz der Wittorfer Burg hatte sie in große Gefahren gebracht, aber es war immer Oles Traum, ihn endlich zu finden. Merles Interesse galt natürlich auch der Schatzsuche, aber sie wollte ebenso der armen Walburga helfen, endlich ihren Volkwart zu treffen. Das arme Burgfräulein hatte schon so viele Jahrhunderte vergeblich auf diesen Tag gehofft und sehnte sich nach ihrer Erlösung.

„Walburga, ich weiß nicht mehr weiter. Kannst du uns helfen, dass Ole wieder gesund wird?", flüsterte Merle leise und drehte dabei an dem schwarzen Stein an ihrer Kette, in der Hoffnung, das Burgfräulein würde ihr vielleicht erscheinen.

Einen Augenblick lag Merle still in ihrem Bett und lauschte. Doch sie hörte nichts als das laute Klopfen ihres Herzens. Noch immer war sie wahnsinnig aufgeregt, wenn sie Walburga rief.

Da zuckte plötzlich ein greller Blitz durch die Schlafkammer, und umgeben von einem hellen Licht stand das schöne Burgfräulein vor ihr.

„Du machst dir große Sorgen um Ole und möchtest, dass ich ihn heile. Diese Macht besitze ich nicht. Aber ich könnte versuchen, mit Sibelia Kontakt aufzunehmen. Sie ist eine Zauberin und hat andere Kräfte als ich. Vielleicht kann sie die Heilung beschleunigen!" Walburga sprach sanft und liebevoll mit Merle, so dass sie wieder etwas Hoffnung schöpfte.

„Sibelia ist doch die Frau, die dir damals, als du gestorben bist, magische Kräfte verliehen hat. Warum konnte sie dich denn nicht gesundzaubern?", fragte Merle etwas unsicher.

„Keine Macht dieser Welt kann einen Menschen gesundmachen, wenn er es nicht mit seinem ganzen Herzen selber will. Es hätte bei mir damals keinen Zweck gehabt, denn ich wollte nicht mehr weiterleben ohne meinen Volkwart. Als mich Sibelia fand, war alles schon viel zu spät für mich. Es musste so enden, wie es kam. Mein Tod war unvermeidbar. Aber sie hat mir die Möglichkeit gegeben, durch einen Zauber eines Tages meinen geliebten Volkwart wiederzutreffen, und ihr helft mir dabei. Soll ich nun für dich versuchen, Sibelia zu finden? Es wird sicher nicht leicht sein. Ich habe sie seit meinem Tod nicht mehr gesehen."

„Ja, bitte tu alles, damit Ole schnell wieder gesund wird! Sonst können wir dich nicht erlösen und müssen ewig in diesem Jahrhundert bleiben. Das will keiner von uns", flüsterte Merle dem Burgfräulein zu.

„Ich werde es versuchen. Mach dir keine Sorgen, alles wird gut!" Walburga strich zärtlich über Merles Haare und verschwand genauso plötzlich, wie sie gekommen war.

Merle dachte noch eine Weile über die Worte des Burgfräuleins nach, bevor sie schließlich einschlief.

In dieser Nacht hatte sie schreckliche Träume. Zuerst träumte sie von Barbara und Bernhard. Immer wieder versuchte sie, die beiden vor ihren Mördern zu warnen. Sie sah Erwin und Kurt, wie sie zu dem kleinen Häuschen der beiden schlichen und das Feuer legten. Sie hörte das fiese Lachen von Kurt und sah dabei seine gammeligen Zähne. Schweißgebadet schreckte sie hoch, als der Bandit mit einer Pistole auf sie zielte. Merle atmete tief durch. Welch ein Glück, sie hatte alles nur geträumt! Aber sie war sich absolut sicher, dass Kurt und Erwin die beiden netten, alten Leute ermordet hatten. Kaum war sie wieder eingeschlafen, da sah sie im Traum eine große, schlanke, ganz in Lila gekleidete Frau. Sie trug einen Schleier, so dass Merle ihr Gesicht nur schemenhaft erkennen konnte.

„Bist du Sibelia?", hörte sich Merle im Traum fragen.

Die Zauberin nickte und nahm ihre Hand.

„Ich kann dir helfen. Du bist ein gutes Mädchen. Morgen schon wird Ole seine Erinnerung wiedererhalten und seine Wunde am Kopf verheilt ohne Probleme", prophezeite Sibelia. Merle spürte selbst im Traum, wie sie vor Aufregung zitterte.

„Was muss ich dafür tun?", fragte sie mit bebender Stimme.

„Du solltest morgen allen Anweisungen folgen, auch wenn sie dir noch so dumm erscheinen und jeder dich davon abhalten wird!", befahl Sibelia geheimnisvoll.

„Wer gibt mir die Anweisungen?"

„Eine blinde alte Frau. Sie sieht mehr als ein Sehender", murmelte die Zauberin etwas unverständlich.

„Die alte Großmutter der Thomsen-Kinder", schoss es Merle durch den Kopf.

„Warte es ab!" Sibelia wurde immer geheimnisvoller in ihren Andeutungen.

„Wie kann ich dich wiedertreffen? Was muss ich tun, wenn ich deine Hilfe benötige?", fragte Merle und spürte, wie ihr Herz schnell und laut pochte, so dass es in ihrem Ohr rauschte.

„Gar nichts, nur an mich glauben!"

Merle schwitzte, sie war so aufgeregt, dass sie kaum noch atmen konnte. Da erwachte sie von ihrem ungewöhnlichen Traum.

„Ein Glück, ich habe es nur geträumt! Aber eigenartig, es kam mir alles so wirklich vor, als hätte ich es tatsächlich erlebt. Wahrscheinlich werde ich bald verrückt, wenn es so weiter geht mit all diesen Aufregungen!" Merle stand auf und öffnete das Fenster, sie brauchte etwas frische Luft, um sich zu erholen. Was, wenn es kein Traum gewesen war und die Zauberin Sibelia wirklich zu ihr gesprochen hatte?

Nun, dann würde sie es sicher am nächsten Tag erfahren! Mit diesem Gedanken tröstete sie sich und schlich leise wieder in ihr Bett. Eine große Müdigkeit überkam sie und ließ sie endlich einschlafen.

Am nächsten Morgen war der Himmel grau und die Luft unerträglich schwül. Es roch noch immer verbrannt in dem kleinen Ort, so dass es keine gute Idee war, längere Zeit die Fenster zum Lüften zu öffnen.

„Heute gibt es sicherlich ein Gewitter. Dieses Wetter kann ich gar nicht vertragen. Ich bin schon am frühen Morgen durchgeschwitzt, obwohl ich noch gar nicht viel getan habe", stöhnte Frau Schubert, während sie das Frühstücksgeschirr abräumte.

„Gleich wird der Doktor kommen!" Merle stand am Fenster und sah zur Straße hinaus. Am Teich gegenüber herrschte absolute Stille. Weder Tuchmacher noch Färber arbeiteten an diesem Morgen hier, um Wolle zu waschen. Nur ein paar Möwen flogen kreischend über das schmutzige Wasser. Merle grübelte über den merkwürdigen Traum der vergangenen Nacht. Würde die Zauberin Sibelia wirklich helfen können oder waren die Worte der eigenartigen Frau nur aus Merles Einbildungskraft entstanden? Da wurde sie durch lautes Gepolter auf der Straße aus ihren Gedanken gerissen.

„Oh, da fährt eine Kutsche! Es sitzen elegante Leute darin. Tim, Hendrik, seht mal, was für ulkige Haare die Männer haben!" Die Kutsche fuhr direkt am Haus der Schuberts vorbei und die beiden Jungen drückten sich die Nasen an der Fensterscheibe platt.

„Das ist doch **Caspar von Saldern!** Welch eine Überraschung! Wahrscheinlich hat man ihm von dem großen Brand erzählt und nun will er sich alles selber ansehen. Habt ihr eigentlich schon mal etwas von ihm gehört?", fragte Frau Schubert, als sie die Personen in der Kutsche erkannte.

„Ja, in der Schule. **Er hat in Neumünster das ‚Caspar von Saldern Haus' gebaut. Es ist ein riesiges, gelbgestrichenes Haus und steht im Haart.** Mehr weiß ich nicht von ihm. Muss wohl ein wichtiger Mann sein, oder?" Tim konnte sich nur noch schwach an die Heimatkundestunde erinnern.

„Ja, das ist er auch! Wir Bürger haben ihm viel zu verdanken. **Er hat Schleswig und Holstein zusammengeführt. Caspar von Saldern wurde am 11. Juli des Jahres 1711 in Apenrade in Dänemark geboren.** Den Tag kann ich mir so gut merken, weil es auch mein Geburtstag ist. **Er wuchs auf dem Großflecken in einem Bauernhof auf. Sein Vater Friedrich war hier im Flecken Amtsverwalter. Caspar hatte noch zwei jüngere Brüder.** Wir haben als Kinder oft miteinander gespielt, denn wir verstanden uns prima. **Leider starb sein Vater sehr früh, ich glaube, Caspar war damals erst elf Jahre alt. Später studierte er in Kiel Jura, denn er hatte vor, wie sein Vater, Amtsverwalter von Neumünster zu werden. Im Jahr 1735 erreichte er sein Ziel.** Nun wollte er ein Amtshaus nach seinen Vorstellungen bauen lassen. Aber viele Leute aus dem Flecken versuchten das zu verhindern und haben ihm immer wieder neue Probleme bereitet, damit er seinen Wunsch nicht verwirklichen konnte. Doch Caspar ließ sich von niemandem beirren. Eisern kämpfte er für seinen Traum und konnte so **1746 in sein Haus am Haart einziehen.** Er war ein tüchtiger Amtsverwalter. Aber dadurch hatte er auch viele Neider. Zweimal versuchten sie vergeblich, ihn eines Dienstvergehens anzuklagen. Doch zwölf Jahre nach seinem Amtsantritt fanden seine Gegner endlich eine Möglichkeit, ihn aus seinem Posten zu entlassen. So hat er nur kurze Zeit in seinem wunderschönen Amtshaus gewohnt. Wir haben uns in dieser Zeit oft getroffen und zusammen Tee getrunken. 1752 verließ er Neumünster und zog nach Gut Schierensee. Aber er setzte sich dort nicht zur Ruhe, nein, das passte auch gar nicht zu ihm! Er brauchte Menschen um sich und wollte vieles verändern. Sagt mal, langweile ich euch eigentlich mit meiner Erzählung? Ich rede und rede und weiß doch gar nicht, ob euch Caspar von Saldern überhaupt interessiert. Wenn Simon jetzt hier wäre, hätte er mich längst unterbrochen. Also, raus mit der Sprache, soll ich weiter von Caspar erzählen? **Er lernte nämlich die Zarin Katharina und ihren Mann Zar Peter im russischen Petersburg kennen!**" Die Witwe Schubert sprach voller Begeisterung von Caspar von Saldern und unterbrach ihre Geschichte nur ungern. Aber sie wollte den Kindern keine langweiligen Dinge berichten, die sie nicht interessierten.

„**Er war am russischen Zarenhof? Hat er miterlebt, wie der Zar starb?** Der Scharfrichter Roeßler hat uns erzählt, dass der Kirchturm der Bartholomäuskirche einstürzte, als die Glocke sich beim Totengeläut für den Zaren aus der Verankerung löste." Tim erinnerte sich an das Gespräch mit dem Henker, das er während des großen Brandes mit ihm geführt hatte.

„**Der Zar Peter III. starb nicht eines natürlichen Todes. Er wurde ermordet. Aber Caspar von Saldern war nicht dabei. Er wurde von dem Mord benachrichtigt, denn die Zarin Katharina II. vertraute ihm und war mit ihm befreundet!**" Witwe Schubert freute sich, dass Tim Gefallen an ihrer Geschichte hatte.

„**Das ist ja cool! Sie können ruhig weiter erzählen! Was hat Caspar von Saldern denn in Russland so alles getrieben?**", wollte Hendrik nun wissen.

„Er wollte einen Krieg zwischen Russland und Dänemark verhindern, denn das hätte unweigerlich zu neuen Unruhen hier in Holstein geführt. Russland gehörten nämlich früher einige Besitztümer in unserem Land, die Dänemark ihnen genommen hatte. Der russische Zar Peter III. wollte nun mit aller Macht das Land seiner Vorfahren zurückgewinnen und plante einen Krieg. Caspar von Saldern reiste nach Petersburg und gewann den Zaren zum Freund, konnte ihn aber leider nicht von seinen kriegerischen Plänen abbringen. Kurz bevor die russischen Truppen in den Krieg marschieren sollten, stürzte seine Frau Katharina II., übrigens eine deutsche Prinzessin, ihren Mann vom Thron. Sie war unzufrieden damit, wie er Russland regierte. Bald darauf ermordete man den Zaren und Katharina wurde Zarin. Ich habe mich sehr gefreut, als ich hörte, dass Caspar es schaffte, ein Staatsminister von der Zarin Katharina zu werden, die man später ‚Katharina die Große‘ nannte. Sie muss ihn sehr gemocht haben. Er kann aber auch sehr charmant sein, mein Freund Caspar! Allerdings geht er nicht gerade zimperlich mit Leuten um, die nicht das tun, was er von ihnen fordert. Er brüllte deswegen sogar einmal den dänischen König Christian VII. an, als es um den Austausch von Ländereien ging und der König nicht so entscheiden wollte, wie es sich Caspar vorgestellt hatte. Aber Caspar schaffte, was keiner für möglich hielt. Der Dänenkönig trat tatsächlich Ländereien an Russland ab, und im Gegenzug dazu

verzichtete die Zarin Katharina auf ihre holsteinischen Besitzungen und überließ sie Dänemark. Sie schloss sogar 1765 einen Freundschaftsvertrag mit den
Dänen, so dass endlich im Jahr 1773 durch Caspars Klugheit und seinen Mut
wieder ein einheitliches Schleswig-Holstein entstand. Wir waren alle so stolz
auf Caspar von Saldern! Er hatte die Menschen vor einem neuen Krieg be-
wahrt und somit vor Armut und Tod. Das ist jetzt genau sieben Jahre her und
Caspar von Saldern lebt heute in seinem Schloss Schierensee bei Kiel. Er ist
ein wohlhabender Mann, der viel mehr für uns getan hat, als nur das Amtshaus zu bauen. Er verbesserte unsere Wirtschaft durch viele Neuerungen,
und das führte zu mehr Wohlstand in Holstein. Inzwischen ist er natürlich alt
geworden, genau wie ich. Seine erste Frau Catharina Lucia, mit der er einen
Sohn hat, ist schon lange tot. Er hat sich eine neue Frau gesucht und mit ihr
noch eine Tochter bekommen. Wir haben uns schon eine Zeit lang nicht mehr gesehen. Aber wer weiß, vielleicht besucht er mich, wenn er grad hier im Flecken ist",
hoffte die Witwe Schubert.

„Eine tolle Geschichte! Ich würde den Mann auch gern kennenlernen. **Aber warum trägt er so eine lustige Frisur?**", fragte Merle und konnte sich ein Lachen nicht
verkneifen.

„**Das sind Perücken, die meisten wohlhabenden und vornehmen Männer
tragen sie. Meistens werden die Haare noch weiß gepudert. Das ist so Mode**",
erklärte die Witwe Schubert den staunenden Kindern.

„Ist aber bestimmt ziemlich heiß im Sommer", vermutete Tim.

„Dafür brauchen sich die Männer wenigstens nicht ewig die Haare zu waschen. Das
spart Zeit. Wenn es nicht so dösig aussehen würde, käme diese Möglichkeit zumindest im Winter für mich auch in Frage!" Hendrik, der wenig von Körperpflege hielt,
fand die Perücken äußerst praktisch.

„Doktor Bremer kommt! Schnell, öffnet ihm die Tür!" Merle sah, dass der nette
Arzt nur noch wenige Schritte von ihrem Haus entfernt war.

Hendrik und Tim stürzten zur Haustür, während Frau Schubert Wasser aufsetzte,
um dem Doktor einen guten Kaffee zu kochen.

„Guten Morgen! Wie geht es Ole? Hat er Fortschritte gemacht?" Der Arzt begrüßte
Frau Schubert und die drei Freunde, dann ging er sofort mit ihnen zu Ole in die kleine
Kammer.

„Na, mein Freund! Hast du gut geschlafen?" Doktor Bremer beugte sich hinunter
zu seinem Patienten und fühlte mit der Hand die Stirn.

„Du hast noch leichtes Fieber, mein Junge! Das gefällt mir nicht!"

„Mir tut der Kopf so weh, deswegen konnte ich auch heute Nacht nur schlecht
schlafen, Herr Doktor!" Ole versuchte sich aufzurichten, doch er sackte kraftlos zurück in seine Kissen.

„Bleib ruhig liegen, du bist viel zu schwach! Ich sehe mir jetzt mal die Wunde an
und dann verbinde ich sie neu." Der Arzt lockerte den Verband und war höchst unzufrieden mit dem, was er sah.

„Die Wunde ist noch immer entzündet, das ist kein gutes Zeichen. Kannst du dich inzwischen wieder an etwas erinnern, Ole?" Doktor Bremer legte ein sauberes Tuch auf die verletzte Stelle am Kopf.

„Nein, an nichts, leider! Werde ich jemals wieder richtig gesund?", verzweifelt sah Ole den alten Arzt an.

Merle fühlte sich elend, die Worte ihres kranken Freundes ließen ihr fast die Tränen in die Augen steigen.

„Wir müssen Geduld haben, mein Junge. Alles braucht seine Zeit, auch eine Wunde heilt nicht von heute auf morgen", versuchte Doktor Bremer seinen Patienten zu trösten. Dabei wusste er selbst nicht einmal genau, ob Ole wieder gesund werden würde.

Eine Medizin gab es nicht für ihn.

Während der Arzt seine Tasche schloss, stellte Frau Schubert ihm eine Tasse heißen Kaffee auf den Tisch in der kleinen Kammer. Merle berichtete ihm von der kranken Ellen Thomsen aus dem Nachbarhaus und bat ihn, dort einen Besuch abzustatten.

„Natürlich, das werde ich gern machen. Der Kaffee ist vorzüglich, einfach vorzüglich, so wie immer, gnädige Frau!", wiederholte Doktor Bremer, während er genüsslich die schwarze Köstlichkeit trank. „Ich werde morgen wieder zur gleichen Zeit wie heute nach unserem kranken Jungen sehen. Hoffentlich hat er dann unter ihrer hervorragenden Fürsorge endlich Fortschritte gemacht!"

Verlegen brachte Frau Schubert den Arzt zur Haustür und verabschiedete sich von ihm. Merle folgte ihm mit Tim und Hendrik zum Haus der Familie Thomsen.

Frau Thomsen öffnete mit verweinten Augen die Tür.

„Endlich sind sie da, Herr Doktor! Meiner kleinen Ellen geht es sehr schlecht. Sie ist so heiß und atmet nur noch ganz schwach!" Frau Thomsen zog den Arzt hastig zum Bettchen des kranken Kindes.

Merle blieb fast das Herz stehen, als sie das Mädchen sah. Es reagierte auf nichts mehr.

Doktor Bremer untersuchte die Kleine und sah dabei sehr ernst aus.

„Es sind die Masern, Frau Thomsen! Aber ich fürchte, ich kann nichts mehr für Ellen tun. Sie ist nicht stark genug. Ihr kleines Herz ist zu schwach, um den Feind, die Masern, zu besiegen!" Leise flüsterte er die letzten Worte. Er fühlte eine große Wut in sich, als Mediziner machtlos gegen diese Krankheit zu sein, die immer wieder unschuldige, kleine Kinder tötete.

„Können Sie denn wirklich nicht mehr helfen? Muss mein kleines Mädchen sterben?", hemmungslos weinte Frau Thomsen und streichelte immer wieder das Gesicht ihres Kindes, während der Arzt nur stumm nickte.

Merle und ihre beiden Freunde waren geschockt von dem, was sich vor ihren Augen abspielte. Die kleine Ellen starb noch in derselben Stunde. Der Vater, Herr Thomsen, wurde aus der Werkstube gerufen und war ebenso verzweifelt wie seine Frau.

„Ich hoffe nur, dass sich Ferdinand und Hella nicht bei ihrer Schwester angesteckt haben!", wünschte sich Doktor Bremer, der großes Mitleid mit den Eltern hatte.

„Wo stecken die beiden eigentlich? Sind sie noch in der Schule?" Merle vermisste die Zwillinge bereits.

„Sie liegen in ihren Betten, es geht ihnen nicht gut. Ich glaube, sie haben Fieber", weinte Frau Thomsen und führte den Arzt zu Ferdinand und Hella.

„Es sind die Masern, Frau Thomsen, leider! Aber ich denke, dass die Zwillinge widerstandsfähig genug sind und die Krankheit überstehen. Schließlich sind sie schon älter!" Doktor Bremer hoffte, dass Ferdinand und Hella nicht auch noch Opfer dieser Kinderkrankheit werden würden.

„Hallo Merle! Schön, dass du uns besuchst. Aber mit dem Treffen wird es heute nichts, mir geht es echt nicht gut! Wir müssen es verschieben, bis ich wieder gesund bin!" Hella lag erschöpft in ihrem Bett, sie fieberte stark und hatte Schmerzen. Die blinde Großmutter saß in einem Lehnstuhl vor ihrem Bett und wachte über die Enkelin. Sie konnte Hella zwar nicht sehen, aber sie hörte jeden Atemzug des Mädchens. Ab und zu redete sie mit ihr.

Ferdinand lag im selben Zimmer und schlief. Hendrik und Tim standen fassungslos neben seinem Bett. Was war das für eine Krankheit, die so erbärmlich zuschlug!

Doktor Bremer bemerkte erst jetzt, dass Merle, Tim und Hendrik noch immer bei den Thomsens waren. In der großen Aufregung hatte er sie gar nicht mehr wahrgenommen.

„Um Himmels Willen! Wollt ihr euch an dieser schrecklichen Krankheit auch noch anstecken oder habt ihr die Krankheit schon einmal durchgemacht? Dann seid ihr dagegen immun! Sonst solltet ihr so schnell wie möglich hier verschwinden", erklärte der alte Arzt sehr nervös.

„Wir können die Masern nicht kriegen, wir sind nämlich dagegen geimpft!" Hendrik bemerkte sofort, dass er einen dummen Fehler begangen hatte und hielt sich erschrocken die Hand vor den Mund. Fassungslos starrten ihn Merle und Tim an.

„Bitte, was seid ihr? Wie soll ich das verstehen? Was ist ‚impfen'?" Doktor Bremer verstand den Sinn des Wortes nicht.

„Wir haben eine Spritze gegen die Masern bekommen", erklärte Merle dem ungläubig dastehenden Mediziner.

„Eine Spritze gegen Masern gibt es doch gar nicht. Ihr wollt mich wohl verulken. In solch einer Situation finde ich es sehr geschmacklos. Ich dachte, ihr seid vernünftige Kinder. Ihr enttäuscht mich schwer." Der alte Arzt erwartete eine Entschuldigung für das ungezogene Verhalten der drei Freunde.

„Wir müssen da etwas erklären, was nicht so ganz einfach zu begreifen ist", begann Merle zu erzählen und berichtete dann von ihrer Zeitreise.

„Also, das ist das Verrückteste, was ich je in meinem Leben gehört habe. Und das soll ich als intelligenter Mensch glauben?" Doktor Bremer musste sich setzen, diese Geschichte war ihm einfach zu unglaubwürdig.

Das Ehepaar Thomsen, das in tiefer Trauer um die kleine Tochter war, vergaß für einen Moment den Kummer und starrte die drei Freunde sprachlos an.

„Ich habe mir das schon gedacht", hörten nun alle die blinde Großmutter sprechen. „Die Namen der vier Kinder sind für unsere Zeit doch eher ungewöhnlich." Anschließend berichtete sie über die Begegnung der vier Freunde mit Wiebke und Hans Thomsen im 17. Jahrhundert und dass die beiden ihre erste Tochter nach Merle genannt hatten.

„So etwas kann doch gar nicht funktionieren. Niemand verlässt so eben mal seine Zeit und fliegt durch die Vergangenheit!" Herr Thomsen glaubte zu träumen.

„Aber wenn wir den Beweis durch ihre Großmutter haben, müssen wir es den Kindern glauben!" Doktor Bremer hatte sich von seinem Schrecken erholt.

„Wissen Frau Schubert und Simon von eurer Geschichte?", fragte er Merle.

„Ja, wir haben es ihnen natürlich erzählt. Aber weil wir nicht wollen, dass es alle hier im Flecken erfahren, weil das für uns gefährlich werden könnte, baten wir sie, es für sich zu behalten", antwortete Merle wahrheitsgemäß.

Doktor Bremer trieb nun die medizinische Neugier und er wollte genauer wissen, was eine Impfung war.

„Viel kann ich dazu nicht erklären, nur, dass in der Spritze eine Flüssigkeit ist, in der sich der Erreger, zum Beispiel von Masern, in abgeschwächter oder abgetöteter Form befindet. Der Körper macht die Krankheit unbemerkt durch und entwickelt so Abwehrkräfte dagegen. Dadurch steckt man sich nicht an, wenn man mit jemandem zusammentrifft, der an Masern erkrankt ist. Meine Tante ist Kinderärztin und hat es mir mal so erzählt. Mehr weiß ich leider auch nicht!" Merle hatte versucht, ihr geringes Wissen über Impfungen dem alten Arzt zu vermitteln. Doch für Doktor Bremer war es eine Sensation.

„Das ist ja ein großer Sieg in der Medizin! Würde ich nur heute schon über diese Impfstoffe verfügen, ich könnte tausenden Kindern das Leben retten. Ich muss sofort anfangen, darüber nachzudenken, wie ich so einen Impfstoff entwickeln könnte. Vielleicht kann mir der Apotheker dabei helfen, er hat ja ein Labor!" Doktor Bremer verabschiedete sich von den Thomsens. Von nun an ließ ihn der Gedanke an einen Masernimpfstoff nicht mehr los. Allerdings musste er den Freunden das Versprechen abgeben, mit niemandem über die Zeitreise der Kinder zu sprechen.

Ferdinand hatte von dem Gespräch nichts mitbekommen, denn sein Fieber war so hoch, dass er unentwegt schlief. Nur Hella hörte gespannt zu. Sie war aber zu müde, um die fremden Kinder über die Zeitreise auszufragen. Das wollte sie auf den nächsten Tag verschieben, wenn es ihr hoffentlich wieder besser ging.

Die Eltern der Zwillinge saßen am Bettchen ihrer toten Tochter Ellen und trauerten um das Kind.

„Hoffentlich nimmt unser Herrgott nicht auch noch Ferdinand und Hella zu sich. Das könnte ich nicht ertragen", weinte Frau Thomsen und beugte sich über die kleine Ellen, die aussah, als ob sie nur schliefe.

Merle, Tim und Hendrik wollten sich gerade von ihnen verabschieden, als die Großmutter sie bat, noch einen Augenblick zu bleiben.

„Ich muss euch etwas Wichtiges mitteilen. Ich hatte heute Nacht einen Traum, der mich an etwas aus meiner Jugendzeit erinnerte. Zu dumm, dass ich nicht schon längst darauf gekommen bin! Aber jetzt weiß ich, wie ihr Ole und den Zwillingen helfen könnt, schneller gesund zu werden. **In der Nähe vom Warmsdorfhof wurde 1711 eine Quelle entdeckt. Das Wasser dort hat heilende Kräfte. Die Quelle wurde ‚Gesundbrunnen‘ genannt.** Aus dieser Quelle müsst ihr Wasser holen und es Ole, Ferdinand und Hella trinken lassen. Sie werden davon gesund, da bin ich mir sicher. Der Gesundbrunnen ist etwas in Vergessenheit geraten, weil sein Wasser nicht allen Menschen geholfen hat. Aber ihr solltet den Versuch unternehmen und es den Zwillingen und Ole geben. Schaden kann es keineswegs. Es hat früher viele Kranke geheilt“, erzählte die blinde Großmutter, und Merle fiel plötzlich auf, dass sie in ihrer Hand ein lilafarbenes Taschentuch hielt. Es passte genau zu dem Kleid, das Sibelia in ihrem Traum getragen hatte. War das nur ein Zufall oder ein Hinweis von der Zauberin, dass sie unbedingt diese Quelle aufsuchen sollten?

„Aber das ist doch völliger Unsinn, Spökenkiekerei! Das Quellwasser ist absolut wirkungslos. Wenn es eine Heilkraft besäße, würde niemand mehr an einer Krankheit sterben. Den Weg könnt ihr euch sparen, Kinder!“ Herr Thomsen glaubte nicht an das Wunderwasser.

„Wo finden wir den Gesundbrunnen?“, fragte Merle dagegen und ließ sich von dem Vorhaben, ihn aufzusuchen, nicht abhalten.

„Ihr müsst in Richtung Wasbek gehen. In der Nähe des Warmsdorfhofs liegt die Quelle. Verliert keine Zeit, damit die drei Kranken schnell geheilt werden können!“ Die blinde Großmutter war überzeugt, das Richtige empfohlen zu haben.

Merle, Hendrik und Tim dankten der alten Frau für den Hinweis. Sie verabschiedeten sich und liefen hinüber ins Nachbarhaus der Witwe Schubert.

„Oh Mann, das war aber eine harte Nummer eben! Ich hab noch nie jemanden sterben sehen. Ellen war so ein kleines, niedliches Mädchen.“ Tim blieb vor der Haustür der Schuberts stehen und atmete tief durch.

„Mir geht es auch sehr nahe! Hoffentlich überleben die Zwillinge die Masern. Wir können uns freuen, dass wir geimpft sind. Da nehme ich doch lieber den ekelhaften Pieks der Spritze in Kauf, als an dieser Kinderkrankheit zu sterben“, überlegte Merle und dachte an Ferdinand und Hella.

„Da hast du recht! Bisher hatte ich vor dem Impfen immer Schiss, aber beim nächsten Mal werde ich daran denken, wie vielen Menschen die Impfung das Leben gerettet hat!“ Hendrik war noch immer sehr beeindruckt von dem gerade Erlebten.

„Doktor Bremer wird jetzt sicher Tag und Nacht überlegen, wie er einen Impfstoff herstellen kann. Ich finde, dass er sehr nett ist. Es ist okay, dass er von unserer Zeitreise weiß. So brauchen wir keine Lügen erfinden. Das hat er nicht verdient.“ Tim nahm es Hendrik nicht übel, dass er sie mit seiner unbedachten Äußerung verraten hatte.

„Glaubt ihr wirklich, dass die Quelle am Wamsdorfhof heilende Kräfte hat?“ Hendrik zweifelte an der Wirkung des Quellwassers.

„Ich weiß es nicht! Vielleicht ist es Spökenkiekerei, wie Herr Thomsen gesagt hat. Aber schaden kann es nicht. Wir sollten es probieren“, schlug Tim vor.

Merle erzählte den beiden Jungen von ihrem Gespräch mit Walburga und dem Traum von Sibelia, selbst das lila Taschentuch erwähnte sie.

„Ich bin überzeugt, dass diese Frau von dem Burgfräulein geschickt wurde, um uns zu helfen. Wir müssen diese Quelle finden, und zwar so schnell wie möglich!"

„Ich glaube das auch. Frau Schubert weiß bestimmt, wo diese Quelle liegt. Vielleicht begleitet uns Simon. Er kennt die Gegend besser als wir", überlegte Tim und hoffte auf die Hilfe des netten Schusters.

„Wo soll ich mit euch hingehen? Was habt ihr drei vor, he?" Simon stand plötzlich unverhofft hinter ihnen und hatte die letzten Worte von Tim unfreiwillig mitgehört.

„Hallo Simon! Kannst du uns zur Quelle am Warmsdorfhof führen? Wir müssen Wasser für die Kranken besorgen!" Tim erzählte dem erstaunten Schuster von dem Erlebnis bei den Thomsens.

„Gehen wir erst einmal ins Haus. Dort reden wir in Ruhe über alles. Ich komme gerade von einem Besuch bei meinen Geschwistern. Ich habe ihnen Schuhe vorbeigebracht. Meine Mutter hat herrlichen Kaffee gekocht und will von mir den neuesten Klatsch aus unserer Familie hören." Simon spürte, wie wichtig den Kindern die Quelle war, die er nur vom Hören kannte. Er wollte ihnen gern helfen, sie aufzusuchen.

Frau Schubert wartete schon sehnsüchtig auf die Rückkehr des Sohnes und der drei Kinder. Sie freute sich auf ein gemütliches Plauderstündchen. Ole hatte gerade etwas gegessen und getrunken und schlief nun wieder. Auch Nicky wurde von ihr nach allen Regeln der Kunst mit Wurst und Streicheleinheiten verwöhnt, was ihn aber nicht davon abhielt, ständig nach seinem Freund Ole zu sehen.

„Da seid ihr ja endlich! Ich warte schon eine Ewigkeit. Na, wie war es bei den Thomsens? Und was gibt es Neues von deinen Geschwistern zu berichten? Nun erzählt schon!" Ungeduldig saß die Witwe Schubert am Tisch und reichte ihrem Sohn eine Tasse mit heißem Kaffee. Ein duftender Kirschkuchen zog Hendrik in seinen Bann. Ihm lief das Wasser im Mund zusammen. Frau Schubert sah den hungrigen Blick und legte ihm ein Stückchen Kuchen auf einen Teller.

„Hm, der ist superoberlecker!", schmatzte Hendrik, während Merle und Simon abwechselnd von ihren Erlebnissen berichteten. Tim und Hendrik waren zu sehr mit Essen beschäftigt, so dass sie nur ab und an einmal etwas zu Merles Erzählungen ergänzten.

Simons Mutter war zufrieden. Ihr Sohn konnte nur erfreuliche Dinge von seinen Geschwistern erzählen, denn zum Glück waren ihre Häuser vom großen Brand verschont geblieben. Der Tod des kleinen Nachbarkindes rief bei ihr allerdings ein starkes Mitleid mit den Eltern hervor. Sie wollte den beiden am nächsten Tag einen Besuch abstatten. Natürlich kannte sie auch den Gesundbrunnen, nach dem sich Merle erkundigte.

„Ich finde, ihr solltet nichts unversucht lassen, den Zwillingen und Ole zu helfen. Simon wird sich Zeit nehmen und euch zur Quelle begleiten, nicht wahr?", wandte sie sich ihrem Sohn zu.

„Na klar helfe ich euch! Obwohl ich nicht so recht an die Heilkraft des Wassers glaube. Aber einen Versuch ist es trotzdem wert." Simon schenkte sich noch eine Tasse Kaffee ein.

Da klopfte es plötzlich laut an der Haustür. Nicky, der artig neben dem Dielentisch saß und auf Kuchenreste lauerte, sprang laut bellend auf und lief zum Eingang.

„Nanu, wer besucht uns denn jetzt? Ich erwarte niemanden!" Witwe Schubert erhob sich und folgte Nicky.

„Caspar! Das ist aber eine Überraschung! Wie schön, dich wiederzusehen!" Simons Mutter fiel dem alten Jugendfreund vor Freude um den Hals.

„Guten Tag, meine liebe Lissy! Du bist noch genau so stürmisch wie das letzte Mal, als wir uns trafen. Kochst du auch noch immer so guten Kaffee wie damals?", fragte Caspar lachend und ließ sich von Nicky beschnuppern.

„Du bist mir vielleicht einer! Soll das heißen, dass du einen Kaffee mit mir trinken möchtest? Da hast du richtig Glück, der Tisch ist gerade gedeckt. Komm rein! Kinder, ihr glaubt nicht, wer da gerade gekommen ist. Mein alter Freund Caspar von Saldern besucht mich. Ich habe euch doch heute Morgen erst von ihm erzählt." Frau Schubert war aufgeregt wie ein kleines Kind, das zum ersten Mal den Weihnachtsmann traf. Schnell holte sie eine Tasse und einen Kuchenteller für den Gast.

Merle war sehr beeindruckt von dem eleganten und vornehmen alten Herrn mit der weißen Perücke, die an den Seiten in kleine, kurze Locken gelegt war. Sofort kam es zu einem interessanten Gespräch, nachdem sich alle miteinander bekanntgemacht hatten.

„Simon, ich habe gehört, dass du morgen eine Belohnung für deine Mithilfe bei dem Löschen des schweren Brandes erhältst. Amtsschreiber Ovens hat es mir mitgeteilt. Ich bin sehr stolz auf dich. Der Flecken ist stark beschädigt worden, es wird einige Zeit dauern, bis die Häuser neu errichtet sind. Leider haben wir nur **zwei Maurer in Neumünster**, es müssen dringend welche von auswärts angefordert werden", schlug Caspar von Saldern vor.

Simon freute es natürlich, von einem so wichtigen und berühmten Mann gelobt zu werden. Die Zeit verging sehr schnell und Merle befürchtete, dass es zu spät werden würde, um noch vor Einbruch der Dunkelheit den Gesundbrunnen zu erreichen. Das Wetter sah auch nicht gerade einladend aus. Es war noch schwüler geworden und dunkle Wolken brauten sich immer mehr zusammen.

„Ich möchte ja nicht unhöflich sein. Aber wir müssen unbedingt bald zu der Quelle aufbrechen, Simon!", wagte Merle deswegen ihr Anliegen vorzutragen.

Caspar von Saldern wurde neugierig.

„Von welcher Quelle sprichst du?", fragte er interessiert.

Merle berichtete nun über Ole und die Zwillinge sowie ihre Hoffnung, mit dem Wasser die drei wieder gesund werden zu lassen.

„Kinder, das ist doch gar kein Problem! Draußen steht meine Kutsche. Wir fahren gemeinsam dorthin. Zu Fuß dauert es viel zu lange. Ich weiß, wo die Quelle liegt. Als Lissy und ich Kinder waren, sind wir ab und zu dorthin gelaufen. Na, was sagt ihr zu meinem Vorschlag!" Caspar von Saldern sah die Kinder fragend an.

„Oh ja, gern! Ich bin noch nie mit einer Kutsche gefahren!" Merle war begeistert.

Tim und Hendrik stimmten ebenfalls sofort zu.

Simon suchte nach einem Krug für das Wasser.

Caspar von Saldern ließ die drei Freunde in die Kutsche einsteigen, dann setzte er sich dazu. Als Letzter folgte Simon und nahm neben dem alten Mann Platz. Merle, Tim und Hendrik saßen ihnen gegenüber. Der Kutscher schloss die Holztür und setzte sich vorne auf den Kutschbock, dann ließ er die Peitsche knallen, und die zwei braunen Pferde setzten sich langsam in Gang. Frau Schubert stand an der Straße und winkte ihnen hinterher.

„**Sie waren doch in Russland beim Zaren Peter und seiner Frau Katharina. Wie haben Sie es bloß geschafft, einen Krieg um die Ländereien hier in Schleswig-Holstein zwischen Dänemark und Russland zu verhindern?** Das muss doch wahnsinnig schwer gewesen sein, oder?" Hendrik bewunderte den vornehmen, alten Mann in der Kutsche.

„**Das war eine gehörige Portion Geschick, mein Junge. Ungefährlich war es auch nicht, denn ich durfte als Beamter eigentlich gar nicht nach Petersburg reisen. So fuhr ich unter falschem Namen. Mein Freund, der Kammerrat Otte aus Eckernförde, half mir dabei. Zar Peter war ein Freund der Deutschen, sein großes Vorbild war Friedrich der Große. Dadurch hatte ich schnell sein Vertrauen gewonnen. Nur leider konnte ich ihn nicht dazu bewegen, keinen Krieg mit Dänemark anzufangen. Kurz bevor der Krieg begann, wurde der Zar gestürzt und später ermordet. Mit seiner Frau, der Zarin, konnte ich besser verhandeln. Katharina ist eine sehr intelligente Frau. Sie wollte auch um keinen Preis einen Krieg. So konnte ich unserem schönen Schleswig-Holstein einen grausamen Krieg ersparen**", erzählte Caspar von Saldern den Freunden.

„Das hat Simons Mutter auch gesagt. Sie hat uns heute schon viel von Ihnen erzählt." Merle konnte ihr Glück gar nicht fassen, mit einem so berühmten Mann in einer Kutsche zu fahren.

„Ich glaube, wir sind da. Dort liegt die Quelle!" Caspar von Saldern ließ die Pferde stoppen.

„Ihr müsst euch beeilen Kinder, es sieht aus, als bekämen wir gleich ein schreckliches Gewitter. Wenn es euch nichts ausmacht, bleibe ich alter Mann lieber in meiner Kutsche!"

Von weitem hörten sie bereits das dumpfe Grollen eines Donners.

Simon lief mit den Kindern zu dem Brunnen, in dem das Heilwasser floss. Er hatte gerade den Krug mit Wasser gefüllt, als es plötzlich stark zu regnen begann. Es war, als öffnete sich am Himmel ein Schleusentor. Ein greller Blitz fuhr zu Boden und ihm folgte gleich darauf ein lauter Donner.

„Schnell, wir müssen zur Kutsche zurück! So ein Mistwetter!" Simon schimpfte und hielt den Wasserkrug fest in seinen Händen. In Sekundenschnelle wurde aus dem staubigen Sandboden unter ihnen eine einzige Schlammwüste. Hendrik stolperte in der Hektik und fiel in den nassen Sand.

„So wartet doch wenigstens auf mich. Mein Fuß ist umgeknickt, ich kann nicht so schnell laufen. Ein Gewitter ist ja schließlich nicht ganz ungefährlich. Ich will nicht vom Blitz getroffen werden!"

Simon reichte Merle den Krug und eilte mit Tim zu Hendrik, um ihm aufzuhelfen. Da schlug unmittelbar vor ihnen ein furchtbarer Blitz in eine alte Eiche ein und spaltete den kräftigen Stamm. Nur der starke Regen verhinderte, dass der Baum in Flammen aufging.

„Wer ist das?" Hendrik bekam weiche Knie, als er plötzlich die schlanke Gestalt im lila Kleid vor ihm im Licht des Blitzes sah. Merle drehte sich erstaunt um und sah genau in das wunderschöne Gesicht von Sibelia. Sie hatte ihren Schleier nicht vor dem Gesicht und so konnte Merle ein Lächeln in den Augen der Zauberin entdecken. Sie nickte dem Mädchen freundlich zu und verschwand dann wieder.

„Das war ja gruselig! Lasst uns bloß schnell von hier verschwinden!" Tim bereitete der Anblick der unbekannten Frau ein gewisses Unbehagen, und Simon glaubte in diesem Augenblick an Zauberei.

„Spökenkiekerei! Da steht ein Geist! Herr im Himmel, beschütze uns vor ihm!" Trotz des heftigen Regens nahm der Schuster sich die Zeit und fuhr mit dem rechten Zeigefinger einmal von der Stirn zur Brust und dann noch von der linken zur rechten Schulter. Er malte ein Kreuz, um sich vor Geistern zu schützen. Anschließend hatte er es sehr eilig, den unheimlichen Ort zu verlassen.

Triefend vor Nässe saßen sie schließlich wieder in der Kutsche. Caspar von Saldern und der Kutscher hatten von der Erscheinung Sibelias nichts mitbekommen. Nur die beiden Pferde scheuten, sie spürten instinktiv, dass etwas Außergewöhnliches geschehen war.

Doch sie beruhigten sich schnell wieder, und so fuhr die Kutsche durch den schlammigen Sand zum Haus der Witwe Schubert zurück. Die Räder drohten ein paar Mal in den Pfützen steckenzubleiben und die Kutsche rüttelte heftig hin und her. Allmählich verlor das Gewitter an Stärke. Nur der Regen schien nicht aufhören zu wollen.

„Gottlob, wir sind heil angekommen. Die Kutsche ist nicht umgekippt!" Caspar von Saldern stieg etwas mühsam aus dem Gefährt, denn seine alten Knochen schmerzten nach der unbequemen Fahrt.

„Passiert so etwas oft?", fragte Hendrik entsetzt.

„Natürlich! Wenn das Wetter so schlecht ist und der Boden schlammig, bricht manchmal ein Rad und die Kutsche kippt um. Ich habe das schon öfter miterlebt", erklärte der alte Mann und ging mit Simon und den Kindern ins Haus der Schuberts.

Simon stellte den Krug mit dem Quellwasser in der Diele auf den Tisch und zog sich anschließend trockene Kleidung an. Hendrik und Tim erhielten von ihm ebenfalls Hemden und Hosen, damit auch sie sich umziehen konnten. Natürlich passten die Sachen nicht perfekt, aber das störte die beiden Jungen wenig.

„**Tragt ihr noch immer keine Unterhosen?**", fragte Hendrik genervt, denn dieses Kleidungsstück vermisste er schon seit einiger Zeit.

„Unterhosen? Was meinst du damit? Im Winter tragen wir manchmal Strumpfhosen unter unseren langen Hosen, aber etwas anderes kenne ich nicht!" Simon hatte keine Ahnung, wozu dieses Kleidungsstück notwendig sein sollte.

Merle erging es nicht anders. Die Witwe Schubert erklärte ihr, dass keine Frau ein solches Wäschestück trug, als sie ihr eine Bluse und einen Rock lieh. Unterhosen waren also im 18. Jahrhundert noch völlig unbekannt. Die Damen trugen lange Röcke und darunter Unterröcke. Nur die Bäuerinnen zogen im kalten Winter manchmal lange Wollunterhosen an.

Die nassen Kleidungsstücke wurden zum Trocknen an die Herdstelle gehängt.

Merle hoffte sehr, dass ihre Sachen am nächsten Tag wieder trocken sein würden, denn die Kleidung von Frau Schubert war ihr viel zu groß. Ihre eigene Jeans und die moderne, bunte Bluse befanden sich zwar noch in ihrem Rucksack, aber sie konnte sie keinesfalls tragen. Damit wäre sie überall aufgefallen.

Caspar von Saldern hatte sich in der Zwischenzeit von Witwe Schubert verabschiedet. Er wollte noch einen Freund besuchen. Dort sollte er auch übernachten.

„Stellt euch vor, Caspar kommt zur Vergabe deiner Belohnung extra ins Amtshaus. Das ist eine große Ehre für dich, Simon!", jubelte Frau Schubert.

Simon nahm es eher gelassen

„Ich weiß, es freut mich auch sehr, Mutter. Aber jetzt wollen wir zu Ole gehen, er soll von dem Quellwasser trinken. Vielleicht hilft es ihm ja wirklich", hoffte er und spürte zu seiner Überraschung eine gewisse Aufregung.

Merle, Tim und Hendrik konnten es ebenfalls kaum erwarten, Ole von dem Wasser zu geben.

So gingen sie gemeinsam in die kleine Kammer, in der ihr Freund schlief.

„Hallo, schön dass ihr mich wieder besucht!" Ole erwachte, als die Tür geöffnet wurde und sah seine Freunde mit dem Wasserkrug und einem Becher vor sich stehen.

„Wir haben dir Wasser mitgebracht, das dich wieder gesund machen wird. Du musst einen Becher voll davon trinken!" Merle beugte sich zu Ole und hielt ihm den vollen Becher an den Mund.

„Es tut so weh, wenn ich den Kopf anhebe", stöhnte der Freund, und so stützte Simon ihn ein wenig, damit Ole trinken konnte. Es fiel ihm sehr schwer. Aber nach kurzer Zeit war der Becher leer.

„Und, spürst du schon eine Besserung?" Hendrik war voller Ungeduld.

„Nein! Aber ich werde plötzlich so müde! So unendlich mü…" Ole sprach nicht weiter, denn er war eingeschlafen.

„Ole, was ist mit dir? Er reagiert gar nicht! Simon, was sollen wir tun? Vielleicht war das Wasser giftig und Ole stirbt davon!" Merle hatte große Angst, genau wie ihre Freunde.

„Er stirbt nicht, er scheint nur plötzlich in einen Tiefschlaf gefallen zu sein. Wer weiß, vielleicht gehört das zur Wirkung dieses Wassers. Wir müssen abwarten. Er wird sicher bald wieder aufwachen, mach dir keine Sorgen!" Simon hatte Ole genau beobachtet und beruhigte die unglücklichen Kinder. Frau Schubert überlegte, ob es wirklich so eine gute Idee war, dem kranken Jungen das Wasser einzuflößen, denn auch sie hatte Angst um ihn.

„Lassen wir ihn schlafen! Wir sollten etwas essen und später noch einmal nach ihm sehen", schlug Simon vor.

„Nein, ich bleibe hier, bis er wieder aufwacht. Ich kann nichts essen, wenn ich nicht weiß, was mit Ole passiert ist." Merle weigerte sich, das Krankenzimmer zu verlassen.

Tim und Hendrik entschieden sich, mit Simon und seiner Mutter in die Wohnstube zu gehen. Eigentlich wollten sie den Zwillingen auch etwas von dem Quellwasser bringen, jetzt aber hatten sie Angst, den beiden Geschwistern damit mehr zu schaden als zu helfen.

Merle saß nun allein am Bett von Ole, zu ihren Füßen lag Nicky. Sie beobachtete ihren kranken Freund voller Sorge. Dabei wanderten ihre Gedanken zurück in die Zeit, als sie noch mit ihm in der Schule saß und ihn bei Arbeiten abschreiben ließ. Ihr fiel wieder ein, wie sie Ole und seine beiden Freunde in der Schule belauscht hatte, als sie ihre Schatzsuche planten. Wie gut hatte Ole sie beschützt, als sie im Nonnenkloster gefangen war und von dort mit ihm floh. Seine Eifersucht auf Christian war ihr ebenfalls in guter Erinnerung. Dabei überlegte sie, wen sie von beiden lieber mochte. Sie sah Christians Gesicht vor sich, das ihr so vertraut war. Sie hatte sogar mit ihm reden können mit Walburgas Hilfe, obwohl sie hundert Jahre trennten. Er bedeutete ihr sehr viel, aber sie würde niemals mehr mit ihm zusammen sein können. Ole lag vor ihr, so regungslos, aber er war da. Er lebte nicht in einem anderen Jahrhundert. Und wenn er wieder gesund werden sollte, konnten sie noch eine Menge gemeinsam erleben. Der Schatz der Wittorfer Burg wartete auf sie und Walburgas Erlösung. Merle erhob sich von ihrem Stuhl und strich Ole liebevoll über sein Gesicht.

„Wenn du doch endlich gesund sein würdest, Ole Petersen. Ich mag dich, und du fehlst mir so", flüsterte sie leise und setzte sich auf die Bettkante.

„Merle?" Ole schlug plötzlich die Augen auf und sah sie erstaunt an.

„Ole, du erkennst mich wieder?" Merle sprang erfreut auf.

„He, mach nicht solche Scherze! Natürlich erkenne ich dich! Schließlich gehen wir in dieselbe Klasse. Aber erzähl mir mal lieber, wieso ich hier in diesem Bett liege. Wo bin ich eigentlich?" Ole setzte sich auf. Erschrocken bat Merle ihn, sich wieder hinzulegen.

„Du hast eine Kopfverletzung, sei vorsichtig!"

„Ach ja, jetzt fällt es mir wieder ein. Ich wollte dir hinterherlaufen, als du in dieses brennende Haus gerannt bist, um das Baby zu retten. Dabei ist mir ein Holzbalken auf den Kopf gefallen. Irgendwie muss mir jemand geholfen haben, aus dem verdammten Haus herauszukommen. Ich glaube, es war Walburga. Aber von da an kann ich mich an nichts mehr erinnern. He, da ist ja auch Nicky! Komm her mein Freund!"

Lass dich mal ordentlich kraulen!" Ole rief seinen Hund zu sich, der erfreut seinen Kameraden ableckte.

Merle war überglücklich über die plötzliche Genesung ihres Freundes und erzählte ihm mit knappen Worten, was geschehen war, während er krank im Bett lag.

„Ich werde jetzt Tim, Hendrik, Simon und seine Mutter holen. Sie werden sich vielleicht freuen!" Merle verließ die Kammer und eilte in die Wohnstube.

„Kommt alle schnell! Er kann sich wieder an alles erinnern!", rief sie den Freunden zu, die sofort ihre Plätze verließen und zu Ole stürmten.

Die Freude war auf beiden Seiten groß. Simon konnte es kaum glauben, aber das Quellwasser schien wirklich geholfen zu haben.

„Schmerzt deine Wunde noch so stark wie gestern?", fragte er und sah ungläubig, wie Ole lachend in seinem Bett saß und etliche Fragen stellte.

„Nein, ich habe keine Schmerzen mehr, es juckt nur auf meinem Kopf", gab er strahlend zurück.

„Wahrscheinlich solltest du deine Haare mal wieder waschen. Sicher hast du Läuse", kicherte Hendrik albern, er war glücklich, dass der Freund wieder gesund zu sein schien.

„Ich stehe jetzt erst einmal auf und werde etwas Anständiges essen!" Ole wollte gerade das Bett verlassen, als Simon ihn daran hinderte.

„Vorsichtig! Du bist doch noch verletzt, auch wenn es dir besser geht", warnte er besorgt.

„Ach was! Mir geht es wirklich prima, allerdings sterbe ich bald vor Hunger, wenn ich nichts zu essen kriege", erklärte Ole gut gelaunt und lief das erste Mal seit seinem schweren Unfall wieder durch die Gegend.

„Ich kenne mich hier noch nicht aus. Wo bitte geht es zur Küche?", grinste er und Merle fiel ein Stein vom Herzen. Das war Ole, wie sie ihn kannte, frech und immer lustig.

„Ich mache dir ein paar leckere Wurstbrote, du kannst so viel essen wie du magst", bot Frau Schubert ihm an und rauschte mit ihrem weiten Kleid an Ole vorbei in die Diele.

Nicky folgte ihr schwanzwedelnd, denn er ahnte, dass wieder etwas Schmackhaftes dabei für ihn abfiel.

Die Stimmung im Hause der Witwe Schubert war so gut wie schon lange nicht mehr.

„Schade, dass ich so viel verpasst habe. Aber morgen begleite ich euch natürlich in das Amtshaus!" Ole aß schon die dritte Scheibe Brot und lauschte gespannt den Freunden.

„Doktor Bremer wird dich am Vormittag noch untersuchen wollen. Na, der wird Augen machen, wenn er dich so fröhlich hier sitzen sieht!" Frau Schubert versorgte Ole gut gelaunt mit frischer Milch.

„Sicher fährt er zur Quelle und holt sich Wasser, um es seinen anderen Patienten zu verabreichen. Vielleicht hilft es noch anderen Kranken", überlegte Hendrik.

„Da sagst du aber was! Wir haben Ferdinand und Hella fast vergessen. Wenn Ole gesund geworden ist, müssen sie es doch auch werden. Wir sollten ihnen unbedingt das Wasser zu trinken geben, bevor sie an den Masern sterben", mahnte Merle und drängte zum Aufbruch.

„Ihr wollt doch wohl nicht in dieser Kleidung fremde Leute besuchen? Die Sachen sind euch ja viel zu groß. Tim, du verlierst deine Hose, wenn du sie nicht festhältst", spottete Ole vergnügt, denn die Sachen von Simon passten Tim weder in der Länge noch in der Breite.

„Dafür, dass du so krank warst, bist du schon wieder ordentlich gemein zu deinen besten Freunden, die dich immerhin vor einem Leben in ewiger Erinnerungslosigkeit gerettet haben", meinte Tim. „Außerdem sind die Thomsens nebenan sehr nette Leute, die wird es kaum stören, wie wir herumlaufen."

„Gut, dann lasst uns gehen!" Simon nahm den Wasserkrug. „Ich komme auch mit!"

Frau Schubert sah der kleinen Schar hinterher. Selbst Nicky wollte nicht bei ihr bleiben. Freudig lief er neben Ole. Die alte Dame war überglücklich, dass der Junge wieder gesund war. Sie konnte sich das Wunder allerdings nicht erklären.

„Es geschehen eben immer noch Dinge zwischen Himmel und Erde, für die man keine Erklärung findet", sprach sie leise zu sich selbst und hoffte, dass das Quellwasser nun auch die Zwillinge ihrer Nachbarn heilen würde.

„Guten Abend! Wie geht es Ferdinand und Hella?" Merle stand aufgeregt in der Haustür der Familie Thomsen.

„Nicht gut, sie haben beide Fieber und Schmerzen. Im Augenblick schlafen sie gerade. Ihr könnt sie nicht besuchen. Nanu, habt ihr noch mehr Besuch bekommen? Wer ist denn dieser Junge? Ich habe ihn noch nie gesehen." Frau Thomsen bemerkte sofort Ole, den sie nicht kannte.

„Das ist unser Freund Ole. Er ist von dem Quellwasser gesund geworden, das wir heute aus dem Gesundbrunnen geholt haben. Wir wollen, dass Ferdinand und Hella auch davon trinken, damit es ihnen bald wieder besser geht." Merle zeigte auf den Wasserkrug, den Simon in der Hand hielt.

„Du bist der schwerkranke Ole? Das ist doch nicht möglich. Das ist ja ein Wunder! Schnell Kinder, kommt rein, ich hole einen Becher, damit meine Zwillinge von dem Wasser trinken können. Hoffentlich wirkt es bei ihnen genauso gut wie bei Ole!" Frau Thomsen suchte nervös nach einem Trinkgefäß, das sie schnell in der Küche fand, und eilte mit den Kindern zu Ferdinand und Hella. Die blinde Großmutter saß genau wie am Morgen in einem Stuhl vor den Betten der Zwillinge.

„Habt ihr tatsächlich das Wasser aus dem Brunnen geholt, obwohl draußen dieses schreckliche Gewitter tobte?", fragte sie leise, als Merle mit ihren Freunden und Frau Thomsen an das Bett von Ferdinand trat.

„Ja, und es hat Ole gesund gemacht. Jetzt soll es auch den Zwillingen helfen", versicherte Simon und füllte das Trinkgefäß mit dem Quellwasser aus dem mitgebrachten Krug.

Vorsichtig wurde Ferdinand geweckt. Er war schlapp und müde und hatte keine Lust, einen Becher Wasser zu trinken.

„Du musst es trinken, dann wirst du schneller wieder gesund! Es ist ein Heilwasser, wir haben es extra aus dem Gesundbrunnen hier im Flecken geholt. Bitte, Ferdinand, tu mir den Gefallen und trink es", flehte Merle und hielt dem Jungen das Gefäß vor den Mund.

Mühsam folgte er ihrer Anweisung. Es dauerte nur wenige Momente, dann setzte genau die gleiche Wirkung wie bei Ole ein. Ferdinand fiel in sein Kissen zurück und schlief augenblicklich tief ein.

„Um Gottes Willen! Was habt ihr mit meinem Sohn gemacht? Er stirbt! Mein armer Ferdinand stirbt!", weinte Frau Thomsen und wollte sich auf ihren kranken Sohn stürzen.

Simon hielt sie davon ab.

„Das war bei Ole genauso. Es wird nicht lange dauern und er erwacht wieder. Sie werden sehen, dass es ihm dann viel besser geht. Sie müssen sich keine Sorgen machen, Frau Thomsen." Merle strich der verzweifelten Mutter tröstend über den Arm.

„Bist du dir auch wirklich ganz sicher?", fragte sie und strich sich die Tränen fort.

„Absolut sicher!", erklärte Merle und sah zu Ferdinand, der gleichmäßig atmend in seinem Bett lag und schlief.

„Wir müssen Hella auch von dem Wasser geben", bemerkte Tim und ging zu Hellas Bett.

„Nein, wartet noch einen Moment. Ich will erst ganz sicher sein, dass es Ferdinand nicht geschadet hat. Eher gebe ich Hella keinen Tropfen davon!" Frau Thomsen hatte genug Leid an diesem Tag ertragen müssen, noch ein Kind wollte sie nicht verlieren.

Schweigend standen alle vor Ferdinands Bett und warteten gespannt auf die Dinge, die da kommen sollten.

„Mama, kann ich etwas zu essen haben? Ich bin hungrig wie ein Bär!" Ferdinand schlug die Augen auf und sah seine Mutter vor seinem Bett stehen.

„Das kann nicht sein! Das gibt es nicht", stammelte Frau Thomsen ungläubig. „Eben ging es dir doch noch so schlecht, dass du nicht einmal etwas trinken wolltest!"

„Und jetzt fühle ich mich viel besser! Also, was ist, bringst du mir etwas zu essen?", fragte Ferdinand die überraschte Mutter.

„Natürlich! Aber ich kann es noch gar nicht fassen, dass dieses Wasser so gut hilft. Schnell Merle, gib Hella auch etwas davon!", bat Frau Thomsen und eilte in die Diele, um ihrem Sohn eine Scheibe Wurstbrot zu besorgen.

Inzwischen weckte Simon die kranke Hella und ließ sie von dem Quellwasser trinken. Sie fiel ebenfalls sofort danach in einen Tiefschlaf. Während Ferdinand sein Brot genüsslich verspeiste, erwachte Hella und war sofort putzmunter und gesund.

„Es hat sich gelohnt, dass wir die Quelle aufgesucht haben, Simon. Die Zwillinge werden die Masern überleben", freute sich Tim und beobachtete wie Hella aus dem Bett kletterte.

Simon unterhielt sich mit Ferdinand, dem es zwar gut ging, der aber noch etwas geschwächt war. Frau Thomsen wunderte sich über die plötzlichen Genesungsfortschritte ihrer Kinder, war aber natürlich überglücklich.

Sie fiel ihren Kindern um den Hals und überschüttete sie mit liebevollen Küssen, dann lief sie in die Werkstatt ihres Mannes und erzählte ihm von der frohen Nachricht. Er verließ sofort seinen Webstuhl und beeilte sich, um nach seinen Kindern zu sehen.

„Das ist ein Wunder! Ich danke euch dafür, dass ihr das Wasser besorgt habt. Ich habe nicht daran geglaubt, dass es wirken würde, aber nun wurde ich eines Besseren belehrt. Ich bin so unbeschreiblich glücklich und dankbar!" Herr Thomsen drückte seine Zwillinge fest an sich, er hatte Tränen vor Rührung in seinen Augen stehen.

„Sie müssen der Großmutter danken, sie hat uns erst auf die Idee gebracht, die Quelle aufzusuchen." Hendrik beobachtete die blinde alte Frau, die zufrieden lächelte.

„Wo ist denn das schöne lila Taschentuch von heute Morgen geblieben? Es sah so hübsch aus, dass es mir auffiel!", meinte Merle und bemerkte, dass die Großmutter nur noch ein weißes Taschentuch auf ihrem Schoß liegen hatte.

„Da musst du dich getäuscht haben, Merle, die Großmutter hat nur weiße Taschentücher", erklärte Frau Thomsen freundlich und Merle zuckte unmerklich zusammen. Sollte das Taschentuch etwa Sibelia gehören? Aber wie kam es so schnell zu der blinden Frau, und warum war es jetzt wieder verschwunden? Fragen über Fragen, auf die Merle keine Antwort wusste. Sie konnte sich nur vorstellen, dass das der Hinweis war, von dem die Zauberin ihr im Traum berichtet hatte. Merle bekam eine Gänsehaut. So viele ungeklärte Dinge machten sie unsicher und bereiteten ihr deswegen auch eine gewisse Angst.

„Der Doktor Bremer wird morgen staunen, wenn er euch untersuchen will! So schnell ist bestimmt noch kein Kind von den Masern gesund geworden", lachte Herr Thomsen und stellte sich das ungläubige Gesicht des Mediziners vor, wenn er die Kinder besuchte.

„Er glaubt bestimmt, es wäre Zauberei", vermutete die Mutter und freute sich, dass inzwischen auch Hella einen gesunden Appetit bekommen hatte und an einer dicken Scheibe Käse knabberte.

„Also, wenn ich ehrlich bin, dann habe ich ebenfalls für einen Moment an Zauberei geglaubt!" Simon erzählte von der unheimlichen Erscheinung, die er im Licht des Blitzes an der Quelle gesehen hatte.

„Das ist in der Tat eigenartig. Aber ehrlich gesagt, möchte ich gar nicht weiter darüber nachdenken. Die Kinder sind wieder gesund, und das ist das Wichtigste. Schade nur, dass die kleine Ellen nicht von dem Wasser trinken konnte, sonst wäre unser kleiner Liebling jetzt kein Engel", bedauerte Herr Thomsen und dachte dabei traurig an seine jüngste Tochter. „**Wir werden sie in drei Tagen beerdigen lassen. Das Ge-**

setz schreibt es so vor. Bis dahin bleibt Ellen in dem kleinen Sarg hier in der Wohnstube, den ich bereits beim Tischler bestellt habe."

„**Sie bleibt hier im Haus?**", fragte Hendrik ungläubig, ihm war es unheimlich, sich mit einem Toten in einem Raum zu befinden.

„**Natürlich! Das ist bei uns so. Noch vor einiger Zeit blieben die Verstorbenen länger im Haus. Es wurde feierlich Abschied genommen und dabei auch Alkohol getrunken.** Leider haben viele Menschen zu viel davon zu sich genommen, und es wurde eine Art Saufgelage daraus. Es kam daher häufig mal vor, dass bei der Beerdigung ein Betrunkener in das ausgehobene Grab fiel und sich verletzte. Man hat dem ein Ende gesetzt und befohlen, dass bei Beerdigungen kein Alkohol mehr getrunken werden darf**", erzählte Simon und die vier Freunde hörten interessiert zu. Eine Trauergesellschaft, die betrunken war, konnte sich keiner von ihnen im 21. Jahrhundert so richtig vorstellen. Wahrscheinlich hatten die Menschen der vergangenen Jahrhunderte eine andere Einstellung zum Tod, überlegte Merle.

Ferdinand und Hella, die inzwischen wussten, dass ihre neuen Freunde durch eine Zeitreise aus der Zukunft zu ihnen gekommen waren, löcherten sie nun mit Fragen. Ole, den sie noch nicht kannten, musste am meisten erzählen.

„Hoffentlich bleibt ihr noch ein paar Tage! Du fühlst dich für eine Zeitreise sicherlich viel zu schwach, oder? Doktor Bremer wird dir ohnehin davon abraten", hoffte Ferdinand insgeheim, denn die Freunde hatten viel Neues zu berichten, das ihn brennend interessierte.

Auch die blinde Großmutter und das Ehepaar Thomsen wünschten sich, dass die vier ihren Aufenthalt bei den Schuberts verlängern würden.

„Ich glaube, dass meine Mutter nichts dagegen hat, wenn ihr noch einige Zeit unsere Gäste bleibt. Sie ist auch bereits bestens mit Nicky befreundet", lachte Simon und streichelte den Hund, der artig neben Ole saß.

„Morgen bleiben wir auf jeden Fall noch bei euch. Aber wenn es Ole weiterhin so gut geht, müssen wir übermorgen weiterreisen, auch wenn es uns bei euch gut gefällt." Tim fiel es nicht leicht, das zu sagen, aber sie mussten Abschied nehmen. Sie hatten schon viel zu viel Zeit verloren durch die unfreiwilligen Aufenthalte in den anderen Jahrhunderten.

„Bevor wir euch verlassen, möchte ich auf jeden Fall noch einmal das Grab von Bernhard besuchen. Es ist doch nicht so weit bis zur Bartholomäuskirche", schlug Merle vor, und ihr Wunsch wurde begeistert angenommen.

„Ja, das sollten wir tun! Bernhard war ein toller Freund. Es ist schlimm, dass er ermordet wurde!" Hendrik erinnerte sich gern an den alten Mann.

„Es ist spät geworden und meine Mutter wartet sicher schon auf uns. Wir sollten besser jetzt gehen!" Simon drängte zum Aufbruch.

„Erzählt uns doch noch ein bisschen von euren Reisen!", bettelte Ferdinand und sah es gar nicht gern, dass die Gäste das Haus verlassen wollten.

„Ihr seid sehr krank gewesen und braucht jetzt Ruhe, um euch vollkommen zu erholen. Morgen ist noch Zeit genug für ein weiteres Treffen. Für heute ist auf jeden Fall Schluss!" Herr Thomsen sprach ein Machtwort, und die Zwillinge wussten, dass es keinen Zweck hatte, dem Vater zu widersprechen.

So verabschiedete sich Simon und ging mit den vier Freunden nach nebenan, wo seine Mutter auf der kleinen Gartenbank vor dem Haus saß und in Erinnerungen schwelgte. Sie war so glücklich über den Besuch ihres alten Jugendfreundes Caspar von Saldern, dass sie von alten Zeiten träumte, die sie mit ihm in Neumünster verbracht hatte.

Die Luft war angenehm kühler geworden nach dem schweren Gewitterregen, und so empfand Frau Schubert es als eine Wohltat, draußen zu sitzen.

„Den Zwillingen geht es wesentlich besser. Das Quellwasser hat auch bei ihnen sofort gewirkt", berichtete Tim ihr freudig.

„Das grenzt an ein Wunder! Ich bin unendlich froh, dass sie nicht an den Masern sterben mussten. Doktor Bremer wird morgen staunen!" Frau Schubert wurde zwar etwas unsanft durch Tims laute Stimme aus ihren angenehmen Träumereien geweckt, doch über die schöne Botschaft freute sie sich sehr.

Noch lange unterhielt man sich an diesem Abend über die Erlebnisse des Tages. Es wurde Oles glückliche Genesung gefeiert. Er war bester Laune, denn er fühlte sich sehr wohl bei der Witwe Schubert und ihrem Sohn Simon.

„Warum bist du eigentlich in das brennende Haus gelaufen? Es war doch schon vollkommen verrückt von Merle, das zu tun. Ihr hättet beide im Feuer umkommen können." Simon schüttelte verständnislos den Kopf.

„Ich wollte eben nicht, dass ihr etwas passiert", verteidigte sich Ole, der einsah, dass er sich in große Lebensgefahr gebracht hatte.

„Du bist doch auch verknallt in Merle, das hat man ja schon gesehen, als dieser Christian immer um sie herum war. Ewig wolltest du dich mit ihm prügeln", petzte Hendrik schadenfroh.

Ole spürte, dass er rot wurde wie eine Tomate. Zum Glück war Merle gerade in der Diele und half Simons Mutter beim Teezubereiten. Er sprang auf, als hätte ihn eine Wespe gestochen und wollte sich auf Hendrik stürzen, doch Tim hielt ihn zurück.

„Hahaha, da seht ihr mal, es stimmt, was ich gesagt habe!", kicherte Hendrik vergnügt.

„Nichts stimmt, du spinnst doch! Ich und in Merle verliebt! So einen Quatsch könnt ihr dem Osterhasen erzählen. Ich hab mir natürlich nur Sorgen gemacht, dass wir nicht wieder aus diesem Jahrhundert herauskommen, wenn Merle etwas passiert. Sie trägt schließlich den schwarzen Stein bei sich. Das hat mit Verliebtsein gar nichts zu tun. Außerdem bist du doch viel mehr verknallt als jeder andere von uns. Ich sage nur: Sabrina! Wenn du sie siehst, rennst du ständig hinter ihr her und ziehst an ihren langen Haaren, um auf dich aufmerksam zu machen, du miese Ratte!", schimpfte Ole.

Hendrik bebte jetzt innerlich vor Wut. Ole hatte recht, und es störte ihn furchtbar, dass der Freund sein Geheimnis ausplauderte.

Simon musste schlichten, bevor die beiden Streithähne zum Angriff übergingen.

„Ich weiß nicht, warum ihr euch jetzt so aufregt. Es ist in eurem Alter völlig normal, dass man sich verliebt. Als ich zwölf war, wollte ich unbedingt Klara heiraten. Sie wohnte damals in der Scharfrichterstraße, war zwei Jahre älter als ich und das schönste Mädchen, das hier im Flecken lebte. Alle Jungens waren verliebt in sie. Ich bin vor Liebeskummer fast gestorben, als sie Heinrich, den Sohn eines Knopfmachers, zum Freund nahm, den ich furchtbar dumm, hässlich und eingebildet fand. Damals schwor ich mir, dass ich mich niemals wieder verlieben würde. Leider hielt der Schwur nur wenige Tage, denn Bäcker Moll hatte auch eine hübsche Tochter", erzählte Simon. „Deswegen braucht ihr euch nicht zu schämen, wenn ihr ein Mädchen toll findet!"

„Hast du eine Freundin, Simon?" Ole beruhigte sich langsam wieder und auch Hendriks Wut war verflogen. Sie fühlten sich von Simon verstanden und wurden neugierig.

„Nein, aber ich hatte eine. Sie starb vor zwei Jahren ganz plötzlich an einer schweren Krankheit. Wir wollten heiraten. Während wir noch auf die Erlaubnis warteten, zerstörte ihr Tod unsere Pläne", erinnerte sich Simon, und seine Stimme klang traurig und leise.

„Wieso brauchtest du denn eine Erlaubnis zum Heiraten, du bist doch schon alt genug, oder?", fragte Hendrik erstaunt.

„Natürlich, ich war damals dreiundzwanzig Jahre alt. Aber darum geht es nicht. Nur wer Geld genug verdient, um eine Familie zu ernähren, bekommt eine Heiratserlaubnis. Leider besaß ich nicht viel, darum mussten wir warten." Simons Augen waren ernst geworden. Hendrik und Ole spürten, dass er seinen Kummer über den Verlust der Freundin noch immer nicht ganz überwunden hatte. Es war ihnen unangenehm, das Thema mit ihren neugierigen Fragen angeschnitten zu haben. Für ein paar Sekunden herrschte betretene Stille.

Da kehrten glücklicherweise Merle und Frau Schubert mit dem Tee zurück. Die beiden plauderten fröhlich miteinander und brachten so das Gespräch schnell wieder in eine andere Richtung. Sie ahnten schließlich nicht, worüber Simon kurz zuvor mit den Jungen geredet hatte.

„Wie spät ist es eigentlich? Ich falle vor Müdigkeit fast vom Stuhl", gähnte Simon zu fortgeschrittener Stunde und hielt sich die Hand vor den Mund.

„Wahnsinn! Es ist schon ein Uhr! Wie die Zeit rennt, wenn man so gemütlich beisammensitzt!" Tim steckte seine Uhr wieder in die Hosentasche.

„Wir sollten schlafen gehen!", mahnte Frau Schubert.

So lagen nur kurze Zeit später alle in ihren Betten und versanken in tiefen Schlaf.

Am nächsten Morgen war es draußen merklich kühler geworden. Die große Hitze der letzten Tage und Wochen schien eine Pause eingelegt zu haben. Mensch und Tier konnten aufatmen, denn es hatte in der Nacht auch noch geregnet. Dadurch war die Luft erträglicher geworden.

Im Haus der Schuberts wartete man ungeduldig auf Doktor Bremer, denn gegen

Mittag sollte Simon im Amtshaus die Belohnung ausgehändigt werden. Da wollte niemand zu spät erscheinen. Ole fühlte sich noch besser als am Tag zuvor. Zwar war die Wunde am Kopf durch das Quellwasser nicht verschwunden, aber es hatte sich eine dicke Schorfschicht darüber gebildet, die alles verschloss. Schmerzen spürte er jedenfalls keine mehr.

„Der Doktor ist da!" Tim rannte zur Tür, um ihm zu öffnen, denn es hatte dreimal laut geklopft.

„Guten Morgen, meine Lieben! Wie geht es ..." weiter kam der Arzt nicht, denn plötzlich verschlug es ihm die Sprache. Ole stand putzmunter vor ihm und begrüßte den Mediziner.

„Warum, wieso bist du nicht im Bett?", stammelte Doktor Bremer hilflos.

Frau Schubert erklärte dem alten Arzt, warum Ole gesund war.

„Nein, das kann nicht sein! Das Wasser kann nicht heilen. Unmöglich! Mir sind schon so viele Patienten gestorben, die an die Wirkung der Quelle glaubten. Es muss ein Wunder geschehen sein, dass Ole und die Zwillinge gesund wurden!" Der Arzt sprach mit zittriger Stimme und musste sich auf einen Stuhl in der Diele setzen. Frau Schubert bot ihm vorsorglich einen starken Kaffee an, den Doktor Bremer sofort dankbar trank. Danach untersuchte er Oles Wunde am Kopf und staunte immer wieder.

„Ich verstehe das nicht! So schnell kann eine derartig entzündete Stelle nicht heilen. Ich muss das Wasser vom Apotheker untersuchen lassen. Vielleicht ist es nur ein Zufall gewesen, dass ihr so schnell gesund wurdet. Ich kann das alles gar nicht richtig fassen. Gestern höre ich von euch, dass ihr Zeitreisende seid, und heute erlebe ich solch eine merkwürdige Heilung. Ich würde mich nicht wundern, wenn ihr mir noch von Zauberern und Feen erzählt. Ich verliere meinen Verstand, wenn ich das alles glauben soll! Ich fürchte, ich benötige dringend Baldriantropfen!" Doktor Bremer bat um eine zweite Tasse Kaffee, die er hastig hinunterspülte, dann kramte er in seiner Arzttasche nach dem Medikament.

„Dann bin ich also wieder gesund?", fragte Ole glücklich den fassungslosen Arzt.

„Ja, mein Junge, das würde ich so sagen. Du solltest allerdings aufpassen, dass du deinen Kopf in der nächsten Zeit nicht wieder irgendwo stößt. Die Wunde könnte dabei aufplatzen", mahnte Doktor Bremer und erhob sich von seinem Stuhl.

Er wollte so schnell wie möglich zu den Zwillingen der Familie Thomsen, denn er konnte sich nicht vorstellen, dass es ihnen durch das Quellwasser ebenfalls wieder gut ging. Die Masern waren eine schlimme Krankheit, die niemand in nur zwei Tagen überstand.

„Vielen Dank für den Kaffee, gnädige Frau! Aber meine medizinische Neugier ist so groß, dass ich jetzt keine Zeit mehr verlieren möchte, um Ferdinand und Hella zu untersuchen. Ich hoffe, dass Sie Verständnis dafür haben!" Der Arzt nahm seine Tasche und eilte zur Haustür. Frau Thomsen hatte ihn noch nie so zerstreut und aufgeregt erlebt wie an diesem Morgen.

„Ihr habt den armen Mann total durcheinander gebracht", meinte sie, während sie die Tür hinter ihm schloss.

Ole und seine Freunde suchten Simon in seiner Werkstatt auf und berichteten ihm von dem gerade Erlebten.

„Zum Glück habt ihr ihm nichts von der unheimlichen, lila gekleideten Frau erzählt, die wir im Blitzlicht sahen. Er hätte euch sonst für irre erklärt und ins Dollhaus gesteckt. Habt ihr eigentlich eine Erklärung dafür, wer diese ungewöhnliche Dame war, etwa euer Burgfräulein?", fragte Simon, der sich mit Gruseln an die merkwürdige Gestalt erinnerte.

„Nein! Walburga ist zwar ebenfalls wunderschön, aber sie ist blond und trägt ein weißes Kleid. Das war Sibelia, eine Zauberin, die das Burgfräulein kennt. Sie hat uns geholfen", erklärte Merle und war sich nicht sicher, ob Simon ihr das wirklich glauben würde. Es hörte sich einfach zu verrückt an.

„Eine Zauberin war sie? Das könnte die Wirkung der Quelle erklären. Sie zauberte aus dem Wasser ein Heilwasser. Eigentlich kann ich mir das kaum vorstellen. Aber seit ich euch kenne, fange ich wieder an, an solche Dinge zu glauben. So wie damals, als ich ein kleiner Junge war und die Märchen von Hexen und Zauberern für Wahrheit hielt. Aber es ist wohl besser, wir erzählen niemanden davon. Nicht jeder hat Verständnis dafür." Simon stellte ein Paar braune Schuhe aus Rauleder auf seine Werkbank. Er hatte sie gerade für einen Kunden angefertigt und besah sie sich noch einmal sehr zufrieden, **dann nahm er Fett und Ruß und schwärzte sie kräftig, denn der Tuchmachermeister Stolle wünschte sich schwarze Schuhe.**

Merle und ihre Freunde sahen interessiert zu, wie aus den braunen auf diese Weise schwarze Schuhe wurden.

„Sag mal, die Schuhe sehen irgendwie gleich aus, ich meine, welcher gehört auf den rechten und welcher auf den linken Fuß?" Tim konnte keinen Unterschied feststellen.

„**Wieso? Es gibt nur Schuhe, die für beide Füße gleich sind! Ist euch das noch nie aufgefallen? Gibt es etwa in eurer Zeit rechte und linke Schuhe?**" Simon sah die Kinder erstaunt an, denn Merle bejahte die Frage.

„Als Barbara uns Schuhe von sich und Bernhard lieh, ist es mir gar nicht aufgefallen, dass es keinen rechten und linken Schuh gab. Merkwürdig! Das müsste ich doch eigentlich gemerkt haben!", wunderte sie sich.

„**Wir wechseln die Schuhe immer mal, das heißt, der Schuh, der auf dem rechten Fuß saß, wird dann für einige Zeit links getragen und der linke rechts. So werden die Schuhe gleichmäßig ausgetreten und herrlich bequem. Es kann sein, dass es dir deswegen nicht aufgefallen ist, dass wir nur gleiche Schuhe herstellen**", erklärte Simon und bat Tim, seine Schuhe einmal ansehen zu dürfen.

„Ich weiß gar nicht, wieso ich nicht erkannt habe, dass ihr ganz andere Schuhe tragt als wir. Eigentlich entgeht mir so etwas nicht." Simon begutachtete interessiert den schwarzen Lederturnschuh von Tim. „Es ist gar nicht so dumm, einen linken und rechten Schuh anzufertigen. Sicher wäre das bequemer und das lästige Wechseln der Seiten würde überflüssig sein. Ich muss einmal darüber nachdenken, ob ich nicht zukünftig zwei Leisten für die Schuhe herstellen sollte, einen linken und einen rechten. Ich werde mir zur Probe selbst ein solches Paar schustern."

„Wie die Zeiten sich doch ändern! Aber wenn ich mir die Schuhe so ansehe, könnten einige Exemplare direkt aus unserer Zeit stammen. Vor allem die spitzen Damenschuhe mit dem hohen Absatz und den Schleifen, die du hier angefertigt hast, sehen einigen modischen Schuhen aus unserem Jahrhundert sehr ähnlich", fand Merle und dachte dabei an die vielen Schuhgeschäfte, die teilweise Modelle verkauften, die stark an die Schuhmode im 18. Jahrhundert erinnerten. Wahrscheinlich fiel den Schuhherstellern nichts Besseres ein, als Mode vergangener Zeiten zu kopieren, überlegte Merle.

„Wir sollten zum Amtshaus aufbrechen, denn es ist schon 11 Uhr!" Tim sah auf seine Uhr, und Simon wurde aufgeregt.

„Ja, wir dürfen nicht zu spät kommen!" Simon band seine Arbeitsschürze ab und verließ mit den Freunden die Schusterwerkstatt.

Frau Schubert wartete schon ungeduldig auf ihren Sohn, denn sie wollte ihn nun doch ins Amtshaus begleiten. Da Ole wieder gesund war und sie auch die Hitze nicht mehr fürchten musste, hatte sich dazu entschlossen.

„Du musst dir deine Hände noch waschen, sie sind ja voller Ruß! Und deine Haare sind nicht ordentlich gekämmt", schimpfte sie und schickte ihren Sohn in seine Schlafstube, wo eine Wasserschüssel stand.

„Wohin kippt ihr eigentlich das Schmutzwasser?", wollte Ole wissen, denn ein Waschbecken mit einem Abflussrohr für dreckiges Wasser besaß natürlich kein Haushalt.

„Es wird draußen vor die Tür gegossen. In der Diele ist außerdem eine Furche im Steinfußboden, da kann das Wasser auch ablaufen. Allerdings geht das in den Schlafräumen und der guten Stube nicht, weil wir da Holzfußboden haben", erklärte Frau Schubert, während sie nach einem Kamm suchte, um ihrem Sohn die Haare zu frisieren. Als sie hörte, dass im 21. Jahrhundert warmes Wasser aus Leitungen floss und niemand mehr zum Brunnen laufen musste, um sich mit dem kostbaren Nass zu versorgen, hätte sie diesen Luxus auch schon gern 1780 gehabt.

„Ihr könnt glücklich sein, dass ihr nicht jeden Tag Wasser schleppen müsst", seufzte sie und dachte dabei an ihren ewig schmerzenden Rücken, der von den vielen schweren Lasten in all den langen Jahren ihres Lebens stark gelitten hatte.

Simon ließ sich nur ungern von seiner Mutter kämmen, aber sie bestand darauf und er wollte sich nicht vor den Kindern mit ihr streiten. Witwe Schubert bemutterte ihren jüngsten Sohn manchmal so sehr, dass es ihn nervte. Doch er wusste, dass er die alte Dame nicht mehr ändern würde.

Endlich konnte es losgehen. Gemeinsam spazierten sie am Teich entlang und kamen an den beiden Häusern vorbei, die Merle noch aus ihrer Zeit kannte.

„Wann wurden diese Häuser gebaut? Sie standen bis ins Jahr 2005 in Neumünster und wurden dann abgerissen", erzählte Merle Simon und seiner Mutter.

„Oh, dann werden diese Häuser ja noch eine ganze Weile hier stehenbleiben", freute sich Frau Schubert. „Sie sind in den Jahren 1705 und 1765 erbaut worden. Es wohnen seitdem Tuchmacherfamilien dort!"

Die Aufräumarbeiten waren nach dem großen Brand in vollem Gange. Ole erinnerte sich noch daran, wie er mit Simon und seinen Freunden versucht hatte, den Brand löschen zu helfen. Jetzt sah er überall die Ruinen, die von den schönen Häusern übriggeblieben waren. Der gesamte südliche Teil des Großfleckens war vernichtet worden. Die Häuser am Anfang der Bruhnstraße waren ebenfalls verbrannt. In der Scharfrichterstraße bot sich ihnen ein ähnliches Bild.

„Hier wird einmal das Rathaus von Neumünster stehen!" Merle zeigte auf die Straßenecke, wo die Bruhnstraße begann und der Großflecken endete. „Jetzt liegt alles in Schutt und Asche. Dort hinten in der Scharfrichterstraße wird 1903 die Holsten-Schule gebaut, in die ich nach den Sommerferien gehen soll. Im 21. Jahrhundert heißt die Straße allerdings ‚Altonaer Straße'", berichtete Merle Simon und seiner Mutter.

„Woher weißt du denn so genau, wann die Holsten-Schule errichtet wurde?", wunderte sich Hendrik, denn er hatte keinen blassen Schimmer, wann sie entstand.

„Als meine Eltern mich im März dort anmeldeten, habe ich das auf einer kleinen Tafel an dem Schulgebäude gelesen und mir gemerkt!" Merle hatte keine Probleme damit, sich Zahlen einzuprägen.

„Dass es einmal so viele verschiedene Schulen in unserem Flecken geben wird, kann ich mir gar nicht vorstellen. Aber die Anzahl der Menschen, die hier leben, wird sicherlich sehr stark ansteigen, so dass aus dem Flecken eines Tages eine große Stadt entsteht", vermutete Simon und überlegte, wie es dann in Neumünster aussehen würde.

„Wie viele Bürger wohnen denn zurzeit hier im Ort?", fragte Tim.

„**Ich denke, dass wir um die 1700 Einwohner haben.** Vielleicht sind es ein paar mehr oder auch weniger, so ganz genau kann ich es nicht sagen", schätzte Simon und blieb vor einem herrlichen Park stehen, in dem ein prachtvolles Gebäude zu sehen war. Es wurde umringt von vielen Lindenbäumen und Buchen, die mit ihren kräftigen, grünen Blättern an heißen Sommertagen reichlich Schatten spendeten.

„Wir haben unser Ziel erreicht! **Vor euch seht ihr das Amtshaus von Neumünster. Dieses wunderschöne Herrenhaus mit dem herrlichen Park baute Caspar von Saldern im Jahre 1746. Welch ein Glück, dass der schwere Brand dem Haus nichts anhaben konnte**", freute sich Simon und spazierte mit seiner Mutter und den Gästen durch den Park. Nicky ließ es sich nicht nehmen, an jedem Strauch und Baum zu schnuppern. Ab und zu hob er sein Bein und pinkelte an einen Lindenbaum. Ole war froh, dass es niemand bemerkte.

„**Aber das Haus ist in unserer Zeit viel größer**", wunderte sich Hendrik beim Anblick des Amtshauses.

„**Natürlich ist es das, denn im Jahr 1947 bauen englische Besatzungssoldaten rechts und links einen Anbau an das Amtshaus.** Du hast in der Schule wieder nicht zugehört, sonst wüsstest du es", tadelte Merle Hendrik, der sich aber beim besten Willen nicht mehr an die Unterrichtsstunde erinnern konnte.

„Wahrscheinlich hab ich da grad gefehlt", entschuldigte er sich etwas verlegen. Aber man konnte schließlich auch nicht alles wissen.

„Da steht Caspar von Salderns Kutsche!" Frau Schubert schloss daraus hocherfreut, dass ihr Jugendfreund bereits im Amtshaus wartete.

Ole nahm seinen Hund an die Leine, und gemeinsam betraten sie das Gebäude. In dem großen Empfangssaal standen ein paar sehr vornehm aussehende Männer in Uniform neben Caspar von Saldern und unterhielten sich angeregt mit ihm. Alle trugen weiße Perücken, einige sogar mit einem Zopf.

„Sicher wird es mit der Veranstaltung gleich losgehen. Amtsschreiber Ovens ist bereits da und Michel Pahl sitzt neben ihm. Der Scharfrichter kommt gerade durch die Tür." Simon wurde langsam aufgeregt.

„Ist das nicht Hanne Dreesen, deren Baby ich aus den Flammen gerettet habe?" Merle erkannte die junge Frau sofort wieder, die sie seit dem Unglück nicht mehr gesehen hatte.

„Du hast recht, das ist die Tochter von Tuchmacher Lohmann. Sie wohnt seit dem großen Brand vorübergehend bei ihren Eltern, bis ihr Mann ein neues Haus gebaut hat!" Frau Schubert kannte natürlich jeden Anwohner in der Straße „Am Teich", schließlich waren alle ihre Nachbarn.

„Darf ich jetzt um Ruhe bitten, meine sehr verehrten Herrschaften!" **Amtsschreiber Ovens rief laut die Anwesenden zum Zuhören auf. „Wir haben uns heute hier versammelt, um ein paar mutigen Bürgern für ihren waghalsigen Einsatz beim Löschen des großen Brandes zu danken. Da unser Amtmann von Bülow sich noch immer im dänischen Kopenhagen befindet, übernehme ich heute an seiner Stelle die angenehme Aufgabe, diesen großartigen Bürgern eine Belohnung von zwei Reichstalern zu übergeben. So bitte ich nun den Schuster Michel Pahl, zu mir nach vorne zu kommen!"**

Der Amtsschreiber reichte dem jungen Schuster die Hand und richtete noch ein paar kurze Worte an ihn, dann erhielt er seine Belohnung. Michel Pahl war es sehr unangenehm, vor so vielen Menschen gelobt zu werde. Allerdings spürte er auch einen gewissen Stolz, dass man ihn ehrte.

„Jetzt bitte ich den Schuster Simon Schubert zu mir. Er ist uns nicht nur als guter Handwerker bekannt, sondern als ebenso verlässlicher und hilfsbereiter Bürger. Simon, wir danken dir!" Ovens schüttelte Simon kräftig die Hand und gab ihm die zwei Reichstaler zusammen mit einer Urkunde, die Michel Pahl ebenfalls erhalten hatte.

„Natürlich möchte ich mich auch bei unserem Scharfrichter, Christian Friedrich Roeßler bedanken. Er war der Erste, der den Brand bemerkte und Hilfe holte. Ohne seinen unermüdlichen Einsatz wären sicher noch viel mehr Häuser den Flammen zum Opfer gefallen. Deshalb bekommt auch unser Scharfrichter die Belohnung aus unserer Brandkasse und die dazugehörende Urkunde!" Der Amtsschreiber reichte Christian Friedrich Roeßler die Hand. Der Scharfrichter fühlte sich unbeschreiblich glücklich. Noch nie war ihm solche Ehre zuteil geworden. Meistens mieden und verachteten ihn die Bürger wegen seines Berufes. Stolz, aber auch ein bisschen verlegen, setzte er sich nach der Rede des Amtsschreibers wieder auf seinen Platz in einer Ecke des Empfangssaals.

„Zum Schluss möchte ich noch einen jungen Gast zu mir bitten. Vor zwei Tagen wurde mir zugetragen, dass dieser Gast einem Kind das Leben gerettet hat, obwohl er sein eigenes dabei fast verloren hätte. Dieser Gast ist weiblich und heißt Merle Berger! Könntest du bitte nach vorne kommen, Merle", suchend blickte der Amtsschreiber sich nach ihr um.

Merle erstarrte. Jetzt wusste sie, warum Hanne Dreesen auch unter den Anwesenden im Amtshaus war. Sie musste die Geschichte von der Rettung ihres Kindes dem Amtsschreiber mitgeteilt haben, und irgendwer hatte ihr Merles Namen genannt. Mit klopfendem Herzen nahm auch sie die zwei Reichstaler und eine Urkunde von Herrn Ovens entgegen.

„Du bist ein ungewöhnlich tapferes Mädchen, Merle! Ohne dich würde dieses Baby nicht mehr leben", lobte er und zeigte auf das schlafende Kind in Hanne Dreesens Armen.

Augenblicklich begannen alle Bürger im Empfangssaal zu klatschen und jubelten Merle zu.

Sie fand kaum ihren Platz neben Simon und ihren Freunden wieder, so aufgewühlt war sie von dem Beifall und der Freude der Menschen.

„Wenn ich das geahnt hätte, wäre ich nie im Leben hierher gegangen", flüsterte sie Simon leise zu.

„Du bist für die Leute im Flecken jetzt eine Heldin!" Caspar von Saldern klopfte Merle freundschaftlich auf die Schultern, als sich die Gesellschaft wieder auflöste und die Bürger den Heimweg antraten.

Auch Hanne Dreesen bedankte sich noch einmal persönlich bei Merle und schenkte ihr ein selbst genähtes weißes Taschentuch mit Spitzen. Sie hatte in Handarbeit Merles Namen eingestickt.

Gut gelaunt verließen sie das Amtshaus. Ole war sehr stolz auf Merle.

„Du bist echt das coolste Mädchen, das ich kenne! Ich bin froh, dass du auf unserer Zeitreise dabei bist", lobte er sie überschwänglich, als sie für einen Moment allein waren, denn Simon war mit seiner Mutter, Tim und Hendrik noch einige Meter hinter ihnen.

Merle fühlte, dass sie rot wurde.

„Und ich freue mich, dass du wieder gesund geworden bist", meinte sie und ärgerte sich, dass ihr nichts Besseres einfiel.

„Das hab ich dir, Tim, Hendrik und Simon zu verdanken. Eigentlich sind wir ein echtes Team geworden, findest du nicht auch?"

„Ja, das sind wir wirklich. Bisher haben wir alles spitzenmäßig gemeistert. Sicher finden wir auch den Schatz der Wittorfer Burg und schaffen es, Walburga zu erlösen!"

„Das hoffe ich sehr!"

„Wir schaffen das, hundertprozentig!" Merle verstand nicht so ganz den Sinn ihrer Unterhaltung und hatte das Gefühl, auf der Stelle zu treten.

„Merle?"

„Ja?"

„Denkst du noch manchmal an Christian? Ich meine, du mochtest ihn doch sehr, oder?"

„Klar erinnere ich mich noch an die Wagners und natürlich auch an Christian. Warum willst du das wissen? Wir werden sie nie wiedersehen, leider, denn ich mochte die Familie!" Merle wollte Ole nicht erneut eifersüchtig machen, deswegen wich sie einer direkten Antwort aus.

„Na ja, ich überlege manchmal, ob er cooler war als ich!" Ole fiel es nicht leicht, sich auszudrücken, aber diese Frage quälte ihn schon lange.

„Cooler als du? Ich würde sagen, er war ein ganz anderer Typ. Ist ja auch logisch, schließlich lebte er im 16. Jahrhundert!"

„Merle, Ole, wo lauft ihr hin? Ich denke, wir wollten noch zur Bartholomäuskirche!", rief Tim ihnen zu, denn die beiden waren so in ihr Gespräch vertieft, dass sie stadtauswärts gingen, ohne die falsche Richtung zu bemerken. Tim konnte sie gerade noch rechtzeitig einholen.

„Oh, natürlich, ich will doch das Grab von Bernhard besuchen!", antwortete Merle fast erschrocken und kehrte gemeinsam mit Ole und Tim zu den anderen zurück.

„Ihr müsst aber interessante Themen haben, wenn ihr euch dabei verlauft!", lachte Simon und spazierte jetzt mit ihnen in Richtung Großflecken. Plötzlich begann Hendrik schallend zu lachen. Er war der erste, der **die beiden Männer auf den grauen Eseln durch die Stadt reiten sah. Nebenher lief ein Mann in einer blauen Uniform.**

„Was machen die denn da! Das sieht ja lustig aus!", kicherte Hendrik, und Tim fand die Aktion ebenso äußerst komisch.

„**Der Mann in der Uniform ist unser Polizeisergeant Kruse, er sorgt für Recht und Ordnung im Flecken. Wahrscheinlich haben die beiden Männer irgendetwas verbrochen, so dass das Eselreiten ihre Strafe ist. Sie werden so zum Gespött der Bürger hier im Ort. Ich frage mal Polizeisergeant Kruse, was die beiden für eine Straftat begangen haben!**" Simon lief zu dem Mann in Uniform und sprach ihn auf die beiden Eselsreiter an. Die Freunde und die Witwe Schubert folgten ihm.

Bereitwillig gab der Polizeisergeant ihnen Auskunft.

„Die beiden Männer, Horst Brügge und Otto Lamberts, haben sich neulich im Weinhaus ganz furchtbar betrunken. Dabei beleidigte Horst den Otto und sagte zu ihm, dass er ein Gesicht wie ein Schwein hätte. Das gefiel Otto überhaupt nicht und er schlug Horst mit der Faust auf die Nase. Horst rächte sich mit einem Fausthieb auf Ottos Auge. So entstand eine grauenhafte Schlägerei. Ich brachte die beiden auseinander. Sie bekamen nun die Strafe, zwei Stunden auf einem Esel den Großflecken auf und ab zu reiten. Natürlich lachen alle Leute, und das ist Horst und Otto ziemlich peinlich. Also werden sie es sich das nächste Mal überlegen, ob sie so eine Eselei noch einmal machen", beendete der Polizeisergeant seine Erzählung.

„Das ist aber eine merkwürdige Strafe. Die Bürger amüsieren sich köstlich. Nur die beiden Männer sehen nicht gerade glücklich aus", stellte Tim fest, denn es fanden sich immer mehr neugierige Menschen ein, die dem Schauspiel belustigt zusahen.

„Im Flecken Neumünster muss Recht und Ordnung herrschen! Dafür bin ich, Polizeisergeant Emil Kruse, mit meiner ganzen Kraft zuständig. Leider halten sich immer weniger Bürger an die Gesetze und das muss ich sofort strafrechtlich verfolgen, muss ich das!", wiederholte der dünne, große Polizeisergeant mit äußerst wichtigem Gesichtsausdruck.

„Haben Sie denn viele Verbrechen aufzuklären?" Ole war fasziniert von dem streng wirkenden Polizeisergeanten.

„Natürlich! Die Menschen stehlen alles, wenn sie zu arm sind und sich nichts kaufen können. Es kommt auch öfter vor, dass mal einer umgebracht wird. Gestern erst fand man auf dem Hof des Schmiedes Kaack eine Leiche. Es handelte sich dabei um den Knecht vom Bauern Ehlers. Jemand hat ihm von hinten ein Messer in den Rücken gestochen. Ein schwieriger Fall! Aber ich habe da bereits einen Verdacht. Ihr versteht, dass ich darüber nicht reden darf. Das schadet meiner Ermittlungstaktik, schadet das!" Emil Kruse sah die Freunde sehr wichtig und geheimnisvoll an. Es bestand kein Zweifel, er nahm seinen Beruf äußerst ernst.

„Jetzt läuft hier also ein Mörder frei herum?" Merle spürte ein gewisses Unwohlsein.

„Einer? Was glaubt ihr wohl, wie viele sich aus dem Staube machen, wenn sie jemanden umgebracht haben. Denkt ihr etwa, dass ich die alle einfangen kann?" Der Ordnungshüter schüttelte energisch mit dem Kopf.

„Das ist ja grauenvoll!" Hendrik dachte an den Mord an Bernhard. Wahrscheinlich war auch Erwin nie gefasst worden.

„Na ja, ein paar Morde passierten auch aus Versehen. Jedenfalls wurde mir das so berichtet, wurde mir das!", nervös strich Polizeisergeant Kruse seine Uniformjacke glatt. Eigentlich hielten die Kinder ihn von seiner Arbeit ab. Aber als Amtsperson wollte er auch nicht unhöflich sein, und deshalb beantwortete er ihre Fragen.

„Wie? Aus Versehen passieren hier einige Morde. Das ist doch wohl ein Witz, oder?" Ole hielt die Aussage für einen schlechten Scherz.

„Nein! Also das ist nämlich so: An Hochzeiten, Taufen und Beerdigungen werden gern Schüsse aus Pistolen oder Gewehren abgegeben. Sozusagen als Begrüßung für den neuen Erdenbürger bei der Taufe oder als Freudenschüsse für das Brautpaar bei einer Hochzeit. Wenn jemand stirbt, wird ihm mit den Schüssen ein letzter Abschiedsgruß zuteil. Eigentlich ist das Schießen zu solchen Anlässen schon seit langem verboten. Doch leider hält sich niemand daran. Neulich wurde bei der Beerdigung von unserem dicken Schlachter Bumann aus Versehen sein Gildebruder Max Winter erschossen. Er stand vor dem offenen Grab und nahm Abschied von seinem alten Freund, als ein paar Schüsse abgefeuert wurden. Einer traf den Trauernden und er kippte vornüber in die Grube und fiel auf den Sarg. Zuerst haben alle Anwesenden geglaubt, Max Winter wäre vor Kummer zusammengebrochen, bis der Pastor merkte, dass der Arme tot war", erzählte Emil Kruse den sprachlosen Kindern.

„Oh je, wie gut, dass ich so etwas noch nicht erlebt habe", stöhnte Merle entsetzt.

„Ich denke, die Schüsse werden in die Luft abgegeben, wieso treffen sie dabei einen Menschen? Konnte der Typ nicht richtig sehen?", wunderte sich Tim.

„Doch, aber er war betrunken. Das kommt auf Beerdigungen und zu anderen Feierlichkeiten häufig vor, obwohl Alkohol bei diesen Anlässen gesetzlich verboten ist. Aber fast jeder bricht diese Anordnung. Es finden die schlimmsten Saufereien statt. Dadurch passieren eben solche tragischen Unfälle. Alkohol ist ein furchtbarer Feind! Das ist wirklich schlimm, ist das", schimpfte der Polizeisergeant und zupfte dabei mit den Fingern aufgebracht an seinem gezwirbelten Schnurrbart. „Jetzt müsst ihr mich aber entschuldigen. Ich habe keine Zeit mehr für euch, denn ich muss mich um die beiden Männer auf den Eseln kümmern. Es scheint mir, als wenn sie keine rechte Lust mehr haben weiterzureiten. Aber ihre zwei Stunden sind noch nicht vorbei. Da muss ich einschreiten, muss ich da!"

Polizeisergeant Kruse verabschiedete sich, indem er die rechte Hand grüßend an die Stirn hielt und dann mit schnellem, zackigem Schritt zu Horst Brügge und Otto Lamberts ging, um sie zurechtzuweisen.

„Es ist aber ganz schön gefährlich, im 18. Jahrhundert zu leben! Besitzt eigentlich jeder Mann eine Waffe?", wollte Hendrik jetzt von Simon wissen.

„Nein, nicht jeder, aber viele. Sie sind Mitglieder der Schützengilde und verstehen sich mit der Waffe zu verteidigen. Überfälle sind an der Tagesordnung. Wer sich nicht wehrt, verliert seinen Besitz und manchmal auch das Leben!" Simon war ein ausgezeichneter Schütze und besaß natürlich ein Gewehr.

„Also, ich finde diese Schießerei fürchterlich. Ich wäre froh, wenn die Menschen friedlich miteinander leben würden!" Frau Schubert verabscheute jede Art von Gewalt.

„Das wird es nie geben, die Menschen ändern sich nicht. Auch im 21. Jahrhundert greifen viele Menschen schnell zur Waffe, mir macht das richtig Angst", erklärte Merle, während sie die Bartholomäuskirche erreichten.

Der Pastor war in seinem Garten damit beschäftigt, die verbrannten Büsche und Pflanzen zu entfernen. Das Feuer hatte in seinem schönen, gepflegten Kräutergarten stark gewütet.

Der Friedhof an der Kirche war von den Flammen verschont geblieben, so dass die vier Freunde ungehindert nach dem Grab von Bernhard suchen konnten.

„Wir sollten uns aufteilen und einzeln nach der Ruhestätte eures Freundes Ausschau halten. So finden wir sie sicher schneller", schlug Simon vor.

Der Vorschlag wurde sofort in die Tat umgesetzt, und kurz darauf entdeckte Merle das Grab. Ein kleines, altes Holzkreuz mit etwas verwitterten Buchstaben ließ trotzdem noch den Namen „Bernhard Voigt" erkennen, darunter standen zwei Daten: geboren im Juni 1624, ermordet am 29. September 1695.

„Armer Bernhard! Es ist grausam, wie du gestorben bist. Du bist so gut zu uns gewesen, du und deine Barbara. Das habt ihr beide nicht verdient. Leb wohl!" Merle sprach leise ein kurzes Gebet und legte einen bunten Feldblumenstrauß auf das Grab, den sie kurz vorher an der Kirche gepflückt hatte.

„Schön, dass sich mal jemand an die Menschen erinnert, die vor langer Zeit verstorben sind. Die meisten Gräber werden irgendwann vergessen, denn die Angehörigen leben schließlich auch nicht ewig." Pastor Kroll begrüßte die kleine Gruppe auf dem Friedhof. Er hatte sie beobachtet und stand nun neben ihnen an Bernhards Grab.

„Guten Tag, Herr Pastor! Die Kinder wollten die sterblichen Überreste eines alten Verwandten besuchen. Ich bin überrascht, dass die Grabstelle noch nicht aufgelöst wurde. Schließlich lebt ihr Urgroßvater schon seit fast hundert Jahren nicht mehr", erzählte Simon, und Ole wunderte sich, wie perfekt ihm diese kleine Lügengeschichte über die Lippen kam. Frau Schubert gefiel das gar nicht, denn einem Gottesmann durfte man keine Unwahrheiten erzählen. Mit einem ernsten Seitenblick strafte sie Simon und nahm sich vor, ihn bei nächster Gelegenheit ordentlich zurechtzuweisen.

„Ja, das stimmt, eigentlich sollte das Grab schon vor einiger Zeit zugeschüttet werden, weil wir ständig mehr Tote zu beerdigen haben und es an Platz für sie fehlt. Sicher wird es auch nicht mehr lange dauern, denn **unser Friedhof ist überfüllt. Wir schütten immer wieder Erde über die alten Gräber und beerdigen darauf weitere Verstorbene. Das ist übrigens der Grund, warum um unsere Kirche herum ein Hügel entstanden ist. Hoffentlich bekommen wir bald einen neuen Friedhof dazu.** In den Flecken ziehen laufend neue Bürger, weil sie hier Arbeit finden. Natürlich sterben dadurch auch mehr Menschen. Aber sagt mal, Kinder, aus welcher Gegend kommt ihr? Ich habe euch noch nie in unserer Gegend gesehen!" Pastor Kroll war ein Mann im mittleren Alter und sehr freundlich.

„Wir wohnen in der Nähe von Kiel und sind bei der Witwe Schubert zu Besuch!" Ole fiel am schnellsten eine vernünftige Ausrede ein, um nichts von ihrer Zeitreise erzählen zu müssen.

„Es ist schön, dass ihr Verwandte in unserem Flecken besucht. Gefällt es euch denn in Neumünster?", fragte der Pastor und bewunderte dabei Nicky, der ausnahmsweise brav neben Ole saß und nicht wie wild über den Friedhof rannte, um Kaninchen zu jagen.

„Ja natürlich! Allerdings sind durch den Brand sehr viele Häuser zerstört. Dadurch wirkt ein Teil des Ortes weniger schön. Außerdem verstehe ich nicht, warum die Kirche keinen neuen Turm bekommt. So sieht sie merkwürdig aus", antwortete Merle und traf dabei genau die Meinung von Pastor Kroll.

„Das sieht nicht nur merkwürdig aus, es ist ein Schandfleck für unseren Ort. Die Bartholomäuskirche zerfällt langsam, und niemand macht etwas dagegen. Es ist kein Geld dafür da, sagen die Amtsleute, wenn ich mal wieder öffentlich darüber schimpfe. Aber die Kirche hat ihre besten Jahre hinter sich. Sie muss dringend renoviert werden, bevor sie zusammenfällt. Doch niemand interessiert sich dafür!", ärgerte sich der Geistliche.

„Wer weiß, vielleicht stürzt die Kirche mal während einer Predigt ein. Ich mag gar nicht darüber nachdenken, wie viele Menschen dabei verletzt werden oder sogar sterben würden. Dabei gehe ich so gerne sonntags in Ihre Predigt, Herr Pastor", jammerte die Witwe Schubert.

„Das ist ja auch meine Sorge, meine liebe Frau Schubert. Man kann nur hoffen, dass unser Herrgott sich schützend über uns stellt", flehte der Pastor und sah dabei zum Himmel.

„Eigentlich ist es schade, dass diese alte Kirche so heruntergekommen ist. Sie hat so vieles miterlebt, dass sie es nicht verdient hat, eine Ruine zu werden. Wenn sie reden könnte, würde sie sicher so manches Geheimnis ausplaudern." Ole stand vor der Bartholomäuskirche und dachte dabei an den Schatz, den Volkwart hier herausgeholt und irgendwo an einem geheimen Ort versteckt hatte.

„Da bin ich mir sicher. Immerhin ist unser Gotteshaus im 12. Jahrhundert erbaut worden. Man erzählt sich, dass die Kirche damals unermesslich reich war. Die gläubigen Christen spendeten jede Münze der Kirche, die sie übrig hatten. Es geht eine alte Legende um, dass unsere Bartholomäuskirche im 12. Jahrhundert von den Slawen überfallen werden sollte. Der Pastor wurde aber rechtzeitig gewarnt und ein Mann namens Volkwart konnte den gesamten Kirchenschatz vor den Banditen retten. Er hat ihn irgendwo versteckt. Leider kam dieser Volkwart ums Leben, ohne dass er jemandem mitteilen konnte, wo der Schatz verborgen lag. Er ist bis heute nicht wieder aufgetaucht, obwohl seit damals unzählige Männer versucht haben, ihn zu finden. Immer noch glauben viele Bürger unseres Fleckens, dass der Kirchenschatz eines Tages entdeckt wird." Pastor Kroll war während des Gesprächs mit den Kindern, der Witwe Schubert und ihrem Sohn bis vor die große Kirchentür gegangen.

„Ich muss noch ein wenig für den nächsten Gottesdienst vorbereiten. Wollt ihr mich begleiten?", fragte er und schloss die schwere Kirchentür auf.

„Natürlich!" Merle war sehr hellhörig geworden. Vielleicht würde der Pastor ihnen noch mehr über den Kirchenschatz erzählen können, hoffte sie.

Auch ihre drei Freunde trieb die Neugier. Sie folgten dem Geistlichen mit Simon und seiner Mutter in das Innere der alten Kirche, wo es zwar angenehm kühl war, aber sehr muffig nach altem Gemäuer roch. Nicky lief brav neben Ole her und schnüffelte dabei aufgeregt in jeder Ecke, die sich seiner Hundenase bot. Natürlich hatte er auch die Mäuse sofort gewittert, die quiekend davonflitzten, als sie den großen Vierbeiner bemerkten. Wie gerne wäre Nicky hinterhergerannt, doch Ole hielt ihn fest an der Leine, ein Ausreißen war vollkommen unmöglich.

„Dein Hund hat eine feine Nase! Hier wimmelt es nur so von Mäusen", lachte Pastor Kroll. „Wer Angst vor diesen kleinen Tierchen hat, sollte besser draußen bleiben."

„Ach was, die paar Mäuse stören uns nicht!" Ole hatte allerdings Mühe, seinen Hund von derselben Ansicht zu überzeugen, denn er zog kräftig an der Leine.

„Es sieht nicht gerade ansehnlich aus! Als wir im 17. Jahrhundert hier waren, war die Kirche wesentlich schöner", flüsterte Tim seinem Freund Hendrik zu, der zustimmend nickte.

„Hier stelle ich euch das größte Schmuckstück unserer Bartholomäuskirche vor. Es ist der wunderschöne Altar. Er wurde irgendwann Anfang des 16. Jahrhunderts von dem Holzschnitzer und Altarbauer Hans Brüggemann aus

Husum gebaut. In welchem Jahr er genau nach Neumünster kam, weiß ich nicht, es muss so um 1520 gewesen sein. Dieser Hans Brüggemann war ein genialer Mann, ein begnadeter Handwerker. Er schuf wunderschöne Kunstwerke für die Kirche. Leider hat ihn seine Arbeit nicht reich gemacht. Man sagt, dass er völlig mittellos im Jahr 1540 in Husum in einem Armenhaus starb." Pastor Kroll stand vor dem kunstvoll geschnitzten Altar, und seine Bewunderung dafür war sehr groß.

Auch die vier Freunde, Simon und die Witwe Schubert waren beeindruckt von dem wunderschönen Holzkunstwerk.

Während der Geistliche eine Kerze vor dem Altar anzündete, setzte sich die Witwe Schubert in die erste Reihe der Kirchenbänke, schloss die Augen und faltete die Hände zu einem Gebet.

Das tat sie jedes Mal, wenn sie in die Kirche ging. Auf diese Weise fühlte sie sich mit ihrem verstorbenen Mann immer eng verbunden und vergaß alles um sich herum. Simon wusste, dass seine Mutter eine ganze Weile so in der Kirchenbank verbringen würde, und schloss sich den vier Freunden an, die mit dem Pastor einen kleinen Rundgang durch die große Kirche antraten. Der Geistliche hatte sich kurzfristig dazu entschieden, seine Predigt etwas später vorzubereiten und stattdessen seinen Besuchern die Kirche zu zeigen. Mit einer kleinen Laterne, in der eine weiße Kerze brannte, führte er sie nun durch das alte, große Gebäude.

„Simon, zieh deinen Kopf ein, hier wird es sehr niedrig, wir befinden uns nämlich in einem Seitengang der Kirche", mahnte er, und das war gerade noch rechtzeitig, denn der junge Schuster hatte nicht bemerkt, dass sich die Deckenhöhe plötzlich änderte. Fast wäre er mit dem Kopf gegen das niedrige Gewölbe gestoßen.

„Wohin führt der Gang?", fragte er und folgte dem Pastor und den Kindern.

„Ich zeige euch jetzt, wo früher die Kirchenschätze aufbewahrt wurden, von denen ich eben erzählte. Ich habe gemerkt, dass euch das sehr interessiert hat. Dort unten befand sich übrigens einmal das Grab vom Bischof Vicelin, dem Gründer dieser Kirche. Er starb 1154 im Flecken Neumünster und wurde hier in einer Gruft beerdigt. Später haben Mönche seine Gebeine wieder ausgegraben und er bekam eine neue Ruhestätte in der Bordesholmer Kirche. Im Jahr 1614 wollte ein bayrischer Herzog die sterblichen Überreste Vicelins zu sich nach Bayern holen. Um das zu verhindern, ließ ihn der Herzog von Holstein-Gottorp an einem unbekannten Ort auf dem Friedhof in Bordesholm vergraben. So weiß niemand heute mehr, wo der Bischof Vicelin seine letzte Ruhestätte fand. Es ist schlimm, dass man ihn so oft in seiner Totenruhe störte. Sicher hätte es ihm am besten gefallen, wenn er hier in seiner Kirche geblieben wäre. Aber das war ihm leider nicht vergönnt", seufzte der Geistliche.

„Liegen hier noch mehr Menschen begraben?", fragte Hendrik und spürte ein unangenehmes Frösteln, denn diese Umgebung gefiel ihm nicht.

„Ja, aber ich kann die Namen auf den Sargplatten nicht mehr richtig lesen. Ihr könnt sie euch gleich ansehen, wenn ich euch die Kammer gezeigt habe, wo die Kirchenschätze lagerten. So, da wären wir!" Pastor Kroll öffnete eine kleine, knarrende Holztür und sie befanden sich in einem winzigen Gewölberaum, in dem es feucht war und kalt. Es roch noch muffiger als im übrigen Kirchengebäude. Durch ein kleines Fenster drang Licht in den kahlen Raum.

„Hier hat also dieser Volkwart die Kirchenschätze herausgeholt und dann irgendwo in Sicherheit gebracht?", interessierte sich Tim und sah sich in dem Gewölbe um, in dem nur noch ein paar alte Stühle standen.

„Ob er sie wirklich vor den Slawen in Sicherheit brachte, das weiß ich nicht. Es gab damals so viele Banditen im Flecken. Vielleicht war dieser Bursche selber einer und noch dazu ein ganz ausgekochter, der den Bischof Vicelin belog und den gesamten Schatz für sich benötigte. Ich hätte dem Kerl nicht alles anvertraut", überlegte Pastor Kroll.

Merle fühlte eine heftige Wut in sich hoch kommen. Am liebsten hätte sie ihm laut ins Gesicht geschrien, dass Volkwart ein guter Mensch war. Nur leider konnte sie das dem Pastor nicht erzählen, ohne ihn über Walburga und die Zeitreise aufzuklären. So schluckte sie ihren Unmut schweigend herunter.

Tim, Hendrik und Ole dachten ähnlich wie Merle, aber auch sie hielten es für klüger, dem Pastor nicht zu widersprechen.

„Weiß man denn, wo Volkwart starb?" Ole hoffte, dass er mit seiner Frage dem Schatz etwas näher kommen konnte.

„Nein, das weiß niemand. Er wird sicher seine gerechte Strafe von unserem lieben Herrgott erhalten haben, wenn er ein Schurke war." Pastor Kroll führte seine Besucher nun in das Gewölbe, in dem einst Vicelin begraben lag. Es war fast dunkel dort, denn kein Fenster spendete Licht in diesem Gemäuer. Nur von nebenan drang fahles Licht in den feuchten Raum.

„Hier liegen die sterblichen Überreste von ein paar mir unbekannten Menschen. Wahrscheinlich waren es bekannte Persönlichkeiten, die hier im Flecken lebten. Aber die Grabplatten sind so verrottet, dass man die Schrift darauf kaum erkennen kann!" Der Pastor hielt die Laterne hoch, so dass Simon und die Kinder versuchten, die Buchstaben der Grabinschrift zu entziffern. Tim wischte mit der Hand dicke Spinnweben und eine Schicht Staub zur Seite.

„Ich kann eine Zahl lesen. Sieht aus wie 1145, aber mehr ist bei dem Licht leider nicht zu sehen. Die Buchstaben sind wirklich schwer zu enträtseln." Ole hatte vergeblich versucht, bei dem kümmerlichen Licht der Kerze etwas mehr zu erkennen. Doch das war unmöglich. Mit seiner Taschenlampe wäre es kein Problem gewesen, nur lag die bei der Witwe Schubert im Haus.

Da begann plötzlich Nicky zu jaulen. Schließlich winselte und bellte er so heftig, dass Ole seinen Hund zur Ordnung rief. Aber Nicky hörte nicht auf und kläffte unentwegt weiter.

„Was ist nur los mit ihm? Sei endlich still, Nicky! Aus!", forderte Ole seinen vierbeinigen Freund auf, doch der dachte nicht daran, zu gehorchen. Bald wurde aus dem Bellen ein wütendes Knurren.

„Er verhält sich so, als wenn dort jemand stehen würde", überlegte Tim und sah mit Unbehagen, wie Nicky seine Zähne fletschte.

„Irgendwie ist mir unheimlich kalt geworden", klagte Merle und fror schrecklich. In jeder Ecke des Gemäuers hingen riesige Spinnennetze. Merle hasste Spinnen, aber sie wollte tapfer sein und auf gar keinen Fall vor den Jungen als Angsthase dastehen. Trotzdem konnte sie es nicht verhindern, dass sie eine Gänsehaut bekam, die sich auf ihren Armen bildete. Nur gut, dass das niemand sehen konnte!

„Wir sollten dieses Gewölbe verlassen, ich fühl mich hier nicht so wirklich wohl!" Pastor Kroll spürte eine unerklärliche Enge an dem weißen Kragen seines langen, schwarzen Gewandes. Er hatte das Gefühl zu ersticken.

„Bevor du den Raum verlässt, sollst du wissen, Geistlicher, dass ich niemals ein Dieb gewesen bin, der sich am Geld der Kirche vergriffen hat! Ich war ein guter Freund Vicelins! Lügengeschichten hasse ich genauso wie diese Gruft, in der ich schon seit vielen hundert Jahren eingesperrt bin!", sprach plötzlich eine blasse, männliche Gestalt mit tiefer Stimme.

„Oh mein Gott! Ein Geist! Wer bist du?", stotterte Pastor Kroll und zitterte dabei am ganzen Körper.

Merle und ihre Begleiter standen starr vor Angst in der dunklen Gruft. Die brennende Kerze in der kleinen Laterne des Pastors flackerte unruhig hin und her und verlosch dann wie von Geisterhand. Eine kleine Rauchschwade stieg aus der Lampe empor und verbreitete einen ekeligen verbrannten Geruch.

„Ich bin Volkwart, den du eben einen Banditen genannt hast. Ich half der Kirche, ihre Schätze vor den Slawen zu beschützen. Als ich mich mit Vicelin treffen wollte, wurde ich hier in diesem Gotteshaus ermordet. Meine Mörder ließen mich in dieser Gruft. Seitdem finde ich keine Ruhe. Aber irgendwann kommt der Tag, an dem ich mich rächen werde", sprach der Geist wütend, und seine Augen funkelten gefährlich in der Dunkelheit.

„Ich habe aber nichts damit zu tun, dass du umgebracht wurdest. Damals lebte ich noch nicht. Außerdem behaupte ich gar nicht, dass du den Schatz für dich behalten hast. Es war ja nur so eine Vermutung, mehr nicht. Du wirst mir deswegen doch nichts antun?" Pastor Kroll standen Schweißperlen der Angst auf seiner Stirn, sein Herz raste wie wild. Augenblicklich überkam ihn nur ein Gedanke: Flucht. Er ließ Simon und die Kinder stehen und floh aus dem Gewölbe hinaus an die frische Luft.

„Mich hält hier auch nichts mehr!", schrie Hendrik in großer Panik und rannte dem Pastor eilig hinterher. Ihm war es völlig egal, dass er seine Freunde im Stich ließ. Seine Angst war einfach grenzenlos.

Ein schallendes Gelächter drang durch die alten Kirchenmauern.

„Lauft nur weg! Mir entkommt niemand, wenn ich es will. Seit mehr als sechshundert Jahren geistere ich schon durch diese Kirche. Bisher erschreckte ich nur die Besucher. Ihr seid die Ersten, mit denen ich mich unterhalte. Warum lauft ihr nicht davon? Bin ich nicht schrecklich genug für euch?" Volkwart ging ein Stück auf Simon zu und fuchtelte dabei wild mit den Händen vor dessen Gesicht, so dass der

Schuster sich auf der Stelle erschrocken umdrehte. Laut schreiend ergriff er ebenfalls die Flucht.

Merle, Tim und Ole waren nun allein mit dem Geist Volkwarts. Nicky hatte sich inzwischen etwas beruhigt, er saß jedoch aufmerksam und mit wachsamem Blick vor den Kindern.

„Warum seid ihr noch hier? Jage ich euch etwa nicht genug Angst ein?", fragte Volkwart mürrisch und sah auf die drei Freunde. Er schnippte mit den Fingern und ein greller Blitz erhellte das Gewölbe. Er entzündete die Kerze in der Laterne, so dass die Kinder wieder etwas von ihrer Umgebung erkennen konnten.

„Ich habe keine Angst vor dir, du tust mir nur unendlich leid!" Merle nahm ihren ganzen Mut zusammen, um mit Volkwart zu reden.

Für einen Moment herrschte Stille. Der Geist war sprachlos darüber, dass ausgerechnet ein Mädchen keine Angst vor ihm zeigte. Er sah Merle mit eiskalten Augen an, dabei fiel sein Blick auf den schwarzen Stein an der Kette um ihren Hals.

„Woher hast du diesen Stein? Du musst ihn jemandem gestohlen haben!" Volkwarts Gesicht verzog sich zu einer bösen Fratze und er begann vor Wut zu toben.

„Walburga hat ihn mir gegeben! Ich sollte dich finden und sie dadurch erlösen!" Merles Stimme bebte vor Angst, doch sie wollte nicht einfach davonlaufen. Sie hatte durch Zufall zu Volkwart gefunden, auch wenn es nur sein Geist war. Nun erhoffte sie sich, mehr von ihm zu erfahren, sodass sie es Walburga mitteilen konnte.

„Du kennst meine Walburga! Erzähl mir von ihr, bitte! Ich habe ihr diesen Stein geschenkt. Es war ein Zeichen meiner großen Liebe zu ihr. Er sollte ihr Glück bringen, als ich sie in der Wittorfer Burg vor den Feinden versteckte. Leider konnte ich mein Versprechen nicht einhalten und zu ihr zurückkehren, weil man mich hinterhältig umbrachte. Dabei sehne ich mich noch heute nach meiner Walburga. Sie war so unsagbar klug und schön", erinnerte sich Volkwart. Seine Stimme klang plötzlich viel sanfter, freundlicher, und aus der hässlichen Fratze wurde ein lächelndes Gesicht, das von etwas Wunderbarem zu träumen schien.

Mit knappen Worten erzählte Merle von ihrer Begegnung mit dem Burgfräulein und ihrem Wunsch nach Erlösung.

„Dabei fing alles damit an, dass wir den Schatz der Wittorfer Burg finden wollten!" Ole war inzwischen auch mutiger geworden und wollte nun endlich die Sprache auf den Schatz bringen. Vielleicht, so überlegte er, konnte er sich die Zeitreise in das 12. Jahrhundert ersparen und auf diesem Wege das Versteck ausfindig machen.

Doch Volkwart war viel zu sehr damit beschäftigt, an seine Walburga zu denken, und ging gar nicht auf Oles Worte ein. In seinen Augen spiegelte sich ein warmer Glanz, und auf seinem Gesicht lag ein verträumtes Lächeln. Nichts war mehr zu spüren von seiner Grobheit, mit der er den Freunden so viel Angst bereitet hatte.

„Wenn du mit dem Stein Walburga rufen kannst, dann versuche es doch gleich einmal! Vielleicht kann ich sie so endlich wiedersehen und wir sind erlöst von unserer endlosen Sehnsucht zueinander. Mein größter Wunsch würde in Erfüllung gehen", bat Volkwart mit sanfter Stimme. Er streckte Merle seine kräftige Hand aus, und nach kurzem Zögern reichte sie ihm mutig ihre, die er sofort herzlich drückte.

„Ich glaube, Walburga hat sich die richtigen Freunde ausgesucht", freute sich der Geist, und endlich verschwand auch bei Tim die Angst.

„Versuche es, Merle! Vielleicht klappt es. Bisher ist Walburga dir immer erschienen, wenn du sie gerufen hast. Sie wird sich riesig freuen, wenn sie wieder mit Volkwart zusammen sein kann!" Tim hoffte genau wie Ole, endlich etwas über den Verbleib des Schatzes zu erfahren. So nah fühlte er sich seinem Ziel noch nie. Aufgeregt wartete er auf Merles Entscheidung.

„Ich werde versuchen, Walburga herzuholen. Hoffentlich gelingt es mir, ich wünsche es euch beiden so sehr." Merle nahm den schwarzen Stein in ihre rechte Hand, rief dann Walburgas Namen und wartete einen Augenblick. Doch nichts passierte.

„Es klappt nicht!", seufzte sie entmutigt.

„Probier es noch einmal, bitte!" Volkwart sah sie flehend an.

„Also gut!" Merle wiederholte alles noch einmal. Dreimal rief sie den Namen des Burgfräuleins. Plötzlich blitzte und donnerte es heftig im alten Kirchengewölbe. Die Sargdeckel bewegten sich quietschend und krachend hin und her, ein paar Steinbrocken fielen von den maroden Wänden und dann herrschte für einen Augenblick eine gespenstische Totenstille. Nur ein paar Mäuse liefen quiekend vor Angst durch das Gewölbe und eine dicke Kreuzspinne krabbelte erschrocken über den Boden, um in einer staubigen Ecke Schutz zu suchen.

„Volkwart! Wo bist du?" Merle war verzweifelt, denn der Geist war verschwunden. Sie stand mit Tim, Ole und Nicky allein in dem feuchten, muffig riechenden Gemäuer.

„Ich habe Beine wie Gummi", gab Tim ehrlich zu, er gruselte sich schrecklich.

„Meinst du, mir geht es anders? Wir sollten schleunigst verschwinden. Wer weiß, was noch passiert!" Merle klapperte vor Angst mit den Zähnen.

„Bestimmt nichts Gutes!" Ole folgte zitternd vor Furcht seinen beiden Freunden mit Nicky eilig auf dem Weg nach draußen.

„Schade, dass es nicht geklappt hat, Walburga wieder mit Volkwart zu vereinen. Jetzt werden wir nichts mehr über den Schatz erfahren. Dabei habe ich so sehr gehofft, dass Volkwart uns etwas über das Versteck erzählen würde. Wir hätten uns dadurch die Reise in das 12. Jahrhundert gespart. Ungefährlich wird sie sicherlich auch nicht werden. So ein Mist", schimpfte Tim, als sie den unheimlichen Raum verlassen hatten und sich wieder in Sicherheit wiegten.

„Warum ist Walburga nicht gekommen? Irgendetwas muss sie abgehalten haben, aber was? Hoffentlich kann ich sie nun überhaupt noch mit dem Stein erreichen. Was ist, wenn die Zauberkraft durch unseren Versuch erloschen ist?", überlegte Merle angestrengt, während sie durch eine kleine Seitentür endlich nach draußen gelangten. Sie atmete tief durch, die frische Luft tat ihren strapazierten Nerven sehr gut.

„Daran mag ich gar nicht denken. Wenn das so ist, haben wir ein kleines Problem", meinte Tim und sah sich suchend nach Hendrik, Simon und dem Pastor um.

„Die drei hatten vor Angst die Hosen voll!" Ole konnte schon wieder lachen, obwohl auch ihn das Erlebnis im Kirchengewölbe ordentlich durcheinandergebracht hatte.

Selbst Nicky war froh, das dunkle Gemäuer verlassen zu können, und pinkelte erleichtert gegen die Kirchentür.

„Jetzt wissen wir wenigstens, wie Volkwart aussieht!" Tim setzte sich auf einen großen Stein, der vor der Kirchentür lag.

„Was nützt uns das? Es war doch nur sein Geist. Wie bleich sein Gesicht war, schrecklich", erinnerte sich Ole und schüttelte sich.

„Walburga ist genauso blass. Schließlich sind die beiden schon seit etlichen hundert Jahren mausetot. Du würdest deine Sommerbräune wohl auch sehr schnell verlieren, wenn du in einer Gruft dein Dasein fristen müsstest", belehrte Merle den Freund.

„Du hast ja recht! Ich finde es nur so unheimlich, was wir alles erleben. Geister, Zauberinnen und Zeitreisen, da soll man noch normal bleiben. Diese Geschichten glaubt uns kein Mensch, wenn wir wieder im 21. Jahrhundert ankommen. Die stecken uns in die Klapse!", befürchtete Tim und malte dabei, um sich abzureagieren, mit den Fingern ein Strichmännchen in den Sand des Kirchhofes.

„Die werden uns schon glauben, wenn wir ihnen den ganzen Zaster zeigen. Zwei Schätze aus verschiedenen Jahrhunderten, das macht uns kein Archäologe nach. Mein Opa wird vor Neid erblassen und wir sind die Helden von Neumünster, sage ich euch!" Ole träumte bereits von großem Ruhm und Reichtum.

„Hoffentlich finden wir Volkwart überhaupt. Schließlich müssen wir genau das Jahr 1145 treffen und dann auch noch vor dem 20. Juni, das wird eine schwierige Sache werden. Walburga muss sich mehr anstrengen, sonst klappt das Ganze nie", befürchtete Tim.

„Das geht schon irgendwie klar, da bin ich sicher. Mir macht es allerdings große Sorgen, dass im 12. Jahrhundert wohl noch mehr geraubt und gemordet wurde als in den anderen Jahrhunderten. Wenn ich mich recht erinnere, war das die Zeit der Ritter und ihrer Kreuzzüge. Die Kerle sollen nicht besonders zimperlich mit ihren Mitmenschen umgegangen sein. Wir müssen uns ganz schön vorsehen, damit wir nicht in ihre Fänge geraten", überlegte Merle und dachte dabei an die Geschichten, die sie über die Ritterzeit gelesen hatte.

„Das ist wohl wahr. Aber erstmal müssen wir es überhaupt schaffen, in den Sommer 1145 zu reisen. Ich bin gespannt, wie es damals hier in Neumünster aussah. Ritter haben mich schon immer sehr interessiert. Schade, dass die Wittorfer Burg keine Ritterburg war", beklagte Ole, der schon als kleiner Junge davon geträumt hatte, als edler Ritter alle Gegner zu besiegen.

„Wir müssen zu Hendrik und Simon, sie werden bei Frau Schubert in der Kirche sein", vermutete Merle. „Bestimmt vermissen sie uns und machen sich Sorgen um uns!"

Das sahen auch Tim und Ole ein, und kurze Zeit später trafen sie Pastor Kroll mit ihren Freunden in der Kirche vor dem Altar. Der Pastor war in ein Gebet vertieft.

Hendrik, Simon und seine Mutter knieten mit geschlossenen Augen und gefalteten Händen neben ihm.

Sie waren so in Gedanken versunken, dass sie die drei Ankömmlinge nicht wahrnahmen.

„Was machen die denn da?", flüsterte Tim und staunte bei dem Anblick.

„Das siehst du doch, du Trottel, sie beten!", raunte Ole leise zurück.

„Aber warum? Hendrik geht doch nie in die Kirche. Er hat mir mal erzählt, dass er noch nie gebetet hat", meinte Tim verständnislos.

„Das werden sie uns bestimmt gleich erzählen, wenn sie fertig sind", erklärte Merle und setzte sich leise auf eine Kirchenbank, Tim und Ole folgten ihr mit Nicky.

Da erhob sich Pastor Kroll und rief laut „Amen".

„Meinen Sie wirklich, dass die Geister uns kein Leid antun werden?", fragte Hendrik mit ängstlicher Stimme.

„Gott wird uns vor ihnen schützen, mein Sohn. Wir haben ihn eben darum gebeten!", antwortete der Pastor und hoffte sehr, dass seine Seele keinen Schaden genommen hatte, als er dem Geist Volkwarts begegnete.

„Hoffentlich ist Tim, Ole und Merle nichts passiert! Sie sind noch immer nicht zurück", jammerte die Witwe Schubert. Sie war zwar nicht Zeugin der Geisterbegegnung geworden, aber sie hatte sich trotzdem dazu entschlossen, um kirchlichen Beistand zu bitten. Schließlich wollte sie ihre Seele nicht dem Teufel überlassen.

„Wir haben alles gut überlebt. Uns ist nichts passiert!" Ole schlenderte mit Nicky nach vorne zum Altar und sah in erleichterte Gesichter.

„Endlich! Wir hatten solche Angst um euch!" Simon freute sich, die Freunde unversehrt wiederzusehen. „Verzeiht mir bitte, dass ich euch im Stich gelassen habe, aber der Geist dieses Mannes sah einfach zu grauenhaft aus. Da vergaß ich alles um mich herum!"

„Ist schon okay! Geister sind eben nichts für schwache Nerven. Aber wir haben uns noch ganz nett mit ihm unterhalten", erklärte Tim und fühlte sich wie ein mutiger Krieger, der eine gefährliche Schlacht gewonnen hatte.

Die Anerkennung der anderen war ihm somit natürlich auch gleich sicher.

„Du hast mit dem Geist geredet? Ich hab mir fast in die Hosen gemacht vor Angst! Keine Silbe wäre über meine Lippen gekommen! Was hat er denn gesagt?" Hendrik war es peinlich, dass er nicht bei den Freunden geblieben war, zumal nicht einmal Merle die Flucht ergriffen hatte. Schließlich war sie doch nur ein Mädchen! Insgeheim bewunderte er sie für ihren Mut, den er mal wieder nicht aufbrachte.

„Er lässt dich grüßen und meint, dass du ein Angsthase bist!" meinte Tim lachend.

„Hahaha, das ist vielleicht witzig!", beleidigt drehte sich Hendrik um.

„Ihr dürft den armen Hendrik nicht so ärgern, denn es hat nichts mit Angst zu tun, wenn man vor einem Geist davonläuft! Schließlich muss man seine Seele schützen! Der Teufel treibt überall sein Unwesen, und Geister sind oft von ihm besessen! Da hilft nur die Flucht, wenn man nicht seine Seele verlieren will!" Pastor Kroll stellte sich schützend vor Hendrik.

„Aber uns ist doch nichts passiert! Meiner Seele geht es richtig gut!" fand Ole und konnte den Pastor mit seinen Ängsten nicht verstehen. Schließlich war Walburga auch schon lange tot und ihr Geist hatte ihm bisher nicht geschadet.

„Darüber bin ich sehr glücklich, aber wir sollten unseren Herrgott zur Sicherheit um Schutz für eure Seelen bitten. Ich spreche ein Gebet für euch", bot der Geistliche den Kindern an.

Die Witwe Schubert sah es ebenfalls als dringend erforderlich an, dass die drei Kinder sich dem Pastor anvertrauten, denn vor Geistern und dem Teufel hatte sie als fromme Frau große Angst.

„Jetzt bin ich beruhigt. Lasst uns endlich nach Hause gehen, wir haben durch diesen dummen Zwischenfall viel Zeit verloren!" Frau Schubert war sehr erleichtert, nachdem der Pastor sein Gebet für die drei Freunde gesprochen hatte.

Sie verabschiedeten sich von ihm und beeilten sich nach Hause zu gelangen. Alle verspürten inzwischen einen Bärenhunger, den Frau Schubert mit einem leckeren Essen zu stillen versprach.

Während Simon neben seiner Mutter ging, hielten sich die vier Freunde etwas weiter zurück und berichteten Hendrik von dem Gespräch mit Volkwart. Sie wollten in der Gegenwart der Witwe nicht über den Geist reden, denn sie sollte sich deswegen nicht unnötig ängstigen.

„Verdammt! Warum ist er bloß verschwunden, ohne etwas über das Versteck des Schatzes zu verraten?", fluchte Hendrik ärgerlich und stieß mit dem Fuß einen kleinen Stein zur Seite, der auf dem sandigen Weg vor ihm lag.

„Vielleicht kann Walburga uns das erklären. Was mich nur wundert ist, dass in dem alten Kirchenbuch, das wir im 14. Jahrhundert gesehen haben, sein Tod mit dem 20. Juni 1145 datiert wurde. Wer konnte von dem Datum wissen, wenn Volkwart gleich nach seiner Ermordung in der Gruft in dem Sarg versteckt wurde und ihn nie jemand fand. Das ergibt alles keinen Sinn", überlegte Tim nachdenklich.

„Der Mörder", antwortete Ole und Tim sah ihn fragend an.

„Wie? Natürlich kannte der Mörder das Datum, an dem er Volkwart umbrachte. Aber willst du damit sagen, dass …" Weiter kam Tim nicht, Ole unterbrach ihn.

„Dass sein Mörder die Eintragung in das Kirchenbuch machte. Ja, genau das will ich damit sagen. Alle anderen Einträge stammten von dem damaligen Pastor, nur der Todestag von Volkwart wurde nicht von ihm eingetragen, weil er ja gar nicht ahnen konnte, dass Walburgas Geliebter um die Ecke gebracht wurde. Na, was sagst du nun?", strahlte Ole und glaubte das Rätsel gelöst zu haben.

„Und was bedeutete das Fragezeichen hinter dem Todesdatum?", forschte Tim weiter nach, denn er erinnerte sich an die merkwürdige Eintragung in dem alten Kirchenbuch.

„Vielleicht wusste er nicht so genau, ob er wirklich das richtige Datum eingetragen hatte. Nicht jeder besaß damals einen Kalender, denke ich mal", kombinierte Ole.

„Du solltest später zur Polizei gehen, Abteilung Morddezernat. Dein Spürsinn und deine Logik sind hervorragend!" Tim konnte sich durchaus vorstellen, dass sich alles so zugetragen haben konnte.

„Ich kann das alles nicht glauben. Welcher Mörder ist so blöd und schreibt das Todesdatum seines Opfers in ein Kirchenbuch, wenn er gar nicht will, dass jeder weiß, dass das Opfer tot ist!" Merle teilte nicht die Meinung ihrer Freunde.

„Woher weißt du denn, dass der Mörder das nicht wollte?" Ole war etwas beleidigt, dass Merle nicht seiner hervorragenden Ansicht war.

„Ich denke, dass er dann sein Opfer nicht in dem Sarg versteckt hätte", überlegte Merle.

„Hm, darauf bin ich gar nicht gekommen. Aber was bedeutet das Fragezeichen?" Ole musste leider zugeben, dass Merles Gedanken gar nicht so dumm waren.

„Vielleicht steht es dafür, dass man Volkwarts Leiche nie fand. Man fragte sich, ob er wirklich tot oder einfach nur verschwunden war", dachte Merle weiter nach.

„Das bedeutet sozusagen, dass niemand in Neumünster wusste, dass Volkwart mausetot in der Gruft lag, auch sein Freund Vicelin nicht. Darum kam wahrscheinlich das Gerücht auf, dass er sich mit dem Kirchenschatz vom Acker gemacht hat", folgerte Hendrik weiter.

„Und das ist auch der Grund, warum die arme Walburga von niemandem über Volkwarts Tod informiert werden konnte. Es gab keine wirklichen Beweise, dass er nicht mehr lebte. Aber irgendwer vermutete wohl, dass Volkwart seit dem 20. Juni nicht mehr unter den Lebenden weilte. Jetzt wüsste ich allerdings gern noch, wer sein Mörder war. Leider hat uns sein Geist das nicht mehr verraten", bedauerte Ole, während sie schon fast wieder die Straße „Am Teich" erreicht hatten.

„Ich habe auch keine Ahnung. Aber wir werden es herausfinden. Spätestens wenn wir endlich im Juni 1145 ankommen. Ich hoffe nur, dass es nicht mehr allzu lange dauert. Das ist eine ganz schön spannende Angelegenheit geworden. Meine Nerven leiden während dieser Zeitreise mehr als in jeder Schulstunde bei Frau Meyer", jammerte Hendrik und hörte das laute Grummeln seines Magens. Er freute sich schon auf ein leckeres Essen und hoffte insgeheim, dass Frau Schubert wieder Bratkartoffeln mit Speck zubereiten würde. Dass die Mutter von Simon eine Spitzenköchin war, konnte er nur lobend bestätigen.

„Wenn ihr mögt, dürft ihr gern noch zu den Thomsen-Kindern rübergehen, bis ich die Bratkartoffeln fertiggebraten habe. Simon muss noch in die Werkstatt. So wird euch nicht langweilig werden bis zum Essen", schlug Frau Schubert den vier Freunden vor, als sie ihr Haus erreichten und die große Diele betraten.

„Bratkartoffeln mit Speck! Lecker!", entfuhr es Hendrik, und er glaubte an eine göttliche Fügung, weil sein eben sehnsüchtig erhoffter Wunsch nun in Erfüllung gehen sollte.

Auch Nicky war sehr zufrieden. Zwar konnte er nicht sprechen, aber sein Blick sagte Frau Schubert mehr als tausend Worte. Wie eine Klette hing er an ihr, als sie den dicken Schinken mit einem langen Stock vom Haken holte, der über dem Herdfeuer hoch oben in der Diele hing. Geduldig saß der Hund artig neben der Witwe, als sie den Schinken mit einem großen Messer endlich anschnitt. Der angenehme Räucherduft des leckeren Fleisches stieg ihm in die feine Nase, und unentwegt fielen kleine Wassertropfen aus seiner Schnauze auf den Steinfußboden der Diele.

„Gib mir ein Pfötchen!", forderte Frau Schubert und sofort schnellte die dicke Vorderpranke des Hundes hoch, genau in die Hand der Witwe, die lächelnd zur Belohnung ein Stückchen Schinken vor Nickys Maul hielt. Augenblicklich wurde es gierig von ihm verschlungen. Vielleicht würde er ja noch eins mehr erhalten, hoffte Oles Hund und beobachtete ziemlich genau jede Bewegung von Frau Schubert. Natürlich enttäuschte sie ihn nicht, als er schon mal vorsichtshalber die Pfote artig erhob. Sie schob ihm noch ein Stück Räucherfleisch zu.

„Nun hast du aber genug! Wir brauchen auch noch etwas zum Essen!", lachte die Witwe und legte den Schinken so auf den Tisch, dass Nicky nichts davon mopsen konnte, denn sie traute ihm zu, dass er sich in einem unbeobachteten Moment über das Fleischstück hermachen würde.

Merle und ihre Freunde nahmen den Vorschlag von Frau Schubert gern an und besuchten Hella und Ferdinand Thomsen im Nachbarhaus.

Den Zwillingen ging es erheblich besser als am Vortag. Sie freuten sich sehr über die Abwechslung, die sich ihnen mit dem Eintreffen der vier Kinder und ihrem Hund bot.

„Wir haben die Masern längst überstanden, aber Doktor Bremer tut noch immer so, als wären wir halb tot. Leider dürfen wir deswegen nicht nach draußen zum Spielen, obwohl das Quatsch ist. Ich fühle mich total fit. Unsere Mutter hört zu allem Überfluss auf den Arzt und erlaubt uns nicht einmal, aus dem Bett aufzustehen. Vorhin bin ich kurz durch das Fenster raus, ich wollte nachsehen, ob ihr zu Hause seid. Leider wart ihr unterwegs", bedauerte Ferdinand und sprang heimlich aus seinem Bett. „Schön, dass ihr uns besucht. Es ist stinklangweilig hier. Großmutter sitzt im Garten, da ist nicht mal jemand da, der uns Geschichten erzählt!"

„Das besorgen wir jetzt für euch!" Tim setzte sich auf den Rand von Ferdinands Bett und Minuten später lauschten die Zwillinge gespannt dem gruseligen Erlebnis aus dem dunklen Kirchengewölbe.

„Ich wäre auch weggerannt, vor einem Geist hat doch jeder Angst!" Hella konnte Hendriks Verhalten sehr gut nachempfinden und bewunderte daher den Mut von Merle, Tim und Ole.

„Pah, Angst vor einem Geist! Ich hätte ihn sofort gefragt, wer sein Mörder war. Armer Volkwart, will der Kirche helfen und bezahlt dafür mit seinem Leben!" Ferdinand beneidete die Freunde um ihr spannendes Erlebnis. Er nahm sich vor, wenn er wieder gesund war, heimlich die Bartholomäuskirche aufzusuchen und nach dem Geist zu forschen. Seiner ängstlichen Schwester konnte er davon natürlich nichts erzählen, aber Maximilian Gerber, sein bester Freund, würde ihn bestimmt begleiten.

„Die Großmutter hat gehört, dass eure neuen Freunde zu Besuch sind, und wollte sie kurz begrüßen!" Frau Thomsen führte die blinde Frau vorsichtig zu ihrem Stuhl im Zimmer der Zwillinge und widmete sich anschließend wieder ihrer Hausarbeit.

„Stell dir vor, Oma, Merle und ihre beiden Freunde Tim und Ole haben in der Bartholomäuskirche mit einem Geist geredet!", erzählte Hella aufgeregt der alten Frau, die aufmerksam zuhörte.

„Ja, in der Kirche spukt seit vielen hundert Jahren ein Geist. Immer wieder berichten Menschen von dem Mann, der durch die Gemäuer des alten Kirchenbaues geistert. Keiner weiß so genau, wer diese Person ist. Es wird erzählt, dass er in der Kirche ermordet wurde und seine Seele deswegen keinen Frieden findet. Aber dem Geheimnis ist noch niemand auf die Spur gekommen, weil der Geist mit niemandem redet, sondern nur laut flucht", erinnerte sich die Großmutter an Erzählungen von Bürgern, denen der Geist in der Kirche erschienen war.

„Wir wissen, wer dieser Mann ist!" Ole wurde geheimnisvoll und erzählte nun von Volkwarts Dasein in der dunklen Gruft der Kirche.

„Der arme Kerl wird sich seinen Schlafplatz mit einem anderen Toten teilen müssen. Wahrscheinlich hat sein Mörder ihn in dem Sarg verstecken wollen. Das ist ihm ja auch gut gelungen, bis heute wusste niemand, wer der Geist war. Ich verstehe gar nicht, warum er nicht schon früher von sich erzählt hat", wunderte sich die Großmutter.

„Weil ihn niemand bisher einen Dieb genannt hat so wie der Pastor Kroll. Das hat ihn mächtig geärgert, was ich sogar verstehen kann", entgegnete Merle und nahm Volkwart in Schutz.

Die Zwillinge unterhielten sich noch eine Weile mit der Großmutter und den vier Freunden, dann teilte Merle ihnen mit, dass sie am nächsten Morgen weiterreisen wollten.

„Bleibt doch bitte noch ein paar Tage länger!", bettelte Hella traurig.

Doch sie konnte die vier nicht überzeugen, die Abreise noch etwas zu verschieben.

„Wir müssen Walburga erlösen. Außerdem machen sich unsere Eltern sicher Sorgen um uns, wir sind schon so lange fort von zu Hause", bat Merle die Zwillinge um Verständnis für ihre Entscheidung.

Die beiden wurden traurig, bekamen schlechte Laune und wollten sich nicht mehr unterhalten. Ferdinand zog beleidigt seine Bettdecke über den Kopf und ließ sich nicht mehr blicken. Hella legte sich ins Bett und drehte den Kindern den Rücken zu.

„Jetzt benehmt ihr euch wie kleine Babys! Das ist gemein und vollkommen unverständlich", schimpfte die blinde Großmutter. „Ihr habt das große Glück gehabt, Kinder aus einer Zeit kennenzulernen, die noch in weiter Zukunft liegt. Es gibt nur wenige Menschen, die so etwas erfahren dürfen. Jetzt seid nicht so dumm und verabschiedet euch nett von Merle, Ole, Tim und Hendrik. Schließlich haben sie dafür gesorgt, dass ihr schnell wieder gesund geworden seid!"

Die Moralpredigt der Großmutter wirkte. Augenblicklich entschuldigten sich die Zwillinge bei den Kindern.

„Es war supertoll mit euch! Wir werden euch niemals vergessen, ehrlich. Hoffentlich könnt ihr Walburga und Volkwart helfen, damit sie bald erlöst sind!" Hella umarmte Merle und spürte, wie ihr ein paar Tränen die Wangen hinunterliefen. Aber es war ihr egal. Sie schämte sich nicht, denn es tat ihr sehr weh, das fremde Mädchen, dem sie ihre schnelle Genesung verdankte, gehen zu lassen.

Bei den Jungen verlief der Abschied natürlich tränenfrei. Ferdinand sah ein, dass er die Kinder nicht aufhalten konnte. Dabei hätte er sie gern als neue Freunde im Flecken Neumünster gehabt. Besonders Tim war ihm sehr ans Herz gewachsen. Er konnte sich vorstellen, mit ihm und seinem Kumpel Maximilian die tollsten Abenteuer zu erleben.

Die blinde Großmutter wünschte Merle und ihren Freunden viel Glück und streichelte noch ein letztes Mal Nicky, bevor die Kinder zu Frau Thomsen in die Diele gingen, um sich auch von ihr zu verabschieden.

„Ich habe nicht viel Zeit, morgen ist die Beerdigung von unserer kleinen Ellen. Es ist noch so viel vorzubereiten", entschuldigte sie sich. „Aber ich danke euch noch einmal für alles, was ihr für uns getan habt. Lebt wohl!"

Da ihr Mann nicht in seiner Werkstatt war, baten die Kinder sie, Herrn Thomsen ein paar Abschiedsgrüße zu überbringen, und liefen dann hinüber zur Witwe Schubert, die gerade das Essen auf den Tisch stellte.

„Jetzt wird es aber Zeit, dass ihr kommt, Simon knurrt schon der Magen", lachte sie und verteilte die duftenden Bratkartoffeln in großen Portionen auf ein paar Tellern.

„Mir auch! Mmh, lecker! Ich bin schon fast verhungert!" Hendrik aß wie immer mit großem Appetit.

„Sei froh, dass du nicht im Gefängnis sitzen musst, da gibt es nur Wasser und Brot", ärgerte ihn Simon, doch Hendrik störte das wenig.

„Darüber mache ich mir keine Gedanken, ich bin super ehrlich und tue keiner Fliege etwas. Also, dieser Schinken ist einmalig! Frau Schubert, meine Mutter kocht nicht besser als Sie!", lobte Hendrik und die Witwe freute sich über das nette Kompliment.

Ole berichtete von dem Besuch bei den Thomsens und wie schwer den Nachbarskindern der Abschied von ihnen gefallen war.

„Mir geht es da nicht viel besser. Meinetwegen könnt ihr auch bei uns bleiben. Platz haben wir genug für euch. Also, ich meine, falls es mit der Zeitreise aus irgendeinem Grund nicht klappen sollte, hier wäre ein neues Zuhause für euch", bot Frau Schubert großzügig an.

„Das ist mal wieder typisch für meine Mutter. Sie will alles um sich herum behüten und beschützen, denn sie ist einfach herzensgut. Da macht es auch nichts, dass sie gerne viel redet und stets alles wissen will", scherzte Simon, der dabei von seinen eigenen Gefühlen ablenkte, denn auch ihm fiel es schwer, sich von den Kindern zu trennen.

„In jedem Jahrhundert haben wir bisher viel Glück gehabt und immer nette Menschen kennengelernt, die uns bei sich wohnen ließen. Jedes Mal fällt es uns schwer, so tolle neue Freunde wieder zu verlassen, vor allem, weil wir wissen, dass es nie ein Wiedersehen gibt. In diesem Jahrhundert brauchten wir uns nicht vor Verbrechern in Sicherheit zu bringen, das war ein großes Glück. Allerdings wäre Ole fast an seinen Verletzungen gestorben, von denen man wie durch ein Wunder kaum noch etwas sieht. Wenn wir morgen auf eine neue Zeitreise gehen, weiß niemand von uns, in welchem Jahr wir landen werden und welche Gefahren auf uns lauern. Ich hoffe sehr, dass uns auch dort Menschen, wie ihr es seid, begegnen, denen wir trauen können und die unsere Freunde werden", wünschte sich Merle und sah dabei zu Simon und seiner Mutter, die ihr gegenüber am Tisch saßen.

„Das hast du schön gesagt, Merle! Euer Besuch war eine Bereicherung für uns, wir werden euch nie vergessen. Wenn ihr wieder zurück in eurer Zeit seid, vergesst uns nicht!", bat Frau Schubert die vier Freunde.

Da legte Nicky seine dicke Schnauze auf ihren Schoß und sah sie erwartungsvoll an.

„Natürlich werde ich auch dich nicht vergessen, du nimmersatter Vielfraß!" Die Witwe hielt dem Hund ein dickes Stück Wurst vor die Nase, das er dankbar und gierig verschlang.

„Soll ich euch morgen mit dem Pferdefuhrwerk zur Burg fahren?", fragte Simon und erhielt sofort eine dankbare Zustimmung der Kinder.

„Das ist gut, zu Fuß dauert es eine Ewigkeit, bis wir dort ankommen", stöhnte Hendrik, schon der Gedanke an einen langen Fußmarsch war ihm zu anstrengend.

Der Abend wurde sehr gemütlich und klang erst nach Mitternacht aus. Es gab noch so viel zu erzählen, dass die Zeit wie im Flug verging. Sehr spät erst lagen Merle und ihre Freunde in den Betten.

„Hört, ihr Leut', und lasst euch sagen, unsere Uhr hat eins geschlagen!" Laut und deutlich hörte sie den Nachtwächter in dieser Nacht durch die Straßen rufen.

Merle hatte ihr Kammerfenster noch weit geöffnet. Leise kletterte sie aus dem Schrankbett und schloss das kleine Fenster, dann schlich sie zurück in ihre Schlafstätte und kuschelte sich in das Kissen.

Wie jeden Abend griff sie noch einmal nach dem Stein an ihrer Kette und fühlte dabei auch das kleine silberne Kreuz. Die Gedanken wirbelten durch ihren Kopf. Wie mochte es Christian gerade gehen? Ob er noch immer an sie dachte? In welchem Jahrhundert würden sie morgen sein, und wo würden sie schlafen können?

Am nächsten Tag waren alle sehr schweigsam, denn der Abschied drückte jedem auf die Stimmung.

„Ich habe noch ein Abschiedsgeschenk für euch. Kommt mal mit!", forderte Simon die vier Freunde nach dem Frühstück auf. Er wollte für eine fröhliche Stimmung sorgen, doch es gelang ihm nicht so richtig.

Simon führte die Kinder in seine Werkstatt. Auf dem Tisch standen vier Paar Lederhalbschuhe, drei schwarze für die Jungen und ein braunes für Merle.

„Wahnsinn, sind die etwa für uns?", freute sich Ole und bestaunte die Schuhe.

„Natürlich, für wen sonst? Ich habe Überstunden gemacht, um sie fertigzustellen. Ich wollte, dass ihr vernünftige Schuhe bekommt, das ist wichtig auf euren Reisen." Simon war glücklich, dass ihm die Überraschung gelungen war, den Kindern etwas Schönes zu schenken.

„Die passen sogar! Wie konntest du uns Schuhe herstellen, ohne unsere Füße auszumessen?", wunderte sich Ole und zog die neuen Schuhe an.

„Ich bin eben ein guter Schuster. Außerdem hatte ich eure alten Schuhe und Leisten genug, die eurer Größe entsprechen. Da war es kein Kunststück, ein Paar Schuhe zu schustern", erklärte Simon und kontrollierte den Sitz von Merles Schuhen. Er war sehr zufrieden mit seiner Arbeit.

„Meine Schuhe sind mir viel zu klein", jammerte Hendrik und sah auf seine Füße.

„Du Trottel hast ja auch meine Schuhe an! Ich habe nicht solche Quadratlatschen wie du, schließlich trage ich nur Größe 39 und du 43. Das ist ein kleiner Unterschied, mein Lieber", tadelte Tim den Freund und tauschte mit ihm die Schuhe.

Sofort strahlten Hendriks Augen, denn diesmal passte alles perfekt.

Die neue Fußbekleidung wurde sofort Simons Mutter vorgeführt.

„Das ist ja wunderbar! Endlich habt ihr vernünftige Schuhe", freute sich die Witwe Schubert und begutachtete alle vier Paar Schuhe ausgiebig.

„Meine alten Schuhe nehme ich auf jeden Fall mit auf die nächste Zeitreise. Wer weiß, vielleicht brauche ich sie noch einmal!" Merle kramte in ihrem Rucksack, der zum Glück groß genug war, um all ihre inzwischen angesammelten Habseligkeiten aufzunehmen.

„Das ist eine gute Idee, meine Turnschuhe sind mir ohnehin sehr wichtig. Die waren mal richtig teuer!" Ole stopfte seine dreckigen Turnschuhe zu den eingewickelten Broten, die Frau Schubert den Kindern für die Reise mitgegeben hatte.

„Meine Taschenlampe braucht neue Batterien, hast du noch welche?", erkundigte sich Tim, als er seine Tasche packte und dabei die Lampe ausprobierte.

„Natürlich! Du kannst dich freuen, dass ich so viele Ersatzbatterien mitgenommen habe und sie sogar in deine Taschenlampe passen!" Merle reichte ihm zwei der gewünschten Stromspender.

„Mädchen nehmen immer überall das Dreifache von dem mit, was sie eigentlich wirklich brauchen. Das kenne ich von meiner Mutter. Sie packt zwei riesige Koffer so randvoll mit tausend Klamotten für den Urlaub, dass sie sich kaum schließen lassen. Mein Vater dagegen braucht nur eine kleine Reisetasche. Meistens ist die sogar nur halbvoll und meine Mutter stopft noch ihre Schminke und den Schmuck mit hinein. Mein Vater stöhnt dann immer und sagt, dass wir nicht umziehen wollen, sondern nur verreisen", erzählte Ole und dachte dabei mit Wehmut an seine Eltern. Sie fehlten ihm sehr.

„Das sind die feinen Unterschiede zwischen Männern und Frauen. Wir sind eben viel praktischer veranlagt und beschränken uns auf die wesentlichen Dinge des Lebens", meinte Hendrik und tat dabei sehr wichtig.

„Ihr seid mir vielleicht ein paar überhebliche Gestalten", schimpfte die Witwe Schubert und stemmte die Hände in die Hüften. „Ihr beschränkt euch vielleicht auf die Dinge, die ihr für wesentlich haltet, aber viel mehr geht auch nicht in euren Kopf hinein. Wir Frauen besitzen die hervorragende Fähigkeit, weiter zu denken. Diese Gabe, meine Herren, fehlt euch! Deswegen wäre deine Taschenlampe jetzt auch unbrauchbar geworden, denn nur durch Merles Weitblick hast du neue Batterien erhalten, mein Lieber!"

„Puh, das war deutlich! Weiber halten eben immer zusammen", kicherte Tim und schnallte sich seinen Rucksack um.

Die Kinder waren abreisebereit, und Simon wartete vor der Tür mit dem Pferdewagen.

„Danke für alles, es war eine schöne Zeit bei euch!" Ole reichte Frau Schubert die Hand. Die alte Dame zog ihn schluchzend an sich, und ehe er sich versah, hatte sie ihm zwei dicke Abschiedsküsse auf beide Wangen gedrückt. Natürlich war es Ole unangenehm, aber er kannte diese Knutscherei von seiner Oma, und so ließ er sie klaglos über sich ergehen. Schließlich war die Witwe Schubert sehr gut zu ihm gewesen und hatte ihn gepflegt, als er krank war.

„Du wirst mir so fehlen, mein Junge! Aber nicht nur du, ihr alle, sogar euer verrückter Hund, sind ein Teil meiner großen Familie geworden. Passt auf euch auf! Viel Glück auf eurer Zeitreise! Lebt wohl, Kinder!" Frau Schubert nahm Merle als Letzte zum Abschied in ihre Arme, dann lief sie heulend in ihr Haus zurück. Abschied nehmen war nicht ihr Ding, sie wusste, dass sie dabei immer Tränen vergoss. Aber dieses Mal war es besonders schlimm, weil es kein Wiedersehen mehr gab.

Merle und ihre drei Freunde saßen bereits auf dem Pferdewagen, als sie jemanden laut rufen hörten. Es waren die Zwillinge Hella und Ferdinand, die am offenen Fenster standen und ihnen zu winkten.

„Vergesst uns nicht und gute Reise!", riefen sie, als Simon mit der Peitsche knallte und der Wagen sich in Bewegung setzte. Ein letztes Mal fuhren sie durch das dörfliche Neumünster. Die holperigen Pflastersteine auf der Straße „Am Schleusberg" ließen die großen Wagenräder heftig erschüttern.

„Autofahren ist für meine Knochen wesentlich gemütlicher. Ich werde hier total durchgerüttelt", stellte Merle fest. „Aber wenigstens regnet es heute nicht."

„Ich möchte mal wissen, wann die Menschen endlich so schlau sein werden und das Fahrrad erfinden. Man sieht immer nur Pferdewagen, Postkutschen und ein paar Reiter, die durch die Straßen ziehen. Die meisten Leute laufen aber zu Fuß. Was für eine Zeitverschwendung! Es dauert ewig, wenn man von einem Ort zum nächsten will", überlegte Tim und war froh, dass er in einem Zeitalter geboren wurde, in dem man schneller reisen konnte.

„Es ist so vieles noch nicht erfunden, was wir für selbstverständlich halten. Am meisten fehlen mir Strom und ein anständiges Badezimmer mit einer vernünftigen Toilette. Ich würde so gerne mal wieder richtig duschen und mit Shampoo meine Haare waschen", wünschte sich Merle und schloss dabei die Augen. Sie stellte sich gerade vor, unter einem warmen Wasserstrahl zu stehen und sich den herrlich weißen, angenehm duftenden Schaum vom frisch eingeseiften Körper zu spülen.

„Also, aufs Duschen kann ich gut verzichten! Viel mehr vermisse ich meine luftigen Sommerklamotten, meinen MP3-Player und den Computer!" Hendrik konnte sich noch immer nicht damit abfinden, dass es keine Kleidung mit Reißverschlüssen gab und er ständig mehrere Knöpfe an seiner Hose auf und zumachen musste.

„Mal sehen, ob wir gleich im 12. Jahrhundert sind. Da haben wir noch viel weniger

Luxus als jetzt. Das wird eine harte Zeit, sage ich euch", prophezeite Merle und hoffte, auch das Jahrhundert gut zu überstehen.

„Aussteigen! Wir sind am Ziel!" Simon hielt mit dem Pferdewagen direkt vor der Wittorfer Burg. Er begleitete die Freunde noch bis auf den hohen Erdwall.

„Hier liegen doch tatsächlich noch unsere Mäntel. Vor ein paar Tagen mussten wir sie zurücklassen. Sie sind zu dick und schwer und passen nicht in unsere Rücksäcke hinein. Jetzt werden wir sie aber auf jeden Fall mitnehmen. Wer weiß, in welcher Jahreszeit wir nach unserer nächsten Zeitreise landen." Ole hob seinen Mantel auf und schüttelte ihn kräftig aus, denn Sand und ein paar Blätter hatten ihn verschmutzt.

„Zurzeit sind Mäntel gar nicht modern. Ihr könnt euch freuen, dass wir Sommer haben, denn im Winter wäret ihr mit diesen Kleidungsstücken wohl aufgefallen. Wir tragen alle nur Umhänge, die Kinder genauso wie die Erwachsenen. Was natürlich nicht heißen soll, dass eure Mäntel hässlich sind", ergänzte Simon und begutachtete Merles Mantel.

„Wir fallen sowieso überall auf, denn die Mode ändert sich ständig. Da müssen wir versuchen, uns irgendwie anzupassen, damit wir unangenehmen Fragen aus dem Weg gehen können!" Hendrik hasste es, sich stets in die altmodischen Gewänder vergangener Jahrhunderte zwängen zu müssen.

Es war der Zeitpunkt gekommen, um endgültig voneinander Abschied zu nehmen. Simon suchte nach den passenden Worten, doch es fielen ihm keine ein.

„Du warst ein toller Freund, ich werde meinen Eltern erzählen, was du und deine Mutter für mich getan haben. Abschied nehmen ist immer wahnsinnig blöde. Wir machen diese doofe Erfahrung jedes Mal, wenn wir ein Jahrhundert wieder verlassen müssen. Mach's gut, Simon, und danke für alles!" Ole wurde am Ende seines Satzes immer leiser.

Wortlos drückte Simon ihn und dann die anderen drei Kinder noch einmal an sich. Eilig drehte er sich um und lief mit hastigen Schritten zu seinem Pferdewagen, um schnell in den Flecken zurückzukehren. Er wollte allein sein mit seinen Gedanken und hoffte nur, dass die Kinder bald wieder wohlbehalten bei ihren Eltern sein würden.

„Das war schwer, wie jedes Mal", stöhnte Tim und sah dem Wagen nach.

„Ich hasse diese Abschiedsszenen, irgendwie tut es immer weh! Aber wir sollten keine Zeit verlieren, wir müssen weiter!" Ole forderte Merle auf, nach Walburga zu rufen.

Wie jedes Mal hielt sie den schwarzen Stein in ihrer Hand und rief den Namen des Burgfräuleins.

Sekunden später blitzte es wieder und Walburga stand lächelnd vor ihnen. Erwartungsvoll sah sie die Kinder an.

„Was habt ihr über Volkwart herausgefunden?", fragte sie und freute sich, die Freunde endlich wiederzusehen.

„Er ist in der Bartholomäuskirche von Unbekannten ermordet worden!" Ole erzählte aufgeregt von der Begegnung mit Volkwart.

Walburga war entsetzt und sehr bestürzt über die Mitteilung.

„Sicherlich sind sie hinter dem Kirchenschatz hergewesen und wussten, dass mein Liebster ihn versteckt hatte. Ihr müsst unbedingt herauskriegen, wer ihn umbrachte. Zu dumm, dass Volkwart das nicht erzählen konnte. Aber ihr habt ihn gesehen und mit ihm gesprochen. Ihr könnt euch gar nicht vorstellen, wie glücklich mich das macht. Ich weiß, ihr werdet in den Juni 1145 reisen und mich wieder mit Volkwart vereinen. Nur so kann meine Seele erlöst werden und seine auch, denn sonst würde er nicht als Geist durch die Kirche irren. Ihn hat die Trennung von mir ebenfalls ruhelos werden lassen. Der Mörder, der unsere Liebe zerstörte, muss für seine grauenvolle Tat büßen. Dafür werde ich alles tun, was in meiner Macht steht, und ihr werdet mir dabei helfen!" Walburga verspürte große Rachegelüste und hoffte sehr, dass der Tod ihres Geliebten bald aufgeklärt würde.

„Wir wollten dir eine Freude machen und haben versucht, dich zu rufen, als wir bei Volkwart im Kirchengewölbe waren. Er hat es sich so sehr gewünscht, aber leider klappte es nicht. Warum?" Merle konnte für das Versagen des schwarzen Steines noch immer keinen wirklichen Grund finden.

„Ein Zusammentreffen mit Volkwart ist nur möglich, solange wir beide noch leben. Sind wir tot, kann der Stein unsere Seelen nicht zusammenführen. Sonst hätte ich uns längst selbst erlöst. Wie oft habe ich ihn in meiner Einsamkeit gerufen in all den vergangenen hundert Jahren. Sibelia gab dem Stein die Zauberkraft, die er heute besitzt, als ich starb. Er sollte mich mit Hilfe eines fremden Menschen wieder mit meinem Volkwart zusammenbringen. Nur so kann ich erlöst werden. Die Blitze, der Donner und das Beben in der Gruft wurden dadurch ausgelöst, dass ihr Kräfte gerufen habt, mit denen der Stein überfordert war. Volkwarts großes Verlangen, mich zu sehen, war eine starke Energiequelle, die gegen die Energie des Steines arbeitete. Er ist nur mit einer geringen Zauberkraft belegt, hat aber versucht, euren Wunsch zu erfüllen. Dadurch kam es zu diesem gruseligen Zwischenfall, den ihr mir geschildert habt, und genau aus dem Grund verschwand auch Volkwarts Geist auf der Stelle. Es klingt kompliziert, ist es aber nicht", versuchte Walburga den Kindern zu erklären.

„Ich glaube, dass ich es verstanden habe. Wir werden dir helfen, da kannst du sicher sein. Schließlich sind wir dem Geheimnis um den Schatz der Wittorfer Burg schon ein kleines Stückchen näher gerückt. Hoffentlich ist Volkwart überhaupt bereit, uns den ganzen Zaster zu überlassen. Schließlich musste er dafür mit dem Leben bezahlen, dass er den Kirchenschatz versteckte!" Ole machte sich große Sorgen, vielleicht leer ausgehen zu können, falls Volkwart das Versteck nicht preisgeben würde.

„Du brauchst dir keine Gedanken darüber machen. Es sind seitdem so viele Jahre vergangen, in denen die Kirche auf ihre Kostbarkeiten verzichten musste, dass sie es auch in Zukunft verschmerzen wird, wenn ihr den Schatz erhaltet. Das sieht sicherlich auch mein Volkwart so. Er möchte nur erlöst werden, genau wie ich, da ist ihm aller Reichtum, mit dem er sowieso nichts mehr anfangen kann, völlig egal", beruhigte das Burgfräulein die Freunde.

„Dann sollten wir jetzt nicht länger hier herumstehen und quatschen, sondern auf

Zeitreise gehen. Streng dich an Walburga, damit wir endlich ans Ziel gelangen, und pass auf uns auf, denn gefährliche Abenteuer mussten wir schon genug erleben!" Tim wurde allmählich unruhig, er wollte die nächste Reise antreten.

„Seid ihr bereit?" Walburga sah die Kinder fragend an. Als sie stumm nickten, hob sie ihre Arme und murmelte die bekannten Worte, mit denen jede neue Zeitreise ihren Anfang nahm.

Nicky winselte leise, denn er wusste, dass er gleich wieder durch einen langen, dunklen Tunnel fallen würde, was bei ihm nicht gerade für Wohlbehagen sorgte. Während Ole seinen Hund fest an sich drückte und liebevoll streichelte, öffnete sich unter seinen Füßen die Erde und die Reise in ein neues Jahrhundert begann.

Im 19. Jahrhundert

Ein aufregendes Weihnachtsfest

„Es schneit! Wir sind mitten im Winter gelandet!" Tim schüttelte sich den Schnee von seiner Kleidung, denn er war ziemlich unsanft aus dem Zeittunnel auf den Boden geworfen worden.

„Wie gut, dass wir die Wintermäntel mitgenommen haben, sonst würde ich jetzt erfrieren!" Ole zog sich zitternd seine warme Jacke an.

Auch seine drei Freunde hüllten sich in ihre wärmenden Winterjacken, die sie von Barbara und Wiebke Thomsen im 17. Jahrhundert erhalten hatten. Merle tauschte schnell das Sommerkleid gegen ihre Bluse und die lange Jeans, bevor sie ihren dicken Mantel überzog.

„Mir ist schweinekalt! Allerdings finde ich es auch mal ganz schön, so viel Schnee zu sehen. Wann hatten wir das letzte Mal so hohen Schnee? Das muss ewig her sein", überlegte Hendrik, hielt sein Gesicht mit geschlossenen Augen zum Himmel gerichtet und ließ sich die Schneeflocken in den geöffneten Mund fallen.

„Das ist so lange her, dass ich mich kaum daran erinnern kann!" Merle sah hinunter zu den verschneiten Wiesen und Wäldern, die völlig unberührt vor ihr lagen. Von dem Burgplatz aus hatte sie einen herrlichen Ausblick.

„Komisch, dieses Mal habe ich gar keine Kopfschmerzen!", bemerkte Tim überglücklich, denn sonst musste er sich stets etwas von den Strapazen der Zeitreise erholen.

Den anderen erging es ähnlich, und selbst Nicky schien sich im Schnee sehr wohl zu fühlen. Er lief auf dem Burggelände hin und her und schnüffelte an jeder Ecke.

„Ich weiß zwar nicht, in welchem Jahrhundert wir uns diesmal befinden, aber so viel ist sicher, es ist mal wieder das falsche. Die Burganlage sieht eigentlich aus wie in unserer Zeit!", stellte Hendrik enttäuscht fest.

„Was ist das für ein Geräusch?" Ole lauschte angestrengt dem merkwürdigen Schnaufen, er überlegte fieberhaft, wo er das schon einmal gehört hatte.

„Lasst uns verschwinden, bevor wieder irgendetwas Schlimmes passiert!" Hendrik bekam Angst, denn das Geräusch wurde immer lauter.

„Die Eisenbahn! Leute, dort kommt eine Dampflokomotive! Da drüben sind die Schienen. Wir müssen im 19. oder 20. Jahrhundert sein!" Kaum hatte Tim das gesagt, als ein schwarzes, schnaufendes Stahlungetüm mit riesigen dunklen Rauchwolken auf die Wittorfer Burg zusteuerte.

„Das ist ja irre! Eine alte Dampflok! Mein Vater würde jetzt vor Freude tanzen, wenn er das sehen könnte. Er ist ein echter Eisenbahnfan und hat eine riesige Eisenbahnanlage bei uns auf dem Dachboden aufgebaut. Wenn er Zeit hat, spielen wir damit. Die alten Dampflokomotiven darf ich gar nicht anfassen, sie sind sein größter Schatz", rief

Ole laut seinen Freunden zu, denn der herannahende Zug verursachte einen Höllen-lärm.

Fasziniert liefen die Kinder zu den Gleisen, die ein Stück weit von ihnen entfernt an der Burg entlangführten.

„Für die Eisenbahn wurde ein Teil der Wittorfer Burg zerstört. Die Schienen liegen teilweise auf dem Burggelände", stellte Merle fest, als sie durch den Schnee gingen.

„Ich würde am liebsten einen kurzen Abstecher in den Ort machen. Sicher ist alles inzwischen moderner geworden, vielleicht gibt es auch schon Strom!" Tim war neugierig geworden, denn die Eisenbahn versprach einen gewissen Komfort, den er all die Jahrhunderte davor schmerzlich vermisst hatte.

„Eigentlich möchte ich lieber weiterreisen. Was sollen wir Zeit verschenken, um uns Neumünster anzugucken, wie es vielleicht vor hundert Jahren aussah. Wie die Menschen damals lebten, hab ich schon oft im Fernsehen gesehen. Außerdem will ich bei der Kälte nicht so lange laufen", maulte Hendrik, denn er konnte sich nicht vorstellen, dass er mit einem Bus in die Stadt fahren konnte.

„Nun sei mal nicht so ein Spielverderber! Es hat aufgehört zu schneien, und jetzt scheint sogar die Sonne!" Ole fand Tims Vorschlag prima und störte sich daran, dass Hendrik wieder einmal vor lauter Faulheit nicht laufen wollte.

„Es sieht aus wie in einem verschneiten Zauberwald. Seht mal, der Schnee glitzert wie Kristall, ist das romantisch!" Merle schloss die Augen und stellte sich vor, wie sie in einen warmen Mantel dick eingehüllt in einem Schlitten saß, der von ein paar wunderschönen Pferden gezogen wurde. Sie hörte sogar das Bimmeln der Glöckchen, die die Tiere um den Hals trugen.

„Wie romantisch!", äffte Hendrik nach und bekam dafür von Merle einen Haufen Schnee ins Gesicht, denn es ärgerte sie sehr, dass er offensichtlich keinen Sinn für die Schönheit der Natur hatte. Hendrik revanchierte sich natürlich sofort und steckte Merle eine Handvoll Schnee in den Kragen ihres Mantels.

„Igitt, du Ferkel!" Merle schüttelte sich und versuchte den schmelzenden Schnee schnell wieder loszuwerden. Tim und Ole nahmen das zum willkommenen Anlass, sich mit an der Sache zu beteiligen, und sofort war eine wüste Schneeballschlacht im Gange, die auch Nicky sehr viel Spaß bereitete.

„Hilfe! Hilfe!" Ein gellender Schrei drang durch die Winterlandschaft und augenblicklich unterbrachen die Freunde ihre Balgerei.

„Hört ihr das auch? Da ruft jemand um Hilfe!" Ole stand am Abhang der Wittorfer Burg und horchte angestrengt, aus welcher Richtung das Rufen kam.

„Los, kommt, nehmt eure Rucksäcke mit! Wir sehen nach, was da passiert ist!", forderte Tim die anderen auf und lief den Weg zum Fluss hinunter.

Wieder drangen laute Hilferufe zu ihnen herüber.

„Seht mal, da hinten steht ein Pferdewagen! Vielleicht hat sich dort jemand verletzt." Merle sah den Wagen am Ende einer verschneiten Wiese in einiger Entfernung von ihnen stehen.

Sofort eilten sie mit Nicky den Weg entlang zu dem Gefährt. Die Hilfeschreie kamen immer näher, als der Hund plötzlich Witterung aufnahm und in dem Wald, der an die Wiese grenzte, verschwand.

„Nicky muss etwas gefunden haben, schnell hinter ihm her!", vermutete Ole und verfolgte die Spuren seines Hundes im Schnee. Die Schmerzensschreie waren nun fast unmittelbar vor ihnen zu hören.

„Oh mein Gott, das ist ja furchtbar! Merle, sieh nicht hin!" Ole stieß auf einen Mann, der mit schmerzverzerrtem Gesicht auf dem kalten Waldboden lag. Um ihn herum war der weiße Schnee mit großen, roten Blutflecken verfärbt.

„Mein Bein, ich habe mir mein Bein mit der Axt verletzt! Dabei wollte ich doch nur einen Weihnachtsbaum für die gnädigen Herrschaften schlagen. Ich muss irgendwie dabei abgerutscht sein. Es tut so schrecklich weh! Welch ein Glück, dass ihr mich gefunden habt", stöhnte der Unbekannte und wand sich vor Schmerzen. Ole besah sich die Wunde am Oberschenkel und erschrak, denn es quoll immer neues Blut unaufhörlich aus der tiefen Verletzung.

„Wenn wir ihm helfen wollen, müssen wir sein Bein abbinden. Ich glaube, er verblutet sonst!" Noch nie hatte Ole solch eine Erste-Hilfe-Leistung an einem verletzten Menschen vornehmen müssen. Zwar wurde bei den Pfadfindern ab und zu mal für den Notfall das eine oder andere geübt, aber einem so schwer verletzten Menschen hatte er noch nie helfen müssen. Doch jetzt blieb ihm nicht viel Zeit, darüber nachzudenken.

„Schnell, gebt mir ein sauberes Kleidungsstück aus eurem Rucksack!", forderte er seine Freunde auf, die hinter ihm standen, und zerriss die Hose des Verletzten, um an die Wunde besser heranzugelangen. Merle kniete inzwischen gegen seinen Rat neben dem unbekannten Mann und strich ihm beruhigend über seine zerzausten, schwarzen Locken.

Sie spürte, wie er immer schwächer wurde. Sein bleiches Gesicht nahm kaum noch die Umgebung wahr.

Tim reichte Ole sein Hemd, das die Witwe Schubert ihm frisch gewaschen hatte. Ole rollte es zusammen und drückte es auf die blutende Wunde, dann nahm er dem unbekannten Verletzten seinen langen grauen Wollschal ab und band ihn fest um das zusammengerollte Hemd auf der Verletzung. Ole wischte sich erschöpft den Schweiß von der Stirn. Er schien alles richtig gemacht zu haben, denn die Blutung kam zum Stehen.

„Puh, das war knapp, aber wir haben es geschafft! Wir müssen den Mann irgendwie zu sich nach Hause kriegen. Aber ich weiß nicht einmal, wie er heißt und wo er wohnt", stöhnte Ole und hoffte, dass der Unbekannte noch nicht bewusstlos war, denn er atmete nur schwach und hielt die Augen geschlossen.

„Ich bin Fritz Färber, Arbeiter bei dem Tuchfabrikanten Anton Waller", flüsterte der Mann mit leiser Stimme. Doch wo er wohnte, konnte er nicht mehr mitteilen, weil er ohnmächtig wurde. Die starken Schmerzen und der Blutverlust raubten ihm alle Kraft, die er bis dahin noch besaß.

„Wir müssen ihn auf die Ladefläche des Pferdewagens legen und im Ort nach dem

Tuchfabrikanten Waller suchen. Vielleicht gibt es inzwischen auch schon ein Krankenhaus in der Stadt, dann bringen wir ihn dorthin", beschloss Ole, während Tim sofort bereit war, den Verletzten mit ihm zu tragen.

„Ich packe ihn an den Schultern und du trägst seine Beine! Er ist ziemlich dünn, da dürfte es nicht so schwer sein, ihn zu halten", vermutete Ole, als er sich den Arbeiter näher ansah.

„Er scheint noch nicht sehr alt zu sein. Ich schätze ihn so auf dreißig Jahre, da hat er sicher genug Abwehrkräfte, um schnell wieder auf die Beine zu kommen. Allerdings sieht er ziemlich ärmlich aus, er besitzt nicht einmal Stiefel und seine Winterjacke ist ihm viel zu klein", stellte Merle bedauernd fest.

„Wenn er Arbeiter in einer Tuchfabrik ist, verdient er auch nicht gerade reichlich!" Tim erinnerte sich an die Schulstunde bei Frau Meyer, in der sie über die große Armut der Fabrikarbeiter berichtet hatte. Schon damals fand er es ungerecht und gemein, dass die reichen Fabrikbesitzer im Geld schwammen und die Arbeiter trotz stundenlanger Schinderei in den Fabriken kaum etwas zum Leben übrig hatten.

„Schade, dass er uns nicht sagen konnte, welches Datum wir heute haben!" Ole schwitzte stark, denn obwohl Fritz Färber ein Leichtgewicht war, bedurfte es einer großen Anstrengung, ihn sicher durch den hohen Schnee zum Pferdewagen zu tragen.

Merle und Hendrik stiegen auf die Ladefläche des Gefährts und nahmen den bewusstlosen Mann vorsichtig entgegen, um ihn langsam auf die Holzbretter des Wagens zu legen.

„Wir haben da noch ein kleines Problem. Wer fährt den Pferdewagen? Ich kann das nicht!" Merle hoffte, dass Ole diese Aufgabe übernehmen würde, denn er hatte schon einmal mit Bernhard auf dem Kutschbock eines Fuhrwerkes gesessen. Zwar war das im 17. Jahrhundert gewesen, aber so viel konnte sich beim Führen eines Pferdewagens nicht geändert haben.

„Ich übernehme das! Bernhard hat es mir gezeigt, wie man mit so einem Wagen umgeht. Ich denke, ich kriege das schon irgendwie hin!", entschied Ole deswegen auch sofort, und Merle fiel vor Erleichterung ein Stein vom Herzen.

Tim kletterte als Letzter in den Wagen und setzte sich neben Merle und Hendrik, die aufpassten, dass der Verletzte während der Fahrt nicht zu sehr durchgeschaukelt wurde. Nicky musste nämlich direkt hinter dem Mann Platz nehmen und bot ihm so ein weiches Polster. Doch Fritz Färber bekam von der gesamten Strecke nichts mit, da er nicht aus seiner Ohnmacht erwachte.

„Mensch, hat sich Neumünster verändert! **Die Bartholomäuskirche ist abgerissen worden und dafür steht die Vicelinkirche jetzt an ihrer Stelle. Seht euch mal den Kleinflecken an. Hier wurde ein schöner Park angelegt mit Häusern drumherum, die alte Sandwüste mit den Bauernhöfen ist verschwunden. Und ein Denkmal oder so etwas Ähnliches gibt es auch",** wunderte sich Tim und kam aus dem Staunen nicht heraus.

„Und überall hat man Laternen an der Straße aufgestellt. Das bedeutet, dass

Neumünster nachts beleuchtet wird. Welch ein Fortschritt für unseren Ort", lobte Hendrik und blickte sich interessiert um.

„Seht mal, die Häuser von den Thomsens und den Schuberts stehen noch, sie sind nicht abgebrannt", rief Ole vom Kutschbock hinunter zu den Freunden auf der Ladefläche des Pferdewagens. Er hatte die Pferde sicher durch die Straßen geführt und befand sich nun in der Ortsmitte.

„Frag doch mal den Opa da hinten, ob hier irgendwo ein Krankenhaus ist!", bat Tim seinen Freund Ole und zeigte auf einen alten Mann, der langsam die verschneite Straße überquerte.

Ole sprang vom Kutschbock und lief zu dem Alten.

„Ich habe einen ziemlich schwer verletzten Mann auf dem Pferdewagen. Ist hier irgendwo ein Krankenhaus in der Nähe, wo er von einem Arzt behandelt werden kann?", fragte Ole ihn freundlich.

„**Ein Krankenhaus? Ja, mein Junge, das haben wir seit drei Jahren.** Vor kurzem hatte ich mir meinen Arm gebrochen und mir wurde dort sofort gut geholfen. Es arbeiten nette Ärzte in dem Haus und flotte Krankenschwestern, sage ich dir!", lachte der alte Mann verschmitzt und zwinkerte Ole dabei mit dem rechten Auge zu.

„Wo befindet sich denn das Krankenhaus? Ich muss schnell dorthin!" Ole wurde ungeduldig.

„**Früher befand es sich in der Peterstraße. Aber das ist schon fast vierzig Jahre her. Der Krankenhof, so nannte man es damals, wurde 1856 wegen zu geringer Bettenausnutzung geschlossen. Wir hatten dann hier nur ein privat geführtes Krankenhaus in der Altonaer Straße.** Da lag meine Frau Hildegard, als sie es so schlimm mit ihrer Blase hatte! Jeden Tag …"

„Ich will ja nicht unhöflich sein, aber wir müssen wirklich schleunigst in das Krankenhaus, auch wenn mich ihre Geschichten sehr interessieren. Ein anderes Mal höre ich sie mir gern an. Aber sagen sie mir doch bitte, wo ist das Krankenhaus?" Ole verlor allmählich die Nerven, der alte Mann erzählte ohne Ende seine privaten Erlebnisse und war hoch erfreut, einen Zuhörer gefunden zu haben.

„Ja, ja, schon gut, schon gut! **Also, das städtische Krankenhaus befindet sich im Meßtorffweg. Kennst du den Weg? Er heißt so wie unser Tuchfabrikant Johann Otto Meßtorff. Er hatte viel Pech, seine schöne Fabrik ist vor zwei Jahren abgebrannt. Aber unser Herr Meßtorff ist ein fleißiger Mann, denn er hat sie gleich wieder aufgebaut. Weißt du, dass wir einundzwanzig Tuchfabriken in Neumünster haben? Das ist eine ganze Menge! Unsere Stadt ist durch die vielen Arbeiter, die dort beschäftigt sind, sehr schnell gewachsen. Ich bin selber Tuchmachermeister gewesen, aber zu meiner Zeit ging alles noch etwas ruhiger in den Werkstuben zu. Diese neumodischen Dampfmaschinen sind nichts für mich. Mein Sohn …**"

„Vielen Dank für die nette Auskunft. Aber ich habe wirklich keine Zeit mehr. Einen schönen Tag noch!" Ole musste unhöflich sein und den alten redseligen Mann stehenlassen. Tim rief schon zum zweiten Mal nach ihm.

„Frohe Weihnachten, mein Junge! Alles Gute für deinen verletzten Freund, vielleicht sehen wir uns ja bald wieder." Der alte Mann setzte seinen winterlichen Spaziergang langsam fort. Zwar fand er es schade, dass er seine Erzählungen nicht beenden durfte, aber er hatte Verständnis dafür, dass der Verletzte dringend in ein Krankenhaus musste.

„Meine Güte, wollte er dir seine Lebensgeschichte beichten?", erkundigte sich Tim, als Ole wieder auf dem Kutschbock Platz nahm.

„Er ist ein alter Mann und wohl schon etwas seltsam, aber ich weiß jetzt wenigstens, dass wir uns am Ende des 19. Jahrhunderts befinden, außerdem ist bald Weihnachten. Und wo das Krankenhaus ist, hat er mir auch gesagt, wir müssen in den Meßtorffweg", erklärte Ole und ließ die Pferde erneut weitertraben.

Das ist ja cool! Es gibt inzwischen sogar ein Karstadt-Einkaufshaus in unserem Ort. Da steht ‚Rudolf Karstadt Kaufhaus'. Ich wusste gar nicht, dass der Gründer Rudolf hieß", wunderte sich Hendrik und staunte über die vielen neuen Bauten, die er in der Ortsmitte sah.

„Was, hier befindet sich ein Friedhof? In unserer Zeit steht an diesem Platz die Anscharkirche. Da hat sich Pastor Kroll wohl durchsetzen können und einen neuen Friedhof bauen lassen. Er schimpfte doch darüber, dass der alte längst überfüllt war", erinnerte sich Tim an das Gespräch mit dem Geistlichen aus der Bartholomäuskirche, als sie ein Stück die Christianstraße entlangfuhren und an einem großen, von einem Steinwall umgebenen Stück Land vorbeikamen. Lauter Holzkreuze und Gedenksteine zwischen schneebedeckten Büschen und Bäumen zeugten davon, dass es sich hier um die letzte Ruhestätte für verstorbene Neumünsteraner handeln musste.

„Es sind also ungefähr hundert Jahre vergangen seit unserem letzten Besuch hier. Da hat sich der Ort aber ganz schön vergrößert. **Jedes Gebäude trägt inzwischen eine eigene Hausnummer, das war im Jahr 1780 noch nicht so. Seht euch mal die vielen hohen Schornsteine an, die gehören sicher zu den Tuchfabriken. Das Industriezeitalter hat begonnen, die kleinen Tuchmacherwerkstätten gehören wohl damit der Vergangenheit an.** Aus dem kleinen gemütlichen Bauerndorf ist eine Stadt geworden, wie spannend", freute sich Merle. Doch dann kümmerte sie sich wieder um den verletzten Arbeiter Fritz Färber, der noch immer nicht das Bewusstsein zurückerlangt hatte.

„Die Klosterstraße gibt es tatsächlich auch schon, und da drüben geht es rechts in den Meßtorffweg! Sagt mal, steht hier nicht später unsere alte Schwimmhalle, die leider geschlossen wurde?" Hendrik erkannte die Gegend sofort, obwohl ihm die Häuser in der Straße alle fremd waren.

„Das ist doch unser Gesundheitsamt mit der Schulzahnklinik!" Ole staunte nicht schlecht, als er das Städtische Krankenhaus erreichte. Dasselbe Gebäude diente im 21. Jahrhundert zwar noch immer der Stadt, allerdings war es als Krankenhaus viel zu klein geworden.

„Da waren wir doch schon mit unserem Kindergarten und durften auf dem Zahnarztstuhl hoch und runter fahren! Den Mund hab ich aber trotzdem nicht aufgemacht, die Zahnärztin war ganz schön genervt!" Hendrik konnte sich noch sehr gut an seine ersten Erfahrungen mit der Zahnmedizin erinnern.

„Weißt du noch, dass ich dich mit dem Wassersprüher nassgespritzt habe und Frau Bruhn, unsere Erzieherin, dabei eine ganze Ladung Wasser ins Gesicht bekam? Ihre Schminke war ruiniert, die Farbe tropfte auf ihre weiße Bluse! Frau Bruhn sah gruselig aus! Na, das gab vielleicht Ärger", kicherte Tim über den längst vergangenen Kinderstreich.

„Einer von euch muss ins Krankenhaus gehen und Bescheid geben, dass wir einen Verletzten haben. Wir brauchen eine Trage. Anders kriegen wir Fritz Färber nicht die Treppen hoch. Ich bleibe lieber bei den Pferden, wer weiß, ob sie uns vielleicht sonst abhauen!" Ole unterbrach seine beiden Freunde, denn er wollte den kranken Arbeiter schnell in ärztliche Versorgung geben und hatte daher keine Lust, sich an ihren Gesprächen zu beteiligen.

„Kein Problem, ich erledige das schon!" Tim kletterte vom Pferdewagen und lief die Stufen hoch zum Krankenhaus.

Allzu sehr hatte sich das Gebäude von innen nicht verändert, stellte er fest, als er sich auf dem langen Flur befand, von dem aus viele Räume abgingen. Eine Treppe führte nach unten in den Keller des Krankenhauses, eine zweite in das 1. Stockwerk. Ein strenger, unbekannter Geruch, den Tim nicht kannte, ließ ihn husten. Er vermutete, dass ein Desinfektionsmittel die unangenehme Luft verbreitete. Tim lief den Flur entlang und suchte nach einem Arzt oder einer Krankenschwester, doch er traf niemanden an. Aber einfach eine der hohen, weißen Zimmertüren zu öffnen, traute er sich nicht. Schließlich wusste er nicht, ob vielleicht ein Patient mit einer schweren, ansteckenden Krankheit dahinter in seinem Bett lag. Die breite Tür, an der das Schild „Operationssaal" hing, flößte ihm sogar Angst ein. Doch seine Freunde warteten auf Hilfe, und so wusste er, dass er irgendwie handeln musste. Zögernd stand er im Flur und überlegte, was wohl das Wort „Anatomie" bedeuten konnte, denn eine Hinweistafel zum Keller war so beschriftet.

„Na, mein Junge, möchtest du den Toten einen Besuch abstatten?", fragte ihn plötzlich eine männliche Stimme hinter ihm.

„Ja! Nein! Wieso? Ich dachte, das hier ist ein Krankenhaus!" Völlig verwirrt drehte Tim sich um und sah in das freundliche Gesicht eines Arztes.

„Das ist es auch, aber du stehst vor der Kellertreppe und dort unten ist die Anatomie. Dort werden die Leichen seziert!", erklärte der Mediziner und Tim hatte Mühe, seine Ekelgefühle für sich zu behalten.

„Heißt das, dass die Menschen aufgeschnitten werden?" Tim hatte einmal davon gehört, dass man so mit Toten verfuhr, die an einer ungeklärten Todesursache gestorben waren.

„Richtig, denn alle Studenten der Medizin müssen lernen, wie ein Mensch von innen aussieht. Bilder allein reichen da nicht. Aber jetzt verrate mir doch einfach mal, warum du hier bist. Krank siehst du nämlich nicht aus", lachte der Arzt und erreichte so, dass Tim sich wieder wohler fühlte und nun endlich den wahren Grund seines Erscheinens in dem Krankenhaus vorbringen konnte.

„Ich werde schnell einer Schwester Bescheid sagen. Der Mann muss unbedingt behandelt werden. Komm mit! Übrigens, ich bin Doktor Melcherts, und wie heißt du?" Der Arzt sah Tim fragend durch seine kleine, runde Nickelbrille an, während Tim ihm folgte und sich dabei vorstellte.

„Schwester Elfriede, wir brauchen dringend eine Trage! Draußen ist ein schwer Verletzter, der von diesem Jungen und seinen Freunden hergebracht wurde!" Doktor Melcherts war mit Tim in ein Zimmer gegangen, in dem eine junge Frau Gefäße reinigte. Sie trug ein langes, hochgeschlossenes, schwarzes Kleid mit weißer Schürze und hatte eine weiße Haube auf dem Kopf, mit der sie ihre blonden Haare bedeckte. Sofort unterbrach sie ihre Tätigkeit und gab dem Arzt eine Holztrage, die in einer Ecke stand.

„Sie begleiten mich, Schwester Elfriede!", bestimmte Doktor Melcherts und ließ sich dann von Tim zeigen, wo der Pferdewagen mit dem Verletzten auf sie wartete.

„Na endlich, das hat ja eine Ewigkeit gedauert!", empfing Ole seinen Freund, als er mit dem Arzt und der Krankenschwester bei ihm eintraf.

„Das sieht aber ganz schön übel aus!" Doktor Melcherts war auf den Wagen geklettert und besah sich den Patienten, der noch immer bewusstlos war. „Wer hat denn den Druckverband angelegt?"

„Ich!", gab Ole kleinlaut zu, denn er befürchtete, einen großen Fehler begangen zu haben.

„Das hast du prima gemacht, woher weißt du, wie man Blutungen stillt? Ist dein Vater Arzt?", wollte der Mediziner wissen.

„Nein, ich hab mal gesehen, wie man so etwas macht!" Ole freute sich sehr über das Lob eines Fachmannes.

„Wird der Mann überleben?" Merle sah zu, wie Doktor Melcherts den Verletzten auf die Trage hob, die vor ihnen im Schnee lag.

„Das weiß ich nicht, ich muss ihn erst untersuchen. Wenn ihr wollt, könnt ihr bei der Untersuchung dabei sein", schlug der Arzt den Kindern vor.

Natürlich waren sie damit einverstanden und liefen voraus, um der Krankenschwester und dem Mediziner die schweren Türen des Krankenhauses aufzuhalten.

Die Pferde des Fuhrwerkes standen jetzt ruhig nebeneinander und so riskierte auch Ole einen Kurzbesuch in dem Krankengebäude, denn es interessierte ihn sehr, wie das Haus, das er aus seiner Zeit kannte, in der Vergangenheit genutzt wurde.

„Wonach riecht es denn hier?" Merle verzog die Nase, als sie im Untersuchungsraum von Doktor Melcherts angekommen waren. Selbst Nicky durfte mit hinein, denn von moderner Hygiene kannten die Menschen im 19. Jahrhundert noch nicht sehr viel, wie Ole erstaunt feststellte.

„Das ist Karbol, unser Desinfektionsmittel! Ihr wart wohl noch nie in einem Krankenhaus, was? Na ja, das ist auch besser für euch, denn hier kommt keiner gerne her", versicherte Doktor Melcherts und strich sich durch seinen schwarzen Zwirbelbart, der über seinen Lippen korrekt an beiden Enden gedreht wuchs.

„Seit dem Professor Lister im August 1865 in England die Karbolsäure erstmals mit großem Erfolg zur Desinfektion benutzte, setzen wir sie auch in unserem Land erfolgreich dazu ein. Allerdings hielt man den Professor für seine Entdeckung zuerst für geistesgestört, bis man merkte, dass er recht hatte. Aber das geht vielen Wissenschaftlern so, die Neues erforschen", erzählte Schwester Elfriede den Freunden, während sie dem verletzten Fritz Färber vorsichtig das Hosenbein abschnitt und so das verwundete Bein freilegte.

„Ja, da haben Sie recht, Schwester. Schon im Jahr 1846 hat Professor Semmelweiß entdeckt, dass man durch gründliches Händewaschen mit Chlorkalk die Todesfälle nach Geburten und Operationen erheblich senken kann. Es hat sich nämlich vorher kein Arzt die Finger gesäubert, wenn er von einer Operation zur nächsten ging. So starben in den Krankenhäusern die Frauen nach Geburten viel häufiger am Kindbettfieber, als wenn sie zu Hause ihre Kinder zur Welt brachten. Professor Semmelweiß wurde von seinen Kollegen belächelt und für verrückt erklärt. Allerdings hatten diese Wissenschaftler nicht mit dem einfachen Volk gerechnet. Die Menschen rückten in Scharen an und verlangten von dem operierenden Arzt, dass er sich die Hände vor dem Eingriff waschen sollte. Mürrisch folgten die Mediziner den Befehlen der Angehörigen des zu operierenden Patienten, mit dem Erfolg, dass viel weniger Menschen starben. Dadurch erkannten die misstrauischen Wissenschaftler, dass Professor Semmelweiß recht hatte. Heute ist es für uns völlig normal, alles zu desinfizieren." Doktor Melcherts untersuchte während seiner Erzählung die Wunde und behandelte sie dabei mit der von ihm erwähnten Karbolsäure.

„Wo bin ich hier? Ich hab so schreckliche Schmerzen!", stöhnte plötzlich Fritz Färber und schlug die Augen auf.

Schwester Elfriede kümmerte sich liebevoll um den Patienten und erklärte ihm, wo er sich befand.

„Ich muss die Wunde nähen, das wird sehr schmerzhaft sein. Ich betäube Sie mit Chloroform, dann bekommen Sie nichts davon mit!" Doktor Melcherts holte ein Fläschchen mit der Aufschrift „Chloroformum" und nahm ein sauberes Mulltuch, auf das er einige Tropfen des Betäubungsmittels gab. Anschließend drückte er das Tuch dem stöhnenden Patienten auf die Nase. Schon wenige Sekunden später schlief Fritz Färber ein. Doktor Melcherts begann, die tiefe Verletzung am Bein zu nähen. Schwester Elfriede beobachtete dabei den Patienten und assistierte nebenbei dem Arzt.

„Es ist ein Wahnsinnsfortschritt in der Medizin, dass wir endlich Narkosen durchführen können. Das erleichtert nicht nur dem Patienten den Eingriff, sondern wir Ärzte können problemloser schmerzhafte Operationen durchführen. Einige meiner Kollege benutzen auch Äther für die Betäubung, aber ich ziehe Chloroform vor. Äther wurde 1842 das erste Mal an einem Menschen ausprobiert, mit großem Erfolg. Allerdings wird vielen Patienten hinterher übel und es kommt auch schon mal vor, dass jemand zu viel Betäubungsmittel erhält und stirbt. Aber das sind eben die Risiken, die man tragen muss, wenn man sich narkotisieren lässt. Das Chloroform wurde erstmals in England 1853 bei der Königin Viktoria eingesetzt. Sie gebar damals ihren Sohn, den Prinzen Leopold und John Snow, ein Kollege von mir, behandelte sie wegen ihrer großen Geburtsschmerzen mit Chloroform. Das Mittel wirkte wunderbar und seitdem wird es überall als gutes Narkosemittel eingesetzt. So, jetzt sind wir gleich fertig, noch ein Stich und unser Patient kann wieder geweckt werden! Die Schere bitte, Schwester Elfriede!" Doktor Melcherts war sehr zufrieden mit seinem Werk und schnitt den Faden ab, mit dem er die Wunde verschlossen hatte.

„Soll der Patient Rotwein zu trinken bekommen?", informierte sich Schwester Elfriede, während sie die Blutsflecken von Fritz Färbers Bein abwischte.

„Ja, das wird ihm guttun, schließlich hat er viel Blut verloren. Geben Sie ihm aber auf jeden Fall noch von der Eisentinktur. Ich verabreiche ihm nachher noch eine Morphiumspritze gegen die Schmerzen. Er ist ein junger Kerl und wird das Ganze schnell überstehen, da bin ich ganz sicher!"

„Rotwein und Eisentinktur? Wieso bekommt der Mann Alkohol zu trinken, da wird er ja betrunken!", empörte sich Hendrik über die Behandlungsmethode des Arztes.

„Nein, so viel Wein bekommt er nun auch wieder nicht. Aber Rotwein mit einem rohen Eigelb verquirlt ist ein gutes Mittel, um schnell der Blutarmut entgegenzuwirken, und die Eisentinktur unterstützt das Ganze noch. Also keine Angst, ich verstehe mein Handwerk, schließlich habe ich Medizin studiert. Ich gehöre nicht zu den Kurpfuschern, die mit ihren merkwürdigen Heilpraktiken Patienten falsch behandeln. Aber das haben die Menschen alle dem irrsinnigen Gesetz von 1869 zu verdanken. Seitdem gibt es nämlich die sogenannte ‚Kurierfreiheit', die jedem Bürger, auch wenn er nicht Medizin studiert hat, die Möglichkeit gibt, einen Heilberuf auszuüben", erklärte Doktor Melcherts mürrisch und reinigte sich in der Zwischenzeit seine Hände.

„Das ist wirklich absolut idiotisch! Ich würde mich doch nie von einem behandeln lassen, der keine Ahnung von Medizin hat. Wahrscheinlich richtet der mehr Schaden an, als dass er jemanden gesund macht. Wozu studiert man denn sonst Medizin?" Tim konnte den Sinn dieses Gesetzes ebenso wenig verstehen wie Doktor Melcherts.

„Das frage ich mich auch. Dabei hat die Medizin wirklich große Fortschritte auf vielen Gebieten errungen und ich bin mir sicher, dass noch etliche folgen werden. Ihr seid noch so jung, dass ihr sicherlich eines Tages davon profitieren werdet. So, jetzt werde ich unseren Patienten noch einmal abhören, und dann kann er auf ein Krankenzimmer gebracht werden", entschied der Arzt und untersuchte Fritz Färber mit seinem Stethoskop.

„Das sieht aber ulkig aus! Ein Stethoskop aus Holz", kicherte Hendrik und beobachtete, wie Doktor Melcherts sein rechtes Ohr auf das trichterförmige Ende eines hölzernes Gerätes legte, das aussah wie eine kleine Trompete ohne Ventilstück. Natürlich kannte er solch ein medizinisches Werkzeug nicht, denn er wurde von seinem Hausarzt mit einem sehr viel moderneren Gerät abgehört.

Doktor Melcherts wunderte sich über Hendriks Äußerung.

„Bist du denn noch nie abgehört worden? So ein Abhörrohr kennt doch jeder", wunderte sich der Mediziner und schüttelte den Kopf.

„Wahrscheinlich sind diese Kinder kerngesund, was in unserer Zeit nicht alltäglich ist. Gerade Krankheiten wie **Diphtherie und Scharlach wüten immer wieder in den Städten und Dörfern und fordern viele Todesfälle!** Also haltet euch von solchen Krankheiten fern!", warnte Schwester Elfriede und dachte dabei an die kranken Kinder, denen niemand helfen konnte.

Doktor Melcherts war gerade mit dem Abhören fertig und nickte zufrieden, als sein Patient aus der Chloroformnarkose erwachte.

„Bin ich im Himmel?", flüsterte er leise, denn er fühlte sich sehr schwach.

„Nein, mein Lieber! Ich habe dafür gesorgt, dass Sie da noch nicht hinkommen. Das Bein ist zusammengeflickt und mit etwas Glück können Sie bald wieder nach Hause. Schwester Elfriede bringt Sie gleich auf ein Zimmer, wo Sie von uns gesundgepflegt werden", munterte Doktor Melcherts den Verletzten etwas auf.

„Danke!" Fritz Färber griff nach der Hand des Arztes. Danach suchte sein Blick die vier Freunde, die ihn in das Krankenhaus gebracht hatten. Aber er war zu müde, um mit ihnen zu reden, seine Augen fielen ihm zu und er schlief erneut ein. Er wurde auf die Krankentrage gelegt und dann von Doktor Melcherts und der Krankenschwester in ein Zimmer gebracht, wo man ihn vorsichtig in ein Bett legte. Schwester Elfriede kümmerte sich liebevoll um den neuen Patienten, während der Arzt mit den Kindern und dem Hund den Raum verließ.

„So, das wäre geschafft! Jetzt habe ich erst einmal eine Pause verdient. Wenn ihr mögt, können wir uns noch ein wenig unterhalten. Ich muss nur noch in mein Zimmer und eine Krankenakte für den Verletzten anlegen." Doktor Melcherts steuerte auf einen Raum zu, der als Arztzimmer diente.

„Wie alt ist das Krankenhaus eigentlich?", fragte Ole, während er mit Nicky und seinen Freunden dem Arzt folgte. Er hatte den Eindruck, dass das Gebäude noch recht neu war.

„**Es wurde 1888, dem sogenannten Dreikaiserjahr, eröffnet.** Das ist also noch nicht lange her. Aber wahrscheinlich könnt ihr euch nicht mehr an den Bau erinnern, weil ihr damals noch zu klein wart", überlegte der Doktor.

„**Was war denn das „Dreikaiserjahr"?** Davon hab ich noch nie gehört!" Merle wartete neugierig auf eine Antwort.

„**Dann werde ich es dir erklären! Am 9. März des Jahres 1888 starb unser alter Kaiser Wilhelm I. kurz vor seinem 91. Geburtstag. Seinen Sohn Friedrich III. ernannte man am selben Tag noch zum neuen Kaiser.** Leider regierte er aber nur 99 Tage, denn er litt an Kehlkopfkrebs und verstarb am 15. Juni an dieser schweren Krankheit. So übernahm sein Sohn Wilhelm II. ab jenem Datum die Krone und ist bis heute unser Kaiser geblieben. Da es sehr ungewöhnlich ist, dass in einem Jahr drei verschiedene Kaiser in einem Land regieren, heißt dieses Jahr eben ‚Dreikaiserjahr‘!“ Doktor Melcherts freute sich, dass sich die Kinder für seine Erklärungen so interessierten, denn alle vier hörten aufmerksam zu.

„War denn der Kaiser Wilhelm II. schon mal in Neumünster zu Besuch?“ Merle fand es äußerst aufregend, dass Deutschland einmal von einem Kaiser regiert wurde.

„Nein, das ist bisher leider nicht der Fall gewesen. **Aber der dänische König Christian VIII. hat unsere Stadt im Jahr 1840 besucht. Er weihte die riesige Tuchfabrik von Johann Otto Meßtorff ein, die hier fast gegenüber unseres Krankenhauses steht. Dabei verlieh er ihr seinen Namen. Seit diesem Tag heißt sie ‚Christiansfabrik‘.“** Der Arzt trat ans Fenster seines Zimmers und zeigte auf das große Fabrikgebäude, vor dem viele schneebeladene, hohe Bäume standen.

„**Das ist die Fabrik, die vor zwei Jahren abgebrannt ist und sofort wieder aufgebaut wurde?**“ Ole erinnerte sich an das Gespräch mit dem alten Mann auf der Straße, den er nach dem Meßtorffweg gefragt hatte.

„Ja, genau, das ist sie. Leider kommt es öfter vor, dass Tuchfabriken brennen. Die neuen Maschinen und die vielen leicht entzündlichen Materialien tragen dazu bei. Zum Glück wurde 1865 die Fleckenfeuerwehr gegründet, die in den meisten Fällen das Schlimmste verhindern konnte. Aber ich erinnere mich noch genau an den 12. Dezember 1888. Da brach am Großflecken in der Albeckschen Tuchfabrik während der Arbeitszeit ein Brand aus. Ein Fremdkörper war versehentlich mit der Rohwolle in eine Krempelmaschine geraten. Durch starke Hitzeeinwirkung kam es sofort zu einem schlimmen Feuer, in dem vierzehn Arbeiter ihr Leben verloren. Es war einfach grauenhaft. Ich behandelte damals die Verwundeten, die teilweise furchtbare Brandwunden erlitten. Die Schmerzensschreie der Menschen werde ich nie vergessen! Ich hoffe nur, dass sich solch ein Unglück niemals wiederholen wird! Die vierzehn Brandopfer kamen auf dem Nordfriedhof in ein Gemeinschaftsgrab, auf dem zur Erinnerung an dieses schlimme Ereignis ein großer Gedenkstein platziert wurde“, erinnerte sich der Doktor und sein Gesicht wurde sehr nachdenklich.

„Das ist ja schrecklich! Hätten die Arbeiter nur besser aufgepasst, dann wäre der Fremdkörper in der Wolle entdeckt und das Unglück verhindert worden“, überlegte Merle, denn ihr taten die unbekannten Menschen sehr leid, die im Feuer ihr Leben lassen mussten. Sie dachte dabei an das brennende Haus, in das sie gelaufen war, um ein Baby zu retten. Auch sie hatte die Hitze des Feuers gespürt und den Rauch, der ihr den Atem raubte.

„Es passiert eben sehr viel, seitdem es die großen Tuchfabriken gibt. Die Riemen der Maschinen ziehen häufig die offenen Hemdsärmel der Bekleidung von den Arbeitern mit sich und so geraten Finger und ganze Hände in die großen Geräte. Ich musste schon oft Menschen hier im Krankenhaus behandeln, die auf diese Art und Weise eine Hand verloren", seufzte Doktor Melcherts, kramte dabei in seiner Schreibtischschublade und zog ein Stück weißes Schreibpapier heraus.

„Wie viel Kranke können hier eigentlich aufgenommen werden?" Tim dachte an das Friedrich-Ebert-Krankenhaus, welches er aus seiner Zeit kannte und das im Vergleich zu dem Gebäude, in dem er sich gerade befand, riesengroß war.

„**Unser Krankenhaus ist sehr modern, wir verfügen immerhin über vierzig Betten, das ist sehr viel**", berichtete der Doktor mit großem Stolz und nahm seinen schwarzen Füller in die Hand, der auf dem Schreibtisch lag.

„Haben wir heute den 22. oder den 23. Dezember? Ich arbeite hier jeden Tag stundenlang und bin schon vollkommen durcheinander", stöhnte der Mediziner und schrieb etwas auf das Blatt Papier.

„Das wüsste ich auch gerne", entfuhr es Hendrik und gleich darauf bekam er einen Fußtritt gegen sein Schienbein. Ole hoffte nur, dass die Aussage seines Freundes den Arzt nicht stutzig werden ließ.

„Wie? Kennst du das heutige Datum auch nicht? Ich dachte immer, alle Kinder freuen sich auf Weihnachten und zählen ungeduldig die Tage bis dahin. Nun, dann werde ich mal auf meinem Kalender nachsehen." Doktor Melcherts griff in seine Schreibtischschublade und zog ein kleines Heft hervor.

„Wir haben schon morgen Heiligabend. Also ist heute der 23. Dezember 1891. Da muss ich nachher schnell ein Geschenk für meinen Sohn kaufen. Ich hoffe, dass ich das noch erledigen kann, bevor das Karstadt-Haus schließt. Es ist wirklich prima, dass wir jetzt ein solches Kaufhaus in unserer Stadt haben. Schließlich wurde es erst im April dieses Jahres eröffnet. Aber die Stadt wächst ständig und die vielen Einwohner brauchen die verschiedensten Waren für ihren täglichen Bedarf. Da reicht der Wochenmarkt nicht mehr aus, um alle Dinge dort zu kaufen. Jetzt habe ich doch den Namen von unserem Patienten vergessen. Wie hieß der gute Mann noch?"

„Fritz Färber! Er arbeitet bei dem Tuchfabrikanten Anton Waller, mehr wissen wir aber nicht von ihm. Er wurde ohnmächtig, bevor wir ihn nach seiner Adresse fragen konnten." Merle war froh, endlich zu wissen, in welchem Jahr sie sich befanden.

„Bei meinem Freund Anton ist er beschäftigt! Da ist es kein Problem, herauszufinden, wo unser Patient wohnt. Schließlich müssen seine Angehörigen Bescheid wissen, was mit ihm passiert ist. Ich werde Anton nachher aufsuchen und ihm von dem Unfall seines Arbeiters berichten. Vielleicht hat Fritz Färber seinen Narkoserausch aber auch schon vorher wieder überstanden, dann kann er uns selber erzählen, wo er wohnt", überlegte Doktor Melcherts und legte seinen Füller beiseite. Alle Eintragungen über die Behandlung des Kranken waren erledigt, den Rest konnte er später nachtragen.

„Und jetzt habe ich Zeit für euch, bis ein neuer Patient eingeliefert wird." Der Mediziner hoffte, dass das nicht so schnell der Fall sein würde.

„Ich würde gerne mal den Operationssaal sehen, wenn das möglich ist", bat Merle, und Doktor Melcherts erfüllte ihr gern diesen Wunsch.

„Natürlich! Da müssen wir nur ein paar Türen weitergehen. Möchtest du später Krankenschwester werden, oder warum interessiert dich dieser Raum?", fragte er Merle freundlich.

„Nein, ich will Ärztin werden, wenn ich mein Abitur schaffe", antwortete Merle wahrheitsgemäß, denn das war ihr absoluter Traumberuf.

„Ein Mädchen als Ärztin? Das ist völlig unmöglich, mein Kind! Frauen werden in unserem Land gar nicht zum Medizinstudium zugelassen! Vielleicht ändert sich das eines Tages, aber so richtig daran glauben kann ich nicht. **Wenn du dein Abitur machen möchtest, gehst du sicherlich auf die Klaus-Groth-Schule in der Fabrikstraße, das ist doch die private Höhere Mädchenschule hier in Neumünster.** Die besucht meine Nichte Edeltraut übrigens auch, kennst du sie? Sie ist so ungefähr in deinem Alter." Der Arzt war beeindruckt von Merles Wunsch, Ärztin zu werden. Aber die Vorstellung, dass Frauen diesen Beruf ergreifen könnten, war für ihn völlig verrückt.

Merle kannte natürlich die Nichte des Mediziners nicht und teilte ihm das auch mit. Aber der Gedanke, dass eine Frau 1891 nicht Medizin studieren durfte, und vor allem, dass man es ihr nicht einmal zutraute, ärgerte und empörte sie. Wie gut, dass ich nicht im 19. Jahrhundert leben muss, dachte sie erleichtert.

„Bitte hereinspaziert, meine Damen, Herren und Hunde! Dieses ist Neumünsters bester Operationssaal!" Doktor Melcherts öffnete die Tür des Raumes und sah mit Stolz, wie sehr die Kinder staunten.

„Wofür sind denn die vielen Holzstühle, die im Halbkreis hier aufgebaut wurden? Gibt es etwa Zuschauer bei den Operationen?" Tim konnte sich den Sinn und Zweck nicht erklären, denn er hatte noch den Operationssaal in Erinnerung, den er vor kurzem während einer medizinischen Reportage im Fernsehen gesehen hatte. Da gab es außer einem Drehstuhl für den Narkosearzt keine weiteren Sitzgelegenheiten.

„Auf den Stühlen nehmen die Studenten Platz, die aus den Operationen lernen müssen. Hier in der Mitte steht unsere Operationsliege!" Doktor Melcherts zeigte auf eine einfache, braune Holzbank, die nicht sehr bequem aussah. „Die Medikamente und Gerätschaften, die wir zum Operieren brauchen, befinden sich dort auf den kleinen Tischen an der Wand. So ist immer alles gleich in greifbarer Nähe und die Krankenschwestern können uns alle Instrumente schnell reichen!"

Den vier Freunden war klar, dass sie von großem Glück reden konnten, weil sie im 21. Jahrhundert aufwuchsen. Ihnen stand bei Krankheiten eine modernere Medizin zur Seite. Der Anblick des einfachen Operationssaals machte ihnen bewusst, warum so viele Menschen in der Vergangenheit an harmlosen Erkrankungen sterben mussten.

Während die Kinder beeindruckt vor den verschiedenen Handwerkszeugen des Arztes standen, schnüffelte Nicky an der Flasche mit dem Chloroform. Seine lange Zunge leckte genüsslich am Flaschenhals, wahrscheinlich war ein Tropfen der Flüssigkeit dort heruntergelaufen.

„Nicky, geh da weg, sonst bekommst du noch eine Narkose verpasst!", schimpfte Ole mit seinem Hund.

„Dein Hund hat einen englischen Namen? Das ist selten! Welcher Rasse gehört er an?", erkundigte sich Doktor Melcherts und überlegte, ob er jemals irgendwo schon einmal einen solchen Hund gesehen hatte.

„Nicky ist ein Golden Retriever, das sind besonders liebe Hunde", lobte Ole seinen tierischen Freund.

„Diese Rasse kenne ich nicht. Seltsam, dass ich ihn hier noch nicht gesehen habe, denn ich komme doch durch meinen Beruf sehr viel in unserer Stadt herum. Wo wohnt ihr denn, Kinder?" Der Arzt wurde etwas misstrauisch. Irgendwie kamen ihm die Kinder eigenartig vor. Sie waren so anders als die Jungen und Mädchen, mit denen er sonst zu tun hatte.

„Wir wohnen außerhalb von Neumünster, deswegen müssen wir jetzt auch nach Hause. Es wird bestimmt bald dunkel und unsere Eltern schimpfen, wenn wir zu spät kommen", log Tim und spürte, wie seine Stimme etwas höher klang.

„Das ist schade! Ich wollte gerade mit euch meinen Kuchen teilen, den Schwester Elfriede mir heute Morgen mitgebracht hat. Ich glaube, Stollen ist auch noch da und ein paar Weihnachtskekse sowieso. Was haltet ihr davon, wenn ich euch nachher mit zu Anton Waller nehme? Er hat seine Tuchfabrik in der Wasbeker Straße. Aber seine Villa steht neben der von dem Fabrikanten Renck und die ist nur ein paar Minuten von hier entfernt. Sicher freut er sich, wenn er die Retter seines Arbeiters kennenlernen kann!" Doktor Melcherts ahnte, dass Tim ihm nicht die Wahrheit sagte, allerdings wusste er nicht warum. Doch er fühlte, dass die Kinder ein Geheimnis umgab.

„Kuchen! Oh ja, ich habe sowieso einen Riesenhunger! Eigentlich wollte ich meine Brote essen, aber gegen süße Leckereien habe ich auch nichts einzuwenden", platzte es aus Hendrik heraus, dem der Magen bereits furchtbar knurrte. Es war für ihn schon viel zu lange her, seitdem er das letzte Mal etwas gegessen hatte.

Ole, Merle und Tim spürten zwar ebenfalls ein flaues Gefühl in der Magengegend, aber sie wussten, dass sie noch vor Einbruch der Dunkelheit an der Burg sein mussten. Ein Quartier für die Nacht hatten sie nicht und in der Kälte bei Schnee und Eis konnten sie unmöglich draußen übernachten.

„Wir sollten lieber aufbrechen, bevor es dunkel wird", wiederholte Tim deswegen noch einmal. Doch Doktor Melcherts und Hendrik waren anderer Meinung.

Hendrik schien an nichts anderes mehr zu denken als an leckeren Kuchen.

„Ich werde euch nach Hause bringen und euren Eltern erklären, warum ihr zu spät gekommen seid. Sie sind bestimmt stolz darauf, dass ihr einem Menschen das Leben gerettet habt und verschonen euch vor einer Strafe. Außerdem ist es erst ein Uhr am Nachmittag, es dauert also noch drei Stunden, bis es dunkel wird", meinte der Arzt und spürte, dass die Kinder unruhig waren. Er musste herausfinden, was sie bedrückte. Dazu brauchte er aber Zeit und das Vertrauen der vier Freunde.

„Okay, wir nehmen Ihr Angebot an. Ich habe nämlich auch Hunger, und Kuchen schmeckt mir immer!" Ole war beruhigt, dass ihnen noch drei Stunden Zeit blieben, um bei Tageslicht zur Burg zurückzukehren. Wenn sie sich mit dem Essen beeilten, würden sie es ohne Probleme schaffen, rechtzeitig das Jahrhundert wieder zu verlassen.

Also saßen sie nur kurze Zeit später mit Doktor Melcherts in seinem Arztzimmer und ließen sich einen leckeren Gewürzkuchen, Zimtkekse und Christstollen schmecken. Schwester Elfriede zündete die roten Kerzen eines Adventgesteckes an und servierte ihnen heißen Früchtetee mit Zuckerstückchen.

Draußen hatte wieder heftiges Schneetreiben eingesetzt, und die Kinder waren froh, dass sie sich im Warmen aufhielten, denn der kleine Ofen im Arztzimmer spendete eine angenehme Temperatur.

„Na, was wünscht ihr euch denn dieses Jahr zu Weihnachten?", erkundigte sich Doktor Melcherts und lehnte sich gemütlich in seinem Stuhl zurück. Er hatte sich eine Pfeife angezündet und der Duft des Tabaks verbreitete eine wohltuende Atmosphäre. Merle beobachtete den Arzt und überlegte, wie alt er wohl sein mochte. In seinem langen weißen Kittel wirkte er sehr jugendlich. Aber die Falten um seine Augen herum und die grauen Strähnen in seinem kurzen, schwarzen Haar deuteten auf ein etwas fortgeschrittenes Alter hin.

„Ich wünsche mir eine Eisenbahn", log Tim, denn er wusste nicht so richtig, was sich die Jungen in seinem Alter am Ende des 19. Jahrhunderts von ihren Eltern schenken ließen.

„Hm, das ist ein teures Geschenk, hoffentlich können deine Eltern sich so etwas leisten", überlegte der Arzt und paffte an seiner Pfeife.

„Ich hätte gerne eine neue Puppe", flunkerte Merle und spürte, dass sie rot wurde, denn mit Puppen spielte sie schon lange nicht mehr. Aber ihr fiel nichts Besseres ein.

„Ich brauche dringend neue Kleidung, vielleicht schenken mir unsere Eltern eine Hose und einen Pullover!" Ole atmete erleichtert auf, dass ihm diese Idee zu seiner Rettung kam.

„Das sind eine Menge netter Wünsche. Mein Sohn ist zehn Jahre alt und möchte Zinnsoldaten haben. Unser Kaiser Wilhelm II. und sein Heer gefallen ihm so gut, dass er nur noch mit Soldaten spielen möchte. Ich bin selber Offizier gewesen, aber ich halte nicht viel von Kriegen und ihren fürchterlichen Folgen. Es müssen zu viele unschuldige Menschen sterben. **Aber unser Kaiser liebt nun mal das Militär und zum Zeichen dafür trägt er sehr gerne verschiedene Uniformen zu den unterschiedlichsten Anlässen.**" Doktor Melcherts nahm seine Pfeife aus dem Mund, trank einen Schluck Tee und sah zu Hendrik hinüber. „Fast hätte ich vergessen, nach deinen Wünschen zu fragen. Wie unhöflich von mir, dich zu übergehen!"

„Ich würde mich über Holzspielzeug sehr freuen!", schmatzte Hendrik mit vollem Mund, denn er verdrückte gerade mit großem Appetit das dritte Stück Gewürzkuchen.

„Da müssen eure Eltern aber ganz schön viel Geld für eure Geschenke aufbringen. Ihr seid doch sicher Geschwister, oder?", erkundigte sich der Doktor und sah die Kinder freundlich an.

„Ja!", klang es einstimmig aus den Mündern der vier Freunde.

„Und wie lautet euer Familienname?"

„Petersen!" „Schulze!" Ole und Tim sprachen beide gleichzeitig, nur Merle und Hendrik hatten sich zurückgehalten. Merle aus Vorsicht und Hendrik, weil er mit dem Verspeisen von einem Stückchen Christstollen beschäftigt war.

„Wie? Habt ihr zwei Familiennamen?" Doktor Melchert stutzte.

„Ja, meine Mutter hat zweimal geheiratet, erst hieß sie Petersen und dann Schulze!", versuchte Ole sich aus der verzwickten Lage zu retten.

„Ach so, ja, das erklärt die verschiedenen Namen, dann bist du also der Älteste aus der Familie?", forschte der Arzt weiter nach.

„Ja, genau, das bin ich!" Ole hoffte inständig, die Fragerei würde endlich ein Ende nehmen.

„Wie alt bist du denn?" Doktor Melcherts wollte alles ganz genau wissen.

„Zwölf!"

„So so, und wie alt sind deine Geschwister?" Der Arzt blies den Rauch seiner Pfeife in die Luft und sah die Kinder erwartungsvoll an.

„Tim ist elf, Merle zehn und Hendrik, unser jüngster Bruder ist neun Jahre alt!" Ole glaubte, dass der Arzt ihm die Lügengeschichte abnehmen würde, doch sein Herz schlug wild in seiner Brust vor lauter Aufregung. Seinen Freunden erging es ähnlich. Merle wäre am liebsten davongelaufen und Hendrik ebenfalls, außerdem schäumte er innerlich vor Wut, dass er neun Jahre alt sein sollte! Was bildete sich Ole dabei eigentlich ein? Neun Jahre alt, das war ja fast noch Kleinkindalter, so eine Frechheit, dachte er beleidigt.

Natürlich bemerkte Doktor Melcherts sofort den Schwindel mit dem Alter der Kinder, denn bei Hendrik war kein einziger Milchzahn mehr zu sehen, wenn er lachte. Merle bekam sogar schon weibliche Rundungen und das war für ein zehnjähriges Mädchen im Jahre 1891 ziemlich ungewöhnlich. Tim war mit seiner Körpergröße viel zu groß für einen Elfjährigen. Nein, dem Einzigen, dem er das Alter abnahm, war Ole. Außerdem sahen sich die vier Kinder kein bisschen ähnlich. Für den Arzt stand fest, dass diese Kinder keine Geschwister waren. Aber warum verheimlichten sie ihm das?

Da betrat Schwester Elfriede das Zimmer und Doktor Melcherts erkundigte sich nach Fritz Färbers Gesundheitszustand.

„Leider schläft er immer noch. Ab und zu öffnet er mal die Augen, aber dann begibt er sich wieder ins Traumland. Sein Tag war sehr anstrengend und die Chloroformnarkose haut selbst die stärksten Männer um. Wir sollten ihm die Ruhe gönnen!", meinte die Krankenschwester. Sie freute sich darüber, dass den Kindern ihr selbstgebackener Kuchen so gut schmeckte, dass fast alles aufgegessen war.

„Gut, dann werden wir jetzt dem Tuchfabrikanten Waller einen kurzen Besuch abstatten", erklärte der Doktor der Krankenschwester.

„So, dann zieht euch eure Jacken an, wir gehen los. Das Krankenhaus kann eine Weile auf mich verzichten. Außerdem hat Schwester Elfriede die Möglichkeit, mich bei den Wallers zu erreichen, wenn ich hier benötigt werde. Wir bringen dem Tuchfabrikanten auch gleich den Pferdewagen zurück. Seine Pferde brauchen Futter und sie müssen bei der Kälte dringend in den Stall", überlegte der Arzt, als sie das Krankenhaus verließen. Es war noch hell, aber es schneite in dicken Flocken von dem inzwischen grauen Dezemberhimmel.

„Das ist eine gute Idee, dann sind wir schneller da!", freute sich Hendrik, der ohnehin nicht gern zu Fuß ging und schon gar nicht bei Kälte. Allerdings störte es ihn arg, dass auf dem Pferdewagen eine dicke Schneeschicht lag, die er erst entfernen musste, bis er sich hinhocken konnte. An ein gemütliches Sitzen war nicht zu denken, er hätte einen nassen Hintern bekommen.

„Wir müssen Decken aus dem Krankenhaus mitnehmen, sonst werdet ihr nass und später krank. Auf das feuchte Holz könnt ihr euch nicht setzen", erkannte Doktor Melcherts sehr schnell und lief mit den vier Freunden und Nicky zurück in das Gebäude. In seinem Arztzimmer nahm er zwei graue Wolldecken aus einem Schrank und reichte sie Merle.

„Dürfen wir den Besen mitnehmen, damit können wir den Schnee schneller vom Wagen fegen. Ich bekomme sonst so kalte Hände", bat Tim, und der Arzt hatte nichts dagegen einzuwenden.

„Warum tragt ihr eigentlich keine Schals, Handschuhe und Mützen bei diesem kalten Winterwetter? Wenn ihr an der Wittorfer Burg gespielt habt, müsstet ihr doch wissen, dass es ohne diese Winterbekleidung furchtbar kalt für euch wird. Überhaupt, wieso habt ihr euch so einen entlegenen Platz zum Spielen ausgesucht? Wenn ihr nicht in Neumünster wohnt, wie seid ihr eigentlich auf die Idee gekommen, ausgerechnet dort im Schnee zu spielen?" Doktor Melcherts stellte viele Fragen, auf die keines der Kinder so schnell eine Antwort bereit hatte.

„Wir sind einfach zu Hause losgegangen und irgendwann bei der Burg angekommen", versuchte Tim glaubhaft zu erzählen.

„Wo lebt ihr denn überhaupt? Ich möchte euch nachher nach Hause fahren. Aber wenn ich nicht weiß, wo ihr wohnt, kann ich euch auch nirgends hinbringen, das ist doch wohl logisch, oder?" Doktor Melcherts wurde aus den Kindern nicht schlau. Er musste noch mehr Zeit gewinnen, um hinter ihr Geheimnis zu kommen.

Inzwischen waren sie wieder draußen bei den Pferden und der Arzt half Ole dabei, den Kutschbock vom Schnee zu befreien, dann legte er eine Decke darauf und nahm Platz. Die vier Freunde standen unschlüssig neben dem Wagen. Sollten sie wirklich zu dem Tuchfabrikanten mitfahren, würden sie die Nacht im Freien verbringen müssen. Sie konnten sich von dem netten Arzt nirgendwo hinfahren lassen, schließlich hatten sie keine Unterkunft in Neumünster. Merle war zum Heulen zumute. In welch verzwickte Situation waren sie wieder hineingeraten! Am liebsten hätte sie dem Doktor die Wahrheit über ihre Herkunft erzählt. Aber sie hatten alle schon so viel gelogen, dass es für sie unmöglich schien. Wieso sollte der Arzt ihnen ihre fantastische Geschichte glauben? Plötzlich liefen ihr ein paar Tränen die Wangen hinunter, Merle konnte ihre Verzweiflung nicht mehr verbergen.

„Mädchen, was ist los mit dir? Habe ich etwas Falsches gesagt?" Doktor Melcherts sah in Merles unglückliches Gesicht und hoffte, nun endlich die Wahrheit über die Kinder zu erfahren.

„Sie können uns nicht nach Hause fahren, weil wir hier kein Zuhause haben. Wenn es dunkel wird, müssen wir die Nacht im Freien verbringen", weinte Merle bitterlich und ließ ihren Tränen ungehemmt freien Lauf.

Der Arzt sprang vom Kutschbock und sah die Kinder mitleidig an.

„Ihr seid also ohne Familie und völlig verarmt? Das ist ja schrecklich! Warum bin ich nicht gleich darauf gekommen! Ich habe doch die ganze Zeit gemerkt, dass mit euch etwas nicht stimmt. Jetzt müsst ihr aber ehrlich zu mir sein, damit ich euch helfen kann. Morgen ist Weihnachten und ich werde versuchen, für euch eine Unterkunft zu finden, damit ihr nicht frieren und hungern müsst. Also los, erzählt, wo kommt ihr her? Seid ihr aus einem Waisenhaus weggelaufen?" Doktor Melcherts zog die graue Wolldecke vom Kutschbock und legte sie Merle schützend um die Schultern. Tim, Ole und Hendrik machten einen ebenso jämmerlichen Eindruck wie ihre Freundin, nur weinten sie nicht. Der Arzt kannte die große Armut, in der viele Kinder lebten, wenn die Eltern verstarben und niemand mehr da war, der sich um sie kümmerte. Leider gab es eine große Kluft zwischen den Reichen und Armen im Land.

In der Stadt gab es reiche Tuchfabrikanten, die sich allen Luxus leisten konnten und ihre Kinder auf höhere private Schulen schickten, damit sie später studieren konnten. Dagegen lebten aber sehr viele einfache, arme Arbeiter von wenig Geld und konnten ihre Kinder kaum ernähren. Doktor Melcherts hasste diesen Zustand. Er wünschte sich mehr Gerechtigkeit für die fleißigen Arbeiter, die den Fabrikanten zu Wohlstand verhalfen und dabei selber mit ihrer Gesundheit bezahlten. **Zum Glück hatte Kaiser Wilhelm II. ein Gesetz erlassen, wonach Kinder unter vierzehn Jahren und Frauen in den letzten Monaten ihrer Schwangerschaft nicht mehr in der Fabrik arbeiten durften. Auch war endlich der Sonntag kein Arbeitstag mehr, und in den Tuchfabriken durften Frauen keine Nachtarbeit mehr verrichten. Das brachte den Arbeiterfamilien zumindest etwas mehr Freizeit, in der sie sich erholen konnten. Aber dieses Gesetz gab es erst seit ein paar Monaten.**

Ole war der Erste, der sich traute, dem freundlichen Doktor von ihrer Zeitreise zu erzählen. Erst sprach er zögernd, doch dann fiel ihm eine Riesenlast vom Herzen und er wurde immer schneller mit seiner Geschichte.

„Auch wenn es unglaublich klingt, es ist aber die reine Wahrheit, ehrlich! Wir kommen aus dem Neumünster des Jahres 2009", schloss er seinen Bericht und hoffte, dass der Arzt ihm glauben würde.

Sie hatten die ganze Zeit draußen im Schnee gestanden, doch Doktor Melcherts spürte die eisige Kälte nicht, so erstaunt war er über die Worte, die er von Ole hörte. Es klang wie ein Märchen, das ihm jemand erzählte. Sprachlos und ohne ein Wort zu erwidern, starrte er die Kinder an. Er zweifelte an seinem Verstand. Sicherlich vergaß er öfter mal ein Datum, schließlich hatte er eine Menge Arbeit zu erledigen, aber das, was er soeben vernahm, schien ihm absolut unmöglich zu sein. Eine Zeitreise durch die verschiedenen Jahrhunderte der Menschheit, das war ein Traum, den er als Junge oft geträumt hatte. Jetzt behaupteten diese fremden Kinder, solche Reisen zu unternehmen!

„Ich weiß nicht, was ich dazu sagen soll! Ich bin zweiundfünfzig Jahre alt geworden, aber so ein Märchen hat mir noch keiner für die Wahrheit verkaufen wollen." Doktor Melcherts ging jetzt ein paar Schritte durch den tiefen Schnee und atmete langsam die kalte Winterluft ein.

„Wir lügen nicht! Ehrenwort! Ihr Kollege Doktor Bremer war im 18. Jahrhundert genauso überrascht von unserer Erzählung wie Sie, aber als wir ihm von Impfungen und den Fortschritten in der Medizin in den nächsten Jahrzehnten berichteten, glaubte er uns." Ole versuchte verzweifelt, den Arzt von ihrer Zeitreise zu überzeugen.

„Ihr kanntet Doktor Bremer? Er hat hier in Neumünster wirklich gelebt und als Arzt gearbeitet. Ich denke, wir sollten noch einmal in mein Zimmer gehen und uns unterhalten, bevor wir den Tuchmacher Waller aufsuchen!" Der Mediziner erinnerte sich an die vielen Berichte von seinem Kollegen Bremer, die er gelesen hatte. Vielleicht logen diese Kinder doch nicht und er konnte eine Menge von ihnen lernen. Sicher gab es im Jahr 2009 wesentlich bessere Heilungschancen für Kranke, von denen heute im Dezember 1891 noch kein Mensch eine Ahnung hatte.

Der Schnee knirschte unter ihren Füßen, während sie wieder die wenigen Stufen zum Krankenhaus hochstiegen. In knapp einer Stunde würde es dunkel werden und ein Geschenk für seinen Sohn hatte der Arzt auch noch nicht gekauft. Zur Not konnte er es am morgigen Tag aber noch besorgen, überlegte er, während sie am Arztzimmer ankamen. Aber diese fremden Kinder faszinierten ihn und er musste unbedingt noch mehr von ihnen erfahren!

„Ich bin zu dem Entschluss gekommen, euch zu glauben, so verrückt wie das Ganze auch ist. Aber wenn wir den Tuchfabrikanten Waller treffen, solltet ihr ihm nichts von eurer Zeitreise erzählen. Ihr seid arme Kinder, deren Eltern durch einen schweren Unfall bei mir im Krankenhaus liegen!" Doktor Melcherts war zufrieden mit seiner Notlüge.

„Was ist, wenn er unsere Eltern besuchen will?", gab Ole zu bedenken, war aber froh, dass der Arzt ihnen half.

„Dann werde ich ihm sagen, dass sie so krank sind, dass sie keinen Besuch haben dürfen. Schwester Elfriede müssen wir natürlich einweihen, aber die hält dicht, sie kann Geheimnisse für sich behalten. Die anderen Schwestern brauchen nichts von unserer kleinen Schwindelei zu wissen. Ansprechpartner für die Besucher von Patienten sind sowieso nur Schwester Elfriede und ich", flüsterte der Doktor und kam sich vor wie ein wichtiges Mitglied einer Verschwörerbande. Es machte ihm sogar Spaß, ein bisschen Theater zu spielen, wie er erfreut feststellte.

„Sie sind echt superklasse!", lachte Tim und fand den Arzt noch sympathischer, als er es ihm ohnehin schon vorher war.

Natürlich schmeichelte das dem Doktor sehr. Da er aber neugierig war, was die

Wissenschaftler in den nächsten hundert Jahren Neues in der Medizin entdecken würden, konnte er sich mit seinen Fragen kaum zurückhalten. Er war begeistert über die Auskünfte, die er von den Kindern erhielt. Fast vergaß er darüber seine Absicht, dem Tuchfabrikanten einen Besuch abzustatten, bis Ole ihn wieder daran erinnerte.

„Da bleibt noch ein kleines Problem. Wo sollen wir heute Nacht schlafen? Wenn wir jetzt zu den Wallers fahren, kommen wir erst morgen früh zur Wittorfer Burg, um die nächste Zeitreise anzutreten." Tim machte sich berechtigte Sorgen über eine nächtliche Bleibe. Im Schnee konnten sie unmöglich übernachten.

„Diese Angst kann ich dir nehmen. Wenn ihr mich nicht verratet, könnt ihr heute Nacht hier im Krankenhaus schlafen. Leider sind meine Schwiegereltern aus Husum bereits gestern bei uns eingetroffen. Sie bleiben bis zum 1. Weihnachtstag, dann reisen sie weiter nach Hamburg zu meinem Bruder und seiner Familie. Sonst wäre unser Gästezimmer frei und ihr hättet bei mir übernachten können." Doktor Melcherts bedauerte es sehr, dass er kein größeres Haus hatte, um die vier Freunde bei sich aufzunehmen.

„Cool, dann pennen wir heute Nacht im Krankenhaus! Hauptsache, dass es dort nicht spukt und die Leichen aus der Anatomie herauskommen!", ulkte Tim und kicherte dabei schadenfroh, denn er hoffte, dass Merle sich schrecklich fürchten würde. Doch damit lag er völlig falsch.

„An solchen Blödsinn glauben nur Idioten!", meinte Merle knapp und trocken. Sie war froh, in der Nacht ein Bett zu haben.

„Gibt es inzwischen schon elektrisches Licht?" Tim wunderte sich über die Lampe auf dem Schreibtisch des Arztes.

„Das sind Gaslampen. Sie ersetzen die alten Öllampen und spenden endlich helles Licht! Zuerst wurden nur in den Straßen Gaslaternen zur Beleuchtung in der Nacht aufgestellt. Aber später verlegte man überall in der Stadt Gasleitungen, so dass auch die Haushalte endlich vernünftiges Licht erhielten. Einige Bürger kochen schon auf Gasherden ihre Mahlzeiten. Das ist einfacher, als ewig den Holzofen zu erwärmen. Das Gaslicht hat auch die Nachtarbeit in den Fabriken ermöglicht. Bei dem fahlen Licht einer Petroleumlampe konnte niemand etwas sehen. Gaslicht ist schon ein riesiger Fortschritt für unsere Gesellschaft! Aber erzählt doch mal, wie ist das denn mit dem elektrischen Licht? Ich habe gehört, dass in Berlin schon 1884 eine Straße damit beleuchtet wurde. Leider ist man in der Forschung noch nicht weit genug, um alle Städte mit diesem neuen Licht zu versorgen!" Doktor Melcherts hörte interessiert zu, als Ole ihm erzählte, was der Strom in ein paar Jahren für die Menschen bedeuten würde.

„Wenn ich Glück habe, erlebe ich das alles noch mit", wünschte sich der Arzt. „Aber jetzt werde ich erstmal Schwester Elfriede erzählen, dass ihr in der Nacht im Krankenhaus bleibt. Sie hat heute Nachtdienst. Morgen früh versorgt sie euch mit Frühstück. Es wäre schön, wenn ihr mit eurer Abreise noch wartet, bis ich so gegen neun Uhr wieder zum Dienst erscheine. So könnten wir uns noch etwas unterhalten, bis ihr Abschied nehmt."

„Das geht klar! Natürlich warten wir noch auf Sie. Außerdem wollen wir uns auch von Fritz Färber verabschieden, um zu sehen, ob es ihm wieder besser geht", versprach Ole und Doktor Melcherts strich sich zufrieden durch seinen schwarzen Zwirbelbart. Die fremden Kinder wuchsen ihm immer mehr ans Herz. Am liebsten hätte er sie überredet, noch ein paar Tage länger bei ihm zu bleiben. Aber das verschwieg er natürlich, weil er wusste, dass sie Walburga, das Burgfräulein, erlösen mussten. Er überlegte, was seine Medizinerkollegen wohl sagten, wenn er ihnen von dem unglaublichen Erlebnis des heutigen Tages erzählte. Wahrscheinlich erklärten sie ihn dann für völlig verrückt und würden ihn in eine Anstalt stecken, weil er, der studierte Mediziner, an ein unglückliches Burgfräulein, Zaubereien und Zeitreisen glaubte! Nein, er schüttelte stumm mit dem Kopf, es war absolut unmöglich, irgendeinem normal denkenden Menschen etwas von diesen Dingen mitzuteilen.

Kurz darauf fuhren sie mit dem Pferdewagen ein paar Straßen weiter zu der Villa des Tuchfabrikanten Anton Waller. Es hatte endlich aufgehört zu schneien und die Pferde trabten gemütlich durch die winterliche Stadt.

„Da wären wir! Hier wohnt mein Freund Anton. Rechts und links davon seht ihr die Häuser von anderen reichen Tuchfabrikanten!" Doktor Melcherts stoppte die Pferde und hielt vor einem prächtigen, weißen Haus mit vielen Fenstern. Ein großer, parkähnlicher Garten mit hohen, schneebedeckten Kastanienbäumen umgab das Gebäude. Ein edler, schwarzer Zaun mit kunstvoll geschmiedeten Eisensprossen, die oben in einer Speerspitze endeten, rahmte das Grundstück ein, so dass man nur durch das hohe, geschwungene Eingangstor zu der Villa gelangen konnte. Drei Jagdhunde, die durch den Garten tobten, bemerkten die Besucher und schlugen laut bellend an. Natürlich witterten sie auch Nicky, der gerade überlegte, ob er sich den Hunden als Macho präsentieren sollte, oder lieber klein beigab und Unterwürfigkeit demonstrierte. Die letzte Möglichkeit gefiel ihm eigentlich weniger. Doch die Jagdhunde waren in der Überzahl und das konnte ihm schon einige Unannehmlichkeiten bereiten. So entschied er sich, erst einmal abzuwarten.

„Sind die aus echtem Gold?" Hendrik sah, dass unter einer dicken Schneeschicht zwei große, goldene Zierkugeln auf den beiden Pfosten des Eingangstores befestigt waren.

„Nein, die sind nicht aus echtem Gold, das wäre viel zu teuer und würde außerdem nur Diebe anlocken", erklärte Doktor Melcherts und sah, wie Johann, der Diener des Tuchfabrikanten aus der Villa kam, um sie zu begrüßen.

„Wahnsinn, wie reich die Tuchmacher geworden sind! Noch vor hundert Jahren, bei unserem letzten Besuch, gab es in Neumünster solche Häuser nicht, aber natürlich auch keine Fabriken", staunte Ole und war gespannt darauf, wie es in der Villa aussah. Er hielt Nicky fest an der Leine, denn er ahnte Schlimmes, falls sein Hund auf die Jagdhunde treffen sollte.

„Guten Tag, Herr Doktor! Wünschen Sie die Herrschaften zu sprechen?" Johann stand vor ihnen und öffnete das schwere Tor. „Ich werde veranlassen, den Pferdewagen hereinzufahren! Herr Waller ist schon beunruhigt, weil sein Arbeiter damit bereits heute Morgen in den Wald aufbrach und bisher nicht zurückkehrte. Warum bringen Sie den Wagen? Ist dem Mann etwas zugestoßen?"

„Ja! Deswegen möchte ich mit Herrn Waller sprechen!" Doktor Melcherts mochte den jungen Diener des Tuchfabrikanten nicht. Er war ihm zu geschwätzig und zu neugierig.

Die drei Jagdhunde waren wohlerzogen und hielten Abstand zu den Besuchern und Nicky, der knurrend und bellend an der Leine zog, die Ole fest in seiner Hand hielt. Den großen Löwen aus Stein, der vor der Eingangstür majestätisch thronte, hielt Nicky für lebendig und fletschte daher gefährlich seine Zähne.

„Dieses Ungetüm soll doch wohl nicht in den Salon der Herrschaften!", empörte sich der Diener, als er sah, dass der Hund hinter dem Doktor durch die große Empfangshalle lief. Zu allem Unglück schüttelte sich Nicky ordentlich das lange, nasse Fell, so dass augenblicklich eine Schneewasserpfütze um ihn herum entstand. Außerdem waren auch seine Pfoten alles andere als sauber und trocken.

„Pfui, so geht das aber nicht!" Dem Diener gerieten durch das Fellschütteln ein paar Wasserspritzer ins Gesicht, die er sich mit seinen weißen Handschuhen vorsichtig abwischte.

„Eure Jacken dürft ihr gern ausziehen!", forderte Johann jetzt die Kinder auf, nachdem er dem Doktor Hut, Schal, Handschuhe und den Mantel abgenommen hatte.

Ole und seine Freunde kamen der Aufforderung nach und überreichten dem Diener ihre Jacken. Doch als er sah, was für Kleidungsstücke die Kinder darunter trugen, wurde er vor Entsetzen blass.

„Wo kommen denn diese grauenvollen Kinder her, Herr Doktor? Sie besitzen ja nicht einmal etwas Anständiges anzuziehen! Vielleicht sollten sie in der Küche bei der Köchin warten, bis Sie mit Herrn Waller gesprochen haben. Diese Kinder sind nicht standesgemäß", flüsterte er aufgeregt dem Arzt ins Ohr, in der Hoffnung, er würde seine Meinung mit ihm teilen.

„Nein, ich möchte, dass sie mit in den Salon kommen!" Doktor Melcherts Stimme klang sehr bestimmend und einen Tick zu scharf, so dass der Diener erschrocken zurückwich.

„Was ist denn da los, Johann? Gibt es irgendwelche Schwierigkeiten?", rief eine Männerstimme aus dem Zimmer, das der Diener „Salon" genannt hatte.

„Nein, es ist alles in Ordnung, gnädiger Herr! Doktor Melcherts möchte mit Ihnen sprechen!", beeilte sich Johann zu antworten, denn er wollte Schwierigkeiten mit seinem Arbeitgeber vermeiden.

„Mein Freund Claus soll hereinkommen und nicht in der kalten Empfangshalle frieren!" Tuchfabrikant Waller wurde ungeduldig.

So musste der Diener wohl oder übel den Doktor mit den vier Freunden und Nicky in den vornehmen Salon begleiten.

Merle kam aus dem Staunen nicht mehr heraus, als sie den Raum betrat. Überall standen die feinsten Möbel und goldene Kerzenleuchter. Vor den großen Fenstern hingen kostbare Samtvorhänge, die mit edlen Schnüren zusammengebunden waren, an deren Enden goldene Troddeln baumelten. Auf kleinen Tischen und Schränken entdeckte Merle allerlei kostbare Gegenstände, die den Salon wunderbar schmückten. In einer Ecke loderte ein gemütliches Kaminfeuer, die Holzscheite darin knackten und die Funken flogen dabei in die Luft. Das erste Mal seit ihrer Zeitreise sah Merle wieder ein Wohnhaus, das warm, gemütlich und obendrein noch sehr edel ausgestattet war. Sie fühlte sich sofort wohl hier, und ihren drei Freunden erging es ähnlich.

„Claus, mein Lieber, was führt dich einen Tag vor Heiligabend zu mir? Ich denke, im Augenblick ist niemand krank. Und wen hast du da mitgebracht? Welch ein sonderbarer Hund, diese Rasse ist mir völlig unbekannt!" Anton Waller war ein großer, kräftiger Mann von fünfzig Jahren. Er trug zwar einen Vollbart, aber sehr zu seinem Leidwesen zierten seinen Kopf nur noch wenige graue Haare. Mit Vorliebe rauchte er dicke Zigarren, deren Tabakrauch überall im Haus zu riechen war.

Die beiden Männer begrüßten sich herzlich und Doktor Melcherts erzählte mit knappen Worten, was mit seinem Arbeiter Fritz Färber geschehen war.

„Ohne diese vier Kinder und den Hund wäre er nicht mehr am Leben, Anton! Du musst unbedingt seine Familie über den Unfall aufklären. Sie wird sich sorgen, wenn er heute Abend nicht zu Hause erscheint", drängte der Arzt seinen Freund.

Der Tuchfabrikant nahm seine dicke Zigarre aus dem Mund, während er mit dem Doktor sprach.

„Aber das ist doch ganz selbstverständlich, Claus. Moment, ich werde in meinen Papieren nachsehen, wo der Mann wohnt. Möchtet ihr etwas trinken oder essen?" Anton Waller erhob sich von seinem schweren Sessel, steckte seine Zigarre wieder in den Mund und suchte in einem kunstvoll verzierten Eichenschreibtisch nach der Adresse seines Arbeiters.

„Ich glaube, über einen heißen Kakao würden sich die Kinder sehr freuen. Sie sind zu schüchtern, um das selber zu sagen!", meinte Doktor Melcherts und zwinkerte den Freunden lächelnd zu.

„Das geht klar, mein Lieber! Du möchtest sicher ein Gläschen von meinem köstlichen Wein probieren, was?" Anton Waller redete etwas undeutlich, denn er hatte die Zigarre beim Sprechen nicht aus dem Mund genommen, weil er mit den Händen in einem Berg von Papieren wühlte.

„Da hab ich seine Adresse! Anscharstraße 14! Ich werde meinen Sekretär hinschicken. Er ist zufällig noch hier und trinkt bei meiner Köchin einen Tee. Bei dieser Kälte habe ich keine Lust mehr, das warme Haus zu verlassen." Der Tuchfabrikant nahm eine kleine Metallglocke und läutete damit nach dem Diener.

„Johann, vier Tassen Kakao mit Schlagsahne für die Kinder bitte! Sage der Köchin Lene, sie soll mit der Sahne nicht so knauserig sein, sonst schmeckt der Schokoladentrunk zu bitter. Außerdem bringst du uns eine Flasche von meinem Lieblingswein und zwei Gläser! Ach, und mein Sekretär soll sofort im Salon erscheinen!", befahl der Fabrikant ziemlich streng.

„Jawohl, gnädiger Herr!" Diener Johann verließ eilig den Raum und fand es unmöglich, dass er diesen grässlichen Kindern auch noch Kakao servieren sollte. Er durfte es nicht versäumen, der Köchin unbedingt mitzuteilen, dass sie hinterher die Tassen besonders gründlich reinigen musste. Sicher war sicher! Wer konnte schon wissen, welche Krankheiten diese verwahrlosten Kinder vielleicht hatten. Wahrscheinlich tummelten sich in ihren Haaren und Kleidern sogar die Läuse und Flöhe ihres scheußlichen, langzotteligen Hundes, dachte Johann und schüttelte sich bei dem Gedanken.

„Es ist ein Jammer, dass Fritz Färber diesen Unfall hatte! Er ist ein guter und zuverlässiger Arbeiter. Hoffentlich wird er schnell wieder gesund. Zu dumm, dass wir nun keinen Weihnachtsbaum haben. Meine Frau und die Kinder werden sehr traurig darüber sein. Da bleibt mir nichts anderes übrig, als selber einen zu besorgen. Johann hat zwei linke Hände und mein Gärtner ist schon vorgestern mit der Eisenbahn zu seiner Mutter nach Flensburg gefahren. Ich habe ihm ein paar Tage freigegeben, denn über Weihnachten brauche ich ihn nicht." Anton Waller gefiel es gar nicht, dass er am 24. Dezember morgens noch einen Weihnachtsbaum besorgen sollte. Normalerweise wurde der Baum immer einen Tag vorher von seiner Frau und dem Dienstmädchen festlich geschmückt.

„Sie haben nach mir rufen lassen, gnädiger Herr?" Der Sekretär, ein etwas dicklicher Mann mit sehr kurz geschnittenen, blonden Haaren und Brille, betrat den Salon und verbeugte sich leicht vor seinem Arbeitgeber.

„Ich habe einen Auftrag für Sie, Franz-Eckehard! Besuchen Sie doch bitte sofort die Familie Färber in der Anscharstraße 14. Richten Sie der Ehefrau aus, dass ihr Mann einen Unfall hatte und verletzt im Krankenhaus liegt. Er ist aber bestens versorgt und auf dem Wege der Besserung. Bestellen Sie ihr herzliche Grüße und teilen Sie ihr mit, dass bei mir unerwartet wichtiger Besuch eingetroffen ist, der leider verhindert, dass ich ihr diese schlimme Nachricht persönlich überbringen kann. Ach ja, und sagen Sie ihr bitte, dass ich ihren Fritz bald im Krankenhaus besuchen werde." Anton Waller war froh, einen zuverlässigen Sekretär zu haben, der ihm unliebsame Aufgaben abnahm. Zufrieden saß er in seinem Sessel und schaute in das prasselnde Feuer im Kamin.

„Ist das alles, gnädiger Herr?", fragte Franz-Eckehard sehr knapp aber höflich, denn er war ein äußerst schweigsamer Mann, der nicht gerne viel redete.

„Ja, das ist alles. Sie können jetzt gehen!", verabschiedete der Fabrikant seinen Sekretär, der auch sofort mit einer kurzen Verbeugung den Salon verließ.

„Franz-Eckehard ist das genaue Gegenteil von Diener Johann. Er ist mein bester Mitarbeiter. Ich kann mich hundertprozentig auf ihn verlassen. Außerdem nervt er mich nicht ständig mit irgendwelchem dummen Geschwätz. Eine seiner größten Stärken ist seine Intelligenz. Und alles, was ich ihm im Vertrauen erzähle, behält er auch für sich", lobte Anton Waller seinen Sekretär in den höchsten Tönen.

„Ja, da hast du vor zehn Jahren einen wahren Glücksgriff mit ihm gemacht. Er ist zwar etwas schrullig von seinem Äußeren her, aber was zählt das schon. Wichtiger sind sein guter Charakter und seine Fähigkeiten, mein Freund. Vielleicht wird er ja etwas fröhlicher, wenn er erst einmal eine Frau gefunden hat. Schließlich lebt er mit seinen siebenundvierzig Jahren noch immer bei seiner Mutter." Doktor Melcherts kannte Franz-Eckehard Hummel seit langer Zeit. Oft schmunzelte er über die stets übermäßig ordentliche und etwas steife, biedere Art des Sekretärs. Ein Lächeln trat selten über seine Lippen. Trotzdem mochte der Doktor ihn.

„Hm, der Kakao ist wirklich lecker!" Hendrik hatte mit einem Silberlöffel die Schlagsahne von dem Getränk abgeschöpft und schlürfte nun genüsslich die warme Köstlichkeit, die der Diener ihnen inzwischen servierte. Er spürte genau, dass Johann ihn und seine Freunde verachtete. Aber auch Hendrik konnte keine Sympathien für den Mann empfinden.

„Das freut mich! Ich muss doch dafür sorgen, dass solche mutigen Kinder, wie ihr es seid, bei der Kälte eine anständige heiße Schokolade zu trinken bekommen. Nun erzählt mir doch mal etwas von euch! Wo wohnt ihr, und welche Schule besucht ihr?" Dem Tuchfabrikanten war die merkwürdige Kleidung der Freunde aufgefallen und er glaubte, dass sie in großer Armut in einem Arbeiterviertel der Stadt zu Hause waren.

Doktor Melcherts ergriff das Wort und erzählte die ausgedachte Geschichte von dem schweren Unfall der Eltern. Anton Waller war tief erschüttert über das vermeintliche Leid der Kinder.

„Das ist ja schrecklich! Da seid ihr ja am Heiligabend ganz allein", bedauerte der Tuchfabrikant ehrlich und zog nachdenklich an seiner dicken Zigarre. „Ich mag euch, ihr seid nette Kinder. Was haltet ihr davon, wenn ihr die Weihnachtstage in meinem Haus verbringt? Vielleicht vergesst ihr dabei etwas von eurem schweren Kummer. Außerdem würden sich meine beiden Kinder sicher über euren Besuch freuen. Platz ist in meiner Villa genug vorhanden. Ihr könnt in den Gästezimmern schlafen. Ich denke, dass es im Sinne eurer Eltern ist, wenn ich mich ein bisschen um euch kümmere!"

„Das können wir nicht annehmen. Wer weiß, ob Ihre Frau und Ihre Kinder überhaupt damit einverstanden sind!" Tim fand den Vorschlag, in so einer vornehmen Villa Weihnachten zu feiern, zwar sehr verlockend, aber eigentlich brauchten sie nur ein Quartier für diese Nacht, und das hatte Doktor Melcherts ihnen bereits angeboten. Außerdem mussten sie wieder zurück zur Wittorfer Burg. Doch wie sollte er das dem Tuchfabrikanten erklären?

„Die haben damit einverstanden zu sein! Schließlich leben meine Kinder hier verwöhnt und unbeschwert im Luxus. Sie kennen solche Sorgen nicht, wie ihr sie gerade habt. Deswegen interessiert es mich kein bisschen, wie sie meinen Vorschlag finden!" Anton Waller konnte sehr temperamentvoll sein, wenn er sich über etwas aufregte.

„Also, ich hätte nichts dagegen, Weihnachten bei Ihnen zu feiern. Meine Eltern sind sicher froh, wenn sie wissen, dass ich gut aufgehoben bin und weder Hunger noch Kälte ertragen muss." Hendrik gefiel der Gedanke sehr gut, in diesem vornehmen Haus Weihnachten zu erleben. Der Sprung von der heißen Sommerzeit des Jahres 1780 bis hin zum kalten, verschneiten Winter 1891 war ziemlich anstrengend gewesen und bis gestern hatte er absolut keine Weihnachtsstimmung verspürt. Aber jetzt genoss er die gemütliche Atmosphäre, die ihn im Moment umgab. So wohl hatte er sich lange nicht mehr gefühlt. Warum sollte er da morgen früh bereits wieder zur Wittorfer Burg gehen, um in eine ungewisse, vielleicht gefährlichere Zeit zu reisen? Ein Tag Pause konnte ihm keineswegs schaden. Außerdem waren die Betten in dem Gästezimmer dieser Villa bestimmt bequemer als die im Krankenhaus. Er hoffte nur, dass er Doktor Melcherts nicht enttäuschte, wenn er das Angebot des Tuchfabrikanten dem des Arztes vorzog.

„Du bist vernünftig, mein Junge! Also ist das eine Zusage?" Anton Waller beobachtete Merle und Ole, die sich noch nicht zu seinem Angebot geäußert hatten.

„Ich glaube, dass Merle etwas zu schüchtern ist und gern hierbleiben würde, es aber nicht sagen mag!" Doktor Melcherts freute sich, dass sein Freund die fremden Kinder für die Weihnachtstage bei sich beherbergen wollte. So konnte er die Gelegenheit nutzen und sich noch mehr mit ihnen unterhalten. Außerdem war er sicher, dass es ihnen hier gut ging. Natürlich wären sie auch im Krankenhaus hervorragend aufgehoben gewesen, aber so war es doch besser. Wenn jemand erfahren hätte, dass er vier fremde, gesunde Kinder und einen Hund in dem medizinischen Gebäude übernachten ließ, wäre er sicher in große Schwierigkeiten geraten. Trotzdem hätte er es für die Kinder riskiert.

Hendrik war froh, dass es dem Doktor offensichtlich nichts ausmachte, wenn sie der Einladung des Tuchfabrikanten folgten.

„Wenn es wirklich niemanden stört, bleibe ich gerne hier", entschied sich nun auch Merle, obwohl sie eigentlich keinesfalls zwei Tage in der Villa verbringen wollte. Sie wäre lieber wieder auf die nächste Zeitreise gegangen. Außerdem hatte sie Zweifel, ob sie ihre wahre Herkunft geheimhalten konnten.

„Dann schließe ich mich meinen Geschwistern an. Wir bedanken uns für Ihre Großzügigkeit", meinte Ole, dem es ebenfalls sehr gut bei dem Fabrikanten gefiel. Wirklich wohl fühlte er sich allerdings nicht bei dem Gedanken, erneut viele Fragen beantworten zu müssen. Das bedeutete neue Lügengeschichten zu erfinden und diese brachten sie nur wieder in Schwierigkeiten! Trotzdem war er sehr gespannt auf die Kinder des reichen Mannes und hoffte wie seine drei Freunde, dass sie nicht zu eingebildet waren.

„Wo ist denn Ihre Familie?", fragte Hendrik neugierig, als hätte er die Gedanken seines Freundes Ole gelesen.

„Meine Frau ist mit den beiden Kindern in der Stadt. Sie besorgen noch ein paar Geschenke für meine Eltern, die natürlich morgen Abend auch mit uns feiern werden. Mein Vater ist schon achtzig und meine Mutter neunundsiebzig Jahre alt. Sie leben hier in der Stadt und sind noch sehr rüstig. Aber was erzähle ich euch das alles. Morgen werdet ihr die beiden kennenlernen, also lasst euch überraschen! Sie sind auf jeden Fall sehr nett", erklärte Anton Waller lachend.

„Wie alt sind denn ihre Kinder?", erkundigte sich Ole und hoffte dabei zu erfahren, ob es Jungen oder Mädchen waren, die hier in der Villa lebten.

„Mein Sohn Rudolf ist gerade 13 Jahre alt geworden und ein richtiger Flegel! Ich muss ständig mit ihm schimpfen, weil er keine Lust hat, in die Schule zu gehen. Er besucht die **Höhere Schule für Jungen in der Brachenfelder Straße**. Das Glück hat nicht jeder Bursche in unserer Stadt. Aber Rudolf treibt nur Unfug, wo immer er auftaucht. Gehorsam ist für ihn ein Fremdwort. Dabei soll er eines Tages mal die Fabrik übernehmen. Seine Schwester Vera ist das ganze Gegenteil von ihm. Sie wurde im Sommer zwölf Jahre alt und geht mit großer Freude in die private Höhere Mädchenschule in der Fabrikstraße. Sie ist die beste Schülerin in ihrer Klasse und möchte später Lehrerin werden. Glücklicherweise ist Vera nie ungezogen und frech wie ihr Bruder. Ihr werdet euch sicherlich gut mit ihr verstehen! Und auf welcher Schule werdet ihr unterrichtet?" Der Tuchfabrikant lehnte sich gemütlich in seinem schweren Sessel zurück, trank einen Schluck Wein und wartete gespannt auf eine Antwort. Doch die ließ auf sich warten. Hilflos sahen Merle und Ole zu Doktor Melcherts hinüber, als könnte er die Frage beantworten.

„Es ist den Kindern etwas peinlich, dir gestehen zu müssen, dass sie die **Fabrik- und Armenschule** besuchen, Anton! Wenn sie von dir erfahren, dass deine Kinder in Privatschulen unterrichtet werden, ist es schmerzhaft für die vier, dass ihre Eltern dafür kein Geld aufbringen können. Darüber redet niemand gern, das verstehst du doch, oder?" Natürlich half der Doktor den Freunden sofort aus der Patsche, denn woher sollten sie die alten Neumünsteraner Schulen kennen?

Dankbare Blicke von ihnen wanderten deswegen auch sofort in Richtung des netten Arztes.

„Entschuldigung, darüber habe ich alter Trottel gar nicht nachgedacht! In welcher Fabrik arbeiten eure Eltern denn?" Wieder stellte der Tuchfabrikant eine schwierige Frage für die Freunde, doch Ole fiel das Gespräch mit dem alten Mann auf der Straße wieder ein.

„Sie sind in der Christiansfabrik beschäftigt", log er glatt heraus und ohne rot zu werden.

„Bei Fabrikant Meßtorff! Den kenne ich sehr gut, wie übrigens alle Tuchfabrikanten hier in der Stadt." Zur Erleichterung der Kinder griff Anton Waller im nächsten Augenblick nach der Glocke, mit der er das Personal zu rufen pflegte. So stellte er im Augenblick wenigstens keine unliebsamen Fragen mehr, die die Freunde in Schwierigkeiten brachten. „Jetzt muss ich aber schleunigst nach Thea, dem Dienstmädchen läuten, sie soll die Gästezimmer für euch herrichten."

Sofort nach dem Bimmeln der Glocke eilte der Diener herbei.

„Heißen Sie etwa Thea? Ich dachte immer, Sie wären Johann!", polterte der Tuchfabrikant laut los, als sein Angestellter den Salon betrat.

„Thea ist bei der Köchin Lene und hilft ihr beim Backen, gnädiger Herr! Sie hat das Klingeln wohl nicht gehört und da dachte ich …"

„Quasseln Sie nicht so viel! Sagen Sie Thea, sie soll zwei Gästezimmer für die vier Kinder fertig machen! Sie sind über Weihnachten meine Gäste!", unterbrach Anton Waller den Diener ziemlich barsch.

„Die Kinder werden hier im Hause übernachten? Und was ist mit dem schmutzigen Köter dort?" Johann glaubte seinen Ohren nicht zu trauen.

„Johann, dieser Ton gefällt mir nicht! Diese Kinder haben einem meiner Arbeiter das Leben gerettet und ihre Eltern liegen schwer verletzt im Krankenhaus. Da ist meine Einladung wohl das Mindeste, was ich für sie tun kann. Im Übrigen gefällt mir der Hund sehr gut. Ich weiß nicht, was Sie gegen ihn einzuwenden haben. Komm her, Nicky, der nette Anton will dich kraulen! Ach, Johann, lassen Sie sich doch bitte von der Köchin eine Wurst mitgeben. Ich glaube, der Hund ist hungrig!" Nicky lief brav zu dem Fabrikanten und ließ sich das Fell streicheln. Das Wort „Wurst" war schließlich tief in seinem Gehirn verankert und bedeutete die Aussicht auf einen guten Leckerbissen.

Der Diener verließ wütend den Salon. Womöglich musste er nun auch noch die Befehle dieser furchtbaren Kinder ausführen und sich um den widerlichen Hund kümmern. Aber er war nun einmal ein Angestellter des reichen Fabrikanten und konnte sich dem gnädigen Herrn nicht widersetzen, ohne damit rechnen zu müssen, dass er dadurch seine Arbeit verlieren würde. Das wollte er allerdings auf keinen Fall, denn er war schon seit langem in Thea, das hübsche rothaarige Dienstmädchen mit den vielen Sommersprossen, verliebt. Vor ein paar Tagen erfuhr er, dass sie ihm dieselben Gefühle entgegenbrachte. Nun wollten sie etwas Geld sparen und in absehbarer Zeit heiraten. Natürlich hielten sie ihre Liebe vor den Herrschaften geheim. Nur Lene, die Köchin, ahnte etwas. Aber das konnte ihm egal sein.

Draußen war es inzwischen dunkel geworden. Im Salon brannten jetzt ein paar Kerzen und spendeten ein gemütliches Licht, der Diener hatte sie angezündet. Doktor Melcherts zog seine Taschenuhr aus seiner Weste und erschrak. Er hatte sich schon viel zu lange bei seinem Freund aufgehalten und musste sich beeilen, wenn er noch vor Ladenschluss etwas im Kaufhaus Karstadt einkaufen wollte.

„Es wird Zeit für mich, denn ich soll noch ein Weihnachtsgeschenk besorgen. Außerdem muss ich zur Visite ins Krankenhaus. Morgen sehen wir uns wieder, abgemacht?" Der Arzt erhob sich von seinem Sessel und bemerkte dabei die unglücklichen Blicke der Kinder. Sie mochten den Arzt und fühlten sich plötzlich furchtbar alleingelassen, obwohl der reiche Fabrikant sehr nett zu ihnen war.

„Können wir Sie morgen früh im Krankenhaus besuchen?" Ole war zum Heulen zumute, denn Doktor Melcherts war der einzige Mensch, der alles über ihre Zeitreise wusste und bei dem sie sich nicht mehr verstellen mussten. Hier in der vornehmen Villa kannte niemand ihr Geheimnis.

„Natürlich dürft ihr das! Ich freue mich auf euch und werde Schwester Elfriede sagen, dass sie schon heißen Kakao und Kuchen für euch bereithalten soll", versuchte der Arzt die Freunde etwas aufzuheitern.

„Hier ist die Wurst für das Ungeheuer, gnädiger Herr!" Diener Johann kam in diesem Moment aus der Küche zurück und servierte auf einem silbernen Tablett eine Mettwurst.

Erwartungsvoll lief Nicky auf den Mann zu und sprang an ihm hoch. Dabei verlor der Diener das Gleichgewicht und das Tablett samt Wurst flog in hohem Bogen auf den Fußboden. Johann konnte sich gerade noch an einem Sessel festhalten, sonst wäre er ebenfalls auf der Erde gelandet.

Anton Waller und seine Gäste mussten ein Lachen unterdrücken, denn es sah urkomisch aus, wie der Diener sich umständlich bewegte, um schließlich das Tablett vom Boden aufzuheben. Es lag direkt neben der Mettwurst, die Nicky bereits als sein Eigentum betrachtete. Er verteidigte sie deswegen auch sofort heftig, indem er gefährlich mit den Zähnen fletschte und laut knurrte. Johann wich erschrocken ein Stück zurück. Dabei spürte er, wie sein rechtes Bein schmerzte, denn er hatte sich am Sessel gestoßen. Nicky störte das alles herzlich wenig. Schließlich hatte er den vermeintlichen Feind in die Flucht gejagt. Nun fraß er genüsslich die leckere Wurst.

„Dieser ekelhafte Köter hätte mir fast das Genick gebrochen", schimpfte Johann und humpelte wutentbrannt aus dem Salon. Das Angebot von Doktor Melcherts, das Bein einmal kurz zu untersuchen, lehnte er mürrisch ab.

„Komm, Claus, ich begleite dich zur Haustür. Ich glaube, Johann ist dazu im Augenblick nicht in der Lage. Manchmal überlege ich, ob ich ihn entlassen soll. Er erscheint mir doch eine Spur zu frech und seine Ausdrucksweise gefällt mir gar nicht. Aber es ist auch schwierig, gutes Personal zu finden!" Anton Waller reichte seinem Freund Hut, Schal, Handschuhe und Mantel.

„Wenn ich ehrlich bin, ich mochte diesen Johann noch nie. Er ist so neugierig und zu geschwätzig!" Doktor Melcherts stand bereits in der geöffneten Haustür. Draußen hatte es erneut zu schneien begonnen. „Guten Abend, Anton, und vielen Dank, dass du dich um die armen Kinder kümmerst, ist ein feiner Zug von dir!"

Der Tuchfabrikant sah dem Arzt noch eine Weile nach, bis er das große Tor am Ende der langen Auffahrt erreicht hatte und nach rechts in die Straße abbog. Er dachte über die letzten Worte des Freundes nach und bemerkte, dass er sich aufrichtig darüber freute, diese vier mittellosen Geschwister bei sich aufgenommen zu haben. Natürlich würde er ihnen auch etwas zu Weihnachten schenken. Und er wollte es sich nicht nehmen lassen, am nächsten Morgen ganz allein die Geschäfte der Stadt nach geeigneten Geschenken für die Kinder zu durchstreifen. Allerdings musste er auch noch den Weihnachtsbaum besorgen. Viel Zeit blieb ihm nicht, denn zwischendurch hatte er sich natürlich um seine Fabrik zu kümmern. Schließlich gab es dort immer eine Menge zu tun. Ab mittags zwei Uhr sollten die Arbeiter frei bekommen, damit sich alle mit ihren Familien in Ruhe auf den Heiligen Abend vorbereiten konnten. Es war schon Tradition, dass der Fabrikant den Arbeitern kurz vor Feierabend noch „Frohe Weihnachten" wünschte. Anton Waller trat ein Stück vor die Eingangstür seiner Villa und sah zum Himmel. Die weißen Schneeflocken schienen im Dunkel der hereinbrechenden Nacht zu tanzen. Lautlos fielen sie zur Erde und sorgten dafür, dass die Schneeschicht auf seinem Rasen langsam immer höher wurde. Inzwischen brannten die Gaslaternen auf der Straße vor seinem Haus. Im Schein der Lampen glitzerten tausend kleine Schneekristalle wie kostbare Diamanten. Der Fabrikant fühlte sich glücklich und unbeschwert wie lange nicht mehr und freute sich wie ein Kind auf den Heiligen Abend.

Der Gedanke, diesen vier armen Geschwistern ein schönes Weihnachtsfest zu bescheren, löste in ihm ein unbeschreibliches Glücksgefühl aus, das er gar nicht mehr kannte.

„Papa, was machst du denn draußen im Schnee? Es ist kalt und du trägst nicht einmal eine Jacke! Du wirst dich erkälten!" Vera, seine Tochter kam mit ihrer Mutter und dem Bruder gerade von einem Einkaufsbummel nach Hause und riss Anton Waller aus seinen Gedanken.

Erst jetzt bemerkte er, dass es kalt draußen war.

„Ich habe auf euch gewartet!", scherzte er und nahm seine Tochter in die Arme, denn sie war ihm lachend entgegengelaufen. „Habt ihr wieder die Geschäfte leergekauft?"

„Wo denkst du hin! Aber für dich habe ich etwas Wunderschönes gefunden, du wirst dich morgen Abend sicher riesig freuen!" Vera zog ihren Vater mit ins Haus. Kurz darauf erschien auch ihre Mutter mit dem Bruder in der Empfangshalle der Villa. Frau Waller war eine elegante Dame, die einen schwarzen, langen Tuchmantel mit Fellkragen trug. In ihren Händen hielt sie mehrere kleine, hübsch verpackte Pakete, die sie sorgfältig auf einem Tisch abstellte, bevor sie ihren Mann liebevoll begrüßte.

„Anton, ich muss dir unbedingt erzählen, was wir alles unterwegs erlebt haben. Stell dir mal vor, in der Buchhandlung Rathje ist uns Frau Renck begegnet! Und weißt du, was sie mir Neues berichtet hat? Du glaubst es nicht, aber …"

„Halt, halt! Bevor ich mir wieder den neuesten Klatsch der Neumünsteraner Tuchfabrikantenfrauen anhören muss, habe ich euch etwas mitzuteilen! Im Salon erwartet euch eine Überraschung. Also, worauf wartet ihr noch?" Anton Waller tat so geheimnisvoll, dass Vera und Rudolf nur schnell ihre Hausschuhe anzogen und sofort in den Salon stürzten.

Dort warteten Merle und ihre Freunde auf die Rückkehr des Tuchfabrikanten.

„Wer seid ihr denn?" Rudolf hatte ein tolles Geschenk im Zimmer erwartet, stattdessen traf er auf vier Kinder, die ärmlich gekleidet vor ihm saßen. Enttäuscht wartete er gar keine Antwort ab und wollte gerade zu seinem Vater in die Eingangshalle laufen, als seine Schwester ihn zurückhielt.

„Sieh doch mal, wie niedlich der Hund ist! Er hat so ein kuscheliges Fell und richtig liebe Augen. Gehört er zu euch?" Vera ging langsam auf Nicky zu und ließ sich von ihm beschnüffeln. Schließlich entschied er, dass fremde Mädchen zu mögen und leckte ihr über die Hand. Glücklich über den Sympathiebeweis streichelte sie dem Hund liebevoll durch das weiche Fell.

„Nicky gehört mir." Ole beobachtete Vera und wunderte sich, wie furchtlos sie mit seinem Hund umging. Es beeindruckte ihn, wie schnell die beiden miteinander vertraut wurden.

„Da kannst du aber von Glück reden, so einen tollen Hund zu besitzen. Wir haben nur unsere drei Jagdhunde, mit denen man zwar herumtoben kann, aber zum Kuscheln taugen sie nicht viel. Sie sind fast immer nur draußen und bewachen das Gelände. Wenn mein Vater zur Jagd geht, nimmt er die Hunde natürlich mit. Ach, übrigens, ich bin Vera! Wer seid ihr und wo kommt ihr her?" Das blonde Mädchen strahlte die Kinder freundlich an und reichte jedem zur Begrüßung die Hand. Ole traf es wie ein Blitz. Er war äußerst angetan von Vera und immer, wenn er glaubte, dass ihn niemand beobachtete, sah er kurz zu ihr hinüber. Noch nie hatte er ein Mädchen mit so hübschen Augen gesehen. Sie trug ein langes dunkelrotes Kleid, das am Kragen und an den Ärmelenden mit weißen Rüschen verziert war. Die blonden, lockigen Haare waren mit einer roten, übergroßen Schleife zusammengehalten. Ein derartig ungewöhnlicher Haarschmuck war Ole völlig unbekannt. Aber eigenartigerweise gefiel er ihm. Immer wieder blickte er zu Vera hinüber. Nur gut, dass Merle und seine Freunde es nicht bemerkten, dachte er erleichtert.

„He, was ist, träumst du? Das ist Ole, wahrscheinlich ist er mit seinen Gedanken gerade wieder woanders!" Tim, Merle und Hendrik hatten sich der Tochter des Tuchfabrikanten längst vorgestellt. Da war es Ole schrecklich peinlich, dass er nichts davon mitbekommen hatte.

Schnell entwickelte sich zwischen den vier Freunden und Vera ein lebhaftes Gespräch. Ihr Bruder Rudolf, der sich anfangs sehr zurückgehalten hatte, weil ihm die fremden Kinder zu uninteressant erschienen, mischte bald mit in der fröhlichen Runde.

„Dein Vater hat uns schon von dir berichtet. Da habe ich festgestellt, dass wir eigentlich gut zusammenpassen würden. Zur Schule geht nämlich keiner von uns gern", kicherte Tim, und Rudolf freute sich, dass ihm der Zufall diese herrlich unkomplizierten Kinder ins Haus geschickt hatte. Merkwürdigerweise störte es ihn nicht mehr, dass sie keine vornehme Kleidung trugen so wie er. Eher fühlte er Mitleid mit ihnen, weil sie so arm waren.

Das Gekicher und Gelächter der sechs Kinder drang durch den großen Salon der Villa. Anton Waller, der sich hinter der Salontür versteckt hielt und ihre Gespräche belauschte, fühlte, wie gut seinen beiden verwöhnten Sprösslingen diese fremden Gäste und ihr ungewöhnlicher Hund taten. Am liebsten hätte er sich zu ihnen gesetzt und über ihre Späße mitgelacht. Aber er wollte ihnen nicht die gute Stimmung verderben, die ein ungebetener Erwachsener, und Eltern waren nun mal leider oft solche Wesen, unweigerlich mit seinem Auftreten zerstörte.

„Ich habe schon lange nicht mehr so ein lautes und unbekümmertes Gelächter in unserem Hause gehört! Wer sind diese eigenartig gekleideten Kinder und wo kommen sie her, Anton?"

Frau Waller, die gerade aus der Küche kam, sah ihren Mann an der Salontür stehen und wurde von ihm leise daran gehindert, den Raum zu betreten.

„Es sind einfach einmalige Kinder! Sie haben einem Arbeiter von uns das Leben gerettet. Außerdem sind sie bescheiden, intelligent und besitzen ein gutes Benehmen. Du wirst sie sicher mögen, Rosemarie! Ach, und bevor ich es vergesse, sie sind über die Weihnachtstage unsere Gäste", flüsterte Anton Waller seiner Ehefrau leise zu und nannte ihr auch sofort den Grund für die Einladung.

„Das war ein guter Einfall, mein Schatz! Da werde ich mal sehen, dass ich die vier

Kinder salonfähig mache. Wir haben so viel Kleidung von Rudolf und Vera, dass bestimmt etwas dabei ist, das die beiden nicht mehr tragen mögen. Ich glaube, wir können die drei Jungen und das Mädchen damit glücklich machen!" Rosemarie Waller war eine liebevolle und sehr gutmütige Mutter, zwei Eigenschaften, die ihr Mann an ihr schätzte. Er freute sich, dass seine Frau nichts dagegen einzuwenden hatte, vier armen, fremden Kindern ein bisschen Weihnachtsfreude zu bereiten.

„Toll, dass ihr Weihnachten bei uns verbringt! Wir werden jede Menge Spaß miteinander haben. Hat unser Vater euch schon gezeigt, wo ihr schlafen werdet?", wollte Rudolf wissen. Als Ole das verneinte, bot Rudolf sofort an, ihnen die Gästezimmer vorzuführen.

Gemeinsam mit Nicky folgten sie ihm und seiner Schwester in die erste Etage der mehrstöckigen Villa. Ein Stockwerk darüber befand sich das Elternschlafzimmer, und ganz oben unter dem Dach hatten die Köchin, der Diener, das Dienstmädchen und der Gärtner ihre Kammern.

„Hier ist dein Zimmer, Merle!", erklärte Vera, während sie die Tür zu einem kleinen, gemütlichen Raum öffnete und eine Gaslampe einschaltete. Sofort sah Merle im Schein des Lichtes, dass sich darin ein hübsches Holzbett mit blütenweißer Bettwäsche, ein brauner Eichenschrank mit Spiegel und ein Tisch mit einem Stuhl davor befanden. Auf einer Holzanrichte luden eine Wasserschüssel und ein bauchiger Krug mit Henkel zur morgendlichen Katzenwäsche ein. Beide Gegenstände waren aus weißem Porzellan hergestellt, in das man lauter rote Bauernrosenmotive eingebrannt hatte. Daneben lagen sauber und ordentlich ein weißes Handtuch und ein Stück duftende Rosenseife.

„Ist das schön!", lobte Merle begeistert und war sich sicher, in diesem Zimmer fast so gut schlafen zu können wie zu Hause. Sie empfand es als absoluten Luxus, endlich helleres Licht am Abend zu haben und nicht mehr im fahlen Schein der Öllampen und Kerzen sitzen zu müssen. Doktor Melcherts hatte recht, das Gaslicht war ein riesiger Fortschritt für die Menschen.

„Wenn du abends noch lesen möchtest, ist das kein Problem. Auf dem braunen Nachtschränkchen steht eine kleine Lampe. Und jetzt zeige ich deinen Brüdern, wo sie schlafen werden!" Als Vera gerade das Zimmer wieder verlassen wollte, bemerkte sie ihren Vater. Er war ihnen gefolgt, um zu überprüfen, ob die Gästezimmer nach seinen Wünschen hergerichtet waren.

„Sehr schön! Das Dienstmädchen Thea hat alles zu meiner Zufriedenheit erledigt. Gefällt dir das Zimmer, Merle?", fragte der Tuchfabrikant und sah die Antwort schon in ihren glücklichen Augen.

„Es ist viel gemütlicher, als ich es mir vorgestellt habe." Merle freute sich schon auf die Nacht, denn endlich konnte sie wieder in einem schönen, weichen Bett schlafen, das nicht in eine Wand eingebaut war.

„Was ist denn das für ein merkwürdiges Ding? Das sieht ja aus wie eine Bratpfanne mit durchlöchertem Deckel", kicherte Hendrik beim Anblick des ungewöhnlichen Metallgegenstandes.

„Das ist doch ein Bettwärmer! Kennst du so etwas denn gar nicht? Im Winter ist es im Bett schließlich ziemlich kalt, denn die Schlafstuben können nicht geheizt werden. Also füllt man heiße Kohlen in den Metallbehälter, der entweder aus Messing oder wie dieser aus Kupfer ist. Anschließend wird der heiße Behälter unter die Bettdecke gepackt. So erwärmt er das kalte Bett und man friert nicht mehr. An sehr frostigen Wintertagen legen aber sehr viele Leute zusätzlich noch eine heiße Metallwärmflasche in die Betten. Besitzt ihr so etwas in eurem Haushalt etwa gar nicht?", wunderte sich Anton Waller, denn er glaubte, dass ein Bettwärmer und Wärmflaschen in jeder Familie vorhanden waren.

„Nein, wir gehen immer so schlafen, auch wenn es sehr kalt ist." Tim hoffte, dass seine Aussage glaubhaft war und der Fabrikant keinen Verdacht schöpfen würde, dass etwas mit ihnen nicht stimmte. Schließlich hatte Hendrik mal wieder eine unbedachte Äußerung gemacht, so wie es schon oft seine Art gewesen war.

„Wenn ihr wünscht, lieber in einem kalten Bett einzuschlafen, müsst ihr mir das sagen. Ich werde dem Dienstmädchen Thea dann anordnen, dass sie euer Bett nicht vorwärmt", bot Anton Waller den Freunden an.

„Nein, nein, ich möchte schon gern in einem warmen Bett schlafen", erklärte Hendrik sehr schnell, und natürlich wollten auch seine drei Freunde nicht frieren.

Der Fabrikant schloss die Tür des Zimmers und ging ein paar Schritte weiter zu dem nächsten Gästezimmer.

„Hier ist das Schlafgemach der jungen Herren! Eigentlich stehen sonst nur zwei Betten im Zimmer, aber wir haben eines aus dem Nebenraum mit dazustellen lassen. So braucht nicht einer von euch allein zu schlafen!" Anton Waller sah in zufriedene Jungengesichter, als er ihnen das Zimmer zeigte, das ähnlich eingerichtet war wie das von Merle.

„Wahrscheinlich wollt ihr euch später noch ein bisschen frisch machen. Deswegen zeige ich euch jetzt das Badezimmer." Der Tuchfabrikant führte die kleine Gruppe ein paar Meter weiter um die Ecke zu einem anderen Raum, in dem auf vier verschnörkelten Metallfüßen eine gusseiserne Badewanne stand, die innen weiß und außen dunkelgrün emailliert war. Außerdem war sie mit einem Blümchenmuster verziert. Daneben thronte ein schmaler, hoher Holzbadeofen, der für das nötige warme Badewasser sorgte. Ein kleines Waschbecken in der gleichen Farbe wie die Badewanne war an einer Wandseite befestigt. Darüber hing ein hübscher Spiegel. Ein Stuhl sorgte dafür, dass man sich bequem an- und ausziehen konnte.

„Eine Badewanne!" Tim freute sich sehr darauf, endlich wieder einmal mit warmem Wasser und Seife zu baden. Allerdings vermisste er die Toilette und hoffte, dass sie sich nicht draußen im Garten befand, so wie es die Jahrhunderte davor der Fall war. Bei dieser Kälte würde ein Klogang schnell zum Tiefkühlerlebnis werden, auf das er wenig Lust hatte.

„Thea wird euch heißes Wasser bringen, damit ihr baden könnt. Ich habe ihr bereits Bescheid gesagt. Leider ist der Holzbadeofen, mit dem wir das Wasser erhitzen, seit gestern kaputt. Ich befürchte, dass er vor Weihnachten nicht mehr repariert werden kann. So müssen die Dienstboten das warme Wasser die Treppen hochtragen. Das ist nun wirklich keine angenehme Aufgabe. Übrigens, wenn ihr die Toilette benutzen müsst, die findet ihr eine Tür weiter!" Anton Waller öffnete erneut einen kleinen Raum, in dem sich ein Klo befand. Er war sehr stolz darauf, über ein eigenes Badezimmer und eine separate Toilette zu verfügen.

„Ein Klo im Haus! Das ist wirklich besser als ein Plumpsklo!" Ole erinnerte sich an das stille Örtchen im Garten der Witwe Schubert. Der Gestank und die vielen dicken Fliegen, die ihn ständig nervten, waren ihm noch in guter Erinnerung. Selbst Klopapier gab es endlich! Es lag in Abschnitten zusammengefaltet in einem kleinen Kästchen. Allerdings war es nicht weiß gefärbt, sondern braun, aber das störte ihn wenig. Zeitungspapier, das sonst üblicherweise auf dem Plumpsklo benutzt wurde, war schließlich ziemlich fest und darum weniger angenehm.

„Über solch eine komfortable Toilette und eine Badestube verfügen die wenigsten Bürger", begann der Tuchfabrikant zu erzählen. „Es ist sehr teuer, solche Einrichtungen in ein Haus zu bauen. Aber als ich unsere Villa vor ein paar Jahren errichten ließ, habe ich mich vorher in Hamburg von einem Freund beraten lassen. **Die Hamburger sind uns hier in Neumünster nämlich ein großes Stück voraus. Sie mussten sich vor Seuchen schützen, die durch die Fäkalien der vielen Bürger in der Stadt entstanden. Die Cholera und der Typhus, zwei schwere Erkrankungen, töteten nämlich eine Menge Menschen. Darum bauten die Hamburger Spülklosetts in ihre Häuser ein. Durch die unterirdische Kanalisation werden die Fäkalien nun in die umliegenden Flüsse und Seen abgeleitet.** Also plante ich gleich von Anfang an ein Haus mit Kanalisation. So haben wir den Luxus eines Badezimmers und einer Toilette. Ich möchte nämlich so modern leben, wie es irgendwie geht!"

„Das kann man wohl sagen. Deswegen hat unser Vater demnächst auch einen Fernsprechapparat", verriet Vera und war schon sehr neugierig auf dieses Gerät, mit dem zwei Menschen über Kilometer hinweg miteinander sprechen konnten.

„Ihr bekommt ein Telefon? Das ist ja cool!", freute sich Hendrik. Endlich kam auch dieses technische Wunderwerk in die deutschen Haushalte. Schnell rechnete er im Kopf nach. Es war also erst etwas mehr als 100 Jahre her, seit die Telefone in den Häusern benutzt wurden, wenn man von seiner Zeit im Jahre 2009 ausging. Wie viel hatte sich seitdem geändert! Jedes Kind benutzte in seiner Schule inzwischen ein eigenes Handy. Würde er das dem Tuchfabrikanten mitteilen, er könnte sich sicherlich nicht vorstellen, ein Minitelefon in der Hosentasche herumzutragen, mit dem man immer und überall für jeden erreichbar war.

„Na ja, eigentlich wollte ich es schon vor drei Jahren haben. Aber meine Frau war anfangs dagegen. **Ihr müsst wissen, dass es in Neumünster erst seit 1888 Telefonanschlüsse gibt. Damals ließen sich fünfundzwanzig Bürger einen Fernsprechanschluss legen.** Heute sind es sicher schon wesentlich mehr. Vor allem die Frauen haben eine große Vorliebe für das Telefon entdeckt. Sonst wäre meine Rosemarie sicher nicht auf die Idee gekommen, ihre Meinung gründlich zu ändern und nun schließlich meinem Wunsch zuzustimmen. Ich fürchte, sie wird Stunden den neuesten Klatsch der Tuchfabrikantenehefrauen am Telefon besprechen", lachte Anton Waller vergnügt, denn er gönnte seiner Frau diesen Luxus.

„Ist das Abendessen eigentlich schon fertig? Ich komme um vor Hunger", stöhnte Rudolf, denn es war inzwischen sieben Uhr abends.

„Wir sollten nachsehen, ob Lene bereits gedeckt hat!" Anton Waller führte die Kinder in das Speisezimmer, wo tatsächlich schon alles für das Abendessen bereitstand. Hendrik, dem der Magen schon in der Kniekehle saß, lief das Wasser im Mund zusammen. Auf dem großen, mit einem edlen, weißen Tuch gedeckten Esstisch lagen auf silbernen Platten verschiedene Wurst- und Käsesorten sowie leckerer Schinken und Rührei. Natürlich gab es auch Milch, Kakao und für das Fabrikantenehepaar Bier und Wein. In der Mitte des Tisches brannten zwei Kerzen in einem silbernen Kerzenhalter, und weiße Tuchservietten lagen auf jedem Platz, die mit einem silbernen Ring zusammengehalten waren. Die Krönung der Tafel waren jedoch die Tassen und Teller aus wertvollem Meissner Porzellan. Hendrik konnte sich nicht daran erinnern, dass bei ihm zu Hause der Tisch an einem gewöhnlichen Alltagsabend jemals so vornehm gedeckt war. Der Reichtum des Tuchmacherfabrikanten war unübersehbar.

Das roch auch Nicky und hoffte, dass viele dieser Köstlichkeiten in seinem Magen landen würden.

„Erst werden die Hände gewaschen!", schimpfte Lene, als sie sah, dass die Kinder an den Tisch stürmten. Die gutmütige Köchin kam gerade aus der Küche und trug eine große Schüssel mit Fleisch, das noch vom Mittagessen übrig geblieben war. Anton Waller hatte ihr den Auftrag erteilt, gut für Nickys Wohlbefinden zu sorgen. So stellte sie ihm sein Fressen auf den Holzfußboden des Esszimmers.

„Der Hund hat's gut, der kann gleich anfangen zu essen! Händewaschen ist echt eine blöde Sitte", schimpfte Rudolf leise, denn er wollte nicht, dass seine Mutter es hörte. Sie erzog ihre Kinder sehr zur Reinlichkeit, was ihn täglich nervte.

Ole beobachtete, wie Rudolf und Vera ihre Servietten benutzten, um ihre Kleidung vor Essensflecken zu schützen. Fast hätte er angefangen zu essen, ohne dieses Stofftuch umzubinden. Auch seine Freunde benutzten gerade noch rechtzeitig die Servietten. Schließlich wollten sie sich nicht zu arg danebenbenehmen bei diesen vornehmen Leuten.

„Wieso kommen denn die Hausangestellten nicht mit an den Tisch? Haben sie keinen Hunger?", fragte Tim, während er sich Rührei mit Schinken auf den geblümten Teller mit dem Goldrand füllte.

„Die Bediensteten essen immer in der Küche", erklärte Vera den Freunden und trank ihre Milch.

Merle fand das unmöglich, denn diese Menschen wohnten schließlich mit ihnen unter einem Dach. Aber sie hielt es für angebrachter, sich nicht darüber zu äußern.

„Stellt euch vor, momentan steht in den Zeitungen, dass man Margarine essen soll. Der Holsteinische Courier hat vor ein paar Tagen einen Artikel über

dieses neue Schmierfett geschrieben. Ich kann mir nicht vorstellen, dass es gesünder ist als unsere gute Butter. Doktor Melcherts sagte mir, es werden solche ekelhaften Dinge wie Rinderfett und gehackter Schafsmagen mit Milch und Wasser verrührt. Sie werden hoch erhitzt und zu einer festen weißen Schmiere gepresst. Wahrscheinlich ist diese Margarine wesentlich billiger als unsere Butter und so für jeden erschwinglich. Ich habe gelesen, dass Margarine ursprünglich zum Einschmieren von Kriegswaffen erfunden werden sollte. Kaiser Napoleon setzte damals einen Preis für denjenigen aus, der ihm ein billiges Schmierfett erfand, das nicht wie die gute Butter bei Hitze zerfloss. Leider schaffte es keiner seiner Untertanen, ihm diesen Wunsch zu erfüllen. Kaiser Napoleon verstarb, und erst lange Zeit nach seinem Ableben entwickelte man Margarine. Ich bin froh, dass wir genug Geld haben, um uns die leckere Butter weiterhin leisten zu können!" Anton Waller bestrich sich eine Scheibe Schwarzbrot dick mit dem Brotaufstrich und verspeiste sie dann mit großem Appetit.

Die Kinder hörten dem Tuchfabrikanten aufmerksam zu. Margarine gehörte im Jahre 2009 auf jeden Frühstückstisch und wurde aus Pflanzenölen hergestellt, so viel wusste Merle aus der Schule. Inhaltsstoffe wie Rinderfett und gehackter Schafsmagen gelangten zum Glück schon lange nicht mehr in eine moderne pflanzliche Margarine. Die Erfindung dieses Brotaufstriches fand Merle jedenfalls sehr abenteuerlich.

Nach dem gemeinsamen Abendessen rief Frau Waller die vier Kinder zu sich in den Salon.

„Ich habe hier ein paar Kleidungsstücke von Rudolf und Vera für euch herausgesucht, die sie euch gern schenken würden. Ihre Kleiderschränke sind überfüllt mit Hosen, Jacken und Kleidern. Wollt ihr sie einmal anprobieren?"

Zuerst zögerten die vier Freunde, aber auf den ausdrücklichen Wunsch von Vera zogen sie die Bekleidung schließlich an.

„Du siehst toll aus in meinem blauen Spitzenkleid!", schwärmte Vera, als Merle ihre alten Sachen gegen die neuen eingetauscht hatte und sich vor ihnen auf Zehenspitzen drehte.

„Wenn du magst, kannst du jetzt baden gehen. Thea hat warmes Wasser in die Wanne gefüllt", bot Frau Waller Merle an und schenkte ihr noch eine Garnitur neue Unterwäsche.

Natürlich wollte sie so schnell wie möglich ein entspannendes Bad nehmen. Endlich waren sie in einer moderneren Zeit angekommen. Hygiene war kein so großes Fremdwort mehr wie in den Jahrhunderten davor, als die Menschen kaum etwas davon hielten, sich zu baden oder zu waschen.

Während Merle in der Badewanne saß, probierten nun ihre drei Freunde neue Kleidung an.

Tim und Ole waren mit ihren Sachen sehr zufrieden. Die langen Hosen von Rudolf passten hervorragend, wurden aber trotzdem noch mit Hosenträgern versehen. Tim betrachtete sich im großen Spiegel in der Eingangshalle und fand, dass er aussah wie ein Junge aus dem 19. Jahrhundert. Zwar hatte noch immer niemand den Reißverschluss erfunden, doch er und Ole kamen inzwischen auch mit den Hosenknöpfen ganz gut zurecht. Man konnte sich schließlich an alles gewöhnen, und ewig würden sie auf die praktischen Reißverschlüsse ja nicht verzichten müssen, überlegten beide.

Nur Hendrik war unglücklich, denn Frau Waller fand keine passende Hose für ihn. Er hatte zu viel Bauchumfang, so dass er nur ein Hemd und eine Weste von Rudolf tragen konnte.

Vera und Rudolf betrachteten Hendrik mitleidig. Sie hätten ihm gern eine neue Hose geschenkt.

„Du musst unbedingt weniger essen!", ermahnte Frau Waller Hendrik, obwohl sie sich nicht vorstellen konnte, ob das überhaupt machbar war. Schließlich waren seine Eltern sehr arm, da war an ein üppiges Mahl bestimmt nicht zu denken. Aber woher war dieser Junge dann so pummelig? Seine Geschwister hatten doch alle eine schlanke Figur. Überhaupt sah er ihnen nicht im Geringsten ähnlich.

„Ich werde dir morgen eine Hose kaufen! Du kannst am Heiligen Abend unmöglich mit deiner alten Hose in die Kirche gehen. Außerdem kommen meine Schwiegereltern zu Besuch. Was sollen sie nur denken, wenn du so verwahrlost aussiehst!" Nachdenklich ging Frau Waller durch den Salon, während Hendrik sich seine alte Hose wieder anzog.

Die Kluft zwischen Armen und Reichen war bei den Bürgern einfach zu groß geworden. Ihre Kinder hatten das Glück, im Luxus leben zu dürfen. Vera und Rudolf kannten keinen Hunger und trugen die schönsten Kleider. Einmal in der Woche kam der Musiklehrer und unterrichtete beide im Klavierspiel. In der Nachbarschaft wohnten nur reiche Fabrikanten mit ihren Familien, so dass ihre beiden Kinder kaum Berührung zu den Arbeiterkindern im Vicelinviertel hatten. Wenn sie ehrlich war, wollte sie es auch gar nicht. Frau Waller hatte Angst um den guten Ruf ihrer Kinder, wenn sie mit den Armen Kontakt pflegten. Dabei stellte sie selber fest, dass Armut nicht bedeuten musste, dass jemand schlecht war.

Tim, Merle, Ole und Hendrik waren der beste Beweis dafür. Sie benahmen sich sehr gut, waren intelligent, bescheiden und hilfsbereit. Aber wenn sie nicht den Arbeiter Fritz Färber so mutig vor dem Verbluten gerettet hätten, wären die vier Kinder sicherlich nie in ihrer Villa aufgenommen worden. Doch was konnte das Leben den Geschwistern bieten? Mehr als eine Armenschule war für sie nicht drin. Die vermittelte ihnen immerhin das Nötigste an Wissen, so dass sie wenigstens lesen, schreiben und rechnen konnten.

Zum Glück war das teure Schulgeld seit 1813 abgeschafft worden. Nun mussten alle Bürger etwas Geld für den Schulbesuch zahlen, egal, ob sie Eltern waren oder kinderlos. Dadurch trat auch die Schulpflicht für alle Kinder in Kraft. Nur leider gab es für die Armen auch weiterhin keine Möglichkeit, eine Höhere Schule zu besuchen, denn sie kostete wieder Schulgeld. So kamen diese Kinder, selbst wenn sie sehr klug waren, fast nie aus dem Teufelskreis der Armut heraus. Meistens begannen sie mit vierzehn Jahren, wenn sie die Schule verlassen mussten, genau wie die Eltern in einer Fabrik zu arbeiten. Frau Waller fand das sehr ungerecht. Sie hoffte, dass es irgendwann auch den Arbeiterkindern möglich sein würde, ohne Schulgeld eine Höhere Schule zu besuchen. Aber das bedeutete noch viel Umdenken. Die meisten Menschen glaubten, dass ein Arbeiterkind nicht dazu taugte, ein guter Arzt oder Rechtsanwalt zu werden.

„Ich gehe jetzt in die Badewanne! Merle ist fertig!" Tim war noch nie freiwillig so schnell bereit zur Körperpflege gewesen. Mit sauberer Unterwäsche und seiner neuen Kleidung unter dem Arm flitzte er die Treppen zum Badezimmer hoch. Das Dienstmädchen hatte alle Hände voll zu tun, um gemeinsam mit dem Diener erneut warmes Wasser in die Badewanne zu füllen.

„Die hätten doch auch alle vier in demselben Wasser baden können. So verlaust wie diese Blagen sind, würde das sicher nicht schaden. Ich hätte sie zum Gärtner ins Gewächshaus geschickt, der kennt die besten Tricks, um Ungeziefer zu vernichten", schimpfte Johann, während er schwitzend wieder einen Eimer heißes Wasser die Treppe hochschleppte.

„Sei bloß leise! So etwas kannst du nur sagen, wenn wir alleine sind", warnte ihn das Dienstmädchen Thea und wischte sich erschöpft den Schweiß von der Stirn.

„Wie hübsch du bist!" Frau Waller bewunderte Merle, die in ihrem neuen Kleid gleich viel besser aussah als in den alten unmodernen Sachen, die sie vorher getragen hatte. Auch Vera und Rudolf, Ole und Hendrik machten ihr Komplimente.

Merle setzte sich vor den warmen Kamin. Ihr war kalt, denn ihre langen Haare waren klitschenass. Leider gab es noch keinen elektrischen Strom und einen Fön, um sie schnell zu trocknen.

Anton Waller saß in seinem Sessel, rauchte wieder eine dicke Zigarre und las dabei in seiner Tageszeitung, dem „Holsteinischen Courier". Er war so vertieft in einen Artikel, dass er die Modenschau der Kinder gar nicht richtig wahrgenommen hatte.

„Bekomme ich die Zeitung, wenn Sie die ausgelesen haben?", bat Merle höflich, denn es überraschte sie sehr, dass die Tageszeitung ihrer Eltern bereits im Jahre 1891 von den Bürgern gelesen wurde. Sie war neugierig darauf, wie dieses Blatt sich wohl verändert hatte.

Anton Waller schob die kleine Lesebrille hoch in Richtung Stirn, nahm die Zigarre aus dem Mund und starrte Merle verwundert an.

„Du interessierst dich für die Tageszeitung? Du bist ein bemerkenswertes Mädchen! Noch nie hat mir ein Kind erzählt, dass es gern Zeitung liest. Rudolf und Vera sehen sich höchstens einmal die Bilder darin an. **Ich lese den Courier schon seit dem 3. April 1872. Da habe ich nämlich Geburtstag, deswegen weiß ich es so genau. Zufällig brachte der Verleger Robert Hieronymus genau an diesem Tage die erste Ausgabe seiner neuen Zeitung heraus.** Man könnte also sagen, der Courier und ich, wir feiern beide am selben Tag unser Wiegenfest! Aber natürlich darfst du das Blatt nachher lesen!" Anton Waller gefiel das fremde Mädchen immer besser.

„Wie ich sehe, hast du gebadet und ein Kleid meiner Tochter anzuziehen bekommen. Es steht dir wirklich ausgezeichnet."

„Ist denn der Courier die einzige Zeitung in unserer Stadt?", fragte Merle und freute sich, dass Anton Waller sie so bewunderte.

„Nein, wo denkst du hin! Bereits im November 1848 wurde das ‚Neumüns-tersche Wochenblatt' gegründet. Es erschien zweimal wöchentlich und war nur vier Seiten dünn. Etwa vierunddreißig Jahre später schloss es sich der 1878 gegründeten ‚Schleswig-Holsteinischen Zeitung' an. Im letzten Jahr wurde noch die erste ‚Landeszeitung' gedruckt, die ich auch sehr gerne lese. Du siehst also, wir werden bestens über Politik, Unterhaltung und Mode informiert", er-zählte der Fabrikant ziemlich ausführlich, nahm eine Seite aus der Zeitung, die er be-reits gelesen hatte, und reichte sie Merle. „Hier, damit du schon einmal mit dem Le-sen beginnen kannst!"

So saßen sie nun beide vor dem wärmenden Kaminfeuer und waren vertieft in ihre Lektüre.

In der Zwischenzeit kam auch Tim aus dem Bad zurück und Ole war mit der Kom-plettreinigung an der Reihe. Die Stimmung im gemütlichen Salon der Familie Waller war bestens.

„Kennt ihr das Spiel Halma?" Vera holte ein Holzbrett aus einem Schrank hervor, auf dem ein Spielplan mit genau 256 viereckigen Feldern abgebildet war. In den Ecken waren jeweils 13 bzw. 19 Kästchen durch eine farbige, dicke Linie von den übrigen Kästchen abgetrennt.

Sie kennzeichneten Start und Ziel des Spieles.

„Das ist Halma?" Tim war sehr überrascht, denn er kannte nur das sternförmige Spiel, das er mit seiner Oma immer spielte. Doch das verschwieg er lieber, denn er wusste nicht, ob es die andere Spielform überhaupt schon gab.

„Ja, es macht total viel Spaß und ist ganz leicht zu lernen! Doktor Melcherts hat es aus Amerika mitgebracht. Er traf dort George Howard Monks, einen Chirurgen, der das Spiel 1883 erfand. Unser Doktor war begeistert von ‚Halma' und kaufte ein paar Exemplare davon. Eines hat er uns geschenkt. Seht nur, wie hübsch die bunten Spielkegel sind!" Vera zeigte Tim und Hendrik die roten, gelben, blauen und grünen Holzfiguren, die sie auch von ihrem Halmaspiel zu Hause kann-ten.

„Ich spiele am liebsten ‚Mensch ärgere dich nicht'. Das ist supercool, da gewinne ich fast immer", prahlte Hendrik lachend.

„Kein Wunder, da musst du ja auch nicht nachdenken, und schummeln tust du so-wieso wie ein Weltmeister!", ärgerte Tim sofort den Freund, der ihm dafür in einem unbeobachteten Moment auf den Fuß trat.

„Mensch ärgere dich nicht! Das ist ein lustiger Name für ein Spiel. Erzählt mir mal, wie spielt man es? Ich habe noch nie davon gehört!" Vera sah erstaunt zu den fremden Kindern.

„Am meisten Spaß macht natürlich das ‚Rausschmeißen'", beendete Tim seinen Beitrag über das beliebte Spiel.

„Seltsam, dass es niemand von uns kennt!" Frau Waller, die neben den Kindern saß, schüttelte nachdenklich den Kopf. „Woher habt ihr das Spiel?"

Tim dämmerte, dass sie mal wieder unüberlegt von etwas erzählt hatten, das anscheinend noch nicht erfunden war. Wie sollte er die Lage retten? Ole, dem immer sofort etwas einfiel, saß leider in der Badewanne.

„Och, das ist schon uralt. Das Spielbrett fällt bald auseinander. Unser Opa brachte es mal von einer Reise mit! Leider ist er schon tot, darum kann ich ihn nicht mehr fragen, woher er es hat." Tim war erleichtert und mächtig stolz über seine gute Notlüge. Er konnte ja nicht ahnen, **dass ein gewisser Josef Schmidt aus München erst 1905 das beliebte Spiel für seine drei kleinen Söhne erfand. Fünf Jahre später stellte er es für die deutsche Bevölkerung her. Da seine Erfindung zuerst aber niemand kaufen wollte, verschenkte Josef Schmidt 3000 Spiele an deutsche Soldaten, denen es so gut gefiel, dass sie es begeistert mit zu ihren Familien nach Hause nahmen. So spielte ab 1912 bald jeder in Deutschland „Mensch ärgere dich nicht".**

„Interessant! Vielleicht kannst du uns das Spiel ja einmal mitbringen. Wir hätten sicher auch Spaß daran!", überlegte Frau Waller, und Vera stimmte begeistert zu.

„Na klar! Das werde ich machen, wenn unsere Eltern wieder gesund sind", versprach Tim großzügig und war froh, der heiklen Situation unbeschadet entkommen zu sein.

„Jetzt wollen wir aber endlich ‚Halma' spielen. Ich erkläre euch die Regeln. Vielleicht möchte Merle auch mitmachen?" Vera sah zu Merle hinüber, die aufblickte, als sie ihren Namen hörte. Da sie mit dem Lesen ihrer Zeitungsseite fertig war, folgte sie gern der Einladung. Natürlich kannte sie das alte Brettspiel, es war ein Bestandteil ihrer großen Spiele-Sammlung. Aber alle in ihrer Familie spielten am liebsten das sternförmige Halma, das sie ebenfalls besaß. Warum, wusste sie eigentlich nicht so richtig. Vielleicht lag es daran, dass die Felder farbenfroher waren, denn die Spielregeln waren dieselben.

Vera und Rudolf freuten sich sehr darüber, wie schnell ihre Gäste das Spiel begriffen. Auch Frau Waller wunderte sich nicht schlecht, als sie sah, mit welchem Geschick Merle sich Bahnen baute, um mit ihren Spielfiguren in das gegenüberliegende Ziel auf dem Spielplan zu gelangen. So gewann zu ihrem Erstaunen Merle auch das erste Spiel.

„Wahnsinn, du bist ein Naturtalent!" Rudolf war sprachlos, denn eigentlich siegte stets er bei „Halma". Natürlich forderte er eine Revanche. So einfach gab er sich nicht geschlagen. Allerdings wurde ein Spieler ausgewechselt, denn Ole kam frisch gebadet, herrlich entspannt und sauber angezogen aus der Badestube zurück. Dafür durfte sich nun Hendrik in die Badewanne legen.

Diener Johann und das Dienstmädchen hatten schon lahme Arme und Beine vom Wasserschleppen und gönnten sich gerade einen Moment Pause im Badezimmer, als Hendrik die Treppe hochgelaufen kam und hörte, wie sich die beiden unterhielten.

„Langsam reicht es mir! Warum ist auch dieser verdammte Badeofen noch nicht wieder repariert worden? Da bräuchten wir wenigstens kein heißes Wasser mehr nach oben zu schleppen. Ich komme mir vor wie ein Affe, meine Arme reichen schon bis zum Fußboden! Zum Glück sind drei dieser verlausten Gören bereits fertig mit dem

Baden. Jetzt kommt noch dieser miese kleine Dicke. Da brauchen wir nicht ganz so viel Wasser tragen, sonst läuft die Wanne über, wenn dieses fette Untier sich hineinsetzt!", fluchte Diener Johann und setzte sich erschöpft auf den Stuhl, der neben der Badewanne stand.

„Ich mag diese fremden Kinder nicht. Seitdem sie im Hause sind, müssen wir noch viel mehr arbeiten. Und dann dieser zottelige Hund mit seinen Riesenpfoten! Überall trägt er mir Dreck rein, den ich sofort wieder wegwischen muss, weil die gnädigen Herrschaften sonst meckern. Hast du mal gesehen, wie viele Fellbüschel überall herumliegen, seit dieses Ungeheuer durch die Villa läuft? Hunde gehören nach draußen in den Zwinger so wie die drei Jagdhunde von Herrn Waller. Keiner kommt auf die verrückte Idee, diese Köter ins Haus zu lassen", schimpfte Thea wütend, sie ahnte schließlich nicht, dass sie belauscht wurde.

„Was würde denn wohl passieren, wenn du mal so ganz aus Versehen, und natürlich ohne Absicht, die Eingangstür offen lässt und diesem stinkenden Viech einen Tritt versetzt, damit es nach draußen läuft? Wäre das mal eine gute Maßnahme gegen Dreck und Fellhaare?", lachte Johann fies und ließ seinem ganzen Unmut freien Lauf.

Hendrik hatte genug gehört. Dieser Diener und das Dienstmädchen waren einfach unverschämt und gemein!

„Ich habe eben jedes Wort verstanden. So ein Verhalten ist unmöglich. Sollte ich bemerken, dass Nicky etwas zustößt, werde ich Herrn Waller von eurem Gespräch erzählen. Danach dürft ihr euch sicher einen neuen Arbeitgeber suchen!" Hendrik bebte innerlich vor Wut. Er wunderte sich darüber, dass er mutig genug war, um die beiden Hausangestellten des Fabrikanten zurechtzuweisen.

„Nun bleib mal ganz entspannt, mein Junge! Wir haben hier gar nichts erzählt, und weil das so ist, kannst du auch nichts gehört haben. Vielleicht solltest du deine verstopften Ohren mal mit Seifenwasser spülen! Was bildest du dir eigentlich ein, wer du bist, he? Bloß, weil ihr den Arbeiter gerettet habt, seid ihr immer noch nichts anderes als die Kinder aus dem Armenviertel, mit denen sich sonst keiner von den Reichen abgibt. Ihr lügt und betrügt, wo ihr die Möglichkeit dazu habt. Das ist doch allgemein bekannt. Deswegen wird dir auch niemand glauben. Also halte lieber deinen Mund und spare dir die Quatscherei bei den Wallers. Verstehst du, was ich meine? Und jetzt mach, dass du in die Wanne kommst, bevor das Wasser kalt wird. Noch mal schleppe ich dir kein heißes Wasser hoch!" Diener Johann sah ihn mit böse zusammengekniffenen Augen an. Hendrik begriff, dass dieser Mann es ernst meinte. Vielleicht war es ein Fehler gewesen, ihm zu verraten, dass er gelauscht hatte.

„Ist schon gut, ich werde dichthalten!" Hendrik versuchte ruhig zu bleiben, aber ein leichtes Zittern in seiner Stimme verriet, dass er Angst vor Johann hatte.

„Sieh mal an, du bist zwar arm, aber nicht dumm! Doch ich warne dich, solltest du versehentlich bei dem alten Waller quatschen, wiegst du einen Kopf weniger!", schärfte ihm der Diener ein, bevor er mit dem Dienstmädchen das Badezimmer verließ.

Mit klopfendem Herzen schloss Hendrik die Tür ab. Er befürchtete, von dem fiesen

Diener noch einmal belästigt zu werden, dann erst zog er sich aus und stieg in die Wanne. Eigentlich hatte er sich auf das warme Bad gefreut, aber jetzt konnte er es kaum richtig genießen. Die gemeinen Worte des Dieners gingen ihm durch den Kopf. Wenn der nette Herr Waller wüsste, was er für grauenhafte Angestellte hatte, würden Johann und Thea längst nicht mehr bei ihm arbeiten dürfen. Da war sich Hendrik sicher. Allerdings konnte er sich aber auch nicht vorstellen, dass Johann ihm wirklich etwas antun würde. Doch bereits seine fiesen Worte reichten, um ihn nicht zu mögen. Er nahm sich vor, auf jeden Fall Tim, Ole und Merle von dem Vorfall zu erzählen.

Im Salon wurde gerade die vierte Runde „Halma" gespielt, als Hendrik endlich bei den anderen eintraf.

„Ich glaube, wir sollten für heute Schluss machen. Morgen ist Heiligabend, da wird es sowieso immer spät. Der Tag war sehr aufregend für euch. Auch wenn ihr Ferien habt, ist jetzt Bettzeit angesagt", entschied Anton Waller, als er sah, dass es bereits zehn Uhr abends war.

Eigentlich hatte er erwartet, von Protesten überhäuft zu werden, aber nichts dergleichen geschah. Vera packte ohne Murren das Spiel in den Schrank und verabschiedete sich mit einem Gute-Nacht-Kuss von den Eltern.

„Ich werde gerade auch wahnsinnig müde. Gute Nacht!" Rudolf gähnte laut und verschwand dann sofort nach oben in sein Zimmer.

Merle und ihre drei Freunde folgten ihm, als sie dem Tuchfabrikanten und seiner Frau für das Abendessen und die Bekleidung gedankt hatten. Hund Nicky trottete brav hinter den Kindern her.

„Schlaft gut!", rief Frau Waller ihnen nach. „Eigenartig, dass sie so ohne Widerspruch ins Bett gehen. Wer weiß, was Rudolf wieder ausgeheckt hat!"

Mit ihrer Vermutung lag sie auch gar nicht so falsch. Ihr Sohn war nämlich hocherfreut, dass sein Zimmer genau neben dem von Ole, Hendrik und Tim lag. So hatte er mit ihnen vereinbart, sich nachts im Gästezimmer zu verabreden. Es lag auf der Hand, dass Merle und Vera auch dabei sein wollten. Ein Umstand, der von den Jungen sofort angenommen wurde. Allerdings mussten sie den richtigen Zeitpunkt dafür abwarten, und der trat erst ein, wenn die Eltern und das Personal schlafen gingen. Rudolf hoffte sehr, dass das nicht allzu lange dauern würde.

Im Gästezimmer der Jungen lag Hendrik bereits im Bett. Er trug ein langes Nachthemd, das er auf dem Kopfkissen gefunden hatte. Auf Frau Wallers Anordnung musste das Dienstmädchen diese Nachtwäsche an die jungen Gäste verteilen.

„Ich finde, wir sehen absolut cool aus mit unseren Ballettkleidern", kicherte Tim und tanzte wie eine Ballerina auf Zehenspitzen in seinem hellblauen Nachthemd durch das Zimmer. Nicky sah das als eine Aufforderung zum Spielen an und biss ihm übermütig in die Wade. Ole verwies ihn sofort auf den Platz vor seinem Bett. Folgsam trottete der Hund auf sein Lager. Er hätte zu gern noch ein bisschen getobt, nun durfte er wieder nur zusehen, wie die beiden Jungen herumalberten. Beleidigt legte er seinen Kopf zur Seite. Für heute würde er sie keines Blickes mehr würdigen, so viel war sicher!

„Eigentlich vermisse ich die Schlafmütze. So ein Exemplar trägt bestimmt Herr Waller", lachte Ole und verbeugte sich vor Tim. „Darf ich bitten, die Dame!"

Gemeinsam hüpften sie nun durch den Raum, bis es plötzlich fürchterlich krachte.

„Verdammt, mein Nachthemd ist zerrissen!" Ole stolperte zu seinem Bett. „Das ist mir aber schrecklich unangenehm! Wir müssen das Ding unbedingt nähen. Hoffentlich kann Merle das, oder Vera!"

„Warum springst du auch wie diese Hupfdohlen vom Karnevalsverein herum. Das gibt bestimmt Ärger", vermutete Hendrik, der sich in seinem Bett pudelwohl fühlte, denn es war gemütlich warm durch die heiße Metallwärmflasche, wie er erfreut feststellte.

„Ich schlage vor, wir legen uns jetzt ins Bett und warten, bis Rudolf klopft. Es ist hier nämlich ganz schön kalt im Zimmer, wenn man sich nicht bewegt!" Tim krabbelte unter seine dicke Bettdecke. Im Schein der Nachttischlampe betrachtete er die beiden Blumengemälde an der Wand und fand, dass sie sehr gut gelungen waren.

„Du hast recht! Ich friere auch schon. Aua! Mann, ist dieser dusselige Bettofen heiß! Ich hab mir den Hintern an dem Ding verbrannt!" Ole sprang aus seinem Bett und hüpfte jammernd durch die Gegend.

„Du bist vielleicht ein Trottel! Schließlich wusstest du doch, dass diese Heizdinger im Bett liegen. Setz dich einfach auf was Kaltes, das hilft bestimmt", schlug Tim seinem Freund vor.

„Witzig, witzig! Glaubst du vielleicht, ich gehe so nach draußen in den Schnee? Wenn mich einer sieht, steckt der mich gleich ins Irrenhaus!" Oles Blick fiel auf den Wasserkrug, in dem sich frisches Wasser befand, und tauchte den Waschlappen, der daneben lag, hinein. Damit konnte er prima sein brennendes Hinterteil kühlen. Als die gewünschte Wirkung eintrat, kletterte er diesmal vorsichtig in das warme Bett.

„Wie gefällt euch die Familie Waller?" Tim lag bis an die Nasenspitze zugedeckt in seinem Bett und wartete gespannt auf die Antwort seiner Freunde.

„Die sind echt alle nett. Schade, dass wir ihnen nicht die Wahrheit über uns erzählen können. Aber das würde wieder nur Komplikationen mit sich bringen. Der Doktor hatte ja auch seine Schwierigkeiten, uns zu glauben. Das ist übrigens ein klasse Typ! Wie toll der für uns gelogen hat, das war schon einsame Spitzenklasse. Ich freue mich darauf, ihn morgen wiederzusehen!" Ole war zufrieden mit sich und der Welt. Der Brandschaden war glücklicherweise behoben, so dass er schmerzfrei in seinem Bett liegen konnte.

„Wie es wohl Fritz Färber geht? Ich möchte ihn morgen unbedingt besuchen!" Tim überlegte, ob der Arbeiter wohl noch unter großen Schmerzen litt.

„Das werden wir auf jeden Fall machen", antwortete Ole, den der Gesundheitszustand Fritz Färbers ebenfalls interessierte.

„Am liebsten würde ich morgen früh zur Wittorfer Burg zurückgehen", wünschte sich Hendrik und seufzte dabei leise, denn er dachte dabei an den schrecklichen Diener Johann.

„Warum? Es ist doch toll hier. Immerhin ist vieles schon richtig modern geworden. Es gibt ein Badezimmer, Gaslampen und sogar schon Toiletten im Haus. Auf jeden

Fall lebt es sich jetzt angenehmer als in den letzten Jahrhunderten. Und wer kann schon von unseren Schulfreunden behaupten, Weihnachten 1891 erlebt zu haben. Ich bleibe gern noch einen Tag länger. Übermorgen reisen wir aber bestimmt weiter. Walburga wird es uns nicht übelnehmen, wenn wir mal einen Tag Urlaub machen!" Ole freute sich sehr auf das Weihnachtsfest bei dem Tuchmacherfabrikanten.

„Mir gefallen aber das Dienstmädchen und der Diener nicht!" Hendrik erzählte nun von seinem Erlebnis mit den beiden im Badezimmer.

„Das ist ja wohl die oberabsolute Frechheit! Ich kann diesen Knallkopf sowieso nicht ausstehen. Und diese Thea ist mir viel zu arrogant für ein Dienstmädchen. Ich wüsste nicht, worauf die sich etwas einbilden kann, diese Hässlette! Hast du mal ihre Nase gesehen? Sieht aus, als wenn sie mit Pinoccio verwandt wäre! Bei der nächsten Gelegenheit werden wir ihnen mal eine richtig gute Lektion erteilen. Nicky ist perfekt im Wadenbeißen!" Ole regte sich fürchterlich über das Verhalten des Dienstpersonals auf und schmiedete schon Rachepläne, als es leise an der Tür klopfte.

„Ich glaube, die Luft ist rein! Alles schläft sanft und selig!" Rudolf schlich ins Zimmer, ihm folgten Merle und Vera. „Macht mal ein bisschen Platz in euren Betten, sonst erfrieren wir!"

Da Rudolf nur mit seiner Schwester zusammenliegen wollte, musste Tim sein Bett verlassen. Schnell kroch er zu Ole, denn es war im Zimmer so kalt, dass sich bereits Eisblumen an den Fensterscheiben bildeten. Merle musste sich nun mit Hendrik ein Bett teilen.

„Wer von euch beiden kann Oles Nachthemd reparieren?" Tim teilte den Mädchen schadenfroh von dem Missgeschick des Freundes mit.

„Zum Tanzen eignen sich Nachthemden auch nicht besonders", lachte Vera und bedauerte, dass sie Ole dabei nicht beobachten konnte. Natürlich bot sie ihm an, das Hemd zu flicken, denn Nähen hatte sie schon im Handarbeitsunterricht gelernt.

Ole war sehr verlegen. Es war ihm schon ein bisschen peinlich, dass ausgerechnet Vera das Kleidungsstück reparierte. Sie musste ihm aber versprechen, ihren Eltern nichts von dem zerrissenen Nachthemd zu erzählen.

„Das mache ich nicht! Ehrenwort!", gelobte Vera und ihre blauen Augen sahen Ole strahlend an, so dass ihm wieder ganz eigenartig warm dabei wurde. Schnell wandte er seinen Blick von ihr ab, damit sie seine Unsicherheit nicht bemerkte.

„Ihr seid die tollsten Kinder, die wir jemals kennengelernt haben! Schade, dass eure Eltern im Vicelinviertel leben. Da darf niemand von uns hin. Aber wenn alle Kinder so sind wie ihr, dann gehen wir demnächst einfach heimlich dorthin. Unsere Freunde sind alle langweilig und haben nicht so tolle Ideen wie ihr!" Rudolf wusste nicht, wann er sich mal glücklicher gefühlt hatte als in dieser Nacht. Sie kicherten und alberten und erzählten sich Geschichten.

Plötzlich stand Nicky von seinem Platz auf und ging zur Tür. Erst schnüffelte er nur, dann begann er leise zu knurren.

„Seid mal leise! Da muss etwas sein. Nicky würde sonst nie knurren!" Ole kletterte aus seinem Bett und schlich vorsichtig zur Tür. Im Zimmer war es augenblicklich so still, dass man eine Nadel zu Boden fallen hören konnte. Ole beruhigte seinen Hund leise und strich ihm über das Fell. Er konnte nichts Verdächtiges hören. Im Haus schien alles still zu sein.

Plötzlich hörte er Schritte und Stimmen, die näher kamen. Er gab seinen Freunden Zeichen, zu ihm an die Tür zu kommen.

„Es sind der Diener und das Dienstmädchen! Was wollen die hier auf dieser Etage?" Vera wurde unsicher. Die Bediensteten hatten nachts nichts auf diesem Flur zu suchen. Sie bewohnten ihre Zimmer unter dem Dach. Die Toilette und das Bad waren außerdem für sie verboten. Für nächtliche menschliche Bedürfnisse stand unter ihrem Bett ein Nachtopf aus Porzellan.

„Du bist das süßeste Mädchen, das ich jemals in meinem Leben gesehen habe, mein Schnuffelchen", hörten sie den Diener Johann reden. Darauf folgte lautes Geschmatze und leises Gekicher.

„Meine Güte, quatscht der ein dummes Zeug", flüsterte Rudolf.

„Der hat was mit dem Dienstmädchen! Hört mal, wie die knutschen", erklärte Merle leise.

„Wenn das unsere Eltern erfahren, gibt das bestimmt Ärger", meinte Vera.

„Leise, Hasilein! Weck die Kinder nicht auf. Sonst verraten sie uns noch! Lass uns schnell ins Bad, damit wir endlich schlafen gehen können!" Kein Zweifel, es war die Stimme des Dienstmädchens Thea, wie die Kinder sofort erkannten.

„Wenn die Wallers wüssten, dass wir immer ihr Badezimmer benutzen. Die würden uns beide sofort feuern! Aber warum sollen wir nicht auch ein bisschen von ihrem Luxus abbekommen? Es ist doch ungerecht, dass die so reich sind und wir so arm. Dabei schuften wir Tag und Nacht für diese Familie!" Der Diener fand es ganz in Ordnung, was sie machten.

„Wenn wir beiden doch erst verheiratet wären, mein Liebster! Aber leider fehlt uns dazu noch das Geld", bedauerte Thea und drückte ihrem Johann gleich mehrere Küsse auf Mund und Wange.

„Warte ab, mein Mäuschen, manchmal geht alles schneller, als man denkt", erwiderte der Diener geheimnisvoll, und wieder gab es ein endloses Geschmatze. Die Kinder hinter der Tür lauschten mucksmäuschenstill dem Liebespaar, das nicht ahnte, dass es Zuhörer hatte.

„Was willst du damit sagen?" Theas Stimme klang neugierig.

„Du musst nicht alles wissen! Aber so viel verrate ich dir noch. Ich werde dir morgen Abend ein kostbares Geschenk machen, über das du dich sehr freuen wirst. Für dich, meine Prinzessin, ist mir nichts zu teuer!"

„Aber Johann, wir haben doch gar kein Geld für teure Geschenke. Hast du denn ganz vergessen, dass wir für unsere Hochzeit sparen müssen?"

„Nein, natürlich nicht! Wer sagt denn, dass ich viel ausgegeben habe. Dinge können doch wertvoll sein und trotzdem nichts kosten."

„Also, irgendwie sprichst du in Rätseln!" Thea war sehr gespannt auf ihr Weihnachtspräsent.

„Mag sein, aber du musst dich noch etwas gedulden, Liebste! Heiligabend ist erst morgen. Und jetzt lass uns nicht so lange hier im kalten Flur herumstehen. Ich bin wirklich müde heute, die Wasserschlepperei hat mich total fertig gemacht. Morgen tun mir davon bestimmt alle Knochen weh", befürchtete der Diener.

„Mir geht es nicht besser. Dieses blöde Kinderpack! Am wenigsten mag ich den kleinen Dicken. Glaubst du, dass er uns gefährlich werden könnte, indem er uns verpfeift? Immerhin war es nicht so gut, dass er uns belauscht hat!" Thea wusste, dass ihre Äußerungen sie ihren Arbeitsplatz kosten konnten, wenn Herr Waller davon erfahren würde.

„Ach was! Dem habe ich so viel Angst eingejagt, dass er sich fast in die Hose gemacht hat. Aber jetzt komm endlich ins Bad, bevor wir hier entdeckt werden!" Diener Johann wurde immer ungeduldiger.

„Warte, mein Liebster, noch einen klitzekleinen Kuss und dann folge ich dir, wohin du willst", bettelte Thea, und sofort hörten die Kinder wieder ein heftiges Geschmatze. Kurz darauf wurde es still vor der Tür, denn die beiden waren im Badezimmer verschwunden.

Auf Zehenspitzen schlichen die sechs Freunde zurück in ihre warmen Betten, denn sie froren inzwischen ziemlich stark. In der Aufregung hatten sie vergessen, dass sie barfuß und in Nachthemden das Dienstpersonal belauscht hatten.

„Die beiden sind ganz schön frech! Sie benutzen heimlich unser Badezimmer, obwohl meine Eltern es ihnen verboten haben. Die Dienstboten verfügen schließlich über Waschschüsseln in ihren Zimmern. Aber wahrscheinlich sind die beiden zu faul und haben einfach keine Lust, Wasser bis unter das Dach zu tragen", vermutete Rudolf. Er mochte den Diener nicht.

„Wann hast du Johann und Thea belauscht?", wollte Vera nun wissen.

Hendrik erzählte von dem Gespräch der beiden im Badezimmer.

„Ich muss meinem Vater sagen, was die beiden hier treiben. Er wird sie hinauswerfen." Rudolf war empört von dem, was Henrik berichtete.

„Du solltest das aber erst nach Weihnachten machen, sonst bricht hier das Chaos über uns herein. Stell dir vor, wir hätten über die Feiertage kein Personal! Das geht gar nicht. Wir bekommen doch Besuch von den Großeltern. Wie soll Mutter alles allein im Haushalt schaffen? Vater ist ihr keine große Hilfe, weil er davon keine Ahnung hat. Und die Köchin kann unmöglich die Arbeit von Johann und Thea übernehmen!", gab Vera zu bedenken, die ebenfalls empört über das Verhalten der beiden Hausangestellten war.

„Seid still! Die Badezimmertür geht auf, sie kommen zurück", warnte Tim die Freunde, die augenblicklich keinen Ton mehr sprachen.

Diesmal schienen der Diener und das Dienstmädchen es aber eilig zu haben, auf ihre Zimmer zu kommen, denn sie trippelten leise und schnell den Flur entlang zur Treppe.

Angestrengt lauschten die Freunde und hielten dabei für einen Moment den Atem an, doch weder Thea noch Johann sprachen jetzt ein Wort.

„Wahrscheinlich sind sie zu müde, um sich noch zu unterhalten", schätzte Ole und spürte seine eigene Schläfrigkeit, denn er begann zu gähnen.

„Also gut, warten wir noch bis nach Weihnachten. Danach erzähle ich aber alles den Eltern!" Rudolf erkannte, dass seine Schwester mit ihren Überlegungen recht hatte.

„Es ist inzwischen schon zwei Uhr in der Nacht. Wir sollten schlafen gehen, denn morgen müssen wir früh aufstehen, auch wenn wir Ferien haben. Wir wollen Vater in den Wald begleiten und einen Tannenbaum schlagen!" Vera fielen die Augen zu, so müde wurde sie plötzlich.

„Und wir sind mit Doktor Melcherts im Krankenhaus verabredet!", erklärte Hendrik und gähnte laut.

„Sicherlich wollt ihr nach euren Eltern sehen. Hoffentlich geht es ihnen bald wieder besser. Ihr seid so starke Kinder. Wenn unsere Eltern plötzlich einen schweren Unfall hätten und ohne Bewusstsein im Krankenhaus lägen, ich könnte nicht so lustig sein wie ihr!" Vera bewunderte die Freunde für ihren Mut und ihre Stärke, selbst mit schweren Schicksalsschlägen fertig zu werden.

„Ja, ja, natürlich wollen wir zu unseren Eltern. Deswegen sind wir mit dem Doktor verabredet. Er soll uns über ihren Zustand informieren. Wir werden auch Fritz Färber besuchen. Mal sehen, wie es dem Arbeiter eures Vaters geht!" Tim hatte gar nicht mehr an die Ausrede mit den verunglückten Eltern gedacht. Zum Glück fiel ihm die Geschichte wieder ein, als Vera ihn darauf ansprach.

„Gegen Mittag müsst ihr aber zurück sein. Wir sollen uns doch festlich anziehen, denn am Nachmittag kommen die Großeltern. Großvater legt nicht so viel Wert darauf, dass wir hübsch aussehen, denn er hasst es selber, wenn er wie aus dem Ei gepellt herumlaufen muss. Aber Großmutter ist sehr darauf bedacht, dass man ordentlich und dem jeweiligen Anlass entsprechend gekleidet ist. Sie ist schon manchmal sehr anstrengend. Aber dafür ist Großvater umso lustiger. Er erzählt für sein Leben gern Geschichten. Wenn er einmal anfängt, hört er nicht mehr damit auf. Ich glaube, dass ihr ihn gernhaben werdet. Manchmal tut er mir leid, denn Großmutter meckert oft mit ihm herum, weil er noch soviel Blödsinn im Kopf hat. Er ist zwar schon alt, aber irgendwie trotzdem jung geblieben!" Vera schwärmte sehr für ihren sympathischen Großvater und freute sich auf das Wiedersehen mit ihm.

„Bis zum Mittag sind wir bestimmt zurück. Aber jetzt gehe ich schlafen", erklärte Merle und kletterte aus Hendriks Bett. Sie war müde und wollte nur noch in ihr Zimmer.

„Schlaft gut! Bis morgen!", rief sie leise den Freunden zu und verließ gähnend den Raum.

„Gute Nacht!" Rudolf und Vera schlossen sich ihr an und schlichen durch die Tür, um nach nebenan in ihre Betten zu gehen.

„Die Geschwister sind echt in Ordnung. Wir sollten überlegen, ob wir ihnen nicht doch die Wahrheit über uns erzählen", flüsterte Ole leise, als die beiden weg waren.

„Jetzt will ich gar nichts mehr überlegen, sondern einfach nur schlafen. Lass es uns morgen besprechen!" Tim hatte keine Lust mehr, sich zu unterhalten, und löschte die Lampe auf seinem Nachttisch.

Hendrik schlief schon. Ole hörte sein gleichmäßiges Atmen. Es war jetzt dunkel in dem Gästezimmer. Mit offenen Augen lag er da und starrte in die Dunkelheit. Es wäre wirklich einfacher, wenn die Geschwister von ihrer Zeitreise wüssten, dachte er. Doch die Müdigkeit hatte auch ihn fest im Griff. Er rollte sich in sein warmes Bettzeug ein und entschloss sich zu schlafen.

Am nächsten Morgen wurden die Kinder um neun Uhr durch Frau Waller geweckt.

Da es sehr kalt in den Zimmern war, reichte die Zeit nur für eine kurze Katzenwäsche. Jeder hatte das Bestreben, so schnell wie möglich warme Kleidung anzuziehen.

„Mensch ist hier viel Eis an der Scheibe!" Ole kratzte mit den Fingern eine dicke Schicht Eisblumen von den Fenstern.

„Es muss heute Nacht noch mehr geschneit haben. Draußen liegt irre viel Schnee", freute sich Tim. „Wir haben richtiges Weihnachtswetter, und dazu scheint auch noch die Sonne, herrlich!"

„Mir ist das alles ziemlich egal. Ich habe nämlich tierischen Hunger. Hoffentlich gibt es ein gutes Frühstück, sonst verhungere ich noch!" Hendrik stand bereits in der Tür. Er wartete ungeduldig auf seine beiden Freunde.

„Zu Hause öffne ich in der Weihnachtszeit jeden Morgen meinen Adventskalender. Meine Mutter hat ihn aus Holz selbst gebastelt, und am 24. Dezember ist natürlich das Beste drin. Außerdem habe ich auch noch einen Kalender mit Schokoladenfiguren!" Tim vermisste diesen Brauch und war sich nicht sicher, ob es ihn im Jahr 1891 überhaupt schon gab.

„Der hält bei mir nie vierundzwanzig Tage. Meistens esse ich ihn schon in der ersten Adventswoche leer. Natürlich verschließe ich dann alle Türchen schnell wieder, damit meine Mutter nichts davon bemerkt. Aber eigentlich ärgere ich mich immer über mich selbst, weil ich für die restliche Zeit morgens keine Schokolade mehr essen kann. Jedes Jahr nehme ich mir vor, standhaft zu bleiben, aber ich werde ständig wieder schwach", stöhnte Hendrik und dachte sehnsüchtig an die süßen Leckereien in seinem Adventskalender.

„Glaubt ihr, dass Rudolf und Vera einen Schokoladenkalender besitzen?", fragte Ole seine Freunde.

„Keine Ahnung. Unten in dem Salon hängen jedenfalls keine. Vielleicht haben sie welche in ihrem Zimmer. Wir können ja mal rübergehen und nachsehen. Sicherlich sind die beiden noch hier oben. Sie würden bestimmt nicht ohne uns frühstücken", überlegte Tim.

Gemeinsam mit Nicky verließen sie das Gästezimmer und suchten Rudolf auf.

„Ich wollte gerade zu euch kommen. Merle ist schon bei Vera. Ich habe die beiden miteinander sprechen gehört", begrüßte er die drei Jungen freundlich.

Hendrik konnte sich gerade noch zurückhalten mit einer Bemerkung über Rudolfs Kleidung. **Er trug nämlich an diesem Morgen einen weißen Matrosenanzug** mit blauem Kragen. Es war ein übliches Kleidungsstück für Kinder aus der gutbürgerlichen Schicht. Hendrik fand den Anzug allerdings etwas zu komisch und musste sich zusammenreißen, um nicht darüber zu lachen. Auch Tim und Ole wären nie in so einem Kleidungsstück durch die Stadt gelaufen, wie sie amüsiert feststellten. Doch die Mode änderte sich nun einmal ständig.

„Du hast ja ein tolles Kinderzimmer!" Ole staunte nicht schlecht, als er sich umsah. Alles war sauber und jeder Gegenstand hatte ordentlich seinen Platz. So etwas war eine Sensation! Das gab es wohl nur im Jahre 1891! Er kannte jedenfalls keinen Jungen in seinem Alter, dessen Zimmer nicht vom Chaos beherrscht wurde. Regelmäßig bekam seine Mutter Tobsuchtsanfälle, wenn sie wieder auf Zehenspitzen wie ein Storch durch seine CD-Sammlung, Schmutzwäsche und Schulbücher waten musste, um seine Fenster zu putzen. Viel mehr konnte sie in dem Raum auch nicht erledigen. Selbst staubsaugen war unnötig, denn es lagen überall Dinge herum, so dass der Staub keinen Platz fand, um sich auf dem Teppichboden niederzulassen. Manchmal passte seine Mutter nicht einmal richtig auf und zertrat sogar noch etwas Wichtiges, so wie neulich erst die Kappe seines Füllers. Aber hier in Rudolfs Zimmer war alles anders. Oles Mutter hätte ihre helle Freude an diesem Jungen gehabt! Alles stand ordentlich an seinem Platz. Nirgends war auch nur der Ansatz von Schmutz zu sehen. Auf dem Holzfußboden lag sogar ein Teppich mit sauber gekämmten Fransen. Er erinnerte ihn an seine Großeltern, die in ihrem Wohnzimmer einen ähnlichen hatten. In einem dunkelbraunen Eichenschrank hing Rudolfs Bekleidung. Vor dem Fenster neben einem schweren Eichenschreibtisch stand eine große **Ritterburg aus Holz** und daneben stolzierten **mehrere Zinnsoldaten** vor einer **kleinen Spielzeugkanone aus Messing**. In einer Zimmerecke lagen zwei **Holzgewehre** und in einem Regal türmten sich jede Menge **Bücher**. Sogar **eine Trommel** besaß Rudolf, die er neben seinem Bett aufbewahrte. Nur einen Adventskalender konnte Ole nirgends entdecken.

„Was hast du eigentlich für Weihnachtswünsche?", fragte Tim. Natürlich war ihm klar, dass es noch keine Computer gab oder MP3-Player. Aber es interessierte ihn schon, was die Kinder knapp einhundertzwanzig Jahre vor seiner Zeit sich so zum Heiligen Abend wünschten.

„Ich hoffe, dass ich eine Dampfmaschine bekomme! Ich kann aber gut noch ein paar Zinnsoldaten gebrauchen und Bücher natürlich. Wahrscheinlich schenken mir meine Eltern auch wieder etwas zum Anziehen, das ist jedes Jahr so. Eigentlich kann ich mich nicht beklagen, denn ich werde immer mit Geschenken überhäuft. Oh, Entschuldigung! Das klingt für euch sicherlich sehr überheblich. Wie dumm ich doch bin! Ihr erhaltet bestimmt nur wenige Dinge von euren Eltern zu Weihnachten. Ich wollte euch nicht kränken. Es tut mir unendlich leid, wenn ich es doch getan habe!" Rudolf war seine unbedachte Äußerung sehr unangenehm. Aber da er sonst nur Umgang mit Kindern aus reichem Hause pflegte, hatte er ganz vergessen, dass die drei fremden Jungen arm waren. Er wusste ja nicht einmal, ob sie überhaupt etwas zu Weihnachten bekamen! Sofort nahm er sich vor, den Vater darum zu bitten, Ole und seinen drei Geschwistern etwas zum Fest schenken zu dürfen.

„Wir sind dir nicht böse. Geschenke sind uns nicht so wichtig", erklärte Tim sofort und beruhigte so etwas Rudolfs schlechtes Gewissen.

„Sehen wir nach, ob meine Schwester schon fertig ist mit dem Anziehen. Bei Frauen dauert das ja meistens etwas länger", lachte Rudolf und verließ mit den Jungen und Nicky sein Zimmer. Dabei fuhr er ihm liebevoll durch das lange Fell. „Dein Hund ist wirklich ein außergewöhnliches Tier. So brav sind unsere Jagdhunde nicht, die könnten wir nie im Haus mitwohnen lassen. Sie würden nur Unsinn treiben!"

„Hast du eine Ahnung, wie frech Nicky sein kann, wenn er irgendwo eine Mettwurst aufspürt. Die klaut er schneller, als du es sehen kannst", klärte Ole Rudolf auf.

„Guten Morgen, die Damen! Wir wollten euch zum Frühstück abholen. Aber wie ich sehe, seid ihr noch bei der morgendlichen Toilette!" Rudolf hatte die Tür zum Zimmer seiner Schwester geöffnet und sah nun, wie sie die Haare von Merle frisierte. Ganz der Mode entsprechend, band sie ihr eine große blaue Schleife in das lange Haar, passend zu dem Kleid, das Merle trug.

„Wir sind ja schon fertig", entschuldigte sich Vera und zupfte noch einmal kurz eine Haarsträhne aus Merles Gesicht. „Nun siehst du richtig toll aus!"

Die beiden Mädchen waren sehr zufrieden mit sich und drehten sich lachend vor dem großen Spiegel in Veras Zimmer.

„Typisch Weiber! Die haben immer nur Mode und ihre Schönheit im Kopf. Das erkannten sogar die Lehrer. Deshalb lernen **die Mädchen in der Schule neben den übrigen Fächern auch Stricken und Nähen! Natürlich werden wir in solchem Schwachsinn nicht unterrichtet. Dafür erhalten wir mehr Stunden in Mathematik, Geschichte, Zeichnen, Sport und Naturkunde.** Man hat nämlich festgestellt, dass Mädchen in diesen Fächern nicht so begabt sind wie wir Jungen. Von mir aus bräuchten Mädchen gar nicht in die Schule gehen. Sie heiraten ja sowieso und kriegen Kinder. Ich werde später Offizier bei der kaiserlichen Armee. Das ist das einzig Wahre für einen echten Mann", entschied Rudolf sehr energisch.

„Du willst Soldat werden? Das findet dein Vater aber nicht so toll. Du sollst doch mal seine Fabrik übernehmen!" Hendrik konnte sich nicht vorstellen, dass jemand Spaß daran haben konnte, zu kämpfen und dabei sein Leben aufs Spiel zu setzen.

„Ich will nicht Tuchfabrikant werden, damit wird er sich abfinden müssen", erklärte Rudolf trotzig.

„Jetzt lasst uns endlich frühstücken. Bis du mit der Schule fertig bist, vergehen sowieso noch ein paar Jahre, und dann werden wir weitersehen!" Vera kannte den Berufswunsch ihres Bruders nur zu gut und wusste, dass er Stunden darüber reden konnte, wenn er nur einen Anlass dazu bekam.

Frau Waller erwartete die Kinder am reichlich gedeckten Frühstückstisch. Die Köchin brachte gerade frischen, heißen Kakao und Hendrik setzte sich mit Windeseile auf seinen Platz. Er wusste gar nicht, welche Köstlichkeit er zuerst probieren sollte, denn verschiedene Marmeladensorten, Honig, Käse, Wurst und Eier machten ihm mächtigen Appetit. Außerdem gab es Brötchen und Rosinenbrot. Auch für Nicky war wieder gesorgt. In einem Teller auf dem Fußboden lag ein Riesenhaufen Leberwurst, über den der Hund sich sofort gierig hermachte. In diesem Haus gefiel es ihm, denn selbst ohne Betteln bekam er die herrlichsten Leckerbissen.

„Wo ist denn Vater?" Vera begrüßte ihre Mutter mit einem morgendlichen Kuss und setzte sich an den Tisch neben ihren Bruder.

„Der ist schon ganz früh aufgestanden. Er hat heute noch eine Menge zu erledigen. Wenn er zurückkommt, muss er noch einen Tannenbaum schlagen. Er möchte, dass Rudolf ihn dabei begleitet!" Frau Waller goss sich eine Tasse Kaffee ein. Merle sah die hübsche Kaffeekanne, und dabei fiel ihr auf, dass sie so ein Teil zu Hause gar nicht mehr benutzten. Ihre Mutter füllte den Kaffee aus der Kaffeemaschine immer gleich in eine praktische Warmhaltekanne. Sicher gab es so etwas im 19. Jahrhundert noch nicht. Wie wohl die Küche im Haus der Wallers aussah? Sie nahm sich vor, nach dem Frühstück unbedingt die nette Köchin Lene dort aufzusuchen und sich an ihrem Arbeitsplatz einmal umzusehen. Schließlich hatte sie noch die offene Küche der Witwe Schubert sehr gut im Gedächtnis. Es musste sich also in den letzten 120 Jahren viel verändert haben, und darauf war sie nun gespannt.

„Ich würde heute gern noch einmal mit dir in die Stadt gehen!" bat Vera ihre Mutter, während sie ihren Kakao trank.

„Das ist eine gute Idee! Ich habe gestern ohnehin noch etwas zu besorgen vergessen!" Frau Waller tupfte sich mit einer weißen Stoffserviette den Mund sauber. „Ihr wollt sicher nachher eure Eltern im Krankenhaus besuchen gehen. Sollen wir euch begleiten?"

„Nein, das ist nicht nötig! Wir wissen ja auch noch gar nicht so genau, ob sie überhaupt schon das Bewusstsein wiedererlangt haben!" Ole war nicht sehr wohl dabei, die nette Fabrikantenfrau zu belügen.

„Ich kann verstehen, dass ihr in diesem Fall lieber mit ihnen allein sein wollt. Aber wenn ihr Hilfe braucht, wir sind immer für euch da. Ich hoffe, dass es euren Eltern heute besser geht. Doktor Melcherts ist ein hervorragender Arzt, er wird alles tun, um sie wieder gesund zu machen." Frau Waller stand auf und ging zum Fenster. Die Sonne schien noch immer, so dass ein Spaziergang in die Stadt zwar kalt, aber durchaus angenehm werden konnte.

„Danke, dass Sie so nett zu uns sind!" Merle bewunderte die elegante, schlanke Mutter von Rudolf und Vera. Sie trug ein dunkelgrünes Kleid, das in der Taille sehr eng anlag und von dort glockenförmig bis zu den Füßen hinabreichte, so wie es die Mode vorschrieb. Besonders gut gefielen Merle die Ärmel, die am Oberarm stark aufgebauscht waren und dann zur Hand hin sehr schmal wurden. Die Tuchfabrikantenfrau trug ihre langen, blonden Haare hochgesteckt. Das sah vornehm aus zu dem hochgeschlossenen Kleid mit dem kleinen Rüschenstehkragen. Wie gern hätte Merle auch einmal so ein Kleid besessen! Aber im 21. Jahrhundert konnte keine Frau so etwas anziehen! Wie sollte man in diesem Kleidungsstück arbeiten? Sicher war es durch die enge Taille sehr unbequem, doch es sah wunderhübsch aus. Aber Frau Waller musste nicht arbeiten, sie hatte für alles ihr Personal.

Nach dem ausgiebigen Frühstück verabschiedete sich Vera von den Kindern und ging mit ihrer Mutter in die Stadt.

„Du hast einen schönen Mantel, er steht dir sehr gut", lobte Merle, denn Vera trug einen braunen Tuchmantel mit Pelzbesatz an Kragen und Ärmeln. Dazu besaß sie eine passende weiße Pelzmütze.

„Danke! Ich habe ihn gerade erst geschenkt bekommen. Meine Mutter trägt den gleichen Mantel in Schwarz. Er gefiel mir sehr, nur wollte ich ihn nicht in der gleichen Farbe haben wie sie, darum ist meiner braun", erzählte Vera stolz und ihre blauen Augen strahlten vor Freude über das Kompliment, das ihr Merle gemacht hatte.

Auch Ole blickte unauffällig immer wieder zu Vera hinüber. Sie sah wirklich spitzenmäßig aus. Aber das verriet er keinem.

Kaum hatten Vera und ihre Mutter das Haus verlassen, kam Köchin Lene und räumte den Frühstückstisch ab. Fast wäre sie über Nicky gefallen, der gerade mit einer Scheibe geklautem Schinken türmen wollte.

„Na du Nimmersatt! Hast du nicht gerade eben erst eine Riesenportion Leberwurst verdrückt? Aber keine Angst, ich werde dich nicht verraten", lachte die gutmütige Köchin, nahm die restlichen Scheiben Schinken vom Tisch und reichte sie dem Hund. Schließlich konnte sie niemandem mehr die angeleckten Nahrungsmittel anbieten. Nicky ließ sich das nicht zweimal sagen und griff gierig zu.

„Unser Hund klaut, wo immer er kann, wenn er glaubt, dass ihn niemand beobachtet", entschuldigte Ole Nickys Verhalten, als er in das Esszimmer kam und zufällig hörte, dass sein vierbeiniger Freund sich einmal mehr danebenbenommen hatte.

„Ich helfe mit, das Geschirr in die Küche zu tragen!" Merle nahm ein paar Tassen und folgte damit Lene in die Küche.

„Ach Kindchen, das mach ich doch jeden Tag alleine. Da brauchst du nicht zu helfen!" Die Köchin war sehr erstaunt, denn sonst bot ihr nie jemand seine Hilfe an.

Und während die vier Jungen mit Nicky in der Empfangshalle spielten, saß Merle bei Lene in der Küche. Wie sehr unterschied sich doch dieser Raum von einer modernen Küche aus dem Jahre 2009! In der Mitte stand ein großer Tisch, vor dem auf der einen Seite zwei Stühle standen.

„Na, gefällt dir unsere Küche?", fragte Lene, stellte sich vor den Tisch und zog zwei Schubladen hervor, die dort eingebaut waren. Darin befanden sich zwei große Waschschüsseln aus Emaile, wie Merle feststellte. Lene goss Wasser hinein und begann das Geschirr darin abzuspülen. Ein Spülmittel, wie es Merles Mutter benutzte, gab es noch nicht und so schrubbte die Köchin den Schmutz mit einer Bürste von den Tassen und Tellern. Die Reinigung von Kochtöpfen erfolgte mit Sand.

„Ja, es ist eine sehr praktische Küche!" Merle wusste nicht, was sie sonst antworten sollte, denn Lene war offensichtlich sehr zufrieden mit ihrem Arbeitsplatz. Dass es hier weder einen elektrischen Kochherd, eine Spülmaschine, eine Waschmaschine, einen Toaster oder sonst ein modernes technisches Gerät gab, interessierte die Köchin nicht. Sie hatte noch nie etwas von all diesen Errungenschaften gehört, weil sie einfach noch nicht erfunden waren.

„Das ist auch meine Meinung! Ich bin richtig froh, dass ich seit ein paar Jahren im

Hause der Wallers arbeiten darf. Die Herrschaften sind immer nett zu mir! Meine Freundinnen haben es nicht alle so gut getroffen. Sie bekommen schlecht bezahlt und werden oft beschimpft. Ja, Kindchen, die Kluft zwischen arm und reich ist ganz schön groß! Ich bin jetzt einundvierzig Jahre alt, da habe ich schon vieles erlebt. Und ich muss sagen, es hat sich eine Menge im Flecken verändert, seitdem die Fabriken hier entstanden sind. **Als ich noch ein Kind war, gehörte Schleswig-Holstein noch zu Dänemark. Erst 1867 wurde es ein Teil Deutschlands. Bis in das Jahr 1870 ist unser Flecken Neumünster dann so stark gewachsen, dass er das Stadtrecht erhielt. Durch die Fabriken kamen nämlich viele Menschen von überall her, um hier als Arbeiter ihr Geld zu verdienen. Innerhalb kurzer Zeit musste Wohnraum für alle geschaffen werden. Schulen wurden gebaut, weil es plötzlich so viele Kinder gab. Die Fabrikbesitzer erwirtschafteten schon damals sehr schnell eine Menge Geld, so dass sie reich wurden. Nur ihre Arbeiter, die jeden Tag stundenlang in den Fabriken schufteten, und das hat sich bis heute nicht geändert, bekamen einen geringen Lohn. Das ist einfach ungerecht!** Aber warum erzähle ich dir das alles, Kindchen? Die gnädige Frau hat mir gesagt, dass ihr aus dem Vicelinviertel stammt. Da weißt du ja selbst, was Armut bedeutet!" Lene wischte sich eine Haarsträhne aus der Stirn. Ihre langen schwarzen Haare waren zu einem Zopf geflochten, den sie hochgesteckt unter einem Häubchen trug. Merles Blick fiel auf die faltigen Hände der Köchin, die von der vielen Hausarbeit schon ziemlich abgearbeitet aussahen. Wie viel jünger wirkte dagegen ihre eigene Mutter, die gerade ihren fünfundvierzigsten Geburtstag gefeiert hatte! Trotzdem war Lene eine echte Frohnatur, die gerne lachte. Es störte sie auch nicht, dass sie etwas rundlich war, denn sie naschte bei ihrer Arbeit leidenschaftlich gerne.

„Armut ist schlimm! Ich möchte später einmal einen guten Beruf erlernen, damit ich genug Geld verdienen kann", erklärte Merle ehrlich und war froh, nicht 1891 aufgewachsen zu sein.

„Ich wünsche dir von Herzen, dass es dir gelingt. **Aber du weißt ja, mit vierzehn Jahren wirst du konfirmiert und danach musst du die Schule verlassen, so wie eben alle Arbeiterkinder. Vielleicht fängst du dann in einer Fabrik zu arbeiten an, oder du gehst irgendwo in Stellung bei reichen Leuten.** Wenn du viel Glück hast, kannst du eventuell auch als Näherin arbeiten. Es gibt doch seit einiger Zeit diese neumodischen Nähmaschinen. Eigentlich hätte ich auch gern ein solches Wunderding, doch leider kann ich es mir nicht leisten. Neulich erzählte mir die gnädige Frau, dass sie eine Nähmaschine kaufen möchte. Vielleicht darf ich bei ihr darauf das Nähen erlernen", hoffte die gutmütige Köchin, während sie Geschirr abtrocknete. Merle half ihr dabei.

„Ja, von diesen Nähmaschinen habe ich auch schon gehört, damit kann man ziemlich schnell ein Kleid fertigstellen!" Merle wusste nun, dass es Nähmaschinen noch gar nicht so lange gab, wie sie gedacht hatte.

„**Natürlich! Mit der Hand dauert es erheblich länger, deswegen waren die**

Schneider gar nicht glücklich über diese Erfindung. Schließlich hatten sie Angst um ihre Arbeitsplätze. Wenn jetzt die Bekleidung in Fabriken an Nähmaschinen hergestellt wird, kaufen die Leute ihre Sachen seltener beim Schneider, weil der eben viel teurer ist. In Frankreich gab es mal einen Nähmaschinenerfinder, der eine ganze Fabrik mit seinen Maschinen ausgestattet hatte. Dort sollten Kleider günstig hergestellt werden. Aber dazu kam es nicht, denn die Schneider aus der gesamten Umgebung haben die Fabrik gestürmt und alle seine Maschinen zerstört! Inzwischen haben sie sich nun auf das Nähen mit der Maschine umgestellt. Sie begriffen, dass sich der Fortschritt eben nicht aufhalten lässt, auch nicht mit Gewalt! Wer weiß, was die Menschen in den nächsten hundert Jahren noch alles erfinden!"

„Wer hat denn eigentlich die Nähmaschine erfunden?", wollte Merle wissen.

„Es gibt da keinen bestimmten Namen. Ich habe mal in der Zeitung gelesen, dass mehrere Menschen in verschiedenen Ländern diese Erfindung immer ein Stückchen weiterentwickelten, bis sie schließlich so funktionierte, wie wir sie jetzt kennen. Isaac Merritt Singer aus Amerika war dann der Erste, der sie gut verkaufen konnte und dadurch einer der reichsten Männer auf der Welt wurde. Als er im Sommer 1875 in England starb, hinterließ er ein Riesenvermögen", berichtete Lene, und Merle war sehr beeindruckt von ihrer Erzählung.

„Ich möchte auch mal etwas Tolles erfinden und damit steinreich werden", seufzte sie und Lene konnte das gut verstehen. Sie räumte das Geschirr in einen Schrank und putzte den Küchentisch.

„So, jetzt stellen wir noch schnell die Lebensmittel in die Speisekammer und dann kann ich einen Augenblick Pause machen", erklärte sie und wirbelte durch die Küche.

Die Speisekammer war ein dunkler Raum ohne Fenster. Sie befand sich neben dem Schrank, wo Töpfe und Pfannen aufbewahrt wurden, und diente zum Lagern von Lebensmitteln wie Wurst, Käse, Butter, Milch und Speiseresten. Einen Kühlschrank gab es noch nicht, wie Merle feststellte.

„Gleich muss ich die Gans für heute Abend vorbereiten. Ich werde sie schon einmal in den Bräter legen. Woran ich aber auch alles denken muss! Wo ist eigentlich der Diener Johann? Er soll mir noch Kohlen hereinholen für den Herd. Ohne Feuer wird die Weihnachtsgans niemals gar!" Lene hob aus der Speisekammer einen riesigen gerupften Vogel heraus und legte ihn auf den Küchentisch.

„Ich bin froh, dass wir bald einen modernen Gasherd bekommen. Da wird das Kochen bestimmt viel einfacher werden! Ja, wenn man Geld genug hat, kann man sich all die schönen, neuen Dinge leisten, die das Leben angenehmer machen", seufzte Lene und suchte die Gewürze für den Festtagsbraten zusammen. „Herrje! Fast hätte ich vergessen den Vanillepudding zu kochen! Mit der Pause wird es wohl nichts, Kindchen!"

„Macht es Ihnen überhaupt Spaß, den ganzen Tag in der Küche zu arbeiten? Das ist doch ganz schön anstrengend!" Merle beobachtete, wie die Köchin Milch in einen Kochtopf füllte.

„Anstrengend ist dieser Johann, weil er noch immer nicht da ist! Meine Arbeit ist schon in Ordnung, etwas anderes habe ich auch gar nicht gelernt!" Lene hoffte inständig, dass der Diener endlich aufkreuzte.

„Ich bringe Kohlen! Johann hat im Moment keine Zeit. Er putzt den Salon für heute Abend!" Das Dienstmädchen hatte einen Blechkasten in der Hand, in dem sich das Brennmaterial befand.

„Heizen ist eigentlich die Aufgabe von Johann", schimpfte Lene und befüllte den Herd mit den schwarzen Kohlen.

Merle beobachtete Lene dabei, wie sie ein Feuer im Herd anzündete. **Im Kochfeld waren Löcher, die man mit Eisenringen vergrößern oder verkleinern konnte, je nachdem, wie groß der Kochtopf war, den man dort hineinhängen wollte.** Lene nahm den Topf mit der Milch und setzte ihn in eines dieser Löcher.

„Das dauert jetzt bestimmt eine Weile, bis die Milch kocht", vermutete Merle, denn die Kohlen waren noch nicht heiß genug, um die Flüssigkeit zu erhitzen.

„Ja, das stimmt leider, und es ist die Schuld von Johann! Na, der kann nachher was erleben!" Lene schwang ihren Kochlöffel drohend durch die Luft, und Merle konnte sich vorstellen, dass der Diener eine ordentliche Standpauke erhalten würde, wenn er in die Küche kam.

„Du bist ja immer noch in der Küche! Aber da gehören die Frauen eben auch hin", kicherte Rudolf albern, der nach Merle suchte und sich nun auf eine Schüssel mit Apfelmus stürzte, das Lene gerade aus einem Einweckglas umgefüllt hatte. Mit dem Zeigefinger tauchte er hinein und leckte dann genüsslich an dem süßen Früchtemus.

„Wirst du alter Lümmel wohl deine schmutzigen Finger aus dem Essen nehmen!" Lene hielt noch immer ihren Kochlöffel in der Hand und lief hinter Rudolf her, der durch die Küche tobte und sich über die Köchin amüsierte. Er wusste ja, dass sie viel zu gutmütig war, um ihn mit dem Löffel zu schlagen. Aber es machte ihm riesigen Spaß, sie zu ärgern.

„Wir wollen jetzt zu Doktor Melcherts ins Krankenhaus und warten schon auf dich!" Ole kam in die Küche und mit ihm natürlich Nicky. Der Hund schnupperte und stellte hocherfreut fest, dass er sich im Schlaraffenland befand. Irgendwie roch es nach einer besonderen Leckerei! Während Ole sich mit Merle unterhielt, lief Nicky leise und unauffällig immer seiner Hundenase nach. Da war er, der köstliche Duft einer frisch geschlachteten Gans! Ein Blick nach oben verriet dem Hund, dass das Federvieh direkt vor seiner Nase auf dem Tisch lag. Wahrscheinlich hatte seine neue Freundin, die nette Köchin, es extra nur für ihn dort hingelegt! Schließlich versorgte sie ihn mit den schönsten Leckerbissen. Da bestand eigentlich kein Zweifel, diese fette Gans konnte nur für ihn bestimmt sein. Nicky drehte sich noch einmal um, Ole unterhielt sich in der Küche. Die Gelegenheit war also günstig. Mit einem Satz lagen Nickys dicke Vorderpfoten auf dem Küchentisch und er schnappte sich das nackte

Federvieh am Hals, um schnellstens damit zu verschwinden. Verdammt, der Vogel war aber nicht von schlechten Eltern und wog mehr, als er gedacht hatte. Die Köchin meinte es zu gut mit ihm!

„Die Gans!" Ein schriller Aufschrei drang durch die Küche. Lene wurde kreidebleich und stand starr vor Schreck vor dem leeren Küchentisch.

Ole war der Diebstahl furchtbar unangenehm, und so nahm er sofort mit seinen Freunden die Verfolgung von Nicky auf. Selbst Diener Johann, von dem vorher keine Spur zu sehen war, erschien augenblicklich in der Küche. Mit einem Besen verfolgte er Hund und Gans. Köchin Lene, die sich von ihrem Schreck erholt hatte, nahm ihren Kochlöffel und lief hinterher. Schließlich war der Weihnachtsbraten in allerhöchster Gefahr! Nicky hatte sich inzwischen mit seiner Beute im Salon unter einem edlen Tisch niedergelassen.

„Gibst du die Gans wieder her, du Bestie!", schrie Johann und kroch auf allen Vieren zum Tisch, den Besen hatte er unter den rechten Arm geklemmt. Nickys knappe Antwort war nur ein gefährliches Knurren. Natürlich gab er die Gans nicht wieder her! Er war doch nicht doof! Nun probierte es Ole mit gutem Zureden, an den Vogel zu gelangen. Allerdings war auch dieser Versuch nicht von Erfolg gekrönt. Selbst Ole wurde mit Knurren abgewiesen.

„Die Herrschaften werden mich entlassen, wenn er die Gans frisst!", jammerte Lene völlig verzweifelt.

Inzwischen probierte Johann, Nicky mit dem Besen zu verscheuchen. Doch auch das war zwecklos. Die Gans hing fest in der Hundeschnauze.

„Hat hier irgendwer in der Nachbarschaft eine Katze?" Tim fiel ein, dass Nicky diese Tiere verabscheute, und hoffte ihm damit seine Beute zu entreißen.

„ Meßtorffs haben einen Kater im Haus. Ich renne kurz rüber und leihe ihn mir aus!" Rudolf war schon unterwegs.

„Wir müssen nur aufpassen, dass Nicky den Vogel nicht zu sehr beschädigt. Die Bissstellen am Hals sind nicht schlimm, aber wenn ein Stück Fleisch fehlt, weiß ich nicht, wie ich das den Herrschaften erklären soll!" Köchin Lene war den Tränen nahe und das Dienstmädchen versuchte sie zu trösten.

„Mit dem Kater wird es sicher klappen, ihm die Gans zu entreißen", hoffte Thea und hielt sich sicherheitshalber von Nicky fern, denn sie hatte großen Respekt vor Hunden.

Einen kurzen Augenblick standen nun alle ratlos vor Nicky und der Weihnachtsgans und hofften, dass Rudolf sich beeilte.

„Hier ist die Miezekatze!" Rudolf kam atemlos zurück, im Arm hielt er einen schwarzen Kater, der aufgeregt miaute.

„Lass ihn einfach los! Vielleicht haut Nicky dann ab", forderte Ole den Freund auf.

„Ojemine! Hoffentlich geht das gut", weinte Lene, als der Kater fauchend auf Nicky zusprang, denn er hasste nichts mehr als Hunde.

Natürlich wollte Nicky sich nicht die Augen auskratzen lassen und kam laut bellend aus seinem Versteck unter dem Tisch hervor. Seine Beute musste er dabei natürlich fallen lassen, denn bei einem Kampf war eine Gans in der Schnauze mehr als nur hinderlich.

Sofort schnappte sich Johann das Federvieh und überreichte es der zitternden Köchin.

„Ich habe ja die ganze Zeit gesagt, dieses Untier im Haus, das geht nicht gut!" Der Diener kam sich vor wie ein Held, der gerade eine Schlacht gewonnen hatte.

Nun bahnte sich aber ein neues Problem an, denn Nicky lief im gesamten Haus dem Kater hinterher und stieß dabei jedes Hindernis um, das sich ihm in den Weg stellte. Völlig verängstigt sprang der Kater auf den Garderobenschrank in der Empfangshalle. Nicky stand knurrend davor und ärgerte sich, dass er nicht klettern konnte. Vorsichtig schlich Rudolf sich an den Kater heran und packte ihn mit beiden Armen. Endlich kehrte wieder Ruhe ein!

„Wie gut, dass meine Eltern nichts von dem Chaos mitbekommen haben! Ich bringe den Stubentiger wieder rüber zu den Meßtorffs. Bin gleich wieder da", meinte Rudolf erleichtert und lief mit dem Kater zu den Nachbarn.

Während das Dienstmädchen für Ordnung in der Villa sorgte, saß die Köchin mit der Gans in der Küche und begutachtete den Vogel. Merle war ihr mit den Freunden gefolgt. Nicky wurde zur Strafe nun angeleint.

„Der Hals ist ruiniert, aber der wird sowieso abgeschnitten. Zum Glück hat Nicky nicht noch mehr Schaden an der Gans angerichtet. Ich werde sie ordentlich waschen und dann braten. Niemand von den Herrschaften wird erfahren, dass der Vogel schon in einer Hundeschnauze hing. Aber jetzt muss ich mich beeilen, sonst komme ich arg in Zeitnot!" Lene legte die Weihnachtsgans in eine Schüssel und ließ Wasser darüberlaufen.

„Die Milch kocht über!", rief Tim plötzlich, und da das Dienstmädchen gerade in die Küche kam, verhinderte sie das Schlimmste und nahm den großen Milchtopf vom Feuer.

„Das ist ja gerade noch mal gut gegangen. Angebrannte Milch stinkt furchtbar!" Thea rümpfte die Nase.

„Wir besuchen jetzt unsere Eltern im Krankenhaus. Doktor Melcherts wird sich wundern, warum wir so spät kommen", entschied Ole, als Rudolf von den Nachbarn zurückkehrte.

„Mein Vater müsste auch jeden Moment hier aufkreuzen, dann besorgen wir den Weihnachtsbaum. So lange bleibe ich bei der Köchin und lecke den Puddingtopf aus!" Rudolf sah, dass es nur noch kurze Zeit dauern würde, bis die Süßspeise vom Kochtopf in eine Schüssel umgefüllt werden würde.

„Das hast du dir so gedacht! Ihr verschwindet allesamt aus meiner Küche, und zwar sofort! Pudding gibt es heute Abend als Nachspeise und nicht eine Sekunde früher", schimpfte Lene und eilte geschäftig hin und her. Zwischendurch rief sie immer wieder nach dem Diener, doch der schien schon wieder spurlos verschwunden zu sein. „Johann! Verdammt! Wo steckt denn dieser Kerl bloß immer? Er soll den Tisch für das Essen vorbereiten!"

Während Lene und Thea weiter in der Küche arbeiteten, machten sich Merle und ihre drei Freunde mit Nicky auf den Weg zu Doktor Melcherts. Rudolf begleitete sie noch ein Stück den Gartenweg entlang bis zur Straße.

„Dort hinten kommt mein Vater. Das ist gut, da gehen wir jetzt in den Wald. Bis später!", verabschiedete sich der Fabrikantensohn von den Kindern.

„Ist das nicht irre, dass wir plötzlich Weihnachten feiern? Ich freue mich schon auf den Gänsebraten, obwohl ich nicht daran denken darf, dass Nicky ihn schon im Maul hatte!" Hendrik ekelte sich bei dem Gedanken schon etwas.

„Ach, ist doch nicht so schlimm! Im Backofen ist es so heiß, dass sämtliche Speichelreste vom Hund weggebrannt werden!" Tim hatte keine Bedenken.

„Ich werde verrückt, da drüben steht ein Fahrrad!" Ole entdeckte es auf der gegenüberliegenden Straßenseite an einer Hauswand.

„Es wurde aber auch mal Zeit, dass die Menschen es erfinden!", meinte Hendrik und bemerkte kaum einen Unterschied zu den Fahrrädern aus seiner Zeit.

„Es sieht ein bisschen altmodisch aus und hat keine Gangschaltung. Aber es wäre wohl zu viel verlangt, wenn es die schon gäbe!" Merle gefiel es nicht, dass das Rad eine schwarze Farbe hatte und nicht sehr sportlich wirkte. Aber immerhin erfüllte es seinen Zweck.

„Es scheint aber nur wenig Menschen zu geben, die sich so einen fahrbaren Untersatz leisten können, sonst hätten wir sicher bereits mehrere Fahrräder gesehen", überlegte Tim.

„Das mag vielleicht sein, aber ich glaube, dass es auch am Wetter liegen kann. Wer fährt schon bei hohem Schnee mit dem Fahrrad!" Ole sah nirgends geräumte Straßen, nur die Gehwege wurden von den Anwohnern gefegt.

„Wir sind da! Mal sehen, wie es Fritz Färber heute geht." Merle lief die Stufen zum Krankenhaus hinauf und öffnete die schwere Eingangstür.

Auf dem Flur begegnete ihnen Schwester Elfriede.

„Schön, dass ihr da seid! Doktor Melcherts wartet schon ungeduldig auf euch. Aber zuerst eine tolle Neuigkeit: Fritz Färber ist aufgewacht und es geht ihm sehr gut! Er wird sich freuen, wenn er euch sieht. Im Moment ist seine Frau bei ihm. Kommt mit!" Die nette Schwester führte die vier Freunde in das Zimmer des Arbeiters.

„Besuch für Sie, Herr Färber!"

„Das ist aber eine Überraschung! Käthe, das sind die vier Kinder, die mich gerettet haben!" Fritz Färber saß in seinem Bett und freute sich über den unerwarteten Besuch. Merle fand, dass er sich wirklich gut erholt hatte. Vielleicht lag es ja am Rotwein, denn der Arbeiter machte sogar ein paar Späße mit seiner Frau.

„Ich danke euch für alles, was ihr für mich getan habt. Ich hatte riesiges Glück, dass ihr gerade an der Wittorfer Burg wart, sonst wäre die Sache für mich wohl übel ausgegangen", dankbar sah Fritz Färber seine Retter an.

„Nicky hat auch seinen Anteil daran, er hat Sie nämlich aufgespürt!" Ole stellte dem Ehepaar seinen Hund vor, der natürlich sofort ein paar Streicheleinheiten von beiden erhielt.

„Ich möchte euch zu uns nach Hause zum Kaffee einladen, als kleines Dankeschön für eure Hilfe. Der Doktor sagt, wenn die Wunde weiter so gut heilt, kann mein Fritz übermorgen aus dem Krankenhaus entlassen werden. Ich würde mich freuen, wenn ihr uns dann besucht", bat Frau Färber die Kinder und Fritz stimmte ihr nickend zu.

„Natürlich werden wir kommen! Es ist eine Ehre, von Ihnen eingeladen zu werden!" Ole schämte sich ein bisschen für seine Notlüge, denn in zwei Tagen waren sie längst in einem neuen Jahrhundert. Aber das verschwieg er. Wie sollte er es ihnen auch erklären?

„Fein, da könnt ihr unsere sechs Kinder kennenlernen. Sie freuen sich immer, wenn Besuch da ist", erzählte Frau Färber glücklich.

Merle verglich die Tuchfabrikantenfrau Waller mit der Frau des Arbeiters Färber. Unterschiedlicher konnten zwei Menschen nicht sein. Vor ihr saß eine ärmlich gekleidete Frau, die trotz Schnee und Eis nur Halbschuhe trug. Ihr langes Kleid war schon ziemlich alt, genau wie der braune Mantel, der sie sicher kaum wärmte. An einigen Stellen hatte sie ihn bereits geflickt, wie Merle feststellte. Wahrscheinlich herrschte bei dieser Familie so große Geldnot, dass sie sich keine neue Kleidung leisten konnte. Trotzdem wirkte Frau Färber nicht unglücklich, auch wenn sie nichts von der Eleganz und dem Reichtum der Frau Waller besaß.

„Wie alt sind denn ihre Kinder?" Hendrik überlegte, wie diese Familie wohl mit sechs Kindern lebte. Da musste es ja täglich Streit und Hauereien geben. Bei ihm zu Hause klappte es nicht einmal mit einem Geschwisterkind. Ewig hatte er mit seinem jüngeren Bruder Nils Ärger! Kämen nun noch vier von seiner Sorte dazu, wäre Hendrik schon lange freiwillig ausgezogen.

„Unser ältester Sohn Wilhelm ist dreizehn, Auguste wird nächste Woche zwölf, Hans ist zehn, Friedrich wurde gerade acht, Frieda ist sechs und unser Nesthäkchen Paul ist zwei Jahre alt! Und im Sommer bekommen sie noch ein Geschwisterchen dazu", zählte Fritz Färber stolz seine große Kinderschar auf.

„Ja, da wird es wieder ein bisschen enger bei uns. Aber vielleicht können wir irgendwann in eine größere Wohnung umziehen. Wir hoffen immer, dass die Arbeiter bald etwas mehr verdienen, dann geht es uns auch besser. Schließlich arbeiten wir beide in der Fabrik", meinte Frau Färber und wurde etwas nachdenklich.

„Wenn sie beide den ganzen Tag berufstätig sind, wer kümmert sich denn da um die Kinder?" Tim konnte sich nicht vorstellen, dass die Färbers ein Kindermädchen bezahlen konnten.

„Ach, das klappt schon gut bei uns. **Wenn die Großen aus der Schule kommen, holen sie die Kleinen aus dem Kindergarten ab. Mittags habe ich dann eine Pause in der Fabrik und koche schnell das Essen für alle. Danach passen die größeren Geschwister auf die kleinen auf, bis der Fritz und ich abends zu Hause sind**", berichtete die junge Frau von ihrem Tagesablauf. Merle hörte aufmerksam zu, auf keinen Fall wollte sie mit dieser Mutter tauschen! Dagegen hatte Frau Waller in ihrer Villa das reinste Paradies. Für das Wohlbefinden in ihrer Familie sorgten schließlich die Hausangestellten.

„Aber wann erledigen Sie denn die ganze Hausarbeit?" Selbst Tim war klar geworden, dass eine Fabrikarbeiterin, die Mann und Kinder zu versorgen hatte, im 19. Jahrhundert alles andere als beneidenswert war.

„Wenn die Kinder im Bett sind, wasche ich. Beim Putzen helfen mir die größeren Kinder. Sie sind stolz, dass sie mir damit eine Freude bereiten können. So, nun muss ich aber schleunigst nach Hause. Herr Waller war so freundlich und hat mir für heute frei gegeben. Da kann ich alles für den Heiligen Abend vorbereiten. Ich muss den Kartoffelsalat noch fertig machen und den Tannenbaum schmücken. Die Kinder sind schon so aufgeregt! Leider kann mein Fritz nicht bei uns sein, aber morgen besuchen wir ihn hier im Krankenhaus. Heute bin ich lieber alleine gekommen, weil ich nicht wusste, wie es meinem Mann geht. Außerdem dürfen kleine Kinder nicht hierher, weil sie die Patienten stören könnten!" Frau Färber verabschiedete sich liebevoll von ihrem Mann. „Und euch sehe ich übermorgen bei uns in der Anscharstraße 14! Da müsst ihr mir unbedingt von euch erzählen. Dafür hatten wir heute gar keine Zeit."

„Ich glaube, es ist besser, wenn ihr Herrn Färber jetzt ein bisschen Ruhe gönnt!" Schwester Elfriede betrat das Krankenzimmer und bat die Kinder, den Besuch nun zu beenden. „Doktor Melcherts wartet schon in seinem Arztraum und lädt euch zu einem Kakao ein!"

„Da seid ihr ja endlich! Ich habe schon gedacht, ihr wollt nichts mehr von mir wissen, weil es euch so gut bei den Wallers gefällt", begrüßte der Arzt erfreut die vier Freunde, als sie ihn in seinem Zimmer besuchten.

Sofort erzählte Ole von den Erlebnissen in der Villa. Doktor Melcherts hörte aufmerksam zu.

„Dieser Diener ist mir auch äußerst unsympathisch. Rudolf macht es richtig, wenn er seinem Vater von euren Beobachtungen berichtet!"

„Es ist ganz schön blöde, dass wir nichts von unserer Zeitreise erzählen können, dadurch müssen wir ständig lügen. Hoffentlich fällt das nicht irgendwann auf. Unsere Rucksäcke mit den Reißverschlüssen haben wir schon unter unsere Betten geschoben, damit sie niemand findet", klagte Tim dem Arzt sein Leid.

„Reißverschlüsse kennt ja auch niemand, damit könntet ihr euch verraten. Aber dafür seht ihr aus wie Kinder unserer Zeit, Frau Waller hat euch in hübsche Kleidung gesteckt!" Doktor Melcherts freute sich, dass er wieder mit den Kindern zusammensein konnte.

„Wir sind jedenfalls froh, dass wir im Jahr 2009 leben. Es ist einfach ungerecht, dass nur die Kinder der Reichen Anspruch auf eine gute Bildung haben", schimpfte Merle, und der Arzt gab ihr recht.

„Wenn das Schulsystem heute schon so wäre wie bei euch, hätten wir mehr Gerechtigkeit. **Aber eine Grundschule, die jedes sechsjährige Kind umsonst besucht, gibt es noch nicht. Wer arm ist, schickt sein Kind zur kostenlosen Volksschule. Die Schulzeit endet dort nach acht Jahren mit der Konfirmation. Es gibt übrigens keine Schule, in die Jungen und Mädchen gemeinsam gehen. Beide werden streng voneinander getrennt. Die reichen Kinder kommen schon am ers-**

ten Schultag auf eine Privatschule, die natürlich bezahlt werden muss. So stehen ihnen alle Wege in eine gute Zukunft offen, denn sie können studieren und verdienen dann später viel Geld", erzählte Doktor Melcherts.

„Aber was ist, wenn einer nur reich aber trotzdem dumm ist, kann der dann auch studieren? Er wird doch sicher auf der Privatschule unterrichtet werden!" Ole konnte sich nicht vorstellen, dass alle Reichen klug waren.

„Die reichen Eltern unternehmen natürlich alles, damit ihre Kinder die Schule gut schaffen. Zur Not erhalten sie Nachhilfeunterricht von Privatlehrern. Schafft ein Kind den Schulabschluss trotz aller Hilfestellungen nicht, kann es auch nicht studieren. Aber ein Grund zur Sorge ist das keinesfalls. Meistens bekommen sie durch die guten väterlichen Beziehungen trotzdem einen angenehmen Arbeitsplatz, an dem sie viel Geld verdienen. Bei den armen Kindern ist das leider nicht so einfach. Sie können wahnsinnig klug sein, aber sie werden nie auf eine Universität gehen können, ihnen fehlt die bessere Schulbildung. Es freut mich, dass sich dieser unhaltbare Zustand ändern wird! So können eines Tages auch Arbeiterkinder studieren!" Der Arzt strich sich zufrieden durch seinen Zwirbelbart und hoffte, diese Zeit noch miterleben zu können.

„Wie sieht es eigentlich in den Schulen aus?", wollte Tim wissen, während Doktor Melcherts ihm noch etwas Kakao in seine Tasse goss.

„Nun, meistens sitzen sehr viele Kinder in einem Raum. Inzwischen hat unsere Stadt ein paar neue Schulen dazu bekommen. Aber vierzig Kinder in einer Volksschulklasse sind keine Seltenheit. Die Schüler lernen zu zweit oder auch zu dritt in einer Bank. Vorne sitzt der Lehrer an seinem Pult neben der großen Tafel. Es geht ziemlich streng zu. Zur Begrüßung stehen die Kinder auf. Wer im Unterricht schwatzt, muss nachsitzen oder eine Strafarbeit schreiben. Wer den Lehrer belügt oder irgendwelche verbotenen Dinge macht, muss sogar damit rechnen, mit einem langen Rohrstock geschlagen zu werden. Die Mädchen bekommen etwas auf die Finger, die Jungen auf das Hinterteil. Ist das bei euch auch noch so? Ich finde es nämlich schrecklich, Kinder mit Schlägen zu erziehen!" Der Doktor erinnerte sich noch mit Grauen an seine eigene Schulzeit. Es kam schon mal vor, dass ihn ein strenger Lehrer an seinem Ohr zog, weil er sein Schulbuch zu Hause vergessen hatte. Die Schmerzen vergaß er nicht, sie waren heftig. Außerdem schämte er sich immer sehr, weil sein Ohr auch eine Zeitlang nach dem Angriff eine rote Färbung aufwies. Natürlich erging es seinen Freunden nicht anders. Daher schwor er sich schon als Junge, sollte er einmal Lehrer werden, seine Schüler würde er niemals schlagen.

„Nein, die Prügelstrafe ist glücklicherweise abgeschafft!" Hendrik konnte sich nicht vorstellen, von Frau Meyer mit einem Rohrstock verhauen zu werden. Dabei waren seine Freunde und er manchmal schon ziemlich frech zu ihr.

„Wer ist denn das niedliche kleine Mädchen auf dem Foto? Sie sieht aus wie ein kleiner Engel!" Merle zeigte auf eine Schwarzweiß-Aufnahme in einem silbernen Bilderrahmen auf dem Schreibtisch des Arztes. Das Kind hatte lockiges Haar und trug ein weißes Kleidchen, das bis auf die kleinen Füße reichte. In seinem rechten Arm hielt es liebevoll eine Puppe.

„Das ist kein Mädchen, es ist mein Sohn Hauke! Auf diesem Foto ist er fast drei Jahre alt. Ich habe es immer auf meinem Schreibtisch stehen, obwohl er heute schon viel älter ist. Aber es gefällt mir einfach so gut!" Doktor Melcherts nahm lächelnd das Bild in die Hand, und seine Gedanken wanderten zurück in die Zeit, als sein Sohn noch ein Kleinkind war. Wie schnell verflogen doch die Jahre!

„Die Mode im 19. Jahrhundert ist doch sehr eigenwillig. Wieso tragen dreijährige Jungen lange Haare und Rüschenkleider? Im Jahr 2009 käme keine Mutter auf die Idee, ihren Sohn so anzuziehen, sie würde von allen Leuten ausgelacht werden!" Merle gefiel der kleine Sohn des Doktors sehr gut, aber in einer langen Hose mit passendem Pullover wäre er mit Sicherheit genauso niedlich gewesen. Kleine Jungen in Mädchenkleidern wirkten dagegen etwas merkwürdig.

„Bis zum vierten Lebensjahr tragen alle kleinen Kinder Kleider, weil sie dann besser zu wickeln sind! Es dauert viel zu lange, den kleinen Jungen etliche Knöpfe an der Hose auf- und zuzumachen. So laufen sie in Kleidchen herum, bis sie alleine auf den Topf gehen können. Das ist meistens mit vier Jahren der Fall. Zu dem Zeitpunkt werden ihnen auch die langen Haare kurz geschnitten, so dass man sofort erkennen kann, dass sie Jungen sind." Doktor Melcherts Antwort verblüffte die Freunde. Aber sie schien ihnen logisch, denn es gab weder Druckknöpfe noch Reißverschlüsse, die ein schnelles Öffnen und Schließen der Kinderkleidung ermöglichten. Das Wickeln selbst war sehr aufwändig, denn Wegwerfwindeln aus Papier waren völlig unbekannt. Alle Babys wurden mit Stoffwindeln versorgt, die nach jedem Gebrauch wieder ausgewaschen werden mussten. Da war die Idee, alle Kleinkinder in Kleider zu stecken, gar nicht so schlecht, überlegte Merle.

„Die Mütter in unserer modernen Zeit haben es wesentlich besser. Im Haushalt sorgen etliche Maschinen für eine erhebliche Erleichterung bei der täglichen Arbeit, die alle im Moment noch nicht erfunden sind!" Ole erklärte dem Doktor, welche elektrischen Geräte für die Menschen im Jahre 2009 völlig selbstverständliche Arbeitsgeräte sind.

„Warum konnte ich nicht in eurer Zeit geboren werden. Da würde ich sogar noch als Mann Spaß am Haushalt haben", versicherte der Arzt und erzählte den Freunden von der anstrengenden Arbeit in der Küche, die eine Frau im 19. Jahrhundert verrichten musste.

„Wer Geld hat, wie die Wallers, kann sich Hausangestellte leisten, die diese Aufgaben erledigen. Wer arm ist, wie die Frau von Fritz Färber, muss neben der Fabrikarbeit auch die Hausarbeit allein bewerkstelligen. Es gibt noch keinen Strom. **Wer bügeln will, muss erst heiße Steine in das Metallbügeleisen füllen, bevor er mit der Arbeit beginnen kann. Und Wäsche wird meistens nur alle vier Wochen gewaschen, dann ist Waschtag und von morgens bis abends wird in der Waschküche gearbeitet. Bei mir zu Hause gibt es dann mittags nur eine Suppe zu es-**

sen, die meine Frau schon am Vortag gekocht hat. Ihr könnt euch gar nicht vorstellen, wie anstrengend so ein Waschtag ist! Ich habe einmal mitgeholfen und verstehe, warum die Frauen nur einmal im Monat waschen! Zuerst werden grobe Flecken in der Kleidung mit Seife eingerieben und am Waschbrett herausgeschrubbt, dann wird die Wäsche in einen Wasserbottich gelegt und darin gekocht. Meine Frau gibt immer noch etwas ,Henkels Bleichsoda' mit dazu. Das ist ein neues Waschmittel, dadurch wird die Wäsche weißer. Nach dem Waschen wird gespült, und anschließend kommt alles in die Wringmaschine, mit der das Wasser herausgepresst wird. Erst danach kann die Wäsche aufgehängt werden. Was glaubt ihr, wie eure Hände nach so einem Arbeitstag aussehen? Sie sind wund von der Seifenlauge und dem Schrubben am Waschbrett! Natürlich würde es besser sein, wenn man die Wäsche öfter waschen könnte, aber noch sind diese Waschmaschinen aus eurer Zeit leider nicht erfunden. Ich bin ja schon froh, dass wir heute mehr Wert auf Hygiene legen als die Menschen in früheren Zeiten. Sie litten unter Hautkrankheiten, weil sie sich nie gewaschen haben, und Läuse und Flöhe waren ihre ständigen Begleiter", erzählte Doktor Melcherts und dachte dabei daran, wie sehr die Leute damals gestunken haben mussten.

„Ich bin zwar kein Freund des täglichen Duschens, aber die letzten Jahrhunderte gab es nirgends auf unserer Zeitreise die Möglichkeit zu baden, höchstens mal in der Schwale oder der Stör. Das gefiel mir dann doch nicht so richtig gut", gab Hendrik ehrlich zu.

„Ich bin froh, dass wir auf allen Gebieten große Fortschritte gemacht haben. Und wenn ich von euch höre, was in der Medizin in hundert Jahren alles möglich ist, dann weiß ich, wir sind auf dem richtigen Weg. Ich werde auf jeden Fall alles dafür tun, dass meine Patienten gesund werden. Einige Krankheiten lassen sich sogar vermeiden, wenn man sich vernünftig verhält. Wie oft versuchen meine Kollegen und ich der modischen Damenwelt nahezulegen, diese verdammten Korsetts nicht mehr zu tragen. Sie schnüren den Körper auf unnatürlichste Weise ein, so dass alle inneren Organe Schaden davontragen. Aber nein, die Frauen müssen eine schmale Taille haben, um dem Schönheitsideal zu entsprechen! So ein Quatsch! Keine der Damen kann in diesen Schnürkorsetts richtig atmen, geschweige denn sich darin bewegen! Es muss endlich Schluss sein mit diesem Wahnsinn! Selbst die jungen Mädchen werden schon an diese Korsetts gewöhnt", schimpfte Doktor Melcherts.

„Ich finde aber, dass die Frauen hübsch aussehen mit einer schmalen Taille. Ich hätte auch gern so ein Kleid, aber im 21. Jahrhundert ist das höchst unpraktisch", bedauerte Merle.

„Unpraktisch und ungesund! Es ist gut, dass es diese Mode irgendwann nicht mehr gibt", freute sich der Arzt. „Soll ich Schwester Elfriede Bescheid geben, dass sie neuen Kakao für euch kocht?" Der Doktor wollte Merle noch etwas von dem Getränk anbieten und stellte dabei fest, dass die Kanne inzwischen leer war.

„Nein, danke, wir müssen jetzt gehen. Die Wallers erwarten uns, schließlich sollen wir mit ihnen den Heiligabend feiern, und da müssen wir rechtzeitig in der Villa erscheinen. Die Eltern von Herrn Waller kommen nämlich zu Besuch. Ich bin mal gespannt, wie das Weihnachtsfest bei dem Tuchfabrikanten gefeiert wird! Morgen setzen wir unsere Zeitreise dann weiter fort. Wir haben den Wallers noch gar nicht erzählt, dass wir sie so schnell wieder verlassen. Ich glaube, Rudolf und Vera werden traurig darüber sein. Aber wir haben Walburga versprochen, ihr zu helfen. Da können wir nicht so einfach ein paar Tage nutzlos verstreichen lassen, nur weil es uns hier so gut gefällt", gab Merle zu bedenken.

„Merle hat recht. Eigentlich sollen wir auch noch zu Fritz Färber, er hat uns zu sich eingeladen. Aber morgen ist Abreisetag, da gibt es nichts mehr dran zu ändern", bestätigte auch Tim, der endlich den Schatz der Wittorfer Burg finden wollte.

„Schade, dass unsere Wege sich so schnell wieder trennen müssen. Ich hoffe, dass wir uns heute Abend in der Vicelinkirche bei der Weihnachtsandacht sehen. Da könntet ihr meine Frau und meinen Sohn noch kennenlernen. Das würde mich sehr freuen", meinte der Arzt und steckte sich seine Pfeife an.

„Wenn die Wallers auch dorthin gehen, werden wir uns sicher dort treffen. Wann wurde die Kirche eigentlich gebaut? Wir kennen noch die Bartholomäuskirche. Als wir 1780 hier in Neumünster waren, stand sie noch, aber sie war schon sehr baufällig. Pastor Kroll wünschte sich nichts sehnlicher als eine neue Kirche und einen größeren Friedhof", erzählte Merle und erinnerte sich an das Gespräch mit dem Geistlichen.

„Von einem Pastor Kroll habe ich nie etwas gehört, wohl aber von **Pastor Ernst Christian Kruse. Er war 35 Jahre alt, als er 1799 nach Neumünster kam, und arbeitete zusammen mit seinem Kollegen Pastor Bruhns in der alten Bartholomäuskirche. Es wird erzählt, dass Pastor Kruse sich sehr für das Neumünsteraner Schulwesen und den Neubau einer Kirche eingesetzt hat. Natürlich musste dafür die vom Zerfall bedrohte alte Kirche abgerissen werden. Außerdem wurde eine neue königliche Verordnung erteilt, die besagte, dass alle Friedhöfe in größeren Ortschaften geschlossen werden sollten und außerhalb der Flecken und Städte angelegt werden mussten. Es war hygienisch nicht mehr zu vertreten, dass die Leichen in unmittelbarer Nähe von Häusern begraben wurden. Das war Pastor Kruse nur recht. Er forderte schon lange einen neuen Friedhof für Neumünster. So wurde kurz nach seiner letzten Predigt in der Bartholomäuskirche im März 1811 mit dem Abbruch des alten Gebäudes begonnen. Den Friedhof verlegte man kurz darauf in die Christianstraße. Dort gab es eine große Koppel, auf der nun die Gräber angelegt werden konnten. Vielleicht habt ihr den Friedhof gesehen, als ihr gestern mit dem Pferdewagen zu mir in das Krankenhaus gefahren seid. Es steht auch ein Totengräberhaus darauf. Allerdings war selbst diese Koppel bald zu klein für all die vielen Gräber, denn es zogen immer mehr Menschen in unseren Ort, die in den Tuchfabriken Arbeit fanden. Natürlich gab es dadurch auch mehr Todesfälle. Bereits 1869, acht Monate bevor Neumünster das Stadtrecht erteilt wurde, weihte man im November in der Plöner Straße noch einen neuen Friedhof ein, denn der in der Christianstraße reichte allein nicht mehr aus für die vielen Beerdigungen. Außerdem führten belebte Straßen um ihn herum, und so entschloss man sich im letzten Jahr, diesen Friedhof zu schließen", erklärte der Arzt den Kindern, die sehr interessiert zuhörten.

„Also habe ich mit meiner Vermutung richtig gelegen. Die Anscharkirche in der Christianstraße steht auf einem Friedhof. Wie gruselig ist das denn! Ich bin schon oft in der Kirche gewesen, aber wenn ich gewusst hätte, dass darunter ein Friedhof liegt, hätte ich wohl eine Gänsehaut bekommen!" Tim dachte dabei an seine Auftritte mit dem Kinderchor, die er in der Kirche erlebt hatte.

Doktor Melcherts hörte mit Erstaunen, dass in der Christianstraße in den nächsten Jahren eine neue Kirche gebaut werden würde. Einen Sinn machte dieser Neubau auf jeden Fall, denn die Vicelinkirche war viel zu klein geworden für die knapp 18 000 Einwohner Neumünsters.

„Wie ging es denn nun weiter mit dem Bau der Vicelinkirche?", fragte Ole, der sich kaum vorstellen konnte, wie die Menschen es geschafft hatten, die alte Bartholomäuskirche abzureißen. Schließlich war sie aus sehr dicken Steinen massiv gebaut worden, wie er sich erinnerte.

„Mir wurde erzählt, dass der Abbruch der alten Kirche anstrengend war und sechs Jahre dauerte. In der Zeit hielt Pastor Kruse seine Predigten in einer ‚Interimskirche' am Kleinflecken. So nennt man ein Haus, das vorübergehend als Ersatzkirche dient. Ein Bauer hatte einen Teil seiner Kate für die Gottesdienste zur Verfügung gestellt. Pastor Kruse setzte nun alles daran, dass bald mit dem Neubau der Vicelinkirche begonnen wurde. Aber das Geld war knapp, und außerdem gab es immer wieder Meinungsverschiedenheiten über den Entwurf der Kirche, so dass man erst im Jahr 1828 mit den Bauarbeiten anfing. Pastor Kruse hatte zu dem Zeitpunkt Neumünster schon genervt verlassen. Er ging in eine Steinburger Gemeinde. Nach sechs langen Jahren Bauzeit war die Vicelinkirche endlich fertiggestellt und konnte im Mai 1834 feierlich eingeweiht werden! Heute arbeiten in unserer Kirchengemeinde drei Pastoren, der jüngste ist Pastor Weinrich, die anderen beiden sind Pastor Riewerts und sein alter Kollege Propst Sörensen. Ich bin mal gespannt, wer heute unsere Weihnachtsandacht hält", überlegte Doktor Melcherts und zog genüsslich an seiner Pfeife.

„Der Name ‚Riewerts' ist mir irgendwie bekannt. Jetzt fällt es mir ein. Nach dem Pastor haben wir ein Altersheim benannt", erinnerte sich Tim und dachte dabei an das rote Backsteingebäude, das sich schräg gegenüber des Rathauses in der Plöner Straße befand.

„Dann wird unserem Pastor Riewerts ja noch eine große Ehre zuteil werden. Wenn er davon wüsste! Aber er ist auch ein sehr fleißiger Mann mit vielen neuen Ideen. Er trat vor zwei Jahren hier in Neumünster seine Pastoratsstelle als zweiter Pastor an. Sehr zur Freude der Kinder in unserer Stadt, führte er den Kindergottesdienst ein. Außerdem gründete er den ‚Arbeiterbund'. Dieser Verein vermittelt Arbeitsplätze und baut Wohnungen für die Arbeiter.

Seit diesem Jahr haben die Mädchen in den oberen Schulklassen hauswirtschaftlichen Unterricht. Pastor Riewerts ist der Ansicht, dass eine Ehe besser hält, wenn die Frau kochen kann, und ich denke, da hat er recht! Ich hungere auch nicht so gern, denn vom Kochen verstehe ich eigentlich gar nichts! Übrigens interessieren sich die Menschen in ganz Schleswig-Holstein schon für den Hauswirtschaftsunterricht. Ich denke, dass er bald auch in anderen Schulen unseres Landes Einzug halten wird. Wie ihr seht, hat Pastor Riewerts einige gute neue Dinge bei uns eingeführt", meinte Doktor Melcherts und wusste, so, wie er den Geistlichen kannte, würden es sicher in den nächsten Jahren noch ein paar mehr werden.

„In der alten Bartholomäuskirche hat es gespukt!" Ole erzählte dem Arzt von seinen Erlebnissen im Kirchengewölbe.

Doktor Melcherts konnte kaum glauben, was Ole berichtete. Es hörte sich an wie aus einem Abenteuerroman.

„Den Pastoren der Vicelinkirche würde ich aber nichts von euren Geschichten verraten, sie könnten euch für verrückt halten", warnte der Doktor die Kinder, obwohl das eigentlich überflüssig war, denn darüber waren sich die vier selbst im Klaren.

„Jetzt wollten wir schon lange bei den Wallers sein. Hoffentlich kommen wir nicht zu spät. Aber es ist so toll, jemanden zu haben, mit dem man offen über unsere Zeitreise reden kann. Gleich müssen wir uns wieder verstellen und dabei aufpassen, dass wir uns nicht durch eine Unachtsamkeit verraten!" Merle erhob sich von ihrem Stuhl und zog sich den Wintermantel an. Tim, Hendrik und Ole folgten ihrem Beispiel und hatten es jetzt ziemlich eilig, um noch einigermaßen pünktlich in der Villa zu erscheinen.

„Aber bevor ihr morgen abreist, würde ich mich freuen, wenn wir uns kurz vorher noch einmal sehen könnten. Diesen Wunsch müsst ihr mir erfüllen", bat der Arzt die Kinder, als sie sich von ihm verabschiedeten.

„Natürlich! Das geht klar! Schließlich sind Sie unser einziger Vertrauter, der von unserem Geheimnis weiß", erklärte Ole und verließ mit seinen Freunden und Nicky das Krankenhaus. Doktor Melcherts wünschte ihnen noch einen schönen Heiligabend und widmete sich dann wieder seiner Arbeit. Ganz gelang es ihm nicht, denn immer wieder wanderten seine Gedanken zu den Freunden. Er dachte darüber nach, was sie ihm alles berichtet hatten. Zu gern hätte er sie noch eine Zeit lang bei sich gehabt, um noch mehr von ihnen zu erfahren. Am liebsten wäre er mit auf die Suche nach Volkwart gegangen, so spannend, wie ihm alles erschien. Eine Zeitreise war ein Traum für viele Menschen, und er gehörte dazu. Zwar war diese Reise für ihn als nüchternen Wissenschaftler unerklärlich, aber er glaubte trotzdem daran. Schließlich gab es genug Dinge zwischen Himmel und Erde, auf die niemand eine logische Antwort fand.

In der Villa der Wallers herrschte schon große Aufregung, denn es war bereits zwei Uhr nachmittags, und die fremden Kinder trafen noch immer nicht ein.

„Es klingelt! Das müssen sie sein!" Rudolf stürzte zur Eingangstür, doch Diener Johann kam ihm zuvor und ließ die Freunde in das Haus.

„Ihr seid sehr spät! Die Herrschaften werden langsam ungeduldig", tadelte er deshalb auch sofort und verzog mürrisch das Gesicht, als Nicky wieder mit seinen nassen Pfoten über den frisch gereinigten Boden der Eingangshalle rannte.

„Da seid ihr ja endlich! Kommt rein, wir haben den Weihnachtsbaum gerade fertig geschmückt. Er sieht wunderschön aus!" Vera konnte ihre Freude kaum für sich behalten und führte Merle sofort in das festliche Weihnachtszimmer. Durch das gesamte Haus zog herrlicher Bratenduft, so dass Hendrik das Wasser im Mund zusammenlief. Nur der Gedanke daran, dass Nicky die Weihnachtsgans bereits vorgekostet hatte, schmälerte etwas seinen Appetit.

Merle bestaunte den zwei Meter hohen Tannenbaum, auf dessen Spitze ein silberner Stern glänzte. Überall auf den Zweigen waren weiße Wachskerzen mit Haltern befestigt. Sogar rote Glaskugeln und silbernes Lametta schmückten gemeinsam mit selbstgebastelten Strohsternen den Weihnachtsbaum, unter dem eine Krippe aus Holz die Blicke auf sich zog.

„Da hinten stehen unsere bunten Teller!" Vera zeigte hoch erfreut auf einen kleinen Tisch in der Ecke des Salons. „Es liegen wieder leckere Weihnachtsplätzchen, Schokolade, Marzipan, Nüsse, Äpfel und mein heißgeliebter Schokoladenweihnachtsmann darauf! Ich glaube zwar schon lange nicht mehr an den Weihnachtsmann, aber aus Schokolade ist er mir noch immer sehr willkommen. Ich kann es kaum erwarten, davon zu naschen! Unsere Mutter hat für jeden von euch auch einen solchen Teller zusammengestellt. Aber nicht zu viele Süßigkeiten auf einmal essen, sonst bekommt ihr Bauchschmerzen!"

„Marzipan und Schokolade! Da kann ich Unmengen von verdrücken und kriege garantiert keine Magenbeschwerden!" Hendrik konnte sein Glück kaum fassen. Wie hatten sich die Zeiten doch in den letzten hundert Jahren geändert. Endlich gab es Süßes in Hülle und Fülle! Und der Weihnachtsmann hatte ebenfalls Einzug in die deutschen Familien genommen.

Rudolf erzählte unterdessen den Freunden, wie er mit seinem Vater den Tannenbaum geschlagen hatte. Alle redeten wild durcheinander, bis Frau Waller den Salon betrat.

„Schön, dass ihr wieder bei uns seid! Wie geht es euren Eltern? Sind sie endlich bei Bewusstsein?", fragte die Fabrikantenfrau und hoffte, dass die Kinder gute Nachrichten aus dem Krankenhaus mitbrachten.

„Nein, leider, und Doktor Melcherts weiß auch nicht, ob sie jemals wieder gesund werden. Wir haben lange mit ihm darüber gesprochen!" Ole fühlte sich entsetzlich schlecht bei dieser Lüge. Wie gern hätte er die Wahrheit erzählt!

„Oh, das tut mir wirklich leid für euch! Hoffentlich könnt ihr den Abend heute trotzdem etwas genießen. Obwohl es sicher hart ist, wenn man Weihnachten ohne die Familie verbringen muss!" Frau Waller empfand tiefes Mitleid mit den vier Kindern.

„Wir werden euch schon ablenken! Wartet nur, bis Großvater da ist, der erzählt die tollsten Geschichten!" Vera tanzte voller Freude durch den Salon, so dass sie fast den Weihnachtsbaum umgerissen hätte.

„Aber bis die Großeltern eintreffen, geht ihr auf eure Zimmer und zieht euch um! Hendrik, für dich habe ich eine Hose gekauft, die dir passen sollte. Sie liegt auf deinem Bett neben einem Hemd und einer Jacke. Ole und Tim, für euch habe ich ebenfalls festliche Kleidung im Gästezimmer bereitgelegt. Und Vera, du nimmst Merle mit und leihst ihr eines von deinen Festtagskleidern. Hier unten im Salon möchte ich bis zur Bescherung niemanden mehr sehen. Schließlich legen wir gleich die Geschenke unter den Weihnachtsbaum!" Die Fabrikantenfrau begleitete die Kinder hinaus aus dem Weihnachtszimmer und schloss die Tür ab.

„Wenn einer von euch noch Hunger hat, kann er sich von Lene aus der Küche gern ein Stück Brot abholen, denn bis zum Festessen dauert es noch eine Weile", meinte sie lächelnd und sah, dass die Vorfreude auf die Geschenke wieder einmal genauso groß war wie in jedem Jahr, auch wenn Rudolf und Vera längst keine kleinen Kinder mehr waren. Sie beobachtete die beiden, wie sie mit den neuen Freunden in Richtung Küche verschwanden, und wunderte sich ein bisschen darüber, dass Nicky plötzlich an der Leine war, bisher lief er immer frei umher. Doch da es ihr nicht so wirklich wichtig war, dachte sie nicht weiter darüber nach.

„Ich lecke schon mal die Sahne aus!" Rudolf hatte bereits einen Löffel in der Hand und machte sich über den Sahnetopf her, während Merle und ihre drei Freunde hungrig eine Scheibe Schwarzbrot mit Schinken in der Küche verspeisten.

„Das ist gemein! Immer kriegst du die besten Sachen ab", jammerte Vera und versuchte Rudolf den Löffel zu entreißen.

„Ihr seid ja schlimmer als kleine Kinder!", schimpfte Lene und ging dazwischen. „Gleich kommen eure Großeltern und ihr seid noch nicht einmal umgezogen! Manchmal denke ich, dass euer Kindermädchen unser Haus zu früh verlassen hat!"

„Wir brauchen kein Kindermädchen, wir sind doch keine Kleinkinder mehr!", beleidigt biss Rudolf in eine Scheibe trockenes Brot. Eigentlich hatte er gar keinen Hunger, doch er musste irgendwie seinen Trotz loswerden.

So entschlossen sich die Kinder, noch eine Weile auf ihren Zimmern miteinander zu plaudern, und sich dabei festlich anzukleiden.

„Wenn ihr fertig seid, kommt ihr zu mir rüber", bat Rudolf seine Schwester und die Freunde, dann verschwand er schnell in seinem Zimmer.

„Ich nähe dir nebenbei dein Nachthemd", bot Vera Ole an, während sie den Jungen mit Merle in das Gästezimmer folgte.

„Das ist echt nett von dir. Mir ist es nämlich ganz schön peinlich, dass ich es kaputtgemacht habe!" Ole reichte ihr das Kleidungsstück.

„Das kann ich mir vorstellen. Aber keine Angst, wenn ich fertig bin, sieht niemand, dass es mal eingerissen war", versprach sie lachend und schloss nebenan hinter sich und Merle die Tür.

„Vera ist wirklich ein nettes Mädchen!" Ole war froh, dass sie ihm aus der Patsche half.

„Und dazu noch hübsch", fand Tim, als er sich auf sein Bett setzte und die Kleidungsstücke aussuchte, die er gleich anziehen sollte.

„Ach, das interessiert mich doch nicht. Sie ist wie alle Mädchen!" Ole wollte besonders gleichgültig klingen.

„Ist doch sowieso alles egal! Morgen reisen wir ab. Da kümmert es mich herzlich wenig, ob ein Mädchen hübsch oder hässlich ist. Wir sehen sie ja doch nie wieder!" Hendrik probierte gerade seine neue Hose an und stellte beglückt fest, dass sie passte.

„Ob wir wohl morgen endlich das 12. Jahrhundert erreichen? Ich bin mächtig gespannt, wie es damals hier in der Stadt aussah!" Tim dachte dabei an Ritter in eisernen Rüstungen, die in der Zeit durch das Land ritten.

„Wann wollen wir den Wallers denn mitteilen, dass wir sie morgen verlassen?", fragte Ole und fuhr sich mit den Fingern durch seine ungekämmten Haare.

„Heute Abend können wir das auf keinen Fall, wir würden ihnen das Fest verderben! Am besten sagen wir ihnen morgen nach dem Frühstück, dass wir wieder in unser Elternhaus zurückwollen!", schlug Tim vor.

„Ja, das ist gut. Wenn sie das nicht verstehen sollten, erklären wir ihnen einfach, dass wir Heimweh haben und ihre Gastfreundschaft nicht so lange ausnutzen wollen. Danach machen wir uns auf und davon. Wenn sie merken, dass wir hier gar nicht wohnen, sind wir längst in einer anderen Zeit", meinte Ole zufrieden. So mussten sie keine unangenehmen Fragen beantworten.

„Wir sehen ja richtig festlich aus!" Tim bestaunte sich und seine beiden Freunde. Sie trugen alle dunkelfarbige Samtjacken, helle Hemden und passende Hosen dazu. „Dann können wir jetzt zu Rudolf gehen!"

Nachdem Ole, Tim und Hendrik schon eine ganze Weile bei ihm gesessen hatten, kamen Merle und Vera in hübschen Festtagskleidern in das Zimmer. Tim konnte sich gar nicht vorstellen, dass das Mädchen in dem bodenlangen roten Kleid mit weißem Rüschenkragen und der roten Riesenschleife im langen Haar seine Schulfreundin Merle war, die sonst nur in Jeans herumlief. Wie Kleidung doch einen Menschen veränderte! Und Ole hatte nur noch Augen für Vera, die in ihrem langen, hellblauen Rüschenkleid und der blauen Schleife in den blonden Locken aussah wie ein Engel.

„Hier hast du dein Nachthemd!" Vera reichte ihm das reparierte Kleidungsstück, doch Ole reagierte gar nicht, er schien zu träumen.

„He, Mann, schläfst du jetzt schon im Sitzen?" Tim stieß seinen Freund an.

„Wie, was? Ach, mein Nachthemd, schön dass du es heilgemacht hast!" Ole kam sich schrecklich blöde vor, weil er so in Gedanken versunken war.

Zum Glück rettete ihn Frau Waller aus dieser unangenehmen Lage, denn sie stand plötzlich in der Tür.

„Seid ihr fertig? Die Großeltern sind gerade eingetroffen und warten im Esszimmer auf euch!"

Natürlich hatten Rudolf und Vera nichts Eiligeres zu tun, als schnellstens die beiden alten Herrschaften zu begrüßen. Merle und ihre Freunde hielten sich mit Nicky lieber etwas im Hintergrund zurück. Schließlich gehörten sie nicht zu der Fabrikantenfamilie, sondern waren einfach nur Gäste.

„Nun seid mal nicht so schüchtern und stellt euch vor!" Herr Waller rief aufmunternd nach den Freunden, die vor der Tür des Esszimmers standen und nun langsam auf den Besuch zugingen.

„Na, das ist aber eine Überraschung! Den Jungen kenne ich doch! Natürlich, er hat mich gestern nach dem Weg zum Krankenhaus gefragt. Ein netter Bursche! Wir haben ein wenig miteinander geplaudert. Aber er hatte es eilig, weil er einen Verletzten auf einem Pferdewagen transportierte. Da können wir heute unsere Unterhaltung von gestern fortsetzen. Als mein Sohn mir von euch erzählte, hätte ich nie gedacht, dass es sich dabei um dich handeln könnte. Wie ist dein Name, mein Junge?"

Ole traf der Schlag! Es stimmte wirklich! Der alte Mann, der vor ihm saß, war derselbe, den er am Vortag auf der Straße angesprochen hatte. Und dieser Mensch war ausgerechnet der Vater von dem Tuchfabrikanten Waller. Verrückter konnte es nicht kommen! Ole reichte dem Alten die Hand und stellte sich vor.

„Am besten setzt du dich gleich neben mich! Das ist übrigens meine Frau Hildegard! Und nun möchte ich deine Geschwister kennenlernen", forderte der Großvater und sprach kurz darauf mit Merle, Hendrik und Tim.

„Waren Sie vorher der Besitzer der Tuchfabrik, Herr Waller?", informierte sich Tim, der dem Großvater gegenübersaß.

„Nein, nein! Ich war nur ein Tuchmachermeister mit eigener Werkstatt. Mein Sohn Anton hat bei mir diesen Beruf gelernt. Als er fünfundzwanzig Jahre alt war, kam er auf die Idee, eine Fabrik aufzubauen, was zu dieser Zeit viele Tuchmachermeister machten. Eigentlich war ich gar nicht so begeistert davon, denn Anton sollte heiraten und eine Familie gründen. Aber dazu hatte er noch keine Lust, er wollte lieber Geld verdienen und reich werden, erklärte er mir immer. Also gab ich schließlich nach und half ihm bei seinem Vorhaben. Ich gab meine Werkstatt auf und arbeitete als Tuchmachermeister in Antons Fabrik. Es lief alles erstaunlich gut. Später erfüllte sich dann auch mein Wunsch und mein Sohn gründete eine Familie. Heute bin ich ein alter Mann und sehr zufrieden mit meinem Leben. In der Fabrik arbeite ich schon seit ein paar Jahren nicht mehr. Ich genieße meine freie Zeit mit meiner Hildegard", erzählte der alte Mann den Kindern und sah dabei liebevoll zu seiner Frau hinüber, die lächelnd an seiner Seite saß.

„Der Weihnachtsbraten sieht einfach lecker aus!" Nachdem die Vorsuppe gegessen war, half Anton Waller der Köchin, die große Fleischplatte mit der gebratenen Gans in der Mitte des Tisches zu platzieren.

„Es sind alle am Tisch, ich glaube, wir können beginnen!" Frau Waller zerlegte den Vogel in einzelne Stücke und verteilte mit Lene das Fleisch. Die Köchin saß an diesem Abend mit am Tisch der Familie. Diener Johann und das Dienstmädchen durften, gleich nachdem sie das Esszimmer und den Salon festlich hergerichtet hatten, Feierabend machen. So konnten sie mit ihren Angehörigen das Weihnachtsfest feiern. Erst am nächsten Morgen sollten sie wieder zu ihrem Dienst erscheinen.

Während sich die Erwachsenen angeregt unterhielten, mussten die Kinder schweigen. Rudolf hatte seinen neuen Freunden eingeprägt, dass sie nur reden durften, wenn sie gefragt wurden. Ole war froh, dass es diese merkwürdige Regel nicht geschafft hatte, bis ins Jahr 2009 zu überleben. In seiner Familie wurde beim Essen stets über die neuesten Erlebnisse gesprochen. Daher fiel es ihm sehr schwer, sich nicht ungefragt an den Gesprächen der Erwachsenen zu beteiligen.

Hendrik sah, wie wenig seine Freunde von der Gans aßen. Wahrscheinlich war ihnen doch der Appetit vergangen, wenn sie daran dachten, dass Nicky den Vogel schon im Maul gehabt hatte, überlegte er. Dafür langten die ahnungslosen Wallers und die Großeltern aber umso kräftiger zu.

„Lene, Sie haben wieder vorzüglich gekocht! Ich frage mich allerdings, warum Sie nichts von dem Braten essen? Sie mögen doch sonst so gerne Geflügel. Seien Sie nicht so schüchtern, Sie nehmen niemandem etwas weg!" Anton Waller wunderte sich, dass seine Köchin kaum Hunger zu haben schien. Doch auch Lene musste immer wieder daran denken, wie sie Nicky den Gänsebraten abgejagt hatten, und das verursachte bei ihr keine großen Essgelüste.

Als sie aber schließlich den Vanillepudding mit Kirschen und Schlagsahne servierte, staunte Anton Waller nicht schlecht. Plötzlich entwickelten sechs Kinder und eine Köchin wieder einen Riesenappetit und verschlangen die leckere Süßspeise in Sekundenschnelle.

„Na, seid ihr schon sehr gespannt auf eure Geschenke?", fragte der Großvater und wischte sich mit der Serviette den Mund sauber.

„Natürlich! Das sind wir doch jedes Jahr. Aber leider muss ich ja jetzt erst die Weihnachtsgeschichte vorlesen, bis wir endlich mit der Bescherung anfangen können", stöhnte Rudolf, der genau wusste, wie viel Wert seine Eltern auf einen ordnungsgemäßen Ablauf des Heiligen Abends legten.

„Die Weihnachtsgeschichte gehört eben einfach dazu. Oder ist es in eurer Familie anders?" Frau Waller wandte sich an Merle und wartete nun gespannt darauf, ob in den ärmeren Kreisen andere Sitten herrschten.

„Nein, bei uns ist es ähnlich. Ich lese auch diese wunderbare Geschichte vor!" Merle hatte das Gefühl, dass man es ihr anmerkte, wie sie log. Aber zum Glück war es im Esszimmer nicht sonderlich hell, und im Schein der Kerzen konnte niemand sehen, dass sie nicht die Wahrheit sagte.

„Ich liebe Weihnachten und die Vorweihnachtszeit! Stellt euch vor, was meine Hildegard und ich neulich in Hamburg erlebten. Wir wollten ein bisschen Geld zum Weihnachtsfest für die armen Kinder dort spenden, die in den Elendsvierteln der Stadt ein trauriges Dasein fristen. **So schickte man uns in das „Rauhe Haus". Das ist eine Einrichtung für diese bedauernswerten Jugendlichen, die der Pastor Johann Hinrich Wichern vor langer Zeit in Hamburg gegründet hatte. Wir betraten also den Betsaal und staunten nicht schlecht, denn dort stand ein wagenradgroßer, runder Holzleuchter, der mit vielen Tannenzweigen geschmückt war. Darauf waren 19 kleine rote und vier dicke weiße Kerzen ver-**

teilt. Das ganze nannten sie „Adventskranz" und ich muss sagen, es gefiel mir ausgesprochen gut. Ein Kind erzählte mir, dass Pastor Wichern diesen Kranz einst für sie erfunden hatte. An jedem Werktag im Dezember wird eine rote Kerze mehr angezündet und an den Adventssonntagen kommt jedes mal eine dicke weiße dazu, bis am Heiligabend alle brennen. Pastor Wichern will damit den Kindern etwas Wärme und Licht in ihre traurige Vorweihnachtszeit bringen, denn durch die große Armut gibt es zu Hause für sie oft nicht mal eine warme Stube. Dieser Kranz ist wirklich eine gute Idee, und wenn er nicht so riesig wäre, würde ich ihn mir sogar in meinem Haus aufstellen", erzählte der Großvater und alle hörten ihm still zu.

„Warum sind denn nur dreiundzwanzig Kerzen auf dem Kranz? Bis zum Heiligabend dauert es doch vierundzwanzig Tage, vom ersten Dezember an gezählt. Da fehlt ja eine Kerze. Das hätten Sie dem Pastor Wichern aber sagen müssen", fand Tim und wusste nun, woher der Brauch des Adventskranzes stammte und wie er entstand.

„Pastor Wichern kann ich nichts mehr erzählen, der ist schon 1881 gestorben! Aber genau deine Frage beschäftigte mich auch, und so suchte ich nach einer Antwort. Ein Geistlicher im ‚Rauhen Haus' berichtete mir, dass Pastor Wichern den Adventskranz bereits 1839 erfunden hatte. Für ihn endete der Kranz am 23. Dezember, denn einen Tag später ist ja Heiligabend. Den Kindern gefiel der Kerzenkalender so gut, dass sie ihn jedes Jahr wieder haben wollten. So hielt sich diese Erfindung und wurde zum festen Brauch im ‚Rauhen Haus', erklärte der Großvater und trank einen Schluck von dem Wein, den Lene zum Essen serviert hatte.

„Eine wirklich schöne Idee. Davon habe ich gar nichts gewusst, obwohl ich schon oft in Hamburg zu tun hatte. Aber ich glaube, wir sollten in den Salon gehen und nun die Weihnachtsgeschichte hören. Danach spielt Vera noch ein paar Weihnachtslieder auf dem Klavier. Sie können schon abräumen, Lene, und geben Sie dem Hund doch bitte die Reste der Weihnachtsgans! Nicky sitzt so brav vor unserem Tisch und hätte sicher auch gern ein Stückchen leckeres Fleisch gehabt. Du hast ihn gut erzogen, Ole. Meine drei verrückten Jagdhunde wären schon lange über den Braten hergefallen", lobte Anton Waller und bemerkte nicht, wie Lene ein Lachen unterdrücken musste, indem sie sich schnell umdrehte und mit ein paar Schüsseln eilig in Richtung Küche verschwand. Auch die Kinder sahen sich mit verschwörerischem Blick kurz an und gingen dann in den Salon.

Die weißen Wachskerzen am Weihnachtsbaum wurden von Frau Waller angezündet und sofort erhellte sanftes Kerzenlicht das gesamte Zimmer, und die roten Glaskugeln sowie das silberne Lametta glitzerten an den grünen Zweigen.

„Wie gut, dass wir Bürger uns gegen die Kirche durchgesetzt haben und den Tannenbaum zum Weihnachtsfest in unsere Stuben holen! Ihr müsst nämlich wissen, dass die Geistlichen die Bäume für heidnisches Brauchtum hielten. Deswegen bestraften sie jeden Menschen, den sie beim Abholzen eines Tannenbaumes in der Weihnachtszeit erwischten, denn leider gehört der Kirche ein großer Teil unserer Wälder. Doch alle Strafen und Verbote haben nichts genützt, wie ihr seht! Die Tanne nahm Einzug in alle deutschen Haushalte, zuerst nur bei den evangelischen, jetzt aber auch schon bei den katholischen Familien. Und das freut mich sehr, denn was wäre das Weihnachtsfest ohne den festlich geschmückten Tannenbaum!" Der Großvater stand glücklich wie ein kleines Kind im Salon und betrachtete den Weihnachtsbaum.

„Was mir nicht so gut gefällt, ist dieses neumodische Zeug, das ihr Lametta nennt. Ich finde, ihr solltet wieder mehr Süßes in den Baum hängen, so wie es früher bei uns Brauch war", meinte die Großmutter, denn sie war der Meinung, dass Kekse und Schokoladenkringel an den Zweigen viel schöner aussahen.

„Papperlapapp! Du musst mit der Mode gehen, Hildegard! Lametta ist nun mal die neueste Erfindung aus Nürnberg. Es symbolisiert die Eiszapfen am Tannenbaum in der Winterzeit. Jeder Bürger, der das weiß, hängt Lametta in seinen Baum", erklärte der Großvater seiner Ehefrau. „Aber nun möchte ich doch gern, dass Rudolf mit der Weihnachtsgeschichte zu lesen beginnt! Ich freue mich schon auf meine Geschenke und will nicht wieder so lange darauf warten wie im letzten Jahr."

Natürlich wurde dem alten Mann der Wunsch sofort erfüllt. Es war mucksmäuschenstill, als Rudolf vor der Familie, den Freunden und der Köchin die Geschichte von Jesu' Geburt vorlas. Nur manchmal hörte man ein feines Schnarchen, das aus einer müden Hundenase kam. Nicky hatte sich an den Resten des Gänsebratens so vollgefressen, dass er nun dringend einen Verdauungsschlaf benötigte.

„Ach, die Erzählung ist immer so schön, dass ich jedes Mal wieder weinen muss!" Frau Waller wischte sich ein paar Tränen aus den Augen. Die festliche Stimmung schlug ihr jedes Jahr erneut auf das Gemüt.

„Ich spiele jetzt ‚Oh Tannenbaum'!" Vera hatte sich vor das Klavier gesetzt und ihre geübten Finger glitten über die weißen Tasten.

Als Erster begann der Großvater mit tiefer Stimme zu singen. Es klang zwar nicht besonders schön, aber das störte niemanden. Bald stimmte die ganze Weihnachtsgesellschaft mit ein und Vera freute sich über die gute Stimmung.

„Spiel doch bitte auch noch „Stille Nacht"! Das ist mein Lieblingslied", bat Anton Waller seine Tochter, und Vera suchte die Noten dafür aus einem Stapel Papier heraus.

Ole bewunderte das Mädchen. Wie gut sie doch spielen konnte! Er dagegen war total unmusikalisch und versagte schon bei der Blockflöte. Seine Oma hätte es zu gern gesehen, wenn er diesem Holzinstrument wenigstens ein paar vernünftige Töne entlocken konnte. Tim und Hendrik genossen genau wie Merle die weihnachtliche Atmosphäre im Salon des Tuchfabrikanten. Heiligabend im Jahr 1891 schien ihnen noch viel schöner zu sein als im 21. Jahrhundert. Nur ihre eigene Familie fehlte ihnen.

„Danke, Vera und Rudolf, für eure wunderbaren Beiträge!" Anton Waller klatschte genauso begeistert wie die übrigen Anwesenden.

„An den Weihnachtsmann glaubt ja von euch keiner mehr. Trotzdem sollt ihr nun eure Geschenke erhalten!" Frau Waller überreichte ihren beiden Kindern ein paar hübsch verpackte Präsente, die natürlich sofort von ihnen geöffnet wurden.

„Eine Dampfmaschine! Und neue Zinnsoldaten! Die Abenteuer des Huckleberry Finn! Das Buch habe ich mir so gewünscht! Die Hose gefällt mir wirklich gut und das Hemd dazu auch!" Rudolf freute sich riesig über die vielen neuen Sachen, denn natürlich bekam er auch von seinen Großeltern Geschenke, ebenso wie seine Schwester Vera.

„Lass mal sehen, was du alles bekommen hast!" Merle war neugierig, was sich in den hübsch verpackten Päckchen versteckte.

„Ein Kaleidoskop! Und das Buch „Heidi", das wollte ich mir neulich schon in der Buchhandlung Rathje kaufen! Sieh mal, Merle! Ist das Armband nicht wunderschön? Und der Ring und die Kette dazu! Ach, ich kann dir gar nicht sagen, wie sehr ich mich freue. Danke Großmutter für das hübsche Kleid!" Vera hielt aufgeregt ein langes rosa Rüschenkleid in den Händen und strahlte überglücklich. Den Silberschmuck mit den Rosenquarzsteinen legte sie sofort an.

„Ich glaube, das Weihnachtsfest hat sich für euch beide mal wieder gut gelohnt. Aber Ole und seine drei Geschwister sollen natürlich auch nicht leer ausgehen, wenn unsere Kinder so reichlich beschenkt werden", meinte Anton Waller und überreichte den Freunden ein paar liebevoll eingewickelte Päckchen.

„Wir kriegen auch etwas geschenkt?", ungläubig sah Tim den Fabrikanten an und nahm nur zögernd das Geschenk entgegen. Diese Familie war so nett zu ihnen! Herzlicher konnte man nicht aufgenommen werden.

Auch Ole, Merle und Hendrik konnten nicht fassen, dass man sie beschenkte. Ein äußerst schlechtes Gewissen beschlich sie, denn schließlich waren sie nicht die armen Kinder, für die sie sich ausgaben.

Merle freute sich über das feine silberne Armband mit dem Glückskleeanhänger.

„Ich habe gesehen, dass du schon eine Kette trägst, und da dachte ich, ein Armband würde dir sicher auch gut gefallen!" Frau Waller war froh, das Richtige für Merle gefunden zu haben. Vera hatte ihr natürlich bei der Auswahl geholfen.

„Was ist das eigentlich für ein eigenartiger Stein, der da neben dem kleinen Kreuz an deiner Kette hängt?", fragte Vera neugierig, denn sie kannte viele Schmucksteine, nur diesen hatte sie noch nie gesehen.

„Ich weiß nicht, wie er heißt, meine Tante hat ihn mir zum Geburtstag geschenkt. Seitdem trage ich ihn jeden Tag. Er ist mein Talisman!" Merle war froh, dass ihr diese Notlüge so flott über die Lippen ging.

„Danke für das schöne Buch!" Ole hielt den Abenteuerroman „Der letzte Mohikaner", eine Indianergeschichte, in seinen Händen. Natürlich kannte er die Erzählung von einem Fernsehfilm und hätte nie gedacht, dass es dieses Buch bereits seit mehr als hundert Jahren gab.

„Es ist mein Lieblingsroman! **James Fenimore Cooper hat ihn 1826 geschrieben** und ich habe ihn als Junge etliche Male gelesen. Hinterher wollte ich nach Amerika auswandern und bei den Indianern leben. Leider bin ich nie dort gewesen, aber wer weiß, vielleicht reist du eines Tages in dieses große Land!" Der Großvater sah zufrieden, dass Ole sich über das Geschenk freute.

Tim packte vier Zinnsoldaten aus einem kleinen Weihnachtskarton aus.

„Na, die gefallen dir bestimmt, oder? Jeder richtige Junge liebt Soldaten! Aus einem Mann kann nur etwas Anständiges werden, wenn er einen hohen Rang beim Militär erreicht! **Unser Kaiser Wilhelm II. trägt mit Vorliebe zu den verschiedensten Anlässen immer andere Uniformen.** Und er macht stets eine gute Figur darin, obwohl der liebe Gott ihn mit einem üblen Geburtsfehler auf die Welt kommen ließ", berichtete Anton Waller, und sein Vater stimmte ihm zu.

„Ja, der arme Kerl wäre fast bei seiner Geburt gestorben. Man erzählt sich, dass er falsch herum im Bauch seiner Mutter lag. Damit er schneller auf die Welt kommen sollte, zog die Hebamme an seinem linken Arm, und dadurch blieb der für alle Zeiten gelähmt. Der Kaiser soll nicht mal geatmet haben, als die Hebamme ihn im Arm hielt. Da hat sie ihn mit einem nassen Handtuch geschlagen. So holte sie ihn ins Leben. Natürlich war die Kaiserin entsetzt, denn das Protokoll des Hofes verbot solche Handlungen, aber ohne die Hilfe der Hebamme wäre ihr Baby wohl gestorben. Unser Kaiser leidet sehr darunter, dass er seinen linken Arm nicht bewegen kann, denn viele Dinge, die jeder normale Mensch einfach erledigt, fallen ihm schwer. Schließlich braucht ein guter Soldat beide Arme", meinte der Großvater, der den Kaiser verehrte.

„Doktor Melcherts und ich, wir sind übrigens beide Reserveoffiziere. Dadurch sind wir in der Gesellschaft sehr angesehene Bürger. **Neumünster ist seit zwanzig Jahren eine Garnisonsstadt, das heißt, dass wir hier Kasernen haben. Die Wohlerssche Privatkaserne ist in der Altonaer Straße 40 und die 163er Kaserne steht in der Werderstraße, außerdem gibt es noch ein paar Privatquartiere. Sie wurden nach dem deutsch-französischem Krieg 1871 gebaut, denn Neumünster musste in den Kriegen, die im 19. Jahrhundert auch unser Land heimsuchten, sehr viele Soldaten unterbringen und versorgen. Das war schwer für die Bevölkerung, denn dadurch wurden die Lebensmittel knapp. Darum entschied man sich, Militärunterkünfte zu bauen",** erzählte Anton Waller, der genau wie sein Vater ein Freund des Militärs war.

Merle hatte aufmerksam zugehört. Hatte der Tuchmacherfabrikant nicht eben gerade erwähnt, dass in der Altonaer Straße Nr. 40 eine Kaserne stand? Genau das war aber doch die Adresse der Holstenschule, in die sie nach den Sommerferien eingeschult werden sollte. Sie wusste es noch sehr genau, denn auf dem Anmeldeformular hatte sie unter dem Namen der Schule auch die Anschrift gelesen. Also musste diese Privatkaserne spätestens bis 1903 abgerissen werden, um für den Neubau des Gymnasiums Platz zu machen.

„Ihr Jungens wollt sicher auch später unserem Kaiser dienen, nicht wahr?", informierte sich der Großvater bei Ole und seinen beiden Freunden.

„Eigentlich bin ich nicht so richtig scharf darauf, Soldat zu werden. Es ist mir ehrlich gesagt viel zu gefährlich", antwortete Hendrik ehrlich.

„Damit wird dein Vater bestimmt nicht einverstanden sein, mein Junge", bezweifelte Anton Waller. „So, nun haben wir genug über das Militär geredet. Jetzt sollst du dein Geschenk von uns erhalten."

Hendrik nahm dankend ein kleines Päckchen entgegen, in dem sich ebenfalls Zinnsoldaten befanden, genau wie bei seinem Freund Tim.

„Auch wenn du kein Soldat werden möchtest, mit Zinnsoldaten spielst du doch sicher gern, oder?" Die Großmutter konnte Hendrik gut verstehen, denn auch sie hielt nichts vom Krieg und dem Elend, das er mit sich brachte. Zu oft hatte sie in ihrem langen Leben Soldaten aus verschiedenen europäischen Ländern bei sich im Haus aufnehmen müssen, die mit ihren Truppen durch die Stadt marschierten und im Kampf verwundet wurden oder einfach nur Quartiere suchten.

„Natürlich! Krieg spielen ist ja nicht gefährlich." Hendrik legte die Zinnsoldaten sorgfältig in den kleinen Karton zurück, aus dem er sie entnommen hatte.

„Wir haben noch ein Extrageschenk für dich, Hendrik. Meine Schwiegertochter hat mir erzählt, wie schwer es ist, für dich eine passende Hose zu finden. Hier, packe es aus! Ich hoffe, dass es dir gefällt!" Die Großmutter überreichte dem verblüfften Jungen ein Päckchen.

„Ein dunkelblauer Matrosenanzug!" Hendrik verschlug es die Sprache. Solch ein Kleidungsstück war so ziemlich das Letzte, was er anziehen würde. Trotzdem spielte er große Freude vor.

Ole und Tim mussten sich umdrehen, um nicht in schadenfrohes Gelächter auszubrechen, und auch Merle konnte sich ein Lachen nur knapp verkneifen.

„Da freust du dich aber, was? Zieh ihn schnell über! Ich möchte sehen, ob er dir passt! Es ist ein Jammer, dass deine Eltern nicht das Geld haben, um euch Kindern so ein schönes Kleidungsstück zu kaufen. Für dich ist dieser Anzug ideal, denn die weite Hose kannst du auch bei deinem etwas runden Bauch gut tragen. **Matrosenanzüge sind seit ein paar Jahren sehr groß in Mode! Die englische Königin Victoria hat sie in Deutschland bekannt gemacht, als sie ihrem Enkel, dem heutigen Kaiser Wilhelm II., einen solchen Anzug aus England schickte, als er noch ein Junge war. Dort sind sie nämlich schon viel länger modern. Für Mädchen gibt es übrigens seit kurzem Matrosenkostüme.** Vera hat im letzten Sommer eines von mir geschenkt bekommen. Eigentlich müsste ich jedem von euch ein solch praktisches und schönes Kleidungsstück schenken. Aber meine Schwiegertochter meinte, deine Geschwister hätten genug Bekleidung von Vera und Rudolf erhalten. Also dachte ich, du brauchst diesen Matrosenanzug am nötigsten. Normalerweise trägt man ihn mit kurzer Hose, aber im Winter ist das natürlich zu kalt!" Großmutter Waller war begeistert, als Hendrik sich umgezogen hatte.

„Er steht dir wirklich fabelhaft!" Anton Waller nickte anerkennend und seine Frau fand, dass Hendrik in dem Anzug schlanker wirkte.

„Jetzt siehst du aus, wie die Bürgerjungen in der Stadt! Niemand wird mehr auf die Idee kommen, dass du im Armenviertel wohnst", freute sich Vera.

„Deine Geschwister schauen so, als ob sie dich beneiden, Hendrik", glaubte der Großvater, als er in die Gesichter von Ole, Merle und Tim sah.

„Du solltest den Matrosenanzug heute Abend anbehalten. Du hast selten besser ausgesehen", Ole grinste schadenfroh und ahnte nicht, dass sein Vorschlag sofort angenommen wurde.

„Natürlich behält Hendrik ihn an, wenn wir gleich in die Kirche gehen", entschied Großmutter Waller energisch. „Schließlich ist der Anzug äußerst bequem und angenehm zu tragen!"

Hendrik wäre am liebsten im Erdboden versunken. Er war nur froh darüber, dass ihn niemand aus seiner Schulklasse so sehen konnte. Aber es reichte ihm schon, dass seine drei Freunde sich über ihn amüsierten.

„Wie geht es eigentlich euren Eltern?", erkundigte sich der Großvater.

„Heute Mittag waren sie noch nicht bei Bewusstsein", antwortete Ole so knapp wie möglich. Je weniger er erzählte, desto geringer war die Gefahr, etwas Falsches zu sagen.

„Das ist ja entsetzlich! Wie ist denn das Unglück überhaupt passiert? Mein Sohn hat mir nur von einem Unfall berichtet. Mehr wusste er auch nicht", forschte der alte Mann jetzt genauer nach.

„Unsere Eltern fuhren mit dem Pferdewagen einen Feldweg entlang, als ein Rad abbrach und der Wagen umkippte. Dadurch stürzten die beiden so unglücklich, dass der Wagen auf sie fiel. Ein paar Arbeiter fanden unsere Eltern und brachten sie zu Doktor Melcherts ins Krankenhaus. Wir erfuhren erst ein paar Stunden später von dem fürchterlichen Unglück und durften unsere Eltern nicht einmal besuchen, weil sie so schlimm verletzt waren. Man wollte uns den grauenhaften Anblick ersparen!"

Ole dachte sich schnell eine Geschichte aus und hoffte, dass die Fragerei dadurch ein Ende nahm, denn er hielt seine Erzählung für ausgesprochen gut und glaubwürdig.

„Das ist ja schrecklich! Aber warum habt ihr mich gestern nach einem Krankenhaus gefragt, wenn ihr bereits wusstet, dass eure eigenen Eltern dort lagen?" Dem Großvater erschien die Geschichte nicht logisch.

„Weil der Unfall doch erst gestern passiert ist. Vorher hatten wir keine Ahnung, dass es hier ein Krankenhaus gibt, schon gar nicht, was mit unseren Eltern geschehen war. Das erfuhren wir erst später durch Zufall von Doktor Melcherts, als wir Fritz Färber zu ihm brachten. Wir entdeckten nämlich in seinem Arztzimmer voller Entsetzen zwei Mäntel, die uns sofort bekannt vorkamen. Als ich angstvoll fragte, wem sie gehörten, erzählte uns der Doktor, die Krankenschwester hätte sie zwei Schwerverletzten ausgezogen. Da war uns Kindern schlagartig klar, dass es sich hier um unsere armen Eltern handelte!" Ole begann vor Nervosität zu schwitzen und hoffte inständig, dass niemand seine Lügerei entlarvte.

„Das ist allerdings wirklich schlimm, mein Junge. Jetzt begreife ich, warum ihr nicht wusstet, dass wir ein Krankenhaus in der Stadt haben. Sicher ist bei euch noch niemand so schlimm krank gewesen, dass ihr ihn dort einliefern musstet!" Großvater Waller sah nun keinen Anlass mehr, die Aussage des Jungen anzuzweifeln.

„Nein, bei uns sind immer alle gesund gewesen." Ole spürte die Erleichterung, als der alte Mann ihm seine Geschichte endlich glaubte. Das war knapp gewesen! Fast hätte der Großvater ihre Lügengeschichte aufgedeckt.

„Lasst uns jetzt in die Kirche gehen. Es wird langsam Zeit dazu, die Glocken läuten schon!" Frau Waller löschte die Kerzen am Weihnachtsbaum.

Es dauerte nicht lange, und die Familie war mit ihren Gästen unterwegs auf dem Weg zur Vicelinkirche. Köchin Lene schloss sich ihnen ebenfalls an, nur Nicky musste zu Hause bleiben. Anton Waller war der Meinung, dass ein Hund nichts in einem Weihnachtsgottesdienst zu suchen hätte. Natürlich war Nicky damit nicht einverstanden. Er jaulte herzzerreißend, als die Kinder ihn im Haus zurückließen. Aber das half ihm nichts. Schließlich ergab er sich in sein Schicksal und wanderte auf der Suche nach Essbarem durch das Haus. Doch die Tür zum Salonzimmer war zu und in die Küche kam er ebenfalls nicht hinein. So legte sich Nicky vor die Eingangstür in der Empfangshalle und wartete auf die Rückkehr seiner Freunde.

Draußen begann es wieder zu schneien. Überall an den Straßenrändern leuchteten ihnen Gaslaternen den Weg aus. Sie liefen durch die Christianstraße weiter bis zur Stadtmitte, um dann schließlich in die Lütjenstraße einzubiegen, die sie direkt zur Vicelinkirche führte.

„Wie gut, dass die Straßen in der Nacht nicht mehr so dunkel sind wie früher! **1837, als man die ersten Laternen in unserer Stadt aufstellte, war das Licht sehr spärlich, denn sie wurden noch mit Öl gespeist.** Ich erinnere mich ganz genau daran. Damals hatte ich nämlich gerade meine Hildegard kennengelernt und so liefen wir nachts heimlich Hand in Hand verliebt durch Neumünster. Ihre Eltern hätten das natürlich nie erlaubt. Hier, genau an dieser Stelle habe ich sie das erste Mal geküsst!" Der Großvater blieb stehen und zeigte auf eine alte Laterne, die sich am Ende der Lütjenstraße befand. „Es war eine warme Julinacht. Die Sterne funkelten am Himmel, ein paar Grillen zirpten und in der Schwale quakten die Frösche, wir hatten Romantik pur. Das schwache Licht der Laterne kam mir da natürlich gerade recht, denn Hans Petersen, einer unserer Nachtwächter, trieb sich in der Nähe herum, um in der Stadt nach dem Rechten zu sehen. Zum Glück hatte er uns in der Lütjenstraße noch nicht bemerkt. Ich wollte schließlich auch keine Zuschauer dabeihaben. Nie werde ich diesen Augenblick vergessen, als meine Hildegard mir zuflüsterte, dass ich ihr Traummann wäre! Ein paar Monate später haben wir geheiratet. Wir sind heute noch immer ein Paar, aber die **alten Öllampen gibt es seit 1857 nicht mehr. Sie wurden durch Gaslaternen ersetzt, die uns viel helleres Licht spenden. Das ist natürlich auch gut so, denn früher lief hier nachts so manches lichtscheue Gesindel durch die Stadt und trieb sein Unwesen."**

„Ach Otto! Das ist schon so lange her! Wie herrlich jung waren wir beide damals! Ich erinnere mich auch noch gern an diese Zeit. Schön, dass du das ebenso wenig vergessen hast!" Die alte Frau Waller schmiegte sich zärtlich an ihren Mann, der ihr liebevoll über die Hand strich.

„Warum sollte ich das? Ich bin zwar älter geworden, aber noch lange nicht vergesslich", lachte der Großvater fröhlich und stapfte weiter durch den tiefen Schnee.

Merle hätte ihm zu gern noch ein paar Fragen gestellt, als sie durch die Stadt liefen, denn vieles hatte sich seit ihrem letzten Besuch im Jahr 1780 verändert. Aber damit musste sie warten, bis sie wieder mit Doktor Melcherts zusammentrafen. Erfreut stellte sie fest, dass ein paar Häuser von 1891 auch im Jahr 2009 in Neumünster noch zu sehen sein würden. In der Lütjenstraße vermisste sie die vielen kleinen Geschäfte, die sie so gut kannte. Ein Haus stand neben dem anderen und der Weg war sehr schmal, der direkt zum Kleinflecken führte. Schon in alter Zeit galt er als Verbindungsstraße zum Großflecken.

„Heißt diese Straße eigentlich Lütjenstraße, weil sie so eng und klein ist?", wollte Vera wissen, als sie fast die Vicelinkirche erreicht hatten.

„Du meinst, weil das plattdeutsche Wort ‚lütt' im hochdeutschen ‚klein' bedeutet, könnte der Name ‚Lütjenstraße' dazu eine Verbindung haben? Das ist klug gedacht, stimmt aber leider nicht. In den ersten Jahren des 18. Jahrhunderts wohnte in dieser Straße im Haus Nummer 2 ein Mann mit dem Namen Johann Lütje. Dieser Neumünsteraner Bürger gab der Stadt von seinem Grundstück etwas Land ab, damit die Straße vernünftig gebaut werden konnte. Zum Dank dafür hat man sie nach ihm benannt." Der alte Otto Waller freute sich sehr, wenn er seinen Enkeln etwas aus der Vergangenheit ihrer Heimatstadt berichten konnte.

„Da drüben geht gerade unser **Bürgermeister Eduard Schlichting** in die Kirche!" Tuchfabrikant Waller zog seinen Zylinderhut vom Kopf und grüßte den vornehm gekleideten älteren Herrn mit dem buschigen weißen Schnurrbart, der lächelnd den Gruß erwiderte.

„Ich habe miterlebt, wie er vor einundzwanzig Jahren zu unserem **ersten Bürgermeister** gewählt wurde. Genau so lange ist Neumünster nun eine Stadt und Eduard Schlichting führt sie durch alle Geschicke. Ich kenne ihn gut und weiß, dass er seine Arbeit sehr ernst nimmt. Aber ewig wird er diesen Job wohl nicht mehr machen können, denn auch er wird älter", meinte der Großvater etwas nachdenklich, während sie die Vicelinkirche betraten, die überall festlich mit Kerzen geschmückt war.

Merle kannte die Kirche von der Hochzeit ihrer Tante Ilka, doch Tim, Hendrik und Ole waren zum ersten Mal in dem Gotteshaus. Sie setzten sich gemeinsam in eine der hinteren Holzbänke der großen Kirche. Viele Menschen drängelten sich um die wenigen noch freien Sitzplätze.

„Wie gut, dass wir rechtzeitig hier erschienen sind, sonst müssten wir im Stehen der Andacht lauschen. Es ist Weihnachten immer besonders voll in der Kirche. Außerdem haben wir richtig Glück gehabt, denn **Pastor Riewerts** hält die Predigt. Er kann wunderbar reden", freute sich die Großmutter, als ein schlanker, großer Mann mit Vollbart im schwarzen Pastorengewand langsam auf die Kanzel in der Kirche zuschritt.

Als die Orgel zu spielen begann, war es augenblicklich mucksmäuschenstill in dem

Gotteshaus. Als später der Pastor die Menschen zum Mitsingen aufforderte, klangen die schönsten Weihnachtslieder durch die Kirche. Hendrik wurde es ganz warm ums Herz vor lauter Feierlichkeit, und er sang kräftig mit. Auch seine Freunde waren von der festlichen Stimmung sehr ergriffen. Sie nahmen sich vor, nach Beendigung ihrer Zeitreise beim nächsten Weihnachtsfest der Vicelinkirche einen Besuch abzustatten. So hofften sie, etwas von diesen wunderbaren Momenten in ihre Zeit mitnehmen zu können.

Nach einer knappen Stunde war die Weihnachtsandacht beendet. Alle Bürger strömten aus der Kirche, um den nächtlichen Heimweg anzutreten.

„Frohe Weihnachten, mein lieber Otto!" Ein älterer Herr mit schneeweißen Haaren und einem ebenso weißen Vollbart stand plötzlich neben ihnen und reichte dem alten Herrn Waller die Hand.

„Frohe Weihnachten, mein alter Freund Wilhelm! Das ist eine Freude, dich hier mitten im Gedrängel zu treffen! Wie geht es dir? Wir haben schon seit ein paar Wochen nichts mehr voneinander gehört. Vielleicht sollten wir uns mal wieder auf ein Glas Wein im **Kaiserhof** treffen!" Otto Waller ging mit seiner Familie und dem Freund, den er Wilhelm nannte, hinaus auf die Straße. Vor der Kirche blieben sie stehen.

„Zu einem Glas Wein lasse ich mich gern von dir überreden. Da kann ich dir bestens von den Neuigkeiten aus meiner Schule berichten. Was hältst du davon, wenn wir uns gleich am 27. Dezember abends im Kaiserhof treffen?", schlug Wilhelm vor.

„Natürlich, das lässt sich gut einrichten! Aber jetzt will ich mit meiner Familie den Heiligabend feiern, sonst werden sie ungeduldig", lachte Otto Waller und verabschiedete sich von seinem Freund.

„Wer war das denn?", fragte Rudolf neugierig seinen Großvater.

„Das war mein Freund **Wilhelm Tanck. Er unterrichtet in der ersten Knabenmittelschule hier in der Stadt. Als sie 1868 gegründet wurde, wählte man Wilhelm zum ersten Lehrer, und bereits zwei Jahre später hat man ihn dann zum Rektor ernannt. Er setzt sich schon seit Jahren sehr für den Aufbau dieser Schule ein und ist dort ein beliebter Lehrer.** Natürlich ist mein alter Freund manchmal auch ordentlich streng. Aber das muss er sein bei all den vielen Jungen, die er unterrichtet", erzählte der Großvater den Kindern.

Hendrik hatte, genau wie seine drei Freunde, sehr interessiert zugehört. Schließlich sollte er nach den Sommerferien genau auf die Schule wechseln, die dieser Lehrer im 19. Jahrhundert leitete und die sogar seinen Namen trug. Die Wilhelm-Tanck-Schule existierte auch noch im 21. Jahrhundert, allerdings nicht mehr als reine Jungenschule. Inzwischen wurden auch Mädchen dort unterrichtet. Hendrik empfand es als absolut toll, dass seine neue Schule jetzt nicht mehr einfach nur einen Namen hatte, mit dem er bis heute nichts weiter anfangen konnte. Sie bekam nun ein Gesicht, und er würde niemals vergessen, dass Wilhelm Tanck wirklich in Neumünster gelebt hatte. Wer von seinen künftigen Klassenkameraden konnte schon von sich behaupten, den Mitgründer der Wilhelm-Tanck-Schule persönlich kennengelernt zu haben!

„Schön, dass ich euch hier wiedertreffe!" Doktor Melcherts' Stimme riss Hendrik aus seinen Gedanken. Der nette Arzt hatte die Wallers auf der Straße erkannt und wünschte ihnen „Frohe Weihnachten", dann stellte er die vier Freunde seiner eigenen Familie vor.

„Wir sehen uns morgen im Krankenhaus!"

„Wie geht es denn den Eltern von unseren jungen Gästen, Herr Doktor?", fragte die alte Frau Waller, als der Arzt gerade weitergehen wollte.

„Unverändert, gnädige Frau, den beiden geht es nicht sehr gut. Sie liegen allein auf ihrem Zimmer. Besuch darf auf keinen Fall zu ihnen. Daher finde ich es ganz reizend, dass Ihr Sohn Anton die armen Kinder über die Weihnachtstage bei sich aufgenommen hat. Das ist ein großes Zeichen für Nächstenliebe!" Doktor Melcherts fühlte sich nicht sehr wohl in seiner Haut und zog seinen Zylinderhut. „Einen gesegneten heiligen Abend wünsche ich! Meine Familie friert, nehmen Sie es mir bitte nicht übel, wenn ich mich jetzt rasch verabschiede!"

„Meine Güte, warum sind diese jungen Leute bloß immer so hektisch!", wunderte sich die Großmutter Waller, als der Arzt es plötzlich sehr eilig hatte.

„Wenn wir noch lange hier stehenbleiben, werden ich ein Eisklumpen", beschwerte sich Vera, die ihre Nase kaum mehr spürte. Die Temperaturen waren unter Null Grad gesunken, so dass ihr Atem beim Sprechen wie weißer Nebel aus ihrem Mund kam.

Gerade wollte sich die kleine Gruppe wieder in Bewegung setzen, als Großmutter Waller Pastor Riewerts aus der Kirche kommen sah. Er schüttelte gerade ein paar Gläubigen die Hand und wünschte „Gesegnete Weihnachten".

„Moment, wartet bitte einmal kurz! Ich möchte dem Pastor unbedingt für die schöne Predigt danken!" Wie ein junges Mädchen lief die alte Frau Waller durch den tiefen Schnee die wenigen Schritte hinüber zu Brar Volker Riewerts, der sie freundlich lächelnd begrüßte.

„Herr Pastor, Sie haben wieder so wundervoll gepredigt! Niemand hält die Weihnachtsandacht feierlicher als Sie. Mir wird immer ganz warm ums Herz!" Die alte Dame war eine große Verehrerin des Geistlichen.

„Das freut mich, meine liebe Frau Waller. Ich danke unserem Herrn dafür, dass ich hier in dieser schönen Kirche Gottes Wort verkünden darf. Wie man sieht, ist unser Gotteshaus wieder einmal überfüllt von Menschen, die der Geschichte von Jesu' Geburt lauschen wollten!" Pastor Riewerts fühlte sich sehr wohl in seiner Gemeinde.

„Ja, die Stadt ist rasch gewachsen. Unsere wunderbare Vicelinkirche ist inzwischen schon viel zu klein für all die Bürger, die sie besuchen wollen!" Der alte Herr Waller war seiner Frau zu Pastor Riewerts gefolgt und beteiligte sich nun an dem Gespräch.

Das ist ja auch der Grund dafür, dass ich seit einiger Zeit Spenden sammle für eine zweite Kirche und ein Gemeindehaus. Wir haben sehr viele Konfirmanden, die ich unmöglich alle in meinem Pastorat unterrichten kann. Außerdem liegen mir die zahlreichen Katholiken, die in der letzten Zeit in unsere Stadt gezogen sind, sehr am Herzen. Sie haben sich von Tuchfabrikant Sager eine Fabrikhalle gekauft, in der sie nun ihre Gottesdienste abhalten. Das ist

alles andere als schön, deshalb benötigen wir auch dringend eine katholische Kirche in unserem Ort. Aber jetzt erzähle ich Ihnen hier von meinen Sorgen und halte Sie mit meinem Geschwätz auf. Bitte entschuldigen Sie, wenn ich Sie gelangweilt habe", bat der Pastor, als er bemerkte, dass er sich wieder viel zu ausführlich über seine Probleme geäußert hatte.

„Nein, Sie langweilen uns nicht, denn es ist ja die Wahrheit. Deswegen werde ich der Kirche ein wenig Geld spenden, um Ihr Vorhaben etwas zu unterstützen", mischte sich nun auch der Tuchfabrikant Waller mit in die Unterhaltung ein.

Natürlich bedankte sich der Pastor hoch erfreut. Großmutter Waller war sehr stolz auf die Großzügigkeit und Güte ihres Sohnes Anton. Schließlich traten sie endlich den Nachhauseweg an, und Vera hoffte, dass sie nicht wieder durch irgendwelche Bekannten ihrer Eltern aufgehalten wurden. Und sie hatten Glück, denn bis zu ihrer Villa begegneten sie niemandem mehr.

„Wie gut, dass ich die Wärmflaschen vorhin noch in die Betten gelegt habe. Ich bin so durchgefroren, dass mir die Wärme gut tun wird!" Lene hatte keine Lust mehr, sich noch mit den Herrschaften in den Salon zu setzen, um zu plaudern. Sie wollte nur noch schlafen. Die drei Stücke Lavendelseife und das schneeweiße Handtuch, beides Weihnachtsgeschenke der Familie Waller, nahm sie mit auf ihr Zimmer unter dem Dach. Lene war beliebt bei ihrem Arbeitgeber, weshalb sie auch an allen Festtagen mit den Wallers zusammen feiern durfte. Außerdem hatte sie schon lange keine Angehörigen mehr.

Nicky war froh, dass seine Freunde wieder bei ihm waren. Zwar hatte er die meiste Zeit geschlafen, aber wenn er wach wurde, fehlten sie ihm doch sehr.

Den Rest des Heiligabends ließen alle mit einem gemütlichen Beisammensein ausklingen. Die Kerzen des Weihnachtsbaums wurden erneut angezündet und spiegelten ihr helles Licht in den roten Glaskugeln wider. Ab und zu spielte Vera ein Weihnachtslied auf dem Klavier, dann sang die gesamte Familie Waller dazu. Merle und ihre drei Freunden stimmten ebenfalls mit ein. Es wurde viel gelacht und erzählt, so dass die Zeit wie im Flug verrann.

„Es ist schon nach Mitternacht! Zeit für euch zu schlafen!", entschied Frau Waller schließlich, als auch die Großeltern den kurzen Heimweg antreten wollten.

Die Kinder hatten wenig Lust, schon ins Bett zu gehen. Aber jegliches Betteln half nichts.

„Morgen wollen wir gemeinsam frühstücken, und das klappt nur, wenn ihr ausgeschlafen seid. Es macht mir keinen Spaß auf müde, mürrische Gesichter zu sehen", schaltete sich Anton Waller mit strengen Worten ein. Für die Geschwister war das ein untrügliches Zeichen dafür, dass der schöne Abend nun leider ein Ende hatte.

Natürlich schlossen sich die Freunde ihnen an. Sie verabschiedeten sich freundlich von den Großeltern und bedankten sich höflich für die Geschenke, dann wünschten sie Anton Waller und seiner Frau eine gute Nacht.

„Ich glaube, wir sollten uns jetzt nicht mehr zum Quatschen treffen, so wie gestern. Ich war nämlich heute Morgen deswegen ganz schön müde. Seid mir bitte nicht böse, wenn ich gleich in meinem Bett verschwinde", bat Vera und gähnte leise, als sie oben in der ersten Etage vor ihrem Zimmer angekommen waren.

Natürlich stellte sich bei allen eine gewisse Müdigkeit ein, und so war Rudolf der Nächste, der sich verabschiedete. Gerade als Merle ebenfalls in ihr Zimmer gehen wollte, zog Ole sie am Arm und deutete so an, dass sie ihm folgen sollte.

„Was gibt es denn Wichtiges?", wollte Merle wissen, als sie bei den drei Jungen und Nicky im Gästezimmer war und Ole die Tür geschlossen hatte.

„Morgen nach dem Frühstück gehen wir zur Wittorfer Burg. Wir teilen es den Wallers beim Essen mit", klärte Tim die Freundin auf und bemühte sich leise zu sprechen, damit ihn niemand belauschen konnte.

„Geht klar! Aber Vera und Rudolf werden sehr enttäuscht sein. Sie glauben doch, dass wir länger bleiben. Außerdem gefällt es mir hier ausgesprochen gut. Von mir aus könnten wir gern noch einen Tag dranhängen. So schön wie in diesem Jahrhundert war es noch nie. Es hat doch bis jetzt prima geklappt. Niemand ahnt etwas von unserem Geheimnis", fand Merle und bedauerte es schon ein wenig, erneut weiterzureisen. Aber dann fiel ihr wieder das Versprechen ein, das sie Walburga gegeben hatte. Sie wusste, dass sie aufbrechen mussten.

„Ich denke genau wie Merle. Ich möchte auch noch länger bleiben. Dieser Heiligabend war einfach supercool! Ich hätte nie gedacht, dass ich mal auf solche altmodischen Sachen wie Gesang und Klavier stehen würde. Aber ich finde das viel festlicher, als an Weihnachten vor der Glotze herumzuhocken, wie es bei uns zu Hause der Fall ist. Die Geschichten von dem Großvater waren interessant, und überhaupt, dass man so viel miteinander geredet hat, gefiel mir echt megagut! Der Matrosenanzug war nicht so mein Ding. Aber es ahnt schließlich keiner, dass wir aus einer anderen Zeit kommen. Ich sage euch, ich bin richtig glücklich hier. Endlich erleben wir mal eine Zeitreise ohne ein gefährliches Abenteuer. Falls wir wirklich als nächstes im 12. Jahrhundert landen sollten, könnte es für uns ganz schön ungemütlich werden. Ein warmes Bett und so leckeres Essen erwartet, uns da bestimmt nicht. Also, warum sollten wir uns nicht noch ein paar nette Urlaubstage bei den Wallers gönnen? Außerdem hat Frau Färber uns zu sich nach Hause eingeladen. Es ist mächtig unhöflich, wenn wir sie nicht besuchen!" Hendrik fühlte sich so gut wie lange nicht mehr, und diesen Zustand änderte er nur sehr ungern.

„Du hast schon recht! Aber wir können nicht länger hierbleiben. Was passiert, wenn uns einer auf die Schliche kommt? Das wäre mächtig unangenehm. Nein, wir reisen morgen weiter, auch wenn es uns noch so gut gefällt!", entschied Ole energisch.

Nach einigem Hin und Her sahen seine Freunde ein, dass es wirklich klüger war, ihren Aufenthalt im 19. Jahrhundert am nächsten Tag zu beenden.

So schlich Merle nach diesem Gespräch leise hinüber in ihr Zimmer. Sie wollte auf keinen Fall Rudolf und Vera wecken.

Ein bisschen traurig lag sie kurz darauf in ihrem Bett, denn sie erinnerte sich noch einmal mit Wehmut an die schönen Stunden bei den Wallers. Dieses zauberhafte Weihnachtsfest würde sie sicherlich nie in ihrem Leben vergessen.

Lautes Gepolter und wütende Stimmen rissen Merle am nächsten Morgen unsanft aus dem Schlaf. Kerzengerade saß sie in ihrem Bett und lauschte, um zu erforschen, worum es bei dem Krach ging.

„Das geht entschieden zu weit! Ich werde sofort die Polizei verständigen! **1000 deutsche Reichsmark** zu stehlen, ist einfach unerhört!" Anton Wallers aufgeregte Stimme drang laut über den Flur.

Was war geschehen? Vermutlich war bei dem Tuchfabrikanten eingebrochen worden. Nur eigenartig, dass Nicky nicht angeschlagen hatte oder die drei Jagdhunde von Herrn Waller. Merle stieg aus dem Bett und beeilte sich mit dem Anziehen, dann lief sie in das Zimmer ihrer drei Freunde.

„Wir wissen auch nichts Genaues! Irgendwie ist Geld geklaut worden. Vielleicht wissen Vera und Rudolf schon mehr." Ole und seine beiden Kameraden waren ebenfalls durch den Lärm wach geworden und saßen angezogen in ihrem Zimmer. Nach unten in den Salon trauten sie sich nicht ohne die Begleitung der beiden Fabrikantenkinder.

Doch Rudolfs Zimmer war leer, also eilten sie hinüber zu Vera, die weinend auf ihrem Bett lag.

„Was ist passiert, warum weinst du, Vera?" Merle legte den Arm um die Freundin und versuchte sie zu trösten.

„Mutter wollte heute Morgen ihren Diamantring aufsetzen. Sie versteckte ihn immer in Vaters Geldschrank im Schlafzimmer. Der Ring ist verschwunden, genauso wie Vaters Geld. Es ist aber niemand in unser Haus eingebrochen. Deswegen glaubt Vater, dass der Dieb nur hier in der Villa sein kann. Gleich kommt die Polizei. Johann ist schon unterwegs, um sie zu holen. Es ist einfach schrecklich. Wer sollte unser Geld und den Ring von Mutter stehlen? Gestern waren doch keine Fremden in unserem Haus", schluchzte Vera heftig.

„Vielleicht ist jemand in eure Villa eingestiegen, als wir in der Kirche waren", vermutete Tim und spürte, wie sein Herz vor Aufregung heftiger schlug.

„Nein, unmöglich, Vater hat schon überall alles überprüft. Nirgendwo ist ein Fenster kaputt oder eine Tür aufgebrochen!" Vera weinte unaufhörlich.

„Lass uns mal nach unten in den Salon gehen. Sicherlich ist Rudolf auch dort. Vielleicht gibt es schon irgendetwas Neues zu berichten", schlug Ole vor, der noch nicht ahnte, was sie dort erwartete.

Im Salon war die Aufregung groß. Frau Waller lief mit blassem Gesicht durch den Raum und Lene weinte. Anton Waller hatte vor Zorn ein rotes Gesicht und rannte wütend auf und ab. Rudolf saß still in einer Ecke und starrte ungläubig an die Zimmerdecke, als könnte er dort die Lösung für den schrecklichen Vorfall finden.

„Guten Morgen! Wir haben eben von Vera gehört, was geschehen …", weiter kam Merle nicht.

„Schweigt! Mir sind eintausend Reichsmark gestohlen worden und meiner Frau wurde ihr teuerster Ring entwendet. Einbrecher sind nicht im Haus gewesen. Ich habe jeden Winkel untersucht. Aber mein Diener hat einen furchtbaren Verdacht geäußert und jemanden aus diesem Hause beim Diebstahl beobachtet. Noch nenne ich keinen Namen, aber wenn sich die Vermutung bestätigt, werde ich harte Maßnahmen ergreifen!" Anton Waller unterbrach Merle mit wütender Stimme, so dass sie in furchtbare Angst geriet. So kannte sie den netten Tuchfabrikanten nicht. Außerdem fragte sie sich, wen er wohl verdächtigte.

„Anton, nun lass doch die armen Kinder in Ruhe! Ich kann mir nicht vorstellen, dass sie irgendetwas mit dem Diebstahl zu tun haben könnten. Wir waren doch immer mit ihnen zusammen." Frau Waller hatte rot verweinte Augen, die Panik stand ihr im Gesicht. Mit zittrigen Händen hielt sie eine Tasse Baldriantee, den Lene ihr gekocht hatte.

„Jetzt, wo die Jungen wach sind, werde ich mir mal ihr Zimmer ansehen. Ach Moment, da kommt Johann mit dem Polizeisergeanten! Da können wir gemeinsam nach dem Geld und dem Ring suchen!" Anton Waller hörte das Klingeln und öffnete eilig die Haustür.

Diener Johann betrat sofort die Eingangshalle, ihm folgte ein älterer Polizist mit blauer Uniform und Pickelhaube auf dem Kopf.

„Schön, dass Sie sofort zu uns gekommen sind, Herr Beermann! Ich denke, mein Diener hat Ihnen sicherlich alle Einzelheiten geschildert, so dass Sie hier gleich mit den Ermittlungen beginnen können!" Der Tuchfabrikant begrüßte nervös den Polizeisergeanten und schob ihn in das Esszimmer, um ungestört mit ihm reden zu können. Diener Johann befahl er, zu den anderen in den Salon zu gehen, was diesem wenig gefiel, denn zu gern wäre er bei der Unterhaltung dabei gewesen.

„Natürlich, natürlich! Ihr Diener hat mir alles sehr ausführlich berichtet. Er erzählte auch von seiner Beobachtung in ihrem Schlafzimmer am gestrigen Tage. Wir müssen uns unbedingt sofort das Zimmer der drei Jungen ansehen!" Polizeisergeant Beermann zückte sein braunes, abgewetztes Notizbuch und schrieb sich ein paar wichtige Stichpunkte auf.

„Es ist schon ganz schön durchtrieben und schlecht von diesen Kindern, mir mein Geld und den Ring meiner Frau zu stehlen, wo ich die vier aus Mitleid über Weihnachten bei mir aufgenommen habe. Aber man sollte sich eben niemals mit dem Armenvolk aus dem Vicelinviertel abgeben! Dabei waren die Kinder wirklich sehr nett, ich hätte ihnen solch ein Verbrechen nicht zugetraut", schimpfte Anton Waller.

„Bevor wir nicht wirklich wissen, dass es eines dieser Kinder war, sollten wir niemanden verdächtigen", warnte der Polizist und wollte nun die Gästezimmer ansehen. „Sorgen Sie bitte dafür, dass niemand das Haus verlässt!", bat er den Tuchfabrikanten, als gerade das Dienstmädchen Thea an ihnen vorbeiging und in die Küche wollte. Sofort gab Anton Waller die Anweisung an sie weiter und führte dann den Polizeisergeanten in die erste Etage seiner Villa, wo die Gästezimmer lagen.

„Hier schlafen die drei Jungen!" Herr Waller öffnete die Tür zu Oles, Hendriks und Tims Zimmer.

Herr Beermann suchte zuerst gründlich an Tims Schlafplatz nach den gestohlenen Gegenständen. Als er den Rucksack des Jungen fand, staunte er nicht schlecht.

„Da sieh mal einer an! Sagten Sie nicht, dass Ihnen nur ein Ring entwendet wurde? Hier ist noch anderer Schmuck. Was ist denn das für ein eigenartiges Ding? Sieht aus wie eine Lampe oder so. Es scheint mir fast, als wenn die Kinder überall auf Raubzug gehen. Leider kann ich Ihr Geld und den Ring Ihrer Gattin nicht entdecken!" Der Sergeant suchte inzwischen unter dem Bett von Hendrik weiter.

„Wir haben es mit echten Spezialisten zu tun. In diesem Rucksack liegt ebenfalls Schmuck!" Herr Beermann kippte den Behälter aus. Da rollte plötzlich der teure Diamantring der Tuchfabrikantenfrau über den Holzfußboden.

„Da ist er! Der Ring meiner Frau. Das ist ja nicht zu fassen! Jetzt muss ich nur noch herausfinden, welchem Bengel dieser Rucksack gehört. Dann können Sie den Halunken gleich in das Gefängnis mitnehmen!" Anton Waller hob den kleinen Goldring mit dem glitzernden Edelstein auf und steckte ihn in seine schwarze Westentasche. „Fragt sich bloß noch, wo er das Geld versteckt hat."

„Wahrscheinlich ist es hier im Zimmer. Ich sehe im dritten Bett nach, vielleicht finden wir es dort!" Herr Beermann wühlte auch Oles Bettzeug durch, doch er fand nichts. Allerdings wunderte er sich nicht schlecht, als er auch im dritten Rucksack Schmuck fand und sogar ein paar alte Goldtaler.

„Ich glaube, wir sind da ein paar ganz zwielichtigen Gestalten auf die Schliche gekommen! Solche alten Goldtaler habe ich mal bei einem Münzsammler gesehen. Sie müssen so etwa zweihundert Jahre alt sein und sind sicher sehr wertvoll, genauso wie diese außergewöhnlichen Uhren!" Polizeisergeant Beermann besah sich interessiert die Zeitmesser der Jungen, die natürlich viel zu modern waren für das 19. Jahrhundert. Auch Oles Taschenlampe interessierte ihn, doch er wusste nichts damit anzufangen.

„Vielleicht ist das Geld bei Merle im Zimmer versteckt!" Anton Waller führte den Polizisten in den nächsten Raum.

„Für mich ist einfach unbegreiflich, was für merkwürdige Sachen diese Kinder mit sich herumschleppen. Nun sehen Sie sich doch bitte mal diese eigenartige Hose an! Außerdem klaut auch dieses Mädchen wie ein Rabe Schmuck und Goldtaler. Ich werde das Gefühl nicht los, dass mit diesen Kindern irgendetwas nicht stimmt. Wer trägt solche schrecklichen Schuhe und so ein unmodernes, altes Kleid? Wir finden hier allen unmöglichen, alten Krempel, aber das Geld ist leider nicht dabei. Wir müssen die Kinder zu dem Diebstahl befragen. Schicken Sie mir die Geschwister hierher. Ich möchte aber sonst niemanden dabei haben, nur die vier Kinder, bitte!" Herr Beermann zupfte an seinem braunen Zwirbelbart und besah sich noch einmal die Jeans von Merle.

„Ein genialer Einfall, dieses Ding, mit dem man die Hose öffnen und wieder schließen kann. An dem Rucksack der Kinder befindet es sich ebenfalls. So etwas habe ich noch nie gesehen. Kein Wunder, dass dieses Mädchen sie gestohlen hat. Die Frage ist nur, wo hat sie die Sachen her? Und warum klaut ein Mädchen eine Hose? Schließlich tragen diese bekanntlich nur Kleider!" Fasziniert zog der Polizist den Reißverschluss an Merles Jeans immer wieder hoch und runter, bis Anton Waller ihm die Hose aus der Hand nahm.

„Geben Sie sie mir doch auch mal kurz!", verlangte der Tuchfabrikant und begriff sehr schnell, dass man mit so einem Teil, das viel schneller und einfacher ein Kleidungsstück öffnen und schließen konnte als die herkömmlichen Knöpfe, sehr viel Geld verdienen konnte.

So standen die beiden Männer staunend vor den Jeans und spielten wie zwei Kinder immer wieder mit dem Reißverschluss. Dabei kicherten sie albern, denn jeder wollte daran ziehen, dabei stießen sie sogar mit den Köpfen zusammen, so dass die Pickelhaube von Herrn Beermann mächtig ins Rutschen geriet.

„Wir müssen uns jetzt aber wieder den ernsten Dingen zuwenden! Würden Sie bitte so freundlich sein, die vier Kinder zu mir in das Zimmer der drei Jungen hochzuschicken! Ich werde hier oben noch weiter nach dem Geld suchen. Irgendwo müssen diese kleinen Gauner es ja versteckt haben!" Polizeisergeant Beermann räusperte sich, rückte seine Pickelhaube wieder gerade und zog dann etwas verlegen seine lange, blaue Uniformjacke zackig in Form. Es war ihm peinlich, dass er bei dem Spiel mit der ungewöhnlichen Hose seine Funktion als Amtsperson verletzt hatte. Schließlich gebührte sich das nicht für einen preußischen Wachtmeister!

Auch Anton Waller hatte durch die Spielerei für einen Moment den Diebstahl völlig vergessen. Jetzt aber verließ er sofort Merles Zimmer, um die vier Kinder für eine Vernehmung nach oben zu holen.

Ole ahnte nichts Gutes, als er die Treppen hinauf zu dem Polizeisergeanten stieg. Warum wurden er und seine Kameraden verdächtigt? Was wollte dieser Diener gesehen haben?

Der Tuchfabrikant war ihnen gegenüber unfreundlich geworden und sah sie nur noch feindselig an.

„Hier sind die vier!" Anton Waller schob die Kinder unsanft durch die Tür des Gästezimmers.

„Ich bin Polizeisergeant Beermann! Warum ich hier bin, könnt ihr euch sicher denken. Ich möchte den Diebstahl aufdecken, der hier im Haus verübt wurde. Darum gleich meine erste Frage: Wer schläft in diesem Bett, und wem gehört der Rucksack?"

„Ich! Und der Rucksack ist meiner. Warum wollen Sie das wissen?" Hendrik zitterte vor Aufregung.

„Die Fragen stelle ich, mein Bürschchen! Weißt du denn auch, wem dieser Ring gehört?" Der Polizist forderte den Tuchfabrikanten durch eine Handbewegung auf, ihm das Schmuckstück herauszugeben, damit er es Hendrik zeigen konnte.

„Nein! Ich habe es noch nie gesehen", erklärte Hendrik wahrheitsgemäß.

„Er hat es noch nie gesehen! Du glaubst doch wohl nicht, dass wir dir diese Geschichte abkaufen?" Anton Waller schäumte vor Wut.

„Eigenartigerweise war dieser Diamantring aber in deinem Rucksack, zusammen mit anderen Schmuckstücken. Wie kannst du dir das erklären?" Polizeisergeant Beermann zupfte wieder an seinem Zwirbelbart.

„Ich weiß es nicht. Irgendjemand will mir einen Diebstahl anhängen, den ich nicht gemacht habe. Die anderen Schmuckstücke sind Geschenke meiner Großmutter!"

Hendrik wusste nicht, wie er als angeblich armer Junge den Besitz von kostbarem Schmuck erklären sollte. Schließlich konnte er nicht erzählen, dass er im 16. Jahrhundert einen Schatz gefunden hatte.

„Ach, wie interessant! Ich dachte, ihr seid arm und lebt im Vicelinviertel. Wieso schleppt ihr da wertvollen Schmuck mit euch herum?", wollte der Tuchfabrikant verärgert wissen.

„Der ganze Kram ist wertlos. Vor ein paar Tagen waren wir beim Schmuckhändler und wollten ihn verkaufen, um ein bisschen Geld zu haben. Aber er hat uns gesagt, dass er keinen unechten Schmuck kauft. Natürlich bekamen wir einen ganz schönen Schreck, denn wir dachten immer, dass unsere Großmutter etwas wohlhabender war als wir. Also ließen wir das Zeug in unseren Rucksäcken. Bei nächster Gelegenheit wollten wir alles verschenken!" Ole log wieder das Blaue vom Himmel herunter, und das, ohne eine Miene zu verziehen.

„Na ja, das leuchtet mir ein, auch wenn es etwas abenteuerlich klingt. Aber warum hat dein Bruder diesen Ring in seinem Rucksack?" Polizeisergeant Beermann wollte jetzt die Wahrheit hören.

„Ich bin kein Dieb, ehrlich!" Hendrik war den Tränen nahe.

„Leider wirst du das beweisen müssen! So lange bist du festgenommen und kommst mit mir mit!" Herr Beermann handelte streng nach Dienstvorschrift.

„Wohin bringen Sie mich?", fragte Hendrik, und in seinen Augen stand die pure Angst.

„So eine dumme Frage! Natürlich ins Gefängnis, oder dachtest du, ihr geht zusammen zum Pastor in die Kirche?" Anton Waller war froh, dass der Junge nicht mehr in seinem Haus wohnen würde.

„Vorher möchte ich aber noch wissen, wo du die eintausend Reichsmark versteckt hast. Der Diener Johann hat dich beobachtet, wie du gestern aus dem Schlafzimmer des Herrn Waller herausgekommen bist. Dort wurde auch das Geld aufbewahrt! Also, ich höre, wo ist es? Wenn du es mir sagst, wird deine Strafe nicht ganz so hart ausfallen. Allerdings, solltest du es mir verschweigen, kann es für dich übel ausgehen, mein Junge!" Polizeisergeant Beermann legte Hendrik eine Hand auf die Schulter und hoffte, dass er geständig sein würde.

„Ich weiß nicht, wo das Geld ist. Ich habe es nicht gestohlen. Der Diener lügt! Er ist ein ganz hinterhältiger und gemeiner Kerl!", weinte Hendrik nun verzweifelt.

„Wenn Sie hier alles durchsucht haben und nichts fanden, wie können Sie dann annehmen, dass wir das Geld haben? Wo sollte es denn sein? Wir sind alle unschuldig, keiner hat etwas gestohlen", beteuerte Merle und konnte einfach nicht glauben, was im Augenblick geschah.

„Ich glaube euch kein Wort! Und wenn ihr anderen drei nicht auf der Stelle schweigt, lasse ich euch auch einsperren. Schließlich wüsste ich gerne mal, woher ihr die Goldtaler habt und die ungewöhnlichen Uhren. Und was will ein Mädchen mit einer Jungenhose, die außerdem mit Sicherheit nicht aus unserer Gegend stammt, genauso wie die Rucksäcke, denn solch merkwürdige Verschlüsse kennt niemand hier. Also bitte, ich wünsche eine Erklärung!" Der Polizist setzte sich auf einen Stuhl und wartete auf eine Antwort.

„Die Goldtaler sind unecht! Mit denen spielen wir im Vicelinviertel immer Räuber und Gendarm. Es ist unsere Beute. Wir haben die Taler mal von einem Wandergesellen geschenkt bekommen. Die Uhren hat unser Vater aus München mitgebracht. Er gewann sie auf einem Jahrmarkt. Ich gebe ja zu, dass sie anders aussehen als die Uhren, die Sie kennen, aber das liegt daran, dass sie eben aus dem Süden des Landes stammen. Dort ist die Mode eben etwas anders. Und was die Hose und die Rucksäcke betrifft, die kommen ebenfalls aus München. Das heißt, eigentlich nicht so ganz. Ein Freund meines Vaters brachte beides aus Amerika mit. Ihm fiel auf, dass die Dinge durch den Reißverschluss viel praktischer sind. Also kaufte er ein ganzes Dutzend Hosen und Rucksäcke und verteilte sie an seine Bekannten. Sie sehen also, Herr Wachtmeister, alles ist ehrlich erworben. Wir sind keine Diebe!" Ole spann seine Geschichte immer weiter, so gut es ging, und Merle bewunderte sein Talent zum Märchenerfinden.

„Nun gut, ihr drei habt vielleicht wirklich nichts mit dem Geldraub zu tun. Aber euer Bruder ist dringend tatverdächtig und kommt in polizeiliches Gewahrsam, bis er seine Unschuld bewiesen hat. Schließlich muss Herr Waller sein Geld wiedererhalten. Und wer einen Ring entwendet, ist auch in der Lage, Geld zu stehlen. Übrigens, mal so ganz nebenbei und völlig außerhalb meines Dienstes, könntet ihr mir vielleicht auch solch eine Hose mit, wie hieß das Ding noch, Reizverschluss, besorgen?", fragte Herr Beermann und sah Ole erwartungsvoll an. „Ich meine, sie sind doch echt praktisch, und Knöpfe reißen immer so schnell ab!"

„Ich werde meinen Vater fragen. Mal sehen, vielleicht lässt sich da ja etwas machen!" versprach Ole dem Polizisten. „Aber im Moment liegt er noch ziemlich krank im Krankenhaus!"

„Oh, das tut mir leid für dich, mein Junge. Allerdings ändert das nichts an der Tatsache, dass ich deinen Bruder Hendrik mit ins Gefängnis nehmen muss. Wenn die eintausend Reichsmark wieder auftauchen, könnte es sein, dass er frei kommt, falls er unschuldig ist, wie du ja behauptest. Sonst darf er seine Strafe bei mir im Gefängnis absitzen", meinte der Polizeisergeant ziemlich streng und bestimmend.

Hendrik fühlte sich alles andere als wohl bei diesem Gedanken. Wenn nicht ein Wunder geschah, würde er die nächste Nacht in einem ungemütlichen Gefängnis verbringen.

„Ich kann mir gar nicht vorstellen, dass das Geld nicht in diesem Zimmer versteckt ist. Vielleicht sollten wir noch einmal alles genau durchsuchen. Hendrik, ich bin sehr enttäuscht von dir und deinen Geschwistern. Euch ist sicherlich klar, dass ihr diese Nacht auf keinen Fall in meinem Hause übernachten dürft. Auch eure Weihnachtsgeschenke bleiben hier. Nur die Kleidung, die ihr gerade tragt, dürft ihr behalten. Wenn der Polizeisergeant mit eurem Bruder das Haus verlassen hat, verschwindet ihr für immer aus meinen Augen und lasst euch niemals mehr bei mir sehen! Sonst rufe ich die Polizei!", erklärte Anton Waller ziemlich wütend.

„Habe ich nicht schon alles gründlich durchsucht? Ja, das habe ich! Aber es kann nicht schaden, noch einmal nachzusehen! Nein, das kann es nicht!" Polizeisergeant Beermann begann erneut mit der Durchsuchung des Zimmers, und Anton Waller half ihm dabei.

„Was ist denn das? Ich habe bereits zwei von diesen komischen Dingern bei den Jungen im Zimmer gefunden, und dieses ist das dritte!" Misstrauisch hielt der Polizist Hendriks Taschenlampe in der Hand, die unter das Bett gerollt war.

„Das ist eine Taschenlampe!" Ole zeigte dem ahnungslosen Mann, wie sie funktionierte. Der Polizist freute sich wie ein kleiner Junge über ein neues Spielzeugauto.

„Jetzt werde ich vollkommen irre! Das Ding ist ja noch viel besser als dieser Reizverschluss!

Wo habt ihr sie geklaut?" Polizeisergeant Beermann wurde schnell wieder dienstlich, obwohl er gern mit diesem neuen Gegenstand gespielt hätte.

„Wir haben sie geschenkt bekommen!" Ole fiel nichts Besseres mehr ein.

„Wahrscheinlich ist sie wohl auch aus Amerika, was?", fragte der Polizeisergeant und zückte sein Notizbuch, um etwas zu vermerken.

„Natürlich! Der Freund meines Vaters hat sich gedacht, dass eine Taschenlampe äußerst praktisch ist. Darum hat er jedem von uns eine mitgebracht", log Ole frech, aber es blieb ihm auch keine andere Wahl.

„Ich habe ja immer schon gesagt, dass Amerika uns in vielen Erfindungen weit voraus ist.

Wenn meine Bertha nicht solche Angst hätte, mit einem Schiff unterzugehen, wäre ich längst dorthin ausgewandert. Aber sicher kann man bald diese tollen Dinge auch in unserem Land kaufen", hoffte der Polizeisergeant sehnsüchtig und suchte jetzt wieder weiter nach dem gestohlenen Geld. Doch auch dieses Mal fand er nichts.

„Ich sage doch, dass ich es nicht genommen habe. Aber mir glaubt ja leider keiner", beteuerte Hendrik verzweifelt, denn er wusste, dass er sich nun von seinen Freunden trennen musste.

„Ich befrage noch kurz Ihre Familie und die Bediensteten zu diesem Diebstahl und dann bin ich auch schon wieder verschwunden. Hendrik nehme ich natürlich gleich mit. Ich bedauere sehr, dass dieser unangenehme Zwischenfall Ihnen den ersten Weihnachtsfeiertag so zerstört hat! Aber Sie können sicher sein, wir tun alles, um Ihr Geld wiederzufinden!", versicherte Polizeisergeant Beermann, während er mit Hendrik die Treppe hinunter in den Salon ging.

„Ihr habt genau fünf Minuten Zeit, um aus meinem Haus zu verschwinden! Und vergesst euren Hund nicht", forderte Anton Waller Tim, Ole und Merle auf, dann folgte er dem Gendarmen.

„Da sitzen wir mal wieder so richtig in der Tinte! Und ich dachte, dass wir heute ohne Probleme auf Zeitreise gehen könnten. Dafür müssen wir uns jetzt eine neue Unterkunft suchen und Hendrik aus dem Gefängnis befreien", stöhnte Ole und packte seine Sachen in den Rucksack.

„Ich schlage vor, dass wir zu Doktor Melcherts ins Krankenhaus gehen. Da können wir wenigstens schlafen, und etwas zu essen gibt es sicher auch", überlegte Tim und hörte, wie sein Magen laut knurrte.

„Das ist eine gute Idee! Vielleicht kann uns der Arzt helfen, dass wir Hendrik frei bekommen. Ich wette, hinter dem ganzen Diebstahl steckt dieser miese Diener. Wir müssen es ihm nur nachweisen können und das Geld finden!" Merle wirkte ratlos, denn wie sollten sie an das Versteck herankommen, wenn es keine Möglichkeit mehr gab, die Villa des Tuchfabrikanten zu betreten.

„Lass uns draußen weiter überlegen! Ich habe keine Lust, noch hinausgeworfen zu werden. Wir können uns ja nicht einmal mehr von Vera und Rudolf verabschieden", bedauerte Tim traurig.

„Hör mal, Nicky kratzt, er will zu uns!" Ole öffnete die Tür und ließ seinen Hund hinein.

„Ich packe schnell nebenan meine Sachen zusammen und komme dann nach", erklärte Merle, während die Jungen mit Nicky bereits die Treppe hinuntergingen.

Kaum waren sie in der Empfangshalle angekommen, eilte Lene aus der Küche auf sie zu. Die Köchin hatte schon auf die Freunde gewartet und steckte ihnen eilig ein Paket mit Brotschnitten zu.

„Damit ihr wenigstens etwas zu essen habt, ihr armen Kinder! Hoffentlich kommt Hendrik schnell wieder frei. Ich glaube nicht, dass er etwas mit dem Diebstahl zu tun hat. Und nun verschwindet, bevor euch der gnädige Herr sieht!" Lene war sehr unglücklich über den Verlauf der Dinge, denn sie mochte die fremden Kinder sehr und hätte ihnen gern mehr geholfen.

„Danke, Lene! Wenn wir den richtigen Dieb gefunden haben, besuchen wir Sie, das ist versprochen!" Ole lief als Erster eilig nach draußen in die kalte Winterluft. Erst auf der Straße vor der Villa blieb er stehen und wartete mit Tim auf Merle, die nur wenige Minuten später eintraf.

„Bloß weg von hier, so schnell wie möglich! Wie gut, dass der Polizeisergeant mir alle Lügengeschichten abgekauft hat. Sonst würden wir wahrscheinlich auch im Knast sitzen", meinte Ole und lief mit seinen beiden Freunden die Marienstraße hinunter in Richtung Krankenhaus.

„Ich musste fast lachen, als er vom ‚Reizverschluss' sprach. Unsere Taschenlampen fand er richtig toll. Wie gut, dass dir die Idee mit Amerika kam. Sie war unsere Rettung, denn eine Zeitreise hätte er uns nie abgekauft", kicherte Merle und war sehr stolz auf ihren Freund.

Ein paar Minuten später erreichten sie das Krankenhaus und suchten nach Doktor Melcherts.

„Euer Doktor behandelt gerade einen Patienten. Ihr könnt aber in seinem Zimmer auf ihn warten." Schwester Elfriede kam den Flur entlang und sah die drei Kinder mit ihrem Hund.

„Sagt mal, fehlt da nicht einer von euch? Ich vermisse den kleinen Dicken, der meine Kekse so gerne mochte", forschte die Krankenschwester nach, während sie die drei Freunde in das Arztzimmer führte.

„Der steckt zurzeit in großen Schwierigkeiten", erklärte Tim, mehr erwähnte er vorsichtshalber nicht.

Gerade als Schwester Elfriede näher nachfragen wollte, betrat Doktor Melcherts den Raum.

„Oh, ich habe Besuch! Das freut mich! Aber wieso ist Hendrik nicht bei euch, und warum macht ihr so unglückliche Gesichter? Was ist passiert?"

„Können wir alleine mit Ihnen reden?", fragte Ole etwas zaghaft.

„Natürlich! Ich glaube, Schwester Elfriede hat noch eine Menge mit unserem neuen Patienten zu tun", erwiderte der Arzt und sah die Krankenschwester lächelnd an. Sie nickte verständnisvoll und verließ darauf den Raum.

Sofort erzählte Ole die ganze Sache mit dem Diebstahl. Natürlich verschwieg er auch nicht, dass sie den Diener eventuell für den wirklichen Täter hielten.

„Das ist eine dumme Angelegenheit. Ich werde versuchen, euch zu helfen. Auf jeden Fall rede ich mit meinem Freund Anton noch einmal über Hendrik. Ich finde es etwas voreilig von ihm, euch einfach hinauszuwerfen und Hendrik des Diebstahls zu beschuldigen, nur weil der Diener angeblich etwas gesehen haben will. Ich mochte den Kerl noch nie. Vielleicht hat er wirklich etwas mit der Sache zu tun. Wir werden es schon noch herausfinden. Sicher wisst ihr auch nicht, wo ihr heute Nacht schlafen sollt. Das Problem ist schnell gelöst. Ich denke, dass meine Frau nichts dagegen hat, wenn ihr für ein paar Tage bei uns wohnt. Meine Schwiegereltern sind heute mit dem Zug nach Hamburg weitergereist. Da ist Platz für euch im Gästezimmer. Um fünf Uhr habe ich Feierabend, dann nehme ich euch mit nach Hause. Schließlich ist Weihnachten! Nur leider werden die Leute trotzdem krank. Aber zum Glück arbeite ich nicht als einziger Arzt hier im Krankenhaus. Mein Kollege Schneider hat heute Bereitschaftsdienst. Ihr müsst euch jetzt nur noch ein bisschen die Zeit vertreiben, denn ich habe sehr viel zu tun und kann mich im Moment nicht um euch kümmern. Dafür habe ich heute Abend alle Zeit der Welt für euch. Ich hoffe, dass ihr nicht von meinem bescheidenen Heim enttäuscht seid, denn so komfortabel wie bei den Wallers ist es bei mir leider nicht. Außerdem gibt es bei uns kein Personal", lachte Doktor Melcherts und spürte, dass die Kinder erleichtert waren, weil er ihnen vertraute und Hilfe anbot.

„Wie geht es Fritz Färber?", erkundigte sich Tim, denn vielleicht konnten sie ein wenig mit dem Arbeiter plaudern.

„Eigentlich müsste seine Frau ihn gleich abholen. Ich habe ihn vorhin gerade untersucht. Es geht ihm schon ganz gut. Aber ich denke, es wird ihm nicht schaden, wenn er sich zu Hause eine Weile schont. Arbeiten kann er die nächste Zeit mit Sicherheit noch nicht", versicherte der Arzt und verabschiedete sich von den Kindern, denn Schwester Elfriede klopfte an die Tür und rief ihn zu einem neuen Notfall.

„Ich bin echt froh, dass wir den Doktor in unser Geheimnis eingeweiht haben. Sonst würden wir jetzt ganz schön alt aussehen", seufzte Ole, als sie allein waren.

„Rück mal mit den Broten raus! Ich komme um vor Hunger! Wir haben heute noch nichts gegessen", stöhnte Merle und stürzte sich auf die frischen Schwarzbrotschnitten, die Lene liebevoll dick mit Butter, Wurst oder Käse belegt hatte.

Nach dem kurzen Frühstück suchten sie den Arbeiter Fritz Färber in seinem Zimmer auf.

Fast wären sie mit seiner Frau zusammengestoßen, die ebenfalls gerade auf dem Weg zu ihrem Mann war.

„Frohe Weihnachten, Kinder! Wolltet ihr gerade meinen Mann besuchen?" Frau Färber öffnete die Tür zum Krankenzimmer.

„Ja! Wir wollten wissen, wie es ihm geht!" Merle folgte ihr mit den beiden Freunden und Nicky. Fritz Färber saß angezogen auf seinem Bett und wartete bereits auf seine Frau.

„Schön, dass ihr mich besuchen kommt, aber ich ziehe heute hier aus", erzählte der Arbeiter und strahlte dabei voller Glück. Doch auch ihm entging nicht, dass Hendrik fehlte.

„Unser Bruder ist krank geworden, er hat sich wohl erkältet. Da ist er zu Hause geblieben!" Tim zog es vor, Fritz Färber gegenüber nichts von der Zeitreise und den erfundenen schwerkranken Eltern zu erwähnen. Natürlich erzählte er auch nichts von dem Aufenthalt in der Villa des Tuchfabrikanten Waller.

„Haben eure Eltern denn nichts dagegen, wenn ihr am ersten Weihnachtsfeiertag nicht zu Hause seid? Ihr werdet doch sicher Besuch von euren Verwandten bekommen?", wunderte sich Frau Färber.

„Unsere Eltern finden es gut, dass wir einen Krankenbesuch machen. Wir müssen natürlich rechtzeitig zum Kaffee zurück sein!" Ole musste gut nachdenken, was er wem erzählte, um sich nicht zu verraten.

„Wo wohnt ihr denn?", wollte Fritz Färber wissen.

„In der Plöner Straße!", fiel es Tim gerade so ein, denn die lag weit genug vom Vicelinviertel entfernt. Er hoffte, dass der Arbeiter dadurch nicht auf die Idee kommen würde, den erfundenen Eltern gleich einen Besuch abzustatten.

„Schade, ich hätte mir gewünscht, dass ihr mehr in unserer Nähe wohnt. Aber so ist es natürlich nicht verwunderlich, dass ich euch vorher noch nie gesehen habe. Was haltet ihr davon, wenn ihr gleich mit zu uns kommt? Ich habe euch zwar erst für morgen zum Kaffee angekündigt, aber unsere Kinder freuen sich bestimmt sehr, wenn ihr schon heute zu Besuch seid", schlug Frau Färber vor.

„Außerdem werden unsere sechs Sprösslinge große Augen machen, wenn sie mich sehen. Schließlich wollte mich der Doktor erst morgen entlassen. Aber ein Fritz Färber erholt sich eben immer sehr schnell. Einen echten Preußen kriegt man nicht kaputt", lachte der Arbeiter vergnügt.

„Ich war auch überrascht, als mir Doktor Melcherts vorhin erzählte, dass du noch heute nach Hause darfst. Das ist ein echtes Weihnachtsgeschenk für uns. Der Heiligabend ohne dich war nicht schön. Du hast uns so gefehlt", erinnerte sich Frau Färber seufzend, denn bei den Kindern waren ein paar Tränen geflossen, als sie ohne den Vater unter dem Weihnachtsbaum ihre wenigen Geschenke auspackten.

„Na, wie habt ihr euch entschieden? Ihr nehmt doch sicher unsere Einladung an, oder?" Fritz Färber freute sich ehrlich, als die drei Kinder zustimmend nickten.

„Und Nicky ist unser Ehrengast! Schließlich hat er mich im Wald entdeckt", dankbar streichelte der Arbeiter Nickys weiches Fell und ließ sich von dem Hund zärtlich ablecken.

„Jetzt wird es aber Zeit, dass wir nach Hause kommen! Unterhalten könnt ihr euch auch bei uns in der warmen Stube", drängte Frau Färber und schob ihren Mann zur Tür hinaus. Er musste von ihr gestützt werden. Sein krankes Bein tat ihm bei jedem Schritt sehr weh, obwohl Doktor Melcherts ihm zwei Gehhilfen ausgeliehen hatte. Zum Glück war es nicht weit bis zur Anscharstraße. Sie stapften durch die verschneiten Straßen der Stadt und hatten sich dabei eine Menge zu erzählen.

„Ich bitte für einen Moment um Ruhe! Meine sehr verehrten Damen und Herren, Sie stehen hier vor dem gemeinsamen Heim der Eheleute Färber! Treten Sie ein und fühlen Sie sich wie zu Hause!", alberte Fritz Färber und tat dabei wie ein Zirkusdirektor, der die Besucher in die Manege einlud. Dabei humpelte er auf den Eingang eines dreistöckigen Mietshauses zu, wo er mit seiner Familie die untere Wohnung bewohnte.

Im Treppenhaus roch es muffig nach feuchtem Holz, und in einer Ecke stand ein Schlitten, der fast genauso aussah wie der, den Merle besaß, wie sie erstaunt feststellte.

Als Frau Färber die Tür zu ihrem Heim öffnete, kamen ihr gleich ein paar lärmende Kinder entgegen, die alle durcheinanderredeten, so dass sie kein Wort verstehen konnte. Mit großer Freude wurde der Vater begrüßt. Fast wäre er umgekippt, als seine Kinder ihn alle auf einmal umarmen wollten.

„Du hast uns doch erzählt, dass Vater erst morgen heimkommt!", aufgeregt hüpfte die elfjährige Auguste um Fritz Färber herum.

„Der Doktor meinte, dass euer Vater sich zu Hause am besten erholt!", erklärte die Mutter lachend und versuchte die Kinderschar zu beruhigen.

„Och, ist der Hund süß!" Die kleine sechsjährige Frieda beugte sich zu Nicky hinunter und streichelte ihn liebevoll.

„Wo kommt er her, und was machen die fremden Kinder hier?", wollte Wilhelm, der Älteste, wissen.

Frau Färber und ihr Mann hatten eine Menge Fragen zu beantworten, dabei wurden Merle und ihre beiden Freunde neugierig umringt.

„Ihr habt unserem Vater das Leben gerettet? Schön, dass wir euch kennenlernen!" Hans, der ein Jahr jünger war als seine Schwester Auguste, bewunderte die fremden Kinder und reichte ihnen zur Begrüßung freundschaftlich die Hand.

Merle sah sich in der kleinen Wohnung um. Durch einen winzigen Flur gingen sie in die gute Stube, wie Frau Färber das ärmlich eingerichtete Wohnzimmer nannte. Ein kleiner Kohleofen sorgte für gemütliche Wärme in dem Raum, wo ein Tisch, ein altes Sofa und ein paar Stühle neben einer braunen Holzanrichte standen. Der Weihnachtsbaum, auf den die ganze Familie sehr stolz war, thronte auf einer Holzkiste, die von einer weißen, mit Weihnachtsengeln und Sternen bestickten Decke verdeckt wurde. Der Tannenbaum war nicht wie bei den Wallers mit Lametta und teuren Glaskugeln behängt. Die Arbeiterkinder hatten ihn aber mit ein paar weißen Wachskerzen, selbstgebastelten Strohsternen und bunten Papierketten festlich geschmückt.

„Sieht unser Weihnachtsbaum nicht wunderschön aus? Den Schmuck haben wir ganz alleine gemacht!" Friedrich stand voller Stolz vor dem Baum und zeigte ihn den fremden Gästen.

„Ihr seid richtige Bastelkünstler!", lobte Merle. „Und was hat euch der Weihnachtsmann gebracht?"

„Ich habe ein neues Kleid bekommen!" Frieda hüpfte mit ihrem rosa Kleidchen vor Merle hin und her und drehte sich dabei ein paar Mal lachend um sich selbst.

„Sieh nur, wie schön meine Hose ist, die ich anhabe! Die lag gestern Abend unter dem Weihnachtsbaum. Ich freue mich sehr darüber. Endlich muss ich nicht mehr meine alte, gestopfte Hose zur Schule anziehen!" Friedrich schubste die kleine Schwester zur Seite, damit Merle sein Weihnachtsgeschenk begutachten konnte.

„Weihnermann hat Paul Püppi schenkt! Paul immer lieb ist!" Der jüngste Sprössling der Familie konnte noch gar nicht richtig sprechen, denn er war erst zwei Jahre alt. Aber er hielt es für ausgesprochen wichtig, Merle seine weiche Stoffpuppe zu zeigen. Zärtlich kuschelte er mit seinem neuen Spielzeug. Sofort hatte Merle den kleinen Jungen in ihr Herz geschlossen. Allerdings wirkte er mit seinen Locken und dem langen hellblauen Kleidchen wie ein Mädchen. Merle wäre nie auf die Idee gekommen, dass hier ein Junge vor ihr stand, wenn sie seinen Namen nicht gehört hätte. Sie beugte sich hinunter zu dem kleinen Paul, und sofort legte er seine Arme um ihren Hals.

„Arme!", forderte er, und Merle hob ihn lachend hoch.

„Er mag dich! Sonst ist Paul eher schüchtern", erzählte Frau Färber und deckte in der Zwischenzeit den Kaffeetisch. Ihre älteren Kinder halfen ihr sofort dabei. Fritz Färber hatte sich auf das Sofa gelegt, denn er war viel zu schwach, um auf einem Stuhl zu sitzen.

Natürlich zeigten jetzt auch Wilhelm, Auguste und Hans stolz ihre Weihnachtsgeschenke. Für alle drei hatte die Mutter ebenfalls mühevoll in den langen Winternächten der Vorweihnachtszeit ein neues Kleidungsstück genäht.

Tim wunderte sich darüber, dass keines der Kinder enttäuscht darüber war, nur so wenig zum Weihnachtsfest erhalten zu haben. Und auf den bunten Tellern lagen außer einem kleinen Schokoladenweihnachtsmann nur rote Äpfel und ein paar Haselnüsse. Tim war sich sicher, dass er unendlich enttäuscht gewesen wäre, hätte man ihm zu Weihnachten nur eine selbstgenähte Hose geschenkt.

„Ich helfe Ihnen in der Küche!" Merle wollte nicht tatenlos zusehen, wie Frau Färber sich um alles kümmerte, obwohl ihr Sohn Wilhelm gerade damit beschäftigt war, ein paar Stühle aus der Küche heranzuschleppen.

„Das ist nett von dir, du kannst den Kuchen aufschneiden!" Frau Färber gab Merle ein großes Messer und ließ sie den Schokoladenpuffer in Stücke einteilen. „Holst du noch die Schlagsahne aus der Speisekammer? Ich habe sie vorhin schon geschlagen, sie sollte noch fest genug sein!"

Während Frau Färber mit dem frisch gekochten Kaffee in die Wohnstube ging, sah

Merle sich in der Küche um. Eigentlich ähnelte sie der in der Villa des Tuchfabrikanten, nur dass die Köchin Lene viel mehr Platz zur Verfügung hatte.

Mit der Schlagsahne in der einen und dem Kuchen in der anderen Hand balancierte Merle vorsichtig in die Wohnstube, wo bereits alle am gedeckten Tisch warteten.

Beim Kaffeetrinken mussten Tim und Ole viele Fragen beantworten. Dabei achteten sie sehr darauf, dass sie sich nicht verrieten.

„Schade, dass wir nicht in dieselbe Schule gehen! Sonst könnten wir uns jeden Tag sehen. Aber vielleicht treffen wir uns trotzdem demnächst mal nachmittags! Noch habe ich Zeit, doch wenn ich im Sommer meinen vierzehnten Geburtstag feiere, fange ich bei Herrn Waller in der Fabrik an zu arbeiten. Leider ist es dann vorbei mit der Schule, denn ich würde gerne noch mehr lernen. Wer von euch ist denn der Älteste?", wollte Wilhelm wissen, während er mit großem Appetit seinen Kuchen aß.

„Ich!", meldete sich Ole und gab vor, ebenfalls vierzehn zu werden.

„Und wo wirst du arbeiten gehen?", fragte Fritz Färber interessiert nach.

„Vielleicht in der Christiansfabrik bei Meßtorff, mal sehen, was sich so ergibt!" Ole hoffte, dass man ihm die Lüge nicht ansah.

„Der Meßtorff ist auch ganz nett, genau wie Herr Waller. **Allerdings bezahlen sie alle viel zu wenig für unsere schwere Arbeit! Vor ein paar Jahren erst haben die Arbeiter in den Tuchfabriken wegen der schlechten Arbeitsbedingungen gestreikt. Viel ist leider nicht dabei herausgekommen. Die Fabrikanten warben Arbeiter von auswärts an. Diese zogen dann aus Thüringen, Schlesien, Böhmen und einige sogar aus Skandinavien hierher zu uns nach Neumünster, um für die Fabrikanten zu arbeiten. Es ist auch eine ziemlich ungesunde Arbeit, die wir Tag für Tag stundenlang ausüben müssen. Viele meiner Kollegen sind von dem Lärm der großen Maschinen schon taub geworden. Andere haben sich schwer an ihnen verletzt. Aber daran denkt kaum ein Fabrikbesitzer. Wir werden alle nur ausgenutzt. Ich hoffe, dass unser Kaiser mehr für die Gerechtigkeit bei den Arbeitern unternimmt und noch mehr Gesetze zu unserem Schutz erlässt!"** Fritz Färber redete sich seinen ganzen Unmut von der Seele.

„Herr Waller ist aber trotzdem noch ein netter Mensch. Er hat mir sogar schon einmal Süßigkeiten geschenkt. Wen ich überhaupt nicht leiden kann, das ist sein widerlicher Diener Johann. Er gibt furchtbar an und ist sehr neugierig. Jedesmal, wenn er in die Fabrik kommt, tut er, als wäre er der Chef. Ich war schon oft dort und habe es erlebt." Wilhelm verzog das Gesicht, als er von Johann erzählte.

„Ich mag den auch nicht! Als wir den Pferdewagen zu Herrn Waller fuhren, war er sehr unfreundlich zu uns!" Ole horchte auf, als Wilhelm von dem Diener berichtete.

„Vor zwei Tagen hat er sogar im Wirtshaus damit geprahlt, dass er Geld geerbt hat und bald heiraten will. Das hat mir Werner erzählt, der Sohn vom Wirt. Allerdings war Johann betrunken, da kann man so etwas natürlich nicht glauben", erklärte Wilhelm den drei Freunden.

„Kleiner Bruder Paul müde ist! Bett bringen!" Paul nuckelte auf seinem Daumen, hielt seine Stoffpuppe im Arm und stand wartend vor Merle.

„Ich soll dich ins Bett bringen?", fragte Merle ungläubig, während Frau Färber ihr lächelnd zunickte.

„Komm, ich zeige dir, wo wir schlafen!" Frieda zupfte Merle am Ärmel, damit sie ihr folgen sollte.

„Also gut, ich lege dich in dein Bett!" Merle hob den kleinen Jungen auf ihren Arm, und sofort legte er seinen Lockenkopf zutraulich an ihre Schulter, dabei fielen ihm schon die müden Augen zu.

„Dort schläft Paul!" Frieda führte Merle einen Raum weiter, wo ein paar Holzbetten und ein Kleiderschrank standen.

„Aber das ist das Doppelbett von deinen Eltern! Da kann ich Paul doch nicht hineinlegen", protestierte Merle.

„Doch, das ist schon richtig so! Er hat kein anderes Bett. Er schläft zwischen Vater und Mutter. Paul ist ja noch klein. Und in dem Bett schlafen Friedrich, Auguste und ich!" Frieda zeigte auf ein einfaches Einzelbett an der Wand, und Merle konnte sich nicht vorstellen, dass dort drei Kinder übernachteten.

„Und wer schläft in dem dritten Bett?"

„Das gehört Wilhelm und Hans. Die haben es gut, bei denen ist am meisten Platz. Wenn das Baby da ist, steht neben dem Bett unserer Eltern noch eine Wiege. Ich freue mich schon auf das neue Geschwisterchen", strahlte Frieda glücklich, es machte ihr anscheinend nichts aus, dass sie alle in einem Zimmer schliefen.

Merle war sprachlos. Acht Menschen übernachteten in einem winzigen Schlafzimmer, in dem es noch dazu lausig kalt war, denn einen Ofen gab es in dem Raum nicht. Vor dem Fenster lag auf dem Fensterbrett ein zusammengerolltes Handtuch, das die Feuchtigkeit der Scheiben auffing, die sich über Nacht durch den Atem der Schlafenden bildete. Merle überlegte, wie oft die Kinder wohl aus dem Bett fielen. In einem Einzelbett würde sie niemals zu zweit oder zu dritt ohne Störungen übernachten können. Frieda bekam von Merles Gedanken nichts mit, **denn es war für Arbeiterkinder völlig normal, mit den Geschwistern ein Bett zu teilen. Es gab in den kleinen Wohnungen einfach nicht mehr Platz, und Betten waren obendrein noch teuer.**

Merle legte den kleinen Paul, der inzwischen in ihrem Arm eingeschlafen war, behutsam in das Elternbett und deckte ihn vorsichtig zu. Leise verließ sie mit Frieda das Schlafzimmer.

„Wo ist eigentlich eure Toilette?" Merle sah sich suchend um, denn es gab keinen freien Raum mehr, in dem sie ein Bad oder WC vermuten konnte.

„Wenn du auf Klo willst, musst du eine Treppe nach oben gehen! Dort ist im Treppenhaus eine Toilette. Aber wenn du Pech hast, sitzt gerade einer von den Müllers drauf. Die wohnen mit sechs Leuten über uns. Wir teilen uns das Klo mit ihnen. Neulich hab ich mir wieder in die Hose gepiescht, weil die dicke Frau Müller nicht von der Toilette kam. Vater sagt, dass sie da immer die Zeitung liest", plauderte Frieda aus.

„Ach, ich glaube, so nötig muss ich doch nicht!" Merle hatte genug gehört und wollte nun zu ihren beiden Freunden zurück in die Wohnstube. Es war ohnehin Zeit geworden, zum Krankenhaus zu gehen. Doktor Melcherts hatte bald Dienstschluss und dann würden sie endlich einen Plan schmieden, wie sie Hendrik aus dem Gefängnis befreien konnten. Merle dachte an den Kameraden und hoffte, dass es ihm dort wenigstens einigermaßen gut ging.

„Wollt ihr wirklich schon los? Es ist doch so gemütlich hier!" Fritz Färber bedauerte es, dass die drei Kinder sich verabschiedeten.

„Wir müssen uns demnächst wiedertreffen!", bat Wilhelm, als er Ole die Hand zum Abschied reichte.

„Natürlich! Wir wissen ja jetzt, wo ihr wohnt. In den nächsten Tagen kommen wir vorbei und erkundigen uns, wie es eurem Vater geht", versprach Ole, als sie schon in der Wohnungstür standen.

„Ich werde auf euch warten! Hoffentlich ist Hendrik bis dahin wieder gesund, dann lernen wir ihn endlich auch kennen!" Wilhelm winkte den drei Freunden noch hinterher, bis sie um die nächste Hausecke verschwunden waren.

„Wahnsinn, wie unterschiedlich die Wallers und die Färbers leben. Die einen sind irre reich, und die anderen haben nicht mal jeder für sich ein eigenes Bett", wunderte sich Ole, als sie den Rückweg zum Krankenhaus antraten und Merle von dem engen Schlafzimmer berichtete.

„Stell dir mal vor, du musst dir das Klo mit deinen Nachbarn teilen. Wie eklig ist das denn?" Tim schüttelte sich bei dem Gedanken.

„Nein danke, kein Bedarf! Unser Nachbar Finke ist sowieso ein unsympathischer Typ. Wie gut, dass wir im 21. Jahrhundert leben. Es wird nun Zeit, dass wir Hendrik aus dem Gefängnis herausholen, damit wir weiterreisen können!" Ole überlegte fieberhaft, wie er das am besten anstellen konnte.

„Wir müssen das geklaute Geld finden! Aber wie kommen wir in das Haus der Wallers, ohne dass uns einer sieht?" Tim suchte ebenfalls nach einer Lösung.

„Ich hoffe, dass uns Doktor Melcherts helfen kann!" Merle dachte an Hendrik und hoffte nur, dass ihn niemand schlecht behandelte.

Nach einem kurzen Fußweg erreichten sie das Krankenhaus und wärmten sich in dem Zimmer des Arztes auf.

„Doktor Melcherts untersucht gerade den letzten Patienten!" Schwester Elfriede kümmerte sich sofort um die drei Freunde, als auch schon der Arzt auftauchte.

„Endlich Dienstschluss! Jetzt gehen wir zu mir nach Hause und werden einen Schlachtplan entwerfen, wie wir Hendrik freibekommen und den Diener überführen können!" Doktor Melcherts lächelte die Kinder aufmunternd an, denn er hegte keinen Zweifel daran, dass sie unschuldig waren.

„Fritz Färber kann den Diener Johann auch nicht ausstehen!" Merle berichtete von ihrem Besuch bei der Arbeiterfamilie.

„Da sieh mal einer an! Der Johann prahlt mit einer Erbschaft. Das stinkt doch gewaltig. Ich wette, dass er damit das Geld von Tuchfabrikant Waller gemeint hat!" Doktor Melcherts zog sich seinen Wintermantel an und verließ mit den drei Freunden und Nicky das Krankenhaus.

Der Mediziner wohnte nur zwei Straßen weiter in einer geräumigen Mietwohnung. Das Haus wirkte schon von draußen sauber und ordentlich.

„Hier riecht es wenigstens nicht muffig!", stellte Tim erfreut fest, als sie durch ein helles Treppenhaus liefen.

„Ich wohne zum Glück nicht im Arbeiterviertel. Als Arzt verdiene ich so viel, dass ich mir eine schöne Wohnung leisten kann. Irgendwann baue ich für meine Familie sicher auch ein Haus. Doch dafür muss ich leider noch etwas sparen!" Doktor Melcherts schloss die Tür zu seiner Wohnung auf.

„Endlich bist du wieder zu Hause, mein Schatz! Aber wen bringst du uns denn da mit? Das sind doch keine Patienten, oder?" Frau Melcherts war sehr erstaunt, als sie sah, dass ihr Mann nicht allein war und ein zotteliger Hund sie sofort schnuppernd begutachtete. Aber die Arztfrau war sehr tierlieb und zeigte keine Angst vor Nicky. Sie streichelte ihn sogar.

„Nein, natürlich nicht, Anita! Das sind Freunde, die in großen Schwierigkeiten stecken. Ich muss ihnen unbedingt helfen und hoffe, dass du damit einverstanden bist. Übrigens haben wir Bärenhunger. Bei einer heißen Tasse Tee und ein paar Schnitten Brot werde ich dir alles erzählen. Wo ist eigentlich Hauke? Ich denke, er wird sich über unseren Besuch sehr freuen!" Doktor Melcherts hatte seinen Mantel abgelegt und führte die drei Kinder in sein gemütlich eingerichtetes Wohnzimmer. Natürlich stand auch dort ein prachtvoll geschmückter Weihnachtsbaum, und der Abendbrottisch war bereits reichlich gedeckt.

„Hauke, leg dein Buch mal für einen Augenblick aus der Hand! Dein Vater hat uns Weihnachtsgäste mitgebracht!" Frau Melcherts legte ihrem Sohn liebevoll den Arm um die Schulter. Hauke saß in einem Schaukelstuhl und war so in ein dickes Buch vertieft, dass er das Heimkommen des Vaters gar nicht mitbekommen hatte.

„Die Anatomie des menschlichen Körpers", las Doktor Melcherts lächelnd und nahm seinem fünfzehnjährigen Sohn, der ihm mit dem dunklen Haar und den braunen Augen wie aus dem Gesicht geschnitten ähnlich sah, das Buch aus der Hand. „Schön, dass dich die Medizin so interessiert, aber heute ist Weihnachten und da solltest du mal eine kleine Pause einlegen. Außerdem möchte ich dir drei nette Freunde vorstellen!"

„Das Buch hat mir Großvater geschenkt. Es ist noch besser als deine Fachbücher", erklärte Hauke und begrüßte dann freundlich Merle, Tim, Ole und Nicky, der brav neben den Kindern Platz genommen hatte.

„Hauke will später Arzt werden und liest schon jetzt jedes Medizinbuch, das er auftreiben kann", berichtete Doktor Melcherts nicht ohne Stolz über seinen ehrgeizigen Sohn.

Schnell hatten sich alle miteinander bekanntgemacht, und der Arzt teilte seiner Familie von den Problemen mit, die seine drei Gäste plagten. Mit ihrer Erlaubnis erzählte er auch von der Zeitreise, die natürlich für ungläubige Gesichter sorgte.

„Du wirst doch nicht krank geworden sein, Claus? Ich hoffe, dass die Arbeit im Krankenhaus dich nicht zu sehr belastet, denn eine solche Geschichte ist schier unmöglich!" Frau Melcherts zweifelte am Verstand ihres Mannes, und auch Hauke tippte sich mit dem Finger an die Stirn.

„Ich habe schon so manches gehört, das verrückt war. Aber eure Erzählung ist einfach nur irre! Könnt ihr denn beweisen, dass ihr aus dem 21. Jahrhundert kommt?", fragte Hauke und sah die Kinder gespannt an.

Natürlich konnten sie das, indem sie wieder einmal die Taschenlampen vorführten und ihre Uhren zeigten.

„Ist das ein Ding! Das ist doch wissenschaftlich gar nicht zu erklären. Ein Zeittunnel durch die Jahrhunderte ist der Traum vieler Menschen!" Hauke konnte kaum begreifen, was er da hörte, und seiner Mutter erging es ähnlich. Beide wollten nun noch viel mehr von den Gästen erfahren und stellten eine Menge Fragen, die die Freunde auch geduldig beantworteten.

„Also, von mir aus könnt ihr mit eurem Hund so lange bei uns bleiben, bis ihr euren Freund aus dem Gefängnis befreit habt. Ihr seid uns herzlich willkommen! Ich hoffe, dass wir euch helfen können", versicherte Frau Melcherts und war ganz aufgeregt von den vielen Neuigkeiten, die sie eben gehört hatte.

„Na, was hab ich euch gesagt? Meine Frau ist wirklich klasse, ich wusste, dass sie euch nicht ablehnen würde", freute sich Doktor Melcherts und nahm seine hübsche Frau glücklich in den Arm. „Und Nicky ist ein wirklich gut erzogener Hund. Du wirst ihn sicher mögen!"

„Allerdings muss er unbedingt von allem Essbaren ferngehalten werden. Besonders Gänsebraten gehört zu seinen Lieblingsspeisen", warnte Ole lachend und erzählte dabei die Geschichte von dem Weihnachtsbraten der Familie Waller. Natürlich amüsierten sich alle über das Erlebnis.

„Wie gut, dass keiner von den Herrschaften wusste, dass Nicky den Vogel schon probiert hatte. So blieb euch eine Menge Ärger erspart", kicherte Hauke und stellte sich dabei vor, wie der Hund mit der Gans in der Schnauze durch die Villa geflohen war.

„Leider ist nicht alles so lustig wie euer Gänseabenteuer. Deswegen müssen wir uns ernsthafte Gedanken darüber machen, wie wir den Diener Johann des Diebstahls überführen können!" Doktor Melcherts strich sich nachdenklich durch seinen dunklen Zwirbelbart.

„Da gibt es nur die Möglichkeit, in seinem Zimmer nach dem Geld zu suchen. Aber dafür müssen wir in die Villa des Tuchfabrikanten, und das dürfte nicht so einfach sein", seufzte Tim unglücklich.

„Johann ist zwar ziemlich blöde, aber ich halte ihn nicht für so doof, dass er das gestohlene Geld in seinem Zimmer aufbewahrt. Ich glaube eher, dass er es woanders versteckt", vermutete Merle.

„Die Idee ist gar nicht so abwegig. Vielleicht hat er es sogar in die Stadt zur **Spar- und Leihkasse** gebracht und dort ein Konto eröffnet. Schließlich kann er da ja auch das Märchen von der Erbschaft erzählt haben, falls sich jemand gewundert hat, wieso der arme Diener Johann plötzlich über tausend Reichsmark verfügt!", überlegte Doktor Melcherts und trank dabei seinen Tee.

„Ist das irre! Die Stadt hat sogar schon eine Sparkasse! Ich dachte, die gibt es erst in unserer Zeit", wunderte sich Tim.

„Da kannst du mal sehen, wie fortschrittlich wir sind. Die Sparkasse ist sehr wichtig für die Menschen. Dort können sie ihr Erspartes sicherer lagern als zu Hause. Und wenn ein Bürger kein Geld hat, kann er sich dort auch etwas leihen. **Bereits 1835, das ist jetzt 56 Jahre her, wurde die Sparkasse von zwölf reichen Fleckensbewohnern gegründet. Damals stellte der Apotheker Jahn seine Privatstube als Kassenraum zur Verfügung und kassierte immer am Samstag die Spargelder der Bürger. Natürlich wurde es dort schnell zu eng, und der Essigfabrikant Carsten Hinselmann, übrigens ein guter Freund meines Vaters, richtete ein Jahr später in seinem Privathaus am Großflecken 25 die Sparkasse neu ein. Eines Tages brannte sie plötzlich ab, und so zog man 1884 in das Seiffertsche Haus am Großflecken 52, wo sie sich auch heute noch befindet. Übrigens werden überschüssigen Gelder, die die Sparkasse erwirtschaftet, klugerweise auch für gemeinnützige Zwecke in unserem Ort benutzt. So haben alle Bürger gut davon.** Nie werde ich den Tag vergessen, als ich als Kind das erste Mal an der Hand meines Vaters die Sparkasse besuchen durfte. Wie habe ich die Bankherren dort bewundert, weil sie so vornehm aussahen in ihren eleganten, schwarzen Anzügen und den weißen Hemden darunter! Damals wollte ich unbedingt Sparkassendirektor werden", erinnerte sich Doktor Melcherts lächelnd. „Ach Kinder, entschuldigt bitte, wenn ich mal an meine Jugendzeit erinnert werde und euch die alten Geschichten von früher erzähle! Natürlich möchte ich euch nicht langweilen!"

„Sie langweilen uns nicht. Es ist wirklich spannend, all diese Dinge zu erfahren. Wer sollte sie uns sonst erzählen? Ich glaube kaum, dass unsere Eltern das alles wissen oder unsere Lehrerin Frau Meyer", meinte Merle, während sie sich ein Butterbrot schmierte.

„Stimmt, aber wir sollten uns jetzt trotzdem besser überlegen, wie wir herausfinden, ob der Diener Johann wirklich ein Konto bei der Spar- und Leihkasse eingerichtet hat!", drängte Ole, denn er dachte an das Bankgeheimnis, das den Bankangestellten verbot, Informationen über ihre Kunden auszuplaudern.

„Das ist das kleinste Problem. Sparkassendirektor Heinzelmann ist ein alter Freund von mir. Ich werde ihn gleich anrufen und über den Diener ausfragen!", meinte Doktor Melcherts.

„Aber Claus, wir haben Weihnachten. Du kannst doch die Heinzelmanns heute nicht stören!" Frau Melcherts versuchte ihren Mann von diesem Vorhaben abzuhalten.

„Dann werde ich ihm eben „Frohe Weihnachten" wünschen und so ganz nebenbei nach Johann fragen. Bestimmt freut sich Arthur über meinen Anruf. Schließlich isst er für sein Leben gern und hat nach dem fetten Weihnachtsessen sicherlich wieder Probleme mit seiner Galle. Da wird er mich um medizinischen Rat bitten, das ist immer so bei ihm. Als Gegenleistung erhalte ich hundertprozentig auch die Auskunft über den Diener", war sich der Arzt sicher und verschwand in seinem Arbeitszimmer, wo sich das Telefon befand.

„Wie praktisch doch so ein Fernsprechapparat sein kann", freute sich Hauke und wartete gespannt auf die Rückkehr des Vaters.

„Leider haben noch zu wenig Bürger in der Stadt ein Telefon, aber es werden täglich mehr. Wir mussten uns den Apparat anschaffen, damit das Krankenhaus meinen Mann immer erreichen kann", berichtete Frau Melcherts und strich sich eine Strähne ihrer braunen Hochsteckfrisur aus dem Gesicht.

„Im 21. Jahrhundert hat bestimmt jeder ein Telefon, oder?", erkundigte sich Hauke bei Ole.

Natürlich erfuhr er im nächsten Moment alles über moderne Nachrichtenüberbringung. Merle suchte im Rucksack nach ihrem Handy, das sie in ihrer Jeanshosentasche gut versteckt hatte. Nicht einmal Polizeisergeant Beermann hatte es am Morgen bei der Durchsuchung ihrer Sachen gefunden.

„Hier, damit telefonieren wir!" Merle reichte ihm das kleine rosa Klapptelefon. Hauke und seine Mutter betrachteten voller Neugier das technische Wunderwerk.

„Aber es hat ja gar keine Schnur! Wie kann es dann funktionieren?" Hauke drückte auf den winzigen Tasten herum und hielt sich das Handy an sein Ohr. „Mal sehen, ob ich damit Schwester Elfriede im Krankenhaus erreiche!"

Ole erklärte dem enttäuschten Jungen, dass so ein Handy ohne Sendemasten keine Gespräche übermitteln konnte.

„Das ist ja doof! Also lässt sich damit in unserem Jahrhundert gar nicht telefonieren! Schade!" Hauke gab Merle das Gerät zurück.

„Dafür kann man tolle Spiele darauf spielen. Allerdings nur, wenn das Handy noch einen vollen Akku hat", erklärte Tim und sah Merle dabei fragend an.

„Das könnte sein, denn es ich habe es vor unserer Zeitreise aufgeladen und seitdem nicht mehr benutzt!" Merle gab ihre Geheimnummer in das Handy ein und sah auf das Ladesymbol im Display. „Es klappt! Ich geh mal eben auf ‚Spiele'!"

Ungläubig verfolgten Hauke und seine Mutter kurz darauf auf dem Handydisplay das kleine, grüne Männchen, das ständig durch geschicktes Springen versuchte, aus einem Turmverlies zu entkommen, ohne in einer brodelnden Giftbrühe zu ertrinken. Schnell hatte Hauke begriffen, wie er mit den Handytasten das Männchen vor Gefahren retten konnte.

„Das ist der Wahnsinn! Was ihr für tolle Spiele habt. Am liebsten würde ich das Handy behalten", wünschte sich Hauke und saß mit glühendroten Wangen an dem Computerspiel.

„Ich würde es dir ja schenken, aber wenn der Akku leer ist, kannst du nichts mehr mit dem Handy anfangen, weil du keine Möglichkeit hast, ihn aufzuladen", versicherte Merle dem begeisterten Jungen.

„So, jetzt wissen wir mehr! Ich habe bis eben mit Arthur Heinzelmann gesprochen. Natürlich musste er mir von seinen Gallenproblemen erzählen. Und Hertha, seine Gattin, bekam wie immer ihre Migräne, als gestern Abend die Schwiegermutter zur

Bescherung eintraf. Nach all dieser Rederei über Krankheiten habe ich ganz geschickt nach dem Diener Johann gefragt. Mein Freund Arthur kennt ihn und kann ihn absolut nicht leiden. Aber das Wichtigste ist, dass er mir versicherte, dass Johann kein Geld bei ihm einzahlte. Also muss er es irgendwo versteckt haben, so wie wir vermuteten. Arthur war ganz schön entsetzt, dass Anton Waller solche hohe Summen bei sich zu Hause aufbewahrt hatte, anstatt sie bei der Sparkasse in Verwahrung zu geben!" Doktor Melcherts war aus dem Arbeitszimmer zurückgekehrt und sah, wie die Kinder und seine Frau um das Handy herumsaßen. „Was macht ihr da eigentlich? Hört mir überhaupt einer zu?"

„Natürlich, Vater! Aber ich spiele gerade mit einem Telefon aus der Zukunft!" Hauke hielt dem Arzt stolz das Handy entgegen.

„Das soll ein Telefon sein?", völlig verwirrt sah Doktor Melcherts auf das Display des kleinen Gerätes. Dort hüpfte noch immer das grüne Männchen mühsam die Treppen zur Turmspitze hoch, dabei hörte man viele verschiedene Geräusche, die aus dem Handy drangen.

„Ja, das ist es! Außerdem kann man noch wunderbar damit spielen. Schade, dass es erst in hundert Jahren erfunden wird. Ich hätte mir sonst sofort eins von dir gewünscht", erzählte Hauke etwas enttäuscht seinem Vater.

„Meine Güte, was wird in den nächsten hundert Jahren denn noch alles erfunden?" Doktor Melcherts war fasziniert von dem Wunderwerk der Technik, so dass er für einen Augenblick das Telefonat mit Bankdirektor Heinzelmann vergaß.

Da klingelte es plötzlich an der Haustür.

„Wer kann das sein? Hoffentlich ist es kein Patient von dir. Du hast doch eigentlich Feierabend", seufzte Frau Melchert etwas genervt, denn es störte sie schon, dass die Kranken ihren Mann bei Bedarf auch in seiner Freizeit aufsuchten.

„Mal sehen, wer mich wieder braucht!" Doktor Melcherts ging in den Flur und öffnete die Wohnungstür.

„Das ist aber eine Überraschung! Wer ist bei euch denn krank geworden?" Der Arzt staunte nicht schlecht, denn vor ihm standen Vera und Rudolf Waller.

„Wir müssen unbedingt mit Ihnen sprechen. Wir sind zu Hause heimlich abgehauen, weil wir dachten, dass es eine Gemeinheit von meinem Vater war, Hendrik des Diebstahls zu beschuldigen und die Geschwister so einfach auf die Straße zu setzen. Also wollten wir die Kinder in ihrer Wohnung besuchen und ihnen unsere Hilfe anbieten. Aber da sind wir einem dunklen Geheimnis auf die Spur gekommen. Die vier müssen schlimme Betrüger sein, denn sie wohnen gar nicht im Vicelinviertel, wie sie uns erzählt haben. Wir fragten alle möglichen Bewohner dort, aber niemand kannte die vier Kinder und ihre Eltern. Wie konnten wir nur so dumm sein und auf sie hereinfallen! Wahrscheinlich haben sie doch das Geld von meinem Vater gestohlen und sind damit bereits über alle Berge. Die beiden Schwerverletzten in Ihrem Krankenhaus sind vielleicht gar nicht die Eltern der Kinder. Das haben diese Betrüger Ihnen nur vorgelogen. Sie sind ihnen genauso auf den Leim gegangen wie wir. Deshalb wollten wir Sie warnen. Falls die Geschwister noch einmal bei Ihnen im Krankenhaus auftauchen, sollten Sie die Polizei rufen. Und beobachten Sie die beiden Verletzten, vielleicht sind es Komplizen der Kinder!" Rudolf redete sehr schnell vor lauter Aufregung.

„Vielen Dank, dass ihr mich warnen wollt. Aber ich denke, ihr solltet erstmal hereinkommen. Im Wohnzimmer ist es viel wärmer und gemütlicher als im kalten Treppenhaus", bot Doktor Melcherts den Geschwistern freundlich an.

„Eigentlich müssen wir wieder nach Hause, bevor unsere Eltern nach uns suchen lassen. Aber wir sind ganz schön durchgefroren, da nehmen wir Ihr Angebot gern an. Allerdings nur für ein paar Minuten, schließlich wollen wir Weihnachten niemanden stören", erklärte Vera und war froh, sich etwas aufwärmen zu können.

Doktor Melcherts führte die beiden Kinder in sein Wohnzimmer.

„Wie, was, warum seid ihr denn hier?", stotterte Rudolf überrascht, als er Ole, Tim und Merle erblickte. Vera verstand ebenfalls überhaupt nichts mehr. Warum saßen die drei hier fröhlich bei dem Arzt und seiner Familie und wirkten überhaupt nicht so, als hätten sie ein schlechtes Gewissen?

„Ich glaube, ihr müsst Vera und Rudolf einiges erklären. Nur Mut, ich denke, bei ihnen ist euer Geheimnis in guten Händen. Sie werden euch nicht verraten", forderte Doktor Melcherts die drei Freunde auf.

„Ich werde mal für unseren unerwarteten Besuch etwas zu essen und zu trinken holen. Es wird sicher etwas länger dauern, bis alles geklärt ist!" Frau Melcherts war froh, dass ihr Mann nicht wieder zu einem Patienten musste. Allerdings ahnte sie, dass Vera und Rudolf einige Zeit benötigen würden, um die Geschichte der drei Freunde zu begreifen. Doch das störte sie nicht. Und Hauke freute sich, dass in seiner Familie endlich mal etwas richtig Spannendes passierte.

„Ich habe eben gehört, was ihr vermutet. Aber ich kann euch beruhigen, wir sind weder Diebe noch Betrüger. Doktor Melcherts ist unser Freund. Wir dürfen hier wohnen, bis wir Hendrik befreit haben. Eigentlich dachte ich, dass wir euch unsere Geschichte nicht unbedingt erzählen sollten, weil sie ziemlich unglaubwürdig klingt. Aber nun ist es wohl besser, wenn ihr sie doch erfahrt!" Ole wusste, dass er keine andere Wahl hatte, um das Vertrauen der Geschwister wiederzuerlangen. So entschied er sich dafür, sie über die Zeitreise zu informieren.

„Das ist ja unglaublich! Ich kann mir nicht vorstellen, dass es so etwas wirklich gibt. Hat Doktor Melcherts euch diese Geschichte geglaubt, ohne an eurem Verstand zu zweifeln?" Für Rudolf klang alles wie ein Märchen.

„Ich war genauso verunsichert wie ihr. Aber als die Kinder von Doktor Bremer erzählten, den mein Großvater gut kannte, musste ich ihnen glauben, so verrückt es auch alles klingt. Ich hoffe, dass ihr eure schlechte Meinung über die vier Freunde wieder geändert habt. Sie brauchen unsere Hilfe, um weiter in das 12. Jahrhundert zu gelangen. Das Burgfräulein kann schließlich nicht ewig auf die Erlösung warten. Deswegen dürfen wir keine Zeit verlieren, Hendriks Unschuld zu beweisen", versuchte Doktor Melcherts die Geschwister zu überzeugen.

„Seitdem ich Merles Handy gesehen habe, glaube ich an die Zeitreise. So etwas

Tolles hat bisher leider noch niemand erfunden!" Hauke legte das kleine Telefon vor Vera und Rudolf auf den Tisch, und Merle erklärte den Geschwistern, wie es funktionierte.

„Natürlich entschuldigen wir uns für unseren gemeinen Verdacht. Wer hätte denn schon geahnt, dass ihr aus einem anderen Jahrhundert kommt!" Vera versprach, nichts von dem Geheimnis der vier Freunde zu verraten und spielte aufgeregt mit dem Handy. Allerdings hatte sie dazu nicht lange Gelegenheit, denn Rudolf musste ebenfalls unbedingt das kleine Telefon ausprobieren.

„Das kostet sicherlich ein Vermögen. Wie viel Reichsmark hast du dafür bezahlt?", wollte Hauke interessiert wissen.

„Keine Ahnung, wie teuer es war. Meine Eltern haben es mir zu Ostern geschenkt!" Selbst wenn sie den genauen Preis gekannt hätte, wäre es für Merle unmöglich gewesen, ihn in Reichsmark umzurechnen.

„Ihr bekommt Geschenke zu Ostern? Wir kriegen nur Schokoladeneier und einen Schokohasen. Ich hab noch nie gehört, dass Kinder etwas anderes als Süßigkeiten zu Ostern erhalten. Ihr habt es richtig gut. Kann ich nicht mit in euer Jahrhundert? Da lebt es sich anscheinend viel angenehmer als in unserer Zeit", überlegte Hauke und sah sich im Geiste schon stundenlang mit einem Handy telefonieren.

„Jede Zeit hat Vor- und Nachteile, mein Sohn! Ich glaube, dass es auch einige Dinge gibt, die Merle in ihrem Jahrhundert gern ändern würde. Bleib du besser in unserer Zeit, da kennst du dich jedenfalls aus. Und was die Geschenke zu Ostern angeht, darüber könnte man ja bei guter Führung und ausgezeichneten Leistungen in der Schule einmal reden. Vielleicht übernehme ich dann in Zukunft diesen modernen Brauch", stellte Doktor Melcherts seinem Sohn in Aussicht.

„Prima! Das sollte kein Problem sein. Ich glaube, Ostern ist dieses Jahr am 2. April. Bis dahin bin ich ein Musterknabe", versprach Hauke mit fröhlichem Grinsen.

„Du hast dich geirrt, es ist erst am 14. April. Da musst du noch ein paar Tage länger durchhalten. Aber ich bekomme an dem Tag viele Geschenke und brauche nichts dafür zu tun, weil ich da nämlich Geburtstag habe", kicherte Vera schadenfroh.

„Ist doch völlig egal, wann Ostern ist. Es ändert sich sowieso jedes Jahr. Da kann sich das ja auch kein Schwein merken. Ich frage mich manchmal, warum die Kirche sich das so kompliziert macht und jedes Jahr einen neuen Termin aussucht. Aber was kümmert es mich. Hauptsache, ich ernte ordentliche Präsente!" Hauke sah seinen Vater flehend an.

„Na, da siehst du mal wieder, wie wenig du in der Schule aufpasst, mein Sohn. Sonst wüsstest du, warum Ostern jedes Jahr an einem anderen Datum gefeiert wird!" Doktor Melcherts sah in fragende Gesichter. Aber niemand wusste eine Antwort.

„Vielleicht liegt es an den Hasen? Ein Jahr sind sie gut drauf, da legen sie die Eier früher, im anderen Jahr sind sie genervt und legen später. Wahrscheinlich gibt es Mönche, die die Aufgabe haben, die Hasen zu beobachten. So bestimmen sie das Osterdatum. Das wäre doch eine gute Erklärung", alberte Rudolf und erntete von allen ein schallendes Gelächter.

„Also, obwohl wir heute Weihnachten feiern, würde mich schon interessieren, warum Ostern nicht auch ein festes Datum hat!" Vera war neugierig geworden, denn die Frage hatte sie sich schon öfter gestellt.

„Ostern wird immer am ersten Sonntag nach dem ersten Vollmond nach Frühlingsanfang gefeiert. Und weil der Mond sich nicht auf ein bestimmtes Datum festlegen will, an dem er sozusagen ‚voll' ist, fällt Ostern jedes Jahr auf einen anderen Termin. Früher feierten die Heiden, die an Odin und Thor glaubten, den Beginn des Frühlings mit einem großen Fest. Später haben die Christen dann das Auferstehungsfest Ostern in diese Zeit gelegt", erklärte Doktor Melcherts den Kindern.

„Und was haben die Eier mit Ostern zu tun?", wollte nun Merle wissen.

„Ihr wisst doch, dass nach dem Karneval am Aschermittwoch die Fastenzeit beginnt. Früher aß man in dieser Zeit keine tierischen Produkte, also verzichtete man natürlich auch auf Eier. Da die Hühner aber deswegen nicht mit dem Eierlegen aufhörten, sammelte man die Eier, kochte sie und färbte sie anschließend ein. So konnte man sie von den frischen Eiern gut unterscheiden. Als Ostern die Fastenzeit endete, schenkten sich die Menschen diese Eier. Ab dem 17. Jahrhundert versteckten die Erwachsenen dann die bunten Eier für die Kinder im Garten und erfanden dabei die schöne Geschichte, dass der Osterhase sie bemalt und überall verteilt", beendete Doktor Melcherts seine kurze Geschichtsinformation über das Osterfest.

„Du hättest Lehrer werden sollen bei deinem Wissen. Die Hauptsache ist aber, dass du nicht vergisst, Ostern wirklich den modernen Brauch einzuführen, mir ein paar nette Geschenke zu machen. Schließlich will ich mich nicht umsonst anstrengen, ein Musterkind zu sein", erinnerte Hauke seinen Vater.

„Wir feiern heute Weihnachten, und ihr macht euch schon Gedanken um Ostern. Kümmert euch lieber darum, wie wir diesen Halunken Johann zur Strecke bringen", mahnte Vera, der es sehr leid tat, dass Hendrik unschuldig im Gefängnis saß.

„Ich habe da eine gute Idee. Wir werden Anton Waller und seine Frau für morgen Abend acht Uhr zu uns nach Hause einladen. Johann und das Dienstmädchen haben zu dem Zeitpunkt sicherlich Feierabend und sind nicht im Haus. Ich könnte mir vorstellen, dass sie beim großen Dienstbotenfest im ‚Tivoli' ordentlich tanzen werden. Da der Gärtner noch Urlaub hat, ist nur Lene in der Villa, denn sie geht selten aus. Aber die Köchin ist auf unserer Seite, wie Ole mir berichtet hat. Also könnt ihr ungehindert das Zimmer des Dieners nach dem gestohlenen Geld durchsuchen. Na, wie findet ihr meinen Vorschlag?" Doktor Melcherts wartete gespannt auf eine Antwort.

„Das Ding ist wirklich clever! Aber was ist, wenn Herr Waller morgen keine Lust hat, Sie zu besuchen?", fragte Ole besorgt.

„Ich werde ihn mit meinem Wein und guten Zigarren ködern. Das lehnt er niemals ab, ich kenne doch Anton. Ich werde nachher gleich noch einen Spaziergang zu ihm machen und ihn einladen", überlegte der Arzt und zündete sich gutgelaunt eine Pfeife an.

„Vorsichtshalber frage ich noch mal bei Lene nach, ob Johann und das Dienstmädchen wirklich nicht bei uns zu Hause sind. Sonst müssen wir sie mit einem Trick weglocken", erklärte Rudolf, denn er wollte nicht das Risiko eingehen, vielleicht vom Diener erwischt zu werden.

„Wir werden euch natürlich helfen. Sobald eure Eltern das Haus verlassen haben, stehen wir vor eurer Tür", entschied Tim.

„Wir bringen diesen Johann ins Gefängnis, da bin ich mir hundertprozentig sicher. Wenn ich nur wüsste, wie es Hendrik geht. Ob wir ihn wohl besuchen können?", fragte Ole und dachte dabei an seinen Freund.

„Ich glaube kaum, dass man euch das erlaubt. Die Wärter sind sehr streng, die lassen niemanden zu Hendrik, bis er vor Gericht verurteilt wird", bezweifelte Frau Melcherts, die inzwischen mit Brot und Tee zurückgekehrt war und nun die ganze Zeit schweigend zugehört hatte.

„Er wird furchtbare Angst haben. Zu allem Unglück ist er auch noch ganz allein", seufzte Merle unglücklich.

„Wir holen ihn morgen aus dem Gefängnis raus. Jetzt werde ich aber erstmal meinen Freund Anton besuchen. Ich schlage vor, dass ich euch beide gleich mitnehme. Sicherlich machen sich eure Eltern wahnsinnige Sorgen, weil ihr verschwunden seid. Immerhin ist es draußen schon dunkel", schlug Doktor Melcherts den Geschwistern vor.

„Das gibt mächtigen Ärger und bestimmt eine üble Strafe", befürchtete Vera, denn sie wusste, wie wütend ihr Vater werden konnte.

„Ich werde sagen, dass ihr den ganzen Nachmittag bei mir wart. Schließlich hat euch der Diebstahl sehr belastet, und da habt ihr nach einer Ablenkung gesucht. So wird die Strafe wenigstens gemildert", hoffte Doktor Melcherts.

Rudolf und Vera waren zwar nicht ganz so zuversichtlich wie der Arzt, aber sie glaubten schon, dass seine Worte den Vater etwas ruhiger stimmen würden.

„Wir erwarten euch morgen Abend bei uns. Gemeinsam finden wir das Geld und liefern Johann der Polizei aus!" Mit diesen Worten verabschiedete sich Rudolf von Ole, Tim und Merle, dann trat er mit seiner Schwester und Doktor Melcherts den Heimweg an.

In der Zwischenzeit lag Hendrik bereits auf einem ungemütlichen Gefängnisbett und dachte über seine verzwickte Lage nach. Durch ein kleines, vergittertes Fenster schien helles Mondlicht in seine Gefängniszelle. Es war die einzige Lichtquelle, denn die Aufseher waren der Meinung, dass die Gefangenen abends keine Beleuchtung benötigten. Hendriks Abendessen stand auf einem kleinen Holztisch. Man hatte ihm zwei Scheiben Schwarzbrot mit Butter und Käse serviert, dazu ein Glas Milch. Doch Hendrik, der für sein Leben gern aß, ließ alles unberührt. Der ungerechtfertigte Gefängnisaufenthalt machte ihm sehr zu schaffen und schlug auf seinen Magen. Mit geschlossenen Augen lag er da und wünschte, Walburga könnte ihm helfen. Aber er besaß ja leider nicht den Stein, um sie damit herbeizurufen. Hoffentlich würden seine Freunde diesen Diebstahl aufklären und den wahren Gangster hinter Schloss und

Riegel bringen, dachte er. Außerdem zweifelte er inzwischen stark daran, ob sie jemals den Schatz der Wittorfer Burg finden würden und als reiche Leute nach Hause zurückkehrten. In Gedanken durchlebte er noch einmal alle bisherigen Abenteuer seiner Zeitreise. Jedes Mal hatten seine Freunde und er es geschafft, in letzter Sekunde aus Gefahren zu entfliehen. Aber konnte es ihnen auch dieses Mal wieder gelingen?

„He, du, hörst du mich?"

Hendrik horchte auf. Wer sprach da so leise? War er etwa gemeint?

„He, wir können reden, die Wärter sind kurz weggegangen. Ich bin Messer-Emil. Du hast bestimmt schon mal von mir gehört. Niemand ist besser als Emil mit dem Messer. Dieser Spruch passt auf mich wie die Faust aufs Auge. Und wer bist du?"

Hendrik erschrak. Nebenan in der anderen Zelle musste ein ziemlich gefährlicher Kerl sitzen. Vielleicht war er sogar ein Mörder, denn der Name „Messer-Emil" konnte nicht gerade auf einen freundlichen und gemütlichen Menschen hinweisen. Doch Hendrik überlegte, dass es wahrscheinlich besser war, sich mit dem Gefangenen gut zu verstehen. So stellte er sich kurz vor.

„Ich bin unschuldig hier gelandet. Man wirft mir vor, dass ich Geld in der Villa des Tuchfabrikanten Waller gestohlen habe. Aber das ist nicht wahr", erzählte Hendrik dem Unbekannten.

„In diesem verdammten Knast Weihnachten verbringen zu müssen, ist hart, mein Freund. Noch fieser ist es, wenn man zu Unrecht verknackt wird. Ich hatte eine Schlägerei mit Wurst-Willi. Er meinte, dass ich mein Essen bei ihm nicht bezahlt habe. Leider muss ich zugeben, dass es wirklich so war. Aber die Pampe hätte ich nicht einmal einem Hund zu fressen gegeben. Das sagte ich ihm natürlich auch, schließlich bin ich ein ehrlicher Mensch.

Ihm gefiel das nicht so wirklich, und er ging auf mich los. Wir prügelten uns ein bisschen. In der Hektik schlug ich ihm aus Versehen einen Stuhl über den Kopf. Als sein Freund Amadeus ihm helfen wollte, hatte ich plötzlich mein Messer in der Hand und setzte es diesem Kerl an die Kehle. Mein Pech war, dass gerade dieser dämliche Hilfspolizist Beermann vorbeikam, und so war ich schneller in Handschellen, als ich denken konnte. Aber niemand ist besser als Emil mit dem Messer! Ich sage dir, Hendrik, ich finde einen Weg, hier schnell wieder herauszukommen! Wenn du willst, drehen wir das Ding gemeinsam. Ich bin seit zwei Tagen in diesem stinkigen Gefängnis und habe keine Lust, noch länger hier zu sitzen. Das Essen ist auch nicht gerade lecker. Die Frau des einen Aufsehers kocht für die Gefangenen. Doch essen kann man den Fraß nicht. Ich frage mich, warum ihr Mann so dick ist! An ihren Kochkünsten liegt es sicher nicht." Messer-Emil rülpste zweimal kräftig. „Hörst du, das kommt von den ekligen Linsen! Nachher furze ich wieder die ganze Nacht!"

„Dieser Polizist Beermann hat mich auch verhaftet. Ich wusste nicht, dass er Hilfspolizist ist. Er tat sehr wichtig." Hendrik begann es Spaß zu machen, sich mit dem Unbekannten zu unterhalten.

„Er fand es auch nicht sehr komisch, als ich ihn so nannte, weil er wohl Oberhauptsergeant oder so was Ähnliches ist. Ehrlich gesagt, interessiert mich sein Dienstgrad herzlich wenig, für mich ist er eine Witzfigur, dieser Beermann. Es ist mir schon richtig peinlich, dass ausgerechnet er mir Handschellen anlegte. Warum hast du diesem Vogel nicht gesagt, dass du unschuldig bist?", wollte Messer-Emil nun wissen.

„Das hab ich doch! Aber der Diener Johann behauptete, dass er mich beim Stehlen des Geldes beobachtet hätte. Herr Waller und der Polizist glaubten ihm. Dabei ist dieser Johann alles andere als glaubwürdig, man könnte auch sagen, er ist ein Halunke! Das arme Dienstmädchen Thea weiß ja gar nicht, wen sie da heiratet!" Hendrik spürte wieder eine große Wut auf Johann.

„Er ist mit einem Dienstmädchen verlobt?" Die Stimme von Messer-Emil klang plötzlich aufmerksamer.

„Ob sie verlobt sind, weiß ich nicht. Aber als wir die beiden belauschten, redeten sie vom Heiraten. Aber warum ist das überhaupt wichtig?" Hendrik war es völlig egal, wen Johann heiraten wollte.

„Weil mir da gerade ein Verdacht kommt. Vielleicht kenne ich deinen Diener Johann sogar. Beschreibe mir doch, wie er aussieht und wie alt er ungefähr ist", bat Messer-Emil.

„Was mir besonders auffiel, war seine krumme Nase, wie sie Boxer oft haben. Außerdem hat er Segelohren wie ein afrikanischer Elefant. Also ehrlich, ich kann nicht verstehen, was diese Thea an dem Kerl hübsch findet. Aber vielleicht hat sie ja etwas mit den Augen und sieht nicht, wie hässlich er ist!"

„Hab ich es mir doch gedacht! Siegesmund Puttfarken! Das ist typisch für ihn. Da schleicht er sich als Diener in die Villa von reichen Leuten ein. Aber nicht umsonst wird er Lügen-Siggi genannt. Mit diesem Kerl habe ich noch eine offene Rechnung. Wenn er mir unter die Finger kommt, kann er seine Ohren als Segel benutzen!" Messer-Emil lachte gefährlich.

„Aber das muss ein Irrtum sein. Der Diener heißt doch Johann!" Hendrik war ein bisschen verwirrt.

„Mensch, kapierst du nicht, der Diener lügt wie gedruckt! Nie in seinem Leben war Siggi ein Diener. Er wohnte in Lübeck, als ich ihn kennenlernte. Dort arbeitete er am Holstentor als Taschendieb und beklaute jeden, der etwas nach Geld aussah. Irgendwann traf ich ihn dann in Kiel, wo er als Heiratsschwindler ältere, reiche Damen um ihr Vermögen brachte. Später lief er mir hier in Neumünster über den Weg. Wie ich hörte, musste er aus Lübeck und Kiel verschwinden, weil ihn dort die Polizei suchte. Doch leider ergab sich nie die Gelegenheit, mit ihm abzurechnen", berichtete Messer-Emil weiter.

„Wenn der Tuchfabrikant Waller wüsste, wen er da bei sich im Haus wohnen hat. Wenn ich das morgen dem Polizisten Beermann erzähle, komme ich sofort frei", freute sich Hendrik.

„Da sei man nicht so sicher, mein Freund! Du musst beweisen, dass dein Diener das Geld geklaut hat", gab Messer-Emil zu bedenken.

„Dafür werden meine Freunde schon sorgen. Warum hast du denn mit dem Johann oder Lügen-Siggi, wie du ihn nennst, noch eine offene Rechnung zu begleichen?" Hendrik war neugierig darauf geworden, was der Diener noch so alles verbrochen hatte.

„Er hat mich belogen. In Lübeck klauten wir in einem Kloster zwei von diesen schwarzen Klamotten für Mönche, ich glaub die Dinger heißen Küttel oder so. In einem Park zogen wir uns um und liefen anschließend als Mönche verkleidet durch Lübecks Innenstadt. Wir bettelten die Leute um Spenden für eine Trinkerheilanstalt an. Das Geschäft lief richtig gut. Besonders die Frauen gaben uns ordentlichen Zaster. Wir wirkten wohl auch unheimlich echt in unseren Mönchskütteln!"

„Mönchskutten! Die Kleidung der Mönche heißt Kutte und nicht Küttel!", berichtigte Hendrik den Gefangenen in der anderen Zelle und musste sich dabei ein Lachen verkneifen. Besonders intelligent schien Messer-Emil nicht zu sein.

„Wie? Ja, gut, denn heißen die Klamotten eben Kutten, klingt doch auch fast genauso. Auf jeden Fall hatten wir abgemacht, dass wir unseren Verdienst gerecht teilen wollten. Und da hat mich doch dieser miese Kerl glattweg übers Ohr gehauen! Als wir abends nach Dienstschluss im Park unsere Mäuse zählten, meinte er, dass er nur sechzig Reichsmark eingenommen hätte. Dabei konnte ich mich genau erinnern, wie ihm zwei elegante Damen jeweils einen Hundert-Reichsmarkschein spendeten, weil sie die Idee mit dem Bau der Trinkerheilanstalt für unheimlich wichtig hielten. Lügen-Siggi steckte das Geld mit einem würdevollen Blick ein. ‚Der Herr im Himmel dankt es Ihnen! Bruder Johann und ich werden Sie heute in unser Abendgebet miteinbeziehen!‘, sagte er auch noch so echt, dass ich fast selber glaubte, ein Mönch zu sein. Als ich mit dem Aufteilen des Zasters nicht einverstanden war, weil er die beiden Hundert-Reichsmarkscheine heimlich eingesteckt hatte und leugnete, dass er sie besaß, wurde ich ungemütlich und zog mein Messer. Doch plötzlich tauchten zwei Polizisten auf, und ich machte mich lieber aus dem Staub. Zum Glück war ich schon umgezogen, so dass ich nicht mehr in diesen Mönchsklamotten durch die Gegend laufen musste. Lügen-Siggi verschwand natürlich ebenfalls. Als ich ihn dann später in Kiel wiedertraf, war er gerade in Begleitung einer sehr schönen Dame und ich fand es unpassend, mit ihm einen Streit anzufangen. Hier in Neumünster ergab sich leider auch noch nicht die Gelegenheit, mit ihm ein Hühnchen zu rupfen. Aber der Tag der Abrechnung wird kommen, das ist so sicher wie das Amen in der Kirche! Denn niemand ist besser als Emil mit dem Messer! Das wird auch Lügen-Siggi zu spüren bekommen!" Die Stimme von Messer-Emil klang gefährlich und böse.

„Ich kann gut verstehen, dass du dich rächen willst. Dieser Kerl ist wirklich ein übler Zeitgenosse!" Hendrik fand zwar, dass Messer-Emil auch nicht wirklich ein besserer Mensch war, aber das verschwieg er lieber.

„Was ist, wollen wir zwei noch heute versuchen, hier abzuhauen? Ich hätte da nämlich eine echt gute Idee! Wenn …"

„Psst, leise, ich glaube, die Aufseher kommen zurück", unterbrach ihn Hendrik aufgeregt, denn er hörte, wie sich Schritte näherten. So tat er, als würde er schlafen. Auch Messer-Emil lag augenblicklich still auf seinem Holzbett.

„Hier ist alles ruhig, die beiden Gefangenen schlafen!" Ein Wärter leuchtete mit einer Laterne in die beiden Zellen.

„Dann setz dich zu mir, wir spielen noch eine Partie Halma", erklärte der zweite Wärter.

„Das geht klar! Aber dieses Mal gewinne ich", behauptete der erste Aufseher nun ziemlich siegessicher, während er die Spielkegel auf das Holzbrett setzte.

Natürlich belauschten Hendrik und Messer-Emil die beiden Gefängniswärter und hofften, interessante Neuigkeiten zu erfahren. Aber leider unterhielten die beiden sich nur über belanglose Sachen.

„Was hast du denn von deiner Olga zu Weihnachten bekommen?"

„Das Gleiche wie in den letzten zehn Jahren: ein Paar selbst gestrickte Wollsocken, einen Schal und eine Pudelmütze."

„Unsere Frauen haben sich wohl abgesprochen! Diese Dinge schenkte mir meine Therese auch, von meiner Schwiegermutter gab es noch ein Stück Kernseife dazu. Na ja, besonders einfallsreich ist das nicht!"

„Nein, das ist es wirklich nicht!"

Hendrik lag auf seinem harten Gefängnisbett und langweilte sich. Die Unterhaltung mit Messer-Emil war eine willkommene Abwechslung für ihn gewesen. Jetzt gab es keine Gelegenheit mehr, miteinander zu sprechen. Dabei hätte er zu gern gewusst, wie sein Mitgefangener es sich vorstellte, aus dem Gefängnis zu entfliehen. Außerdem beschäftigte ihn die Neuigkeit, dass der Diener Johann ein echter Gauner war und eigentlich Siegesmund Puttfarken hieß, sehr. Wie gern hätte er das dem Polizisten Beermann erzählt oder seinen Freunden Tim und Ole! Wahrscheinlich versuchten sie inzwischen alles, um Hendriks Unschuld zu beweisen. Über all diesen Überlegungen schlief Hendrik schließlich irgendwann ein.

Tim, Ole und Merle hatten es bei Doktor Melcherts richtig gut getroffen. Solange der Arzt noch bei dem Tuchfabrikanten Waller war, unterhielten sie sich mit seinem Sohn Hauke. Natürlich saß auch Frau Melcherts bei ihnen. Während sie eifrig mit einer Stickarbeit beschäftigt war, lauschte sie den Erzählungen der Kinder und stellte ab und zu ein paar Fragen.

„Es hat geklappt! Die Wallers kommen morgen Abend zu Besuch. Also können wir unseren Plan fortsetzen." Doktor Melcherts war von seinem Spaziergang zurückgekehrt und freute sich wie ein Kind über die gelungene Einladung.

„Prima! So werden wir genug Zeit haben, um das Geld zu finden!" Tim war froh, durch diesen Trick Zugang zur Villa zu erhalten.

„Wenn wir doch nur zu Hendrik könnten! Ich würde ihn so gern besuchen", seufzte Merle und dachte an ihren gefangenen Kameraden.

„Da gibt es keine Möglichkeit. Das hab ich euch doch schon erklärt", meinte Frau Melcherts und fädelte dabei einen neuen Faden Garn in die Sticknadel.

„Doch, die gibt es! Ich werde morgen in einer Pause zum Gefängnis gehen und die beiden Aufseher nach draußen locken. Natürlich seid ihr dann auch dort und haltet euch versteckt. Wenn ich mit den beiden Wärtern weit genug vom Eingang weg bin, schleicht ihr euch in das Gefängnis zu Hendrik rein. Ich denke, für zehn Minuten kann ich die Aufseher in ein Gespräch verwickeln, danach müsst ihr aber schnell wieder verschwinden. Die Zeit sollte euch aber reichen, um zu sehen, wie es Hendrik geht, und um ihm ein paar Informationen zuzustecken!" Doktor Melcherts bereitete schon der Gedanke, dass er die beiden Gefängniswärter mit einem Trick von ihrer Aufsichtspflicht weglockte, Riesenspaß. Natürlich waren die Kinder begeistert von seinem Vorschlag.

„Ich weiß, dass es im Gefängnis nicht das beste Essen gibt. Wir werden für Hendrik noch ein paar Leckereien einschmuggeln. Ich packe euch morgen noch Kuchen und Schokolade ein", überlegte Frau Melcherts.

„Und ich begleite euch, das ist doch wohl klar. Wenn ihr wollt, helfe ich auch morgen bei der Suche nach dem Geld in der Villa! Endlich ist hier mal was Spannendes los, und da will ich auf jeden Fall mit dabeisein!" Hauke war voller Tatendrang und dankbar, dass Ole mit seinen Freunden bei ihnen übernachtete. So wollte er die Gelegenheit nutzen, um noch mehr von den Kindern über die Zukunft zu erfahren.

„Zum Gefängnis darfst du mitkommen, aber morgen Abend bleibst du hier im Hause! Es schickt sich nicht für einen Arztsohn, wenn er in deinem Alter abends im Dunkeln durch die Stadt zieht. Außerdem wüsste ich nicht, was ich Anton Waller erzählen soll, wenn er dich sehen möchte und du bist nicht da!" Doktor Melcherts war sehr streng in seiner Erziehung, und so saß Hauke augenblicklich beleidigt im Wohnzimmer.

„Ich finde das ausgesprochen gemein! Schließlich bin ich schon fünfzehn Jahre alt und kein kleines Kind mehr", wagte er seinem Vater zu widersprechen.

„Du kannst schimpfen, soviel du willst, meine Meinung zu diesem Thema werde ich deswegen nicht ändern", erklärte Doktor Melcherts sehr bestimmt.

„Dann gehe ich jetzt eben schlafen!" Mürrisch erhob sich Hauke aus seinem Sessel und verließ grußlos das Wohnzimmer. Er hätte am liebsten vor Wut und Enttäuschung getobt, aber er wusste, dass er von seinem Vater dafür eine deftige Strafe einfangen würde.

„Es ist spät, wir sollten auch ins Bett gehen", schlug Merle vor, die ziemlich müde geworden war.

„Eine gute Idee! Wer weiß, wie anstrengend es morgen für uns wird." Ole gähnte und dachte dabei an seinen Freund Hendrik, den er am nächsten Tag wiederzusehen hoffte.

„Ich habe für euch alles im Gästezimmer vorbereitet. Nicky darf bei Ole vor dem Bett schlafen", meinte Frau Melcherts und streichelte dem Hund liebevoll über das Fell.

Kurz darauf verschwanden die drei Kinder im Gästezimmer, um sich zur wohlverdienten Nachtruhe zurückzuziehen.

„Wir können von einem Mega-Glück sprechen, dass wir bei diesem netten Doktor und seiner Familie so toll aufgenommen wurden. Sonst säßen wir ganz schön in der Patsche. Ich finde es total cool, wie Doktor Melcherts uns hilft, und seine Ideen sind irre gut!" Tim lag zufrieden in seinem Bett.

„Das kann man wohl sagen. Überhaupt, wenn ich es mir so überlege, auf unseren Zeitreisen sind uns so einige klasse Typen begegnet, die ich gerne in unsere Zeit mitgenommen hätte. Bernhard und Barbara zum Beispiel oder die Witwe Schubert mit ihrem Sohn Simon. Schade, dass wir sie nie wiedersehen werden", entgegnete Ole und sah im Geist die bekannten und liebgewonnenen Personen aus der Vergangenheit vor sich.

„Wer weiß, vielleicht landen wir noch ein zweites Mal im selben Jahrhundert", überlegte Merle und kuschelte sich in ihre warme Bettdecke.

„Nein danke! Auch wenn ich in jedem Jahrhundert Freunde gefunden habe, möchte ich trotzdem in keines noch mal zurück. Schließlich sind uns dort auch einige Menschen nicht so wohlgesonnen gewesen. Lasst uns aber jetzt nicht darüber nachdenken, sondern endlich schlafen", murmelte Tim müde.

So dauerte es nicht lange, bis in dem gemütlichen Gästezimmer alle in einen tiefen Schlaf fielen.

Am nächsten Morgen schien die Sonne. Trotzdem war es bitterkalt, denn es hatte in der Nacht sehr stark gefroren. Durch das Klopfen von Frau Melcherts erwachten Merle und ihre beiden Freunde.

„Aufstehen! Frühstück ist fertig!", erklang es von draußen, und kurz darauf sprang Ole aus dem Bett.

„Puh, ist das kalt! Warum gibt es bloß noch keine Heizung im 19. Jahrhundert. Wir können wieder die Eisblumen an den Fensterscheiben abkratzen." Ole zog sich in Windeseile seine Kleidung an. Auf das morgendliche Waschen verzichtete er gerne, denn das Wasser, das in einem Krug neben einer großen Waschschüssel stand, war eiskalt.

„Ich bin froh, wenn wir wieder zu Hause sind und uns unter einer warmen Dusche abbrausen können", gestand auch Tim, der sich ebenfalls nicht dazu überwinden konnte, das Eiswasser zu benutzen.

„Jetzt bin ich wenigstens richtig wach!" Merle hatte einen Waschlappen in das kalte Wasser getaucht und damit ihr Gesicht erfrischt. Aber auch sie war der Ansicht, dass diese Aktion ausreichen musste. Alles andere war in ihren Augen Folterei.

Am Frühstückstisch wurde natürlich nur über die aufregenden, bevorstehenden Ereignisse des Tages geredet.

„Wir treffen uns also um Punkt zwölf Uhr vor dem Gefängnis. Aber passt auf, dass euch keiner dort sieht, sonst scheitert unser Plan!", warnte Doktor Melcherts die Kinder, bevor er sich von ihnen verabschiedete, um seinen Dienst im Krankenhaus anzutreten.

Frau Melcherts packte Brote und Kuchen für Hendrik in Papier ein und gab sie Hauke mit.

„Hendrik wird sich freuen, wenn er etwas Leckeres zu essen bekommt. Aber passt auf, dass Nicky es ihm nicht klaut", ermahnte sie ihren Sohn und sah dabei auf den Hund, der schon erwartungsvoll schnüffelnd um sie herumlief.

Die Zeit am Vormittag vertrieben sich Hauke und seine drei Gäste damit, in die Stadt zu gehen, um durch die Geschäfte zu stöbern. Das Weihnachtsfest war vorüber, und die Bürger bereiteten sich auf den Jahreswechsel vor.

„Lasst uns doch mal zu ‚Karstadt‘ gehen! Ich würde so gern wissen, was für Böller ihr zu Silvester kaufen könnt“, bat Ole seinen neuen Freund Hauke.

„Feuerwerkskörper kann man nicht nur im Kaufhaus bekommen, in der Apotheke werden sie auch hergestellt. **Der Apotheker aus der Einhorn-Apotheke hat gute Rezepte dafür. Letztes Jahr habe ich mir dort eine Rakete gekauft**“, erzählte Hauke. „Schließlich sind Knallfrösche und Raketen wichtig, um in der Silvesternacht die bösen Geister zu vertreiben. Das sagt jedenfalls meine Großmutter. Ob das was nützt, weiß ich nicht, ich hab jedenfalls noch nie welche gesehen.“

„Das ist wohl nur so ein alter Brauch. Aber es macht Spaß, Raketen abzuschießen.“ Tim dachte an die vielen Jahreswechsel, an denen er mit seinem Vater Feuerwerkskörper abgeschossen hatte.

„**Früher haben die Menschen mit Peitschenknallen, Rasseln und Trommeln die Geister an Silvester vertrieben. Ich finde Raketen allerdings auch viel schöner!**“ Hauke freute sich schon auf das kleine Feuerwerk in ein paar Tagen.

„Wisst ihr eigentlich, woher der Name ‚Silvester‘ stammt?“, fragte Merle ihre Freunde.

„Nein, aber du kannst es uns sicherlich erklären“, vermutete Ole.

„**Silvester hieß ein Papst, der starb am 31. Dezember im 4. Jahrhundert nach Christi Geburt in Rom. Deswegen gab die Kirche diesem Tag seinen Namen, sozusagen ihm zu Ehren.** Ich hab das mal in einem Quiz im Fernsehen gehört“, erinnerte sich Merle.

„Na, der Papst hat sicherlich nicht versucht, am Jahreswechsel Geister zu vertreiben. Ich glaube, dass die Kirche diesem Brauch gegenüber nicht so wirklich wohlgesonnen war“, überlegte Hauke, der wusste, wie sehr die Geistlichen gegen den heidnischen Aberglauben kämpften.

Es war für Merle und ihre beiden Freunde sehr interessant zu sehen, wie sich ihre Heimatstadt seit dem letzten Besuch im 18. Jahrhundert weiter entwickelt hatte.

„Kommt mit, ich zeige euch mal die großen Dampflokomotiven auf dem Bahnhof. Wir haben noch genug Zeit dafür, es ist erst elf Uhr!“ Hauke war selber ein großer Fan der Eisenbahn. Wann immer sich die Gelegenheit bot, besuchte er seine Großeltern und fuhr dann natürlich mit der Bahn.

Staunend standen sie kurze Zeit später vor einem riesigen, schwarzen Stahlkoloss, der aus einem Schornstein große Mengen von Dampf abgab. Nicky war die Lokomotive nicht geheuer, denn er bellte sie wütend an und zog dabei an der Leine, die Ole ihm vorsorglich angelegt hatte.

„Keine Angst, Bello, die Lok tut dir nichts!“ Ein Mann in dunkelblauer Eisenbahneruniform kam mit schnellen Schritten auf die Freunde am Bahnsteig zu.

„Mein Hund ist etwas aufgeregt. Er war noch nie auf einem Bahnhof“, entschuldigte Ole Nickys wildes Verhalten.

„Na, dann wird es höchste Zeit! Wartet ihr auf jemanden?", erkundigte sich der Eisenbahner.

„Nein, wir schauen uns nur die Lokomotive an", erklärte Merle.

„Sie sieht schön aus, meine Emma, findet ihr nicht auch? Ich bin der Lokführer, und in einer Viertelstunde fahren wir beide nach Hamburg-Altona! Der Heizer schaufelt schon fleißig Kohlen, damit die Reise glatt verläuft!", stolz stellte der Mann seine Lokomotive vor.

„Wahnsinn! Lokführer ist sicher ein toller Beruf", überlegte Tim und stellte sich vor, mit der alten Eisenbahn langsam durch die verschneite Landschaft zu fahren.

„Ein Traumberuf! Schon mein Vater arbeitete als Lokführer bei der Bahn. Ich kann mich noch genau daran erinnern, als **im Sommer 1845 der erste Zug von Hamburg-Altona nach Neumünster fuhr** und mein Vater die Lok steuerte. Ich war damals sieben Jahre alt. An der Hand meiner Mutter erwartete ich aufgeregt die Ankunft der Eisenbahn in unserer Stadt. Das war ein Fest für alle Bürger. Jeder, der laufen konnte, war auf den Beinen. Ich sehe es noch wie heute, als der festlich geschmückte Zug endlich in unseren Bahnhof einfuhr. Vorne aus der Lok winkte mein Vater den vielen jubelnden Menschen zu. Der Fortschritt hatte endlich auch unsere Stadt erreicht. Die Zeit der gefährlichen und beschwerlichen Postkutschenreisen ging langsam dem Ende entgegen, denn nach und nach wurden immer mehr Städte durch die Eisenbahnverbindungen miteinander verknüpft. Heute kann man kreuz und quer durch Schleswig-Holstein reisen, ohne dass man tagelang unterwegs ist. Als ich merkte, wie gut meinem Vater die Arbeit bei der Bahn gefiel, wollte ich natürlich auch Lokomotivführer werden. Bis heute hab ich es nicht bereut. Der alte Jeremias Prümmel, das bin übrigens ich, ist wunschlos glücklich. Was ist, wollt ihr euch meinen Arbeitsplatz einmal ansehen?", bot ihnen der Eisenbahner freundlich an.

Natürlich wollten Tim und seine Freunde das, und so befanden sie sich kurz darauf im Führerhaus der pechschwarzen Lokomotive. Herr Prümmel zeigte ihnen, wie Eugen, der Heizer, die Kohlen in den Ofen schaufelte, damit die Lokomotive mit voller Dampfkraft fahren konnte. Dem Arbeiter liefen die Schweißtropfen von der Stirn über das schwarz verrußte Gesicht, denn vor dem Ofen herrschte eine große Hitze.

„Puh, ist das heiß! Ich glaube kaum, dass ich hier lange arbeiten könnte, selbst wenn es draußen so kalt ist wie heute!" Ole geriet mächtig ins Schwitzen, obwohl er sich gar nicht bewegte. Nicky behagte die starke Wärme ebenfalls nicht. Er versuchte so weit wie möglich Abstand von dem heißen Ofen zu halten.

„So Kinder! Nun muss der alte Jeremias mit seiner schwarzen Emma wieder auf Reisen gehen. Schließlich sollen wir pünktlich in Hamburg ankommen. Besucht mich gerne wieder, wenn ihr Lust dazu habt. Ich bin täglich hier im Bahnhof. Jetzt aber schnell raus mit euch! Der Schaffner steht schon auf dem Bahnsteig und pfeift jeden Moment zur Zugabfahrt!" Herr Prümmel half den vier Freunden und Nicky beim Aussteigen und winkte ihnen noch kurz zu, als auch schon ein gellender Pfiff aus einer Trillerpfeife die Abfahrt des Zuges ankündigte. Schnaufend setzte sich das riesige Stahlross langsam in Bewegung. Ein paar Bürger standen auf dem Bahnsteig und schwenkten weiße Taschentücher zum Abschied für ihre Angehörigen, die im Zugabteil saßen und aus den Fenstern grüßten.

Augenblicklich wurde der Bahnsteig in dichten Nebel eingehüllt, denn der Schornstein der Lok stieß Unmengen von Dampf aus.

„Das stinkt aber ganz gewaltig! Wie gut, dass unsere Eisenbahn im 21. Jahrhundert umweltverträglicher fährt!" Merle hustete ein wenig, und Ole erzählte Hauke von den modernen Zügen der Zukunft.

„Eigentlich sehen diese schwarzen Lokomotiven ja viel hübscher aus als unsere ICE, aber dafür fahren sie wesentlich schneller. Die Dampfloks sieht man bei uns leider nur noch im Museum oder bei Sonderfahrten", bedauerte Tim, der zu gerne mit nach Hamburg gereist wäre.

„Viele meiner Freunde wollen Lokführer werden, das ist ein sehr begehrter Beruf", berichtete Hauke den drei Freunden, als sie durch die Straßen der Stadt schlenderten.

„Wir sollten allmählich zum Gefängnis gehen, bald ist es zwölf!" Tim sah auf seine Armbanduhr, es blieb ihnen noch eine knappe halbe Stunde.

„Ist es weit dorthin?", fragte Merle und dachte an das alte Amtsgefängnis im ehemaligen Kloster.

„Nein, wir schaffen es schon bis zwölf Uhr. Wir müssen einmal quer durch die Stadt in den Haart. Es liegt in der Nähe vom ‚Caspar von Saldern-Haus'. Kennt ihr das?", wollte Hauke wissen.

Natürlich kannten sie das prächtige Gebäude und erzählten Hauke von ihrem letzten Besuch dort.

„Was ihr schon alles erlebt habt. Ihr seid ja wandelnde Geschichtsbücher", staunte Hauke anerkennend.

„Ja, es ist schon cool, wie sich ein Bauerndorf über die Jahrhunderte durch die Technik und den Fortschritt zu einer Stadt entwickelt hat." Ole konnte Häuser entdecken, die es auch im 21. Jahrhundert noch in Neumünster gab. „Allerdings vermisse ich unser Rathaus."

„Du hast mal wieder im Unterricht geschlafen! **Sonst würdest du wissen, dass es 1900 eingeweiht wurde, jetzt befinden wir uns aber erst im Jahr 1891.**" Merle erinnerte sich genau an die HSU-Stunde, in der Frau Meyer ihnen das erzählt hatte.

„So, da wären wir!" Hauke blieb vor einem Haus stehen, an dem ein Schild mit der Aufschrift „Amtsgefängnis Neumünster" hing.

„Es ist drei Minuten vor zwölf. Wir verstecken uns hinter dem Gebüsch, dein Vater wird jeden Moment hier eintreffen!" Tim zeigte auf mehrere hohe Sträucher, die in unmittelbarer Nähe des Hauseingangs standen und suchte sich einen geeigneten Platz.

„Ich sehe ihn schon!" Ole zog seinen Hund in das Versteck. Merle und Hauke folgten ihnen sofort.

Mit schnellen Schritten nahte Doktor Melcherts und hörte das vereinbarte Pfeifzeichen seines Sohnes. Also konnte er mit seinem Plan fortfahren und öffnete die Eingangstür zum Gefängnis.

„Guten Tag, Doktor! Was führt Sie zu uns? Eigentlich haben wir keinen Kranken zu melden!" Peter Müller, der Oberaufseher, erhob sich von seinem Stuhl, um den Arzt zu begrüßen. Er spielte gerade Karten mit seinem Kollegen Erich Fischer.

„Ich würde gerne mit Ihnen kurz draußen vor der Tür über eine wichtige Sache reden, die Ihre Gefangenen nicht unbedingt hören sollten", log Doktor Melcherts nahezu perfekt die beiden Männer an.

„Eigentlich dürfen wir das Gefängnis nicht beide verlassen. Das ist eine Dienstvorschrift, Doktor!", mahnte Oberaufseher Müller streng.

„Ich weiß, aber ich möchte wirklich nicht, dass jemand hört, was ich zu sagen habe!", drängte Doktor Melcherts und tat sehr geheimnisvoll.

„Ach komm, Dienstvorschriften sind dazu da, dass man sie auch mal nicht beachtet. Was soll denn schon passieren? Die beiden Gefangenen können doch ohne Schlüssel gar nicht aus den Zellen fliehen. Wir sitzen schon lange genug in dieser muffigen Bude. Draußen scheint wenigstens die Sonne, auch wenn es lausig kalt ist. Außerdem möchte ich zu gerne wissen, was es denn so Wichtiges zu besprechen gibt!" Gefängniswärter Fischer nahm Anordnungen nicht ganz so genau wie sein pflichtbewusster Kollege.

„Da werde ich ausnahmsweise mal ein Auge zudrücken. Also gut, Doktor, aber nur für ein paar Minuten!" Oberaufseher Müller zog seine dicke Winterjacke an und folgte mit Erich Fischer dem Arzt hinaus in die Kälte.

Als beide Wärter mit dem Rücken zum Gefängnis standen, gab Hauke seinen Freunden das Zeichen zum Aufbruch. Leise liefen sie zur Gefängnistür und verschwanden augenblicklich in dem Gebäude.

Währenddessen verwickelte Doktor Melcherts die beiden Aufseher in ein Gespräch.

„Ich habe heute von einem neuen Patienten erfahren, dass das Gefängnis überfallen werden soll. Man will die Gefangenen befreien!" Der Arzt sah die Wärter mit ernster Miene an.

„Ach du lieber Himmel? Ein Überfall? Auf unser kleines Gefängnis! Das hatten wir schon lange nicht mehr. Dabei sind die Gefangenen doch nun alles andere als bedeutend. Messer-Emil ist ziemlich dumm, und Hendrik tut keiner Fliege etwas. Ich kann mir gar nicht vorstellen, dass der Junge überhaupt das Geld des Tuchfabrikanten gestohlen hat." Oberaufseher Müller war vollkommen ratlos und ziemlich durcheinander.

„Aber so ganz wohl ist mir nicht bei dieser Geschichte. Der Patient könnte ja vielleicht recht haben. Also, ich möchte nicht überfallen werden." Erich Fischer zitterten die Knie, er war zwar Gefängniswärter, aber nicht der Mutigste.

„Haben Sie denn eine Ahnung, wer die Gefangenen befreien will?" Oberaufseher Müller spielte nervös mit seiner Brille.

„Nein, das konnte mir mein Patient nicht sagen, aber er hatte da so eine Vermutung." Doktor Melcherts versuchte das Gespräch in die Länge zu ziehen.

„Was für eine Vermutung?" Aufseher Fischer verspürte eine große Unruhe.

„Nun, er glaubt, dass die Rixenbande dahinterstecken könnte!" Natürlich war auch das wieder eine glatte Lüge des Arztes, aber sie zeigte große Wirkung.

„Die Rixenbande!" Oberaufseher Müller und sein Kollege Fischer waren für ein paar Sekunden sprachlos. Die genannte Bande war sehr gefürchtet in Schleswig-Holstein und raubte hemmungslos Banken und Häuser reicher Bürger aus. In allen Städten trieb sie ihr Unwesen. Die Polizei hatte es bisher nicht geschafft, auch nur ein Mitglied dieser Bande, dessen Boss Kalle Rixen war, zu fassen. Die beiden Gefängnisaufseher konnten einfach nicht begreifen, welches Interesse die Rixenbande an den beiden Gefangenen in ihrem Gefängnis hatte.

„Wir müssen den Polizeisergeanten Beermann anrufen. Er soll das Gefängnis absichern lassen. Wie hieß der Patient, der Ihnen diese Mitteilung überbrachte? Kann man ihm Glauben schenken?" Oberaufseher Müller wurde immer aufgeregter.

„Aber ich bitte Sie, Herr Müller! Das fällt unter die ärztliche Schweigepflicht. Ich darf doch nicht die Namen meiner Patienten verraten!" Doktor Melcherts spielte sein Spiel perfekt. Er musste es allerdings dringend verhindern, dass die beiden Wärter zu schnell in ihr Gefängnis zurückkehrten, um die Polizei zu alarmieren. Also erzählte er den verängstigten Aufsehern noch ein paar unwichtige Dinge, um sie weiter aufzuhalten.

In der Zwischenzeit unterhielten sich Ole und seine Gefährten mit Hendrik und Messer-Emil.

Dabei sah Hauke immer wieder aufmerksam zur Uhr. Sie durften auf keinen Fall länger als zehn Minuten im Gefängnis bleiben, so hatten sie es mit seinem Vater vereinbart. Hendrik freute sich sehr über die Leckereien, die Frau Melcherts für ihn mitgegeben hatte. Natürlich erzählte er sofort von den Neuigkeiten, die er von Messer-Emil über den Diener Johann erfahren hatte.

„Der Kerl ist ja viel schlimmer, als ich es erwartet habe. Den stecken wir noch heute Abend ins Gefängnis, und du kommst wieder frei, dafür sorgen wir", versprach Ole seinem Freund, der überglücklich war über den unerwarteten Besuch.

„Oh ja, macht mir die Freude, diesen Halunken endlich wiederzusehen! So kann ich wenigstens mit ihm abrechnen. Ihr wisst doch: Niemand ist besser als Emil mit dem Messer", freute sich Hendriks Mithäftling und lachte dabei schäbig, so dass man dabei seine große Zahnlücke zwischen den Vorderzähnen sehen konnte.

„Auf dein Messer wirst du wohl bei deiner Abrechnung verzichten müssen, oder haben die Wärter es dir hier nicht abgenommen?", wollte Tim wissen, der Messer-Emil gar nicht zutraute, ein so genialer Verbrecher zu sein. Er sah zwar sehr ungepflegt aus mit seinen schulterlangen, zotteligen Haaren und dem braunen Vollbart, aber keinesfalls wirkte er gefährlich, eher vielleicht ein bisschen verrückt.

„Dieser Oberheini Müller hat es in seiner Schreibtischschublade aufbewahrt, denn der Polizeidussel Beermann klaute mir mein Messer, als ich von ihm verhaftet wurde, und gab es dem Gefängnisaufseher. Aber euren Diener nehme ich mir auch so zur Brust! Seht euch mal meine Muckis an! Lügen-Siggi ist ein erbärmliches Klappergestell, das ich zwischen Daumen und Zeigefinger zerquetschen kann!" Messer-Emils

Augen funkelten wirr unter seinen buschigen Augenbrauen, dann zog er die Hemdsärmel hoch und zeigte seine kräftigen Muskeln am tätowierten Oberarm. Tim und seine Freunde waren beeindruckt von der Kraft, die Messer-Emil offensichtlich besaß.

„Jetzt müssen wir aber schnell raus hier, bevor die Aufseher uns entdecken. Wir kommen bald zurück, das verspreche ich dir!" Hauke stellte erschrocken fest, dass die zehn Minuten fast herum waren und drängte zum Aufbruch.

Genauso leise, wie sie im Gefängnis erschienen waren, verschwanden die vier Freunde wieder nach draußen und versteckten sich hinter dem Gebüsch.

„Ich glaube, wir haben genug von Ihnen gehört, Herr Doktor! Wir sehen es als allerhöchste Pflicht an, das Gefängnis vor einem Überfall zu schützen, und werden sofort und unverzüglich die Polizei verständigen. Mein Kollege Fischer und ich sind Ihnen zu großem Dank verpflichtet, dass Sie uns informiert haben!" Oberaufseher Müller hatte es sehr eilig.

Da ertönte ein Pfiff, und Doktor Melcherts wusste, dass er ihm galt. Es war das verabredete Zeichen von Hauke, dass er mit seinen Freunden das Gefängnis wieder verlassen hatte.

„Hast du das gehört, Peter? Das war ein Pfiff!", stellte Aufseher Fischer angstvoll fest und sah sich nach allen Seiten um, bevor er schnell zum Gefängnis lief.

„Ich bin ja nicht taub! Hoffentlich ist die Rixenbande nicht schon in unmittelbarer Nähe!" Oberaufseher Müller zitterte und wünschte sich, dass er mit seiner Vermutung falsch lag.

Kaum waren die beiden Männer im Gefängnis verschwunden, kamen die vier Kinder mit Nicky aus ihrem Versteck hervor.

„Bei uns hat alles prima geklappt!" Ole erzählte aufgeregt von Messer-Emil und dessen Geschichten von Diener Johanns Straftaten.

„Da wird sich unser Polizeisergeant aber freuen, welchen dicken Fisch er da an der Angel hängen hat", lachte Doktor Melcherts zufrieden und berichtete den Kindern, wie er die Gefängnisaufseher an der Nase herumgeführt hatte.

„Die Rixenbande! Na, das gibt ein Polizeiaufgebot am Gefängnis. Eins muss man dir ja lassen, du hast eine tolle Fantasie und das Talent zum Schauspieler", lobte Hauke seinen Vater, der die Anerkennung sichtlich genoss und sich bei dem gelungenen Streich wieder wie ein Schuljunge fühlte. Gemeinsam gingen sie nun den Weg durch die Stadt zurück.

„Jetzt muss ich mich leider den ernsten Dingen des Lebens widmen, die Kranken brauchen mich. Und ihr geht nach Hause, Mutter wird schon auf euch warten. Sicher interessiert es sie schon brennend, wie unser Abenteuer ausgegangen ist." Doktor Melcherts verabschiedete sich vor dem Krankenhaus von den Kindern und lief gutgelaunt pfeifend die Stufen bis zur Eingangstür hinauf. Er drehte sich noch einmal kurz um und winkte den Kindern zu, bis er im Gebäude verschwand.

„Dein Vater ist echt cool drauf! Es hat ihm Spaß gemacht, uns zu helfen", stellte Tim erfreut fest, während sie den kurzen Weg zu Haukes Wohnung antraten.

Frau Melcherts saß in der Küche und bereitete das Essen zu, als die Freunde an der Tür klingelten.

„Na, wie war es? Geht es Hendrik gut? Nun erzählt doch mal! Am besten ihr kommt mit in die Küche, so kann ich weiterarbeiten. Ihr habt bestimmt Riesenhunger!" Ungeduldig wartete die Arztfrau auf Auskünfte.

Und während sie in der Küche beisammensaßen, berichtete Hauke seiner Mutter, was sie im Gefängnis erlebt hatten.

„Meine Güte, ist das aufregend! Und heute Abend wird der Diener verhaftet!" Frau Melcherts schnitt sich beim Kartoffelschälen vor lauter Aufregung in den Finger, weil sie gespannt auf Hauke sah und nicht auf ihre Hand.

So verbrachten Ole, Tim und Merle den Nachmittag mit Hauke in seiner Wohnung und fieberten dem Abend entgegen.

„Ihr habt es vielleicht gut, ihr braucht niemanden zu fragen, ob ihr abends noch auf die Straße gehen dürft", maulte Hauke, der noch immer wütend war, dass er die Kinder nicht in die Tuchmachervilla begleiten sollte.

Währenddessen saß Hendrik in seiner Zelle und schöpfte wieder Hoffnung auf eine baldige Freilassung. Mit großem Appetit aß er die mitgebrachten Brote und die Süßigkeiten von Frau Melcherts. Da hörte er, wie mehrere Menschen aufgeregt das Gefängnis betraten und laut miteinander redeten. Sollte das mit dem merkwürdigen Telefonat zusammenhängen, das er vorhin von dem Oberaufseher belauscht hatte?

„Wer von euch gehört zur Rixenbande?" Polizeisergeant Beermann stand plötzlich mit strengem Gesichtsausdruck vor ihm.

„Ich kenne diese Bande nicht!", antwortete Hendrik wahrheitsgemäß und versteckte schnell den noch nicht verspeisten Schokoladenweihnachtsmann. Schließlich konnte er kaum erklären, woher die Köstlichkeit stammte.

„Mir haben sie sich leider auch noch nicht vorgestellt, sonst wäre ich längst ein Mitglied von denen", erklärte Messer-Emil und überlegte, was es wohl mit dieser Frage auf sich haben konnte.

„Einer von euch muss zu der Bande gehören. Warum sollten sie sonst unser Gefängnis überfallen und einen der Gefangenen befreien wollen?" Polizeisergeant Beermann war der Meinung, dass nur Messer-Emil in Frage kam, konnte es aber leider nicht beweisen.

Also ordnete er an, dass das Gefängnis rund um die Uhr von mehreren Polizisten streng überwacht werden sollte.

„Wenn die Rixenbande uns hier aus diesem stinkigen Knast befreien will, fresse ich einen Besen mit Stiel", flüsterte Messer-Emil, als Polizeisergeant Beermann das Gefängnis verlassen hatte.

„Wieso?", fragte Hendrik leise.

„Weil die sich mit so kleinen Fischen wie uns beiden garantiert nicht beschäftigen! Die Rixenbande besteht aus den gefährlichsten Banditen, die Preußen zu bieten hat. Kalle Rixen geht mit seiner Knarre um, als wäre er mit ihr geboren! Er trifft jedes Ziel aus hundert Metern Entfernung haargenau. Der Typ ist ein wahrer Teufelskerl, und seine Leute sind kaum schlechter als er. Warum sollten ausgerechnet die sich um uns kümmern, he? Die wissen ja nicht einmal, dass es uns gibt. Dabei würde ich gut zu ihnen passen. Du weißt doch, keiner ist besser als Emil mit dem Messer. Wenn Kalle Rixen das vielleicht von irgendwem erfahren hat, könnte es natürlich sein, dass er mich zu seiner Bande holen will. Aber ehrlich gesagt, ich glaube kaum, dass ich so viel Glück habe. Ich werde wohl selber dafür sorgen müssen, dass ich bald aus diesem Drecksloch herauskomme." Die Stimme von Messer-Emil klang nicht sehr hoffnungsvoll.

Hendrik wollte ihm gerade antworten, als erneut die Tür aufging und Oberaufseher Müller erschien.

„Ist einem von euch vielleicht doch noch eingefallen, dass er zur Rixenbande gehört?"

„Wir freuen uns schon darauf, dass sie uns befreien wollen, dann ist hier wenigstens mal anständig was los in diesem langweiligen Kaff!" Messer-Emil schüttelte sich vor Lachen, als er bemerkte, wie viel Furcht der Gefängniswärter Müller vor Kalle Rixen und seinen Leuten hatte.

„Dir wird schon noch das Lachen vergehen, wenn du siehst, dass diese Banditen unserer hervorragenden Polizei in die Falle tappen!" Oberaufseher Müller verließ wütend die beiden Gefangenen.

Hendrik hoffte sehr, dass ihm bei dem angesagten Überfall nichts zustoßen würde. Er konnte ja nicht ahnen, dass alles nur von Doktor Melcherts erfunden war.

Vom Turm der Vicelinkirche schlug es achtmal, als es an der Wohnungstür der Familie Melcherts klingelte.

„So kenne ich meinen Freund Anton, er ist stets pünktlich und korrekt!" Doktor Melcherts begrüßte erfreut den Tuchfabrikanten Waller und dessen Ehefrau.

„Wenn es um einen gemütlichen Abend bei einem guten Glas Wein und einer schönen Zigarre geht, kann man einfach nicht unpünktlich sein!" Anton Waller zog seinen Mantel aus und folgte mit seiner Frau dem Arzt in sein Wohnzimmer.

Inzwischen warteten in der Tuchmachervilla Rudolf und Vera schon aufgeregt auf Ole, Tim und Merle.

„Hoffentlich sind sie unbemerkt hierher gekommen! Ich will mal sehen, wo sie bleiben." Vera lief zur Eingangstür und öffnete sie ein wenig. Dabei wäre sie fast mit Ole zusammengestoßen, der gerade die Türglocke betätigen wollte.

„Ein Glück, es ist alles gutgegangen! Schnell, kommt rein, bevor euch jemand sieht!" Vera zog die Kinder zur Tür herein und rief nach ihrem Bruder.

„Sind der Diener und das Dienstmädchen außer Haus?", erkundigte sich Tim, während er sich vorsichtig umsah.

„Ja, sie sind wirklich zum Tanzen ins ‚Tivoli' gegangen. Wir haben die Köchin in unseren Plan eingeweiht, weil sie ebenfalls an Hendriks Unschuld glaubt und ihm helfen will. Lene erfuhr dann von Thea, dass sie zum Dienstbotenball eingeladen wurden. Der Ball geht bis nach Mitternacht. Das bedeutet, wir haben sturmfreie Bude und können suchen, ohne gestört zu werden. Außer Lene ist niemand im Haus", berichtete Rudolf und schlug vor, sofort mit der Durchsuchung von Johanns Zimmer zu beginnen.

„Wir werden auch in der Stube des Dienstmädchens nach dem Geld sehen. Vielleicht ist der Diener so gerissen und verwahrt es dort, weil es niemand bei ihr vermutet", überlegte Ole und erzählte nebenbei von Johanns verschiedenen Straftaten, die Hendrik im Gefängnis von Messer-Emil erfahren hatte.

„Siegesmund Puttfarken! Was für ein komischer Name!" Vera schüttelte sich vor Lachen.

„Und hier bei uns nennt der Schurke sich ‚Johann'. Bald kann er im Gefängnis über seine Lügen und Verbrechen nachdenken!" Rudolf war fest entschlossen, ihn noch am Abend der Polizei zu übergeben.

Gemeinsam mit Nicky stiegen die Kinder die knarrenden Holztreppen bis zum Dachboden hoch, wo die Zimmer des Dienstpersonals lagen. Da hörten sie plötzlich, wie ihnen jemand folgte.

„Schön, euch wiederzusehen!" Köchin Lene strahlte vor Freude und war etwas aus der Puste, als sie Ole, Tim und Merle endlich eingeholt hatte. „Ich fühle genau, dass Hendrik unschuldig ist. Strengt euch ordentlich an, damit ihr das Geld findet. Ihr habt alle Zeit der Welt. Und wenn ihr Hilfe braucht, Lene ist stets zu euren Diensten. Ich habe nämlich noch genug in der Küche zu tun, dort könnt ihr mich auf jeden Fall antreffen!"

„Danke, Lene! Vielleicht holen wir uns nach getaner Arbeit noch etwas zu essen bei dir ab. Außerdem informieren wir dich sofort, wenn wir das Diebesgut entdeckt haben", versprach Rudolf der fürsorglichen Köchin, die daraufhin wieder in ihre Küche ging.

„Damit wir schneller vorankommen, teilen wir uns auf. Merle, Vera und Rudolf, ihr durchsucht das Zimmer vom Dienstmädchen, während Tim und ich uns die Bude von Johann vornehmen!", ordnete Ole an.

„Bitte, kannst du uns Nicky mitgeben? Immerhin durchwühlen wir fremdes Eigentum, und das ist ja nicht unbedingt erlaubt. Da habe ich Schiss, dass man uns etwas tun könnte, wenn das Dienstmädchen plötzlich unerwartet zurückkommt. Nicky kann uns warnen und beschützen! Schließlich sind wir zwei Mädchen, die sind nicht so mutig wie Jungen!" Vera sah Ole flehend an.

„Aber Rudolf ist doch bei euch!"

„Ja schon, aber dein Hund kann im Notfall beißen, was Rudolf wohl kaum schaffen wird!"

„Na schön, aber passt bloß auf, dass Nicky nicht wieder dummes Zeug anstellt! Merle, am besten hältst du ihn fest!" Nur ungern gab Ole seinen Hund her, denn natürlich fühlte auch er sich sicherer, wenn Nicky bei ihm war. Aber er wollte vor Vera nicht als Angsthase dastehen, also gab er schließlich nach und reichte Merle die Leine.

„Das Zimmer von Johann liegt direkt neben dem der Köchin", erklärte Rudolf und zeigte auf eine dunkelbraune Holztür am Ende des Ganges auf dem Dachboden.

„Gut! Wir melden uns sofort, wenn wir etwas entdecken!" Ole zog seinen Freund Tim am Ärmel. „Lasst uns keine Zeit verlieren!"

Während Rudolf mit den beiden Mädchen in Theas Zimmer verschwand, gingen Ole und sein Freund ein paar Räume weiter.

„So ganz wohl ist mir eigentlich nicht! Ich denke immer, der Kerl beobachtet uns heimlich", beichtete Tim und öffnete die erste Schublade einer alten Kommode.

„So ein Quatsch! Er ist doch kein Geist! Hast du was gefunden?" Ole versuchte seine Angst nicht zu zeigen und lenkte deshalb vom Thema ab.

„Ja, weiße lange Unterhosen und Socken der Marke „Hässlich". So etwas trägt noch nicht mal mein Opa." Tim wühlte in der zweiten Schublade, aber auch dort kamen nur Bekleidungsstücke zum Vorschein.

Ole nahm sich unterdessen den Kleiderschrank vor und kramte in sämtlichen Schuhen, Hosentaschen und Jacken, die er entdeckte.

„Da sieh mal einer an! Hier haben wir die Geburtsurkunden von Siegesmund Puttfarken, Johann Mehrens, Bruno Klemens und des Grafen Wilhelm von Bodenski. Eigenartigerweise wurden die Herren alle am 4. April 1861 geboren. Das sieht aber arg nach Fälschung aus. Ich könnte mir vorstellen, dass unser Diener gern mal in andere Rollen geschlüpft ist, je nachdem, mit wem er gerade zu tun hatte. Der Grafentitel kam sicher gut bei der Damenwelt an!" Ole versteckte die Papiere wieder, nachdem er sie gelesen hatte.

„Der Kerl ist ja mit allen Wassern gewaschen. Hier liegt ein Stapel Liebesbriefe in der Schublade. Sie tragen alle den gleichen Inhalt. Nur die Anrede fehlt. Hör mal zu! „Meine über alles geliebte, Punkt, Punkt, Punkt, Du bist in meiner Welt der Diamant, der noch in meiner Edelsteinsammlung fehlt. Mein Herz schreit in einsamen Stunden Deinen Namen, oh holde Geliebte! Die elendigen Tränen der Sehnsucht, die ich in den stillen Nächten in Strömen vergoss, welche ich ohne dich, oh Teure, verbrachte, durchnässten mein Kopfkissen, so dass ich es am Morgen auswringen musste. Ich hoffe, nein, ich bete darum, dass du eines Tages an meiner Seite auf meinem Gutshof mit mir dein Leben verbringen wirst. All mein Geld und meine Juwelen lege ich dir zu Füßen! Was sind all diese unwichtigen Dinge für die Gewissheit, dass du mich liebst, mein Herzblatt! Durch deine Lunge fließt mein Atem! Ich sterbe fast vor Liebe zu dir! Dein ergebener, in Liebe brennender Graf Wilhelm!", las Tim kichernd seinem Freund vor, dann versteckte er die Papiere wieder dort, wo er sie gefunden hatte.

„Donnerschlag! Ganz schön schlau, gleich mehrere Briefe im Voraus zu schreiben und dann, je nach Bedarf, andere Namen einzusetzen! Da hat er als Graf bestimmt reihenweise die Frauen um ihr Geld gebracht!" Ole war beeindruckt von dem Einfallsreichtum des Dieners.

Eifrig suchte er weiter unter dem Kleiderschrank nach dem gestohlenen Geld, denn im Schrank fand er nichts Besonderes mehr. Ein Schuhkarton weckte sein Interesse, der ziemlich weit hinten lag. Angestrengt versuchte er ihn zu ergreifen. Mit einem Kleiderbügel schob er den Pappkarton so zu sich heran, dass er ihn hervorziehen konnte.

„Das Geld! Tim wir haben das Geld gefunden!" Ole konnte sein Glück kaum fassen.

Doch der Freund interessierte sich nicht mehr für den Fund.

„Schnell raus hier! Da kommt jemand die Treppen hoch! Aber es hört sich nicht an wie Lene." Tim rannte aus dem Zimmer und flüchtete nach nebenan, geradewegs in die Arme der Köchin, die ihn wortlos in ihre Kammer schob.

Die Schritte wurden immer lauter. Es polterte auf jeder Treppenstufe.

Als Ole die Gefahr endlich erkannte, blieb ihm nur noch die Chance, das Licht auszuschalten und unter das Bett des Dieners zu flüchten. Hastig nahm er den Schuhkarton und krabbelte unter das schwere Eisenbett, dann zog er die Bettdecke ein wenig herunter. Dadurch hoffte er nicht gesehen zu werden. Wer konnte um diese Zeit noch auf den Dachboden kommen? Der Diener war mit dem Dienstmädchen zum Tanzen, es war viel zu früh, um mit ihrer Rückkehr zu rechnen. Vielleicht war es der Gärtner, der aus dem Urlaub zurückkehrte? Bestimmt, es musste der Gärtner sein! Oles Herz klopfte laut, sein Mund wurde trocken, als sich plötzlich die Tür öffnete und das Licht anging. Zu Tode erschrocken erblickte er zwei schwarze Schuhe und zwei ebensolche Hosenbeine. Kein Zweifel, das war der Diener Johann! Aus irgendeinem unerklärlichen Grund musste er früher nach Hause gekommen sein! Ole lag regungslos unter dem Bett. Der Schuhkarton, den er fest umklammert hielt, drückte an seiner Brust, dass es ihn schmerzte. Doch er wagte nicht, sich zu bewegen.

Tatsächlich war der Unbekannte in Oles unmittelbarer Nähe der Diener Johann. Er wollte auf dem Dienstbotenball den Sekt für sich und seine Thea bezahlen. Dabei bemerkte er erschrocken, dass er sein Geld zu Hause vergessen hatte. So blieb ihm keine andere Wahl, als es schnell zu holen, um Schwierigkeiten mit dem Kellner zu vermeiden.

Ole hoffte unterdessen, dass Johann bald wieder das Zimmer verließ. Doch als der Diener sich bückte, um den Schuhkarton mit dem Geld unter dem Kleiderschrank hervorzuholen, stockte dem Jungen fast der Atem.

„Verdammt, ist dieser dämliche Karton wieder ganz nach hinten gerutscht! Immer wenn man es eilig hat, passiert so etwas Blödes!" Johann nahm den Bügel, den Ole auch schon benutzt hatte, und versuchte damit den Schuhkarton hervorzuziehen.

Entsetzt stellte er fest, dass er nirgends auf den Karton stieß. Der Diener zündete eine Kerze an, die bei ihm auf dem Nachttisch stand und legte sich damit auf den Fußboden, um nun bei Licht unter dem Kleiderschrank etwas genauer nachzusehen.

„Das Geld ist weg! Ich bin ruiniert!" Völlig verwirrt blieb Johann einen Moment am Boden liegen, da fiel sein Blick unter das Bett, und er sah auf Oles linken Fuß. Sofort begriff er, dass der Dieb seines Geldes sich noch im Zimmer befand.

Vorsichtig erhob Johann sich, pustete die Kerze in seiner Hand aus und legte sie auf den Nachttisch zurück. Er wusste, dass er jetzt keinen Fehler machen durfte. In der Villa war nur Lene, und die vermutete er unten in der Küche. Sonst gab es niemanden, der ihn verraten konnte. Johann öffnete leise die Nachttischschublade und zog einen Revolver hervor. Sofort beugte er sich damit unter das Bett und zielte auf Oles Kopf.

„Da sieh mal einer an! Wen haben wir denn da? Los, raus mit dir, Bürschchen, aber ein bisschen plötzlich, sonst mach ich dir Beine!" Der Diener staunte nicht schlecht, als er Ole sah, der zitternd unter dem Bett hervorkam.

„Wie schön, dass du heute deinen schrecklichen Hund nicht dabeihast, so kann er dir nicht helfen! Und jetzt gibst du dem netten Diener Johann mal schleunigst den Zaster wieder! Eines muss ich dir ja lassen, du bist ganz schön mutig. Aber das nützt dir nun auch nichts mehr. Deine letzte Stunde ist gekommen, mein Freund! Wo sind eigentlich deine niedliche Schwester und dein Brüderchen Tim? Passen sie auf den dämlichen Hund auf?" Johann streckte die linke Hand nach dem Schuhkarton aus, während er mit der rechten weiter die Waffe auf den Jungen richtete. Mit klopfendem Herzen und zitternden Händen übergab Ole dem Diener den Karton mit dem Geld.

„Meine Geschwister sind mit Nicky bei unseren Eltern im Krankenhaus. Sie wissen gar nicht, dass ich hier in der Villa bin", log Ole mit heiserer Stimme und hoffte dabei, dass sein Hund im Nebenzimmer nicht losbellen würde und die Freunde dadurch verriet. Ole ahnte, dass Johann dazu fähig war, jeden Einzelnen von ihnen umzubringen.

„Das ist vernünftig, sehr klug! So hört wenigstens niemand, wenn ich dich gleich erschieße und aus dem Fenster schmeiße. Leider muss ich dich dann auch noch heute Nacht hier im Garten vergraben. Schließlich darf deine Leiche niemand von den Herrschaften finden. Dummerweise verliere ich dadurch viel Zeit und muss zu allem Überfluss meiner Braut auch noch erklären, was ich so lange getrieben habe. Doch das ist das kleinere Übel. Dazu fällt mir schon eine Geschichte ein!" Johanns Augen verzogen sich zu kleinen, gefährlichen Schlitzen, und Ole zitterte vor Todesangst. In diesem Moment dachte er an Walburga und wünschte sich, sie könnte ihm helfen.

„Los, dreh dich um und stell dich gegen die Wand!", forderte Johann ihn barsch auf und schubste Ole so, dass er gegen den kleinen Tisch fiel, der im Zimmer stand. Dabei kippte eine Blumenvase herunter und zerbrach mit lautem Klirren.

Ole hörte ein zweites, lärmendes Geräusch, und dann dröhnte ein Schuss durch die Dachkammer des Dieners. Ole blieb das Herz fast stehen vor Angst. War er nun tot? Er wagte nicht, sich umzudrehen. Wahrscheinlich hatte eine Kugel aus dem Revolver ihn getroffen. Lautlos sackte Ole zu Boden.

„He, Junge, aufwachen!" Eine Stimme, die ihm irgendwie bekannt vorkam, drang an sein Ohr. War er etwa schon im Himmel? Ihm wurde übel und schwindelig.

„Oh mein Gott, hat der Schuft den Jungen umgebracht?"

Ole schlug die Augen auf. Da sah er Lene, die sich über ihn beugte, und daneben stand Franz-Eckehard Hummel, der Sekretär von Herrn Waller. Wie kam dieser Mann hierher? Ole schloss wieder die Augen. Er wollte nicht darüber nachdenken, wahrscheinlich war er tot und träumte alles nur.

„Ole ist nur ohnmächtig! Wahrscheinlich war die Aufregung zu viel für ihn. Hol mal seine Geschwister her, die werden ihn schon wieder muntermachen. Ich kümmere mich um den Diener, und dann rufen wir die Polizei. Das gestohlene Geld hat der Halunke doch tatsächlich in einem Schuhkarton aufbewahrt. Ich werde es mal lieber auf den Schrank stellen!" Franz-Eckehard nahm den umgekippten Pappkarton, aus dem schon einige Geldscheine gefallen waren, in seine Hand und brachte ihn in Sicherheit, dann hob er Ole hoch und trug ihn fürsorglich auf das Bett von Johann.

Der Diener lag regungslos mit blutender Kopfwunde auf dem Fußboden. Lene nahm ihm vorsichtshalber den Revolver ab, den er noch in der Hand hielt.

„So, jetzt kann er keinen Unfug mehr damit treiben. Wer weiß, wann er wieder zu sich kommt. Dein Schlag war zwar kräftig, aber trotzdem kann keiner sagen, wie lange der Bursche noch so friedlich da liegenbleibt", überlegte Lene und besah sich den Revolver etwas genauer, denn sie hatte noch nie eine Waffe in der Hand gehabt.

„Du solltest mir das Ding lieber geben, sonst löst sich vielleicht aus Versehen noch ein Schuss!" Franz-Eckehard nahm den Revolver und steckte ihn in seine Westentasche. „Bring mir doch mal dein Parfum! Wenn Ole daran riecht, wird er schnell wieder zu sich kommen. Und ruf die Kinder rüber! Die Gefahr ist vorbei. Außerdem können sie mir gut helfen!"

Während Lene in ihr Zimmer ging, achtete der Sekretär genau auf den Diener Johann. Er atmete heftig, und manchmal bewegte er seine Finger, was gespenstisch aussah und Franz-Eckehard in eine gewisse Unruhe versetzte. Schließlich wollte er keineswegs, dass der Bandit wieder zu sich kam, bevor er ihn gefesselt hatte.

„Ole!" Angstvoll stürzte sich Merle auf den Freund. Hinter ihr trabte Nicky ins Zimmer, sprang mit den Vorderpfoten auf das Bett und leckte Ole einmal über das ganze Gesicht, dann nahm er jaulend neben Merle Platz.

„Ist er tot?" Tim stand leichenblass neben dem Bett und starrte ungläubig auf Ole.

„Nein, keine Bange! Das konnte ich gerade noch verhindern. Aber er ist vor lauter Schreck ohnmächtig geworden!" Franz-Eckehard hielt Ole ein mit Parfum getränktes Taschentuch unter die Nase. Während Nicky von dem Duft gleich zweimal niesen musste, wirkte das Eau de Cologne bei seinem Freund leider nicht sofort.

„Vera, du musst die Polizei anrufen! Rudolf, du besorgst mir schleunigst ein Tau, damit ich diesen Banditen fesseln kann, bevor er wieder unangenehm wird!" Der Sekretär kümmerte sich weiter um Ole, der langsam das Bewusstsein wiedererlangte.

„Lebe ich noch, oder ist das hier der Himmel?" Ungläubig sah Ole in das Gesicht von Franz-Eckehard Hummel, der ihm zwar irgendwie bekannt vorkam, doch er wusste nicht mehr woher.

„Du befindest dich auf der Erde, mein Freund, und du bist in Sicherheit, dafür sorge ich. Außerdem warten deine Freunde schon eine Ewigkeit darauf, dass du endlich die Augen öffnest", lächelte der Sekretär erleichtert.

Da fiel Ole plötzlich ein, dass es Franz-Eckehard Hummel war, der ihn offensichtlich vor dem Diener gerettet hatte. Aber er hatte den Mann mit dem merkwürdigen Namen ganz anders in Erinnerung, viel zurückhaltender und furchtbar langweilig. Vor ihm saß ein gesprächiger Mann, der sich rührend um ihn kümmerte. Überhaupt, was machte der Sekretär am späten Abend in der Villa des Tuchfabrikanten Waller? Schließlich wohnte er nicht dort! Dieser Tatsache musste Ole unbedingt auf den Grund gehen! Aufgewühlt durch die Gedanken richtete er sich auf und sah Merle und Tim neben Lene sitzen.

„Ich habe die Polizei angerufen, Herr Beermann ist schon unterwegs!" Vera kam aufgeregt die Treppen hochgelaufen und freute sich, dass Ole aus seiner Ohnmacht erwacht war.

„Was ist mit dem Diener Johann passiert? Er wollte mich doch gerade eben noch erschießen, und jetzt liegt er selbst am Boden?" Ole bemerkte die Platzwunde am Kopf des Dieners. „Und wo kommen Sie jetzt so plötzlich her, Herr Hummel?"

Da auch Merle und Tim sehr an einer Aufklärung der Angelegenheit interessiert waren, lüftete der Sekretär ein kleines Geheimnis.

„Also, na ja, wie soll ich es denn nun mal erzählen?" Franz-Eckehard räusperte sich und wurde wieder etwas verlegen und schüchtern, so wie die Kinder ihn eigentlich kennengelernt hatten.

„Sag es einfach so, wie es ist, Franz!", ermunterte ihn die Köchin Lene. Ole, Tim und Merle sahen sich verständnislos an.

„Gut, wenn du nichts dagegen hast, Lenchen. Aber es ist mir doch etwas peinlich!" Der Sekretär zupfte an seiner Nase und wurde puterrot im Gesicht.

„Mann, Sie sind in Lene verliebt! Das ist ja eine coole Geschichte und überhaupt nicht peinlich", platzte es aus Tim heraus.

„Na ja, wir mögen uns ein wenig und sind uns sehr sympathisch. Und meine Mutter ist mit Lene überaus zufrieden!" Franz-Eckehard strahlte über sein sonst so ernstes Gesicht. „Und weil wir uns so nett finden, besuche ich die Lene öfter, wenn ich in der Villa bin. Dabei hat sie mir von Hendriks schlimmer Lage und ihrem Verdacht, dass der Diener das Geld gestohlen hat, erzählt. So wusste ich natürlich auch von eurem Vorhaben. Ich hoffe, ihr verzeiht Lene, dass sie mich in eure Pläne eingeweiht hat! Aber ich hatte von Anfang an so ein komisches Gefühl bei der ganzen Sache und wollte nicht, dass etwas schiefläuft. Deswegen kam ich auch auf die Idee, Lene heute Abend zu besuchen. Weil ich einen Haustürschlüssel von Herrn Waller verwalte, schloss ich die Tür auf und steuerte direkt auf die Küche zu, wo ich meine fleißige Lene vermutete. Ich wollte sie nämlich überraschen. Doch da hörte ich zwei Stimmen, eine gehörte zu Lene, die andere zu dem Diener Johann. Ihm wurde gerade Kaffee angeboten. Ich erkannte sofort, dass dort etwas nicht stimmte, denn eigentlich sollte der Diener ja auf dem Dienstbotenball sein. Lenes Stimme klang so unruhig und aufgeregt, so kannte ich sie nicht! Ich versteckte mich und bemerkte, dass sie plötzlich völlig hektisch die Treppe nach oben lief. Da begriff ich, dass sie den Diener mit dem Kaffee nur ablenken wollte, um euch zu warnen! Ich hielt es für das Beste, abzuwarten. Schließlich hätte Johann schnell wieder verschwinden können, und nichts wäre passiert. Aber kurz nachdem Lene auf den Dachboden gegangen war, folgte er ihr dorthin. Ich ahnte das Schlimmste! Ich nahm die afrikanische Holzfigur, die Doktor Melcherts Herrn Waller von einer Reise mitgebracht hatte, von dem Tischchen neben der Treppe und ging damit leise die Stufen hoch. Ich hörte, wie er in seinem Zimmer verschwand. Auf Zehenspitzen schlich ich mich zu seiner Stube und bekam natürlich sofort mit, dass er Ole erwischt hatte. Weil ich außer ihm und dem Diener niemanden mehr in dem Raum reden hörte, vermutete ich, dass Lene die anderen von euch noch gerade rechtzeitig gewarnt hatte, so dass sich alle in Sicherheit bringen konnten. Die Lage zwischen dem Diener und Ole wurde immer bedrohlicher, und da entschloss ich mich, nicht länger zu warten. Mit der schweren Holzfigur in der Hand betrat ich die Stube. Ich sah, dass Johann mit dem Rücken zur Tür stand und einen Revolver auf Ole gerichtet hatte. Ohne nachzudenken schlug ich dem Diener die Holzfigur auf den Kopf. Während er taumelnd zu Boden ging, löste sich ein Schuss aus der Waffe. Zum Glück traf er die Wand und nicht Ole, doch im selben Augenblick klappte euer Freund zusammen wie ein Taschenmesser. Die Aufregung war wohl zu viel für ihn. So, nun kennt ihr die ganze Geschichte", beendete Franz-Eckehard seine Erzählung.

„Wahnsinn! Das war eine mutige Tat. Sie haben Ole das Leben gerettet!" Merle war voller Bewunderung für den unscheinbaren Sekretär.

„Hier ist ein Tau, ich hab es im Keller gefunden!" Rudolf kam völlig außer Atem in die Kammer gestürmt.

„Dann lass uns keine Zeit verlieren, wir müssen den Kerl fesseln, bevor er wieder munter wird!" Franz-Eckehard Hummel erhob sich und legte dem Diener das Tau um Hände und Füße, so dass er schließlich zugeschnürt war wie ein Paket.

„Au, mein Kopf tut so weh! He he, was macht ihr hier mit mir! Nimm die Finger von mir, du Zwerg!" Johann hatte das Bewusstsein wiedererlangt und wehrte sich, so gut er eben in der Lage dazu war. Dass der Sekretär ihn gefesselt hatte, gefiel ihm natürlich absolut nicht.

„Endlich kommt dieser Verbrecher hinter Gitter. Die Polizei trifft jeden Moment hier ein", freute sich Vera, denn nun konnte sie ihrem Vater beweisen, dass die vier neuen Freunde unschuldig waren.

„Diese Pfeife Beermann schleppt mich nie im Leben ins Gefängnis! Dazu ist er viel zu blöd! Schließlich habe ich nichts verbrochen", höhnte Diener Johann trotz der heftigen Kopfschmerzen, die ihn plagten.

„Dieser Kerl wird in Lübeck, Kiel, Hamburg, Rendsburg, Schleswig und noch in etlichen anderen Städten von der Polizei gesucht und glaubt, dass er unschuldig ist!" Tim ging zur Kommode und kramte dort die Geburtsurkunden und den Liebesbrief aus einer Schublade heraus, die er kurz zuvor Ole gezeigt hatte. „Bruno Klemens, Graf Wilhelm von Bodenski! Und hier ist ein Brief, den er an verschiedene Frauen schickte, um sie auszunehmen wie eine Weihnachtsgans. Schließlich brauchte unser Siegesmund Puttfarken Geld. Was wohl das Fräulein Thea zu dieser Geschichte sagen wird?"

„Das ist ja wohl der absolute Gipfel an Geschmacklosigkeit! Wenn das stimmt, werde ich sofort unsere Verlobung lösen. Ich dachte immer, du liebst nur mich. Du Schuft! Du Schurke!" Thea, das Dienstmädchen war ebenfalls in der Villa aufgetaucht. Sie wartete vergeblich im „Tivoli" auf die Rückkehr ihres Verlobten, ließ den Sekt von einer Freundin bezahlen und forschte nun nach dem Grund für das unerklärliche Verschwinden von Johann. Sie war gerade früh genug gekommen, um noch die letzten Sätze von Tim mitzuhören. Wütend warf sie ihm den goldenen Verlobungsring vor die Füße und verließ weinend das Zimmer. Sie rannte die Treppen hinunter und stürzte zur Eingangstür. Thea wollte nur noch weg, fort von diesem Mann, der sie so unglücklich gemachte hatte. Nun suchte sie Trost bei ihrer besten Freundin, die noch auf dem Dienstbotenball mit ein paar Bekannten feierte.

„Nanu, sind Sie auf der Flucht?" Polizeisergeant Beermann kam gerade mit seinem Kollegen Ernst Knittel den breiten Weg zur Villa entlang. Dabei fiel ihnen Thea fast in die Arme.

„Entschuldigung!", murmelte sie nur kurz und lief dann, so schnell sie konnte, weiter in die Stadt.

„Die hatte es aber verdammt eilig. Bei dem hohen Schnee liegt sie sicher bald auf der Nase, wenn sie nicht das Tempo drosselt." Ernst Knittel sah dem Dienstmädchen kopfschüttelnd hinterher.

„Sieht nach unglücklicher Liebe aus. Das Problem kenne ich. So reagieren die Frauen immer, wenn ein Kerl sie sitzenlässt", erklärte Polizeisergeant Beermann und hielt dies für eine äußerst wichtige Weisheit, die er seinem jungen Kollegen unbedingt mitteilen musste.

„Selbst die Tür hat sie vergessen zuzumachen. Gut für uns, da brauchen wir nicht erst lange auf jemanden zu warten, der uns reinlässt." Pflichtbewusst klopfte Ernst Knittel die schneenassen Stiefel sauber, bevor er die Villa betrat.

„Vera hat erzählt, dass der Diener Johann verletzt in seiner Dachkammer liegt. Da hätten wir eigentlich noch Doktor Melcherts anrufen müssen, damit er sich die Wunde ansieht", überlegte Polizeisergeant Beermann, während er die Treppen nach oben ging.

„Ist schon geschehen, Chef! Der Doktor hat zwar gerade Besuch gehabt, aber er wird auf jeden Fall bald hier erscheinen", versicherte Ernst Knittel seinem Vorgesetzten.

„Sie denken mit, Knittel! Das wird sicherlich gut für Ihre Karriere bei der Polizei sein", lobte Polizeisergeant Beermann den jungen Kollegen. Gerade erst hatte Ernst Knittel seinen Dienst bei der Polizei mit sieben weiteren jungen Kollegen angetreten. **Sie lösten die fünf älteren Nachtwächter ab, die den höheren Anforderungen zum Schutz der ständig wachsenden Stadt nicht mehr nachkommen konnten.** Polizeisergeant Beermann hingegen gehörte zu den drei Schutzleuten, die schon seit vielen Jahren für die Sicherheit in ihrer Heimatstadt sorgten.

Natürlich fühlte sich Ernst Knittel sehr geschmeichelt, ein Lob aus dem Munde seines Vorgesetzten erhielt man schließlich nicht jeden Tag.

„Guten Abend, die Herrschaften!" Polizeisergeant Beermann betrat die Dachkammer des Dieners und begrüßte alle Anwesenden. „Vera hat mir erzählt, dass wir hier einen Verbrecher festnehmen sollen! Wie ich feststelle, wurde diese Arbeit inzwischen schon von euch erledigt. Was für eine Tat fand hier denn statt? Ich kann mir nicht erklären, warum ihr den Diener gefesselt habt. Was hat er euch getan? Und überhaupt, warum sind diese drei Geschwister wieder in der Villa? Herr Wallert hat euch doch Hausverbot erteilt. Also bitte, ich warte auf Antworten! Knittel, holen Sie Ihr Notizbuch heraus und halten Sie Stichpunkte fest!"

Während nun abwechselnd Ole, Tim und Merle die Fragen beantworteten, hörte Herr Beermann aufmerksam zu. Manchmal nickte er zustimmend oder kratzte sich am Kopf, weil er die ganze Angelegenheit höchst interessant fand. Als Tim ihm schließlich noch die Briefe und die Geburtsurkunden des Dieners vorlegte, bekam sein Gesicht einen sehr zufriedenen Ausdruck.

„Siegesmund Puttfarken! Den suchen wir im ganzen Land! Wir haben ein Fahndungsbild von ihm auf der Polizeiwache, aber das sieht ihm absolut nicht ähnlich. Da werden aber alle Kollegen aufatmen, dass dieser Schurke endlich gefasst wurde. Ich werde natürlich dafür sorgen, dass Hendrik noch heute aus dem Gefängnis entlassen wird. Dafür stecken wir den Diener in die Zelle. Herr Hummel, ich danke Ihnen für Ihren unerschütterlichen Mut, den Sie bewiesen haben, als Sie Ole vor diesem Halunken retteten. Herr Waller wird sich nun nach einem neuen Diener umsehen müssen." Polizeisergeant Beermann zog Johann gemeinsam mit seinem Kollegen Knittel vom Fußboden hoch.

„Fasst mich nicht so dämlich an! Ich bin schwer verletzt, und schwindelig ist mir außerdem", pöbelte Johann die Polizisten wütend an.

„Der Doktor müsste gleich kommen, er wird bestimmen, ob du mit uns ins Gefängnis laufen kannst oder ob wir dich mit dem Pferdewagen transportieren sollen. So lange hältst du deinen Mund und redest nur, wenn ich dich etwas frage! Verstanden?" Der Polizeisergeant sah nicht so aus, als wenn er sich viel von dem Diener gefallenlassen würde.

Das merkte auch Johann, und so schwieg er für eine Weile. Außerdem quälten ihn arge Kopfschmerzen.

„Ich glaube, dass ihr mich im Moment hier oben nicht braucht, deshalb werde ich mal lieber nach unten in die Küche gehen, damit ich hören kann, wenn der Doktor kommt!"

„Nicht nötig! Ich bin schon da, Lene!" Doktor Melcherts trat in die Kammer des Dieners. Ihm folgten Herr und Frau Waller, so dass es in der kleinen Stube allmählich sehr eng wurde. „Hendrik ist vollkommen unschuldig! Der wahre Dieb ist unser Diener Johann!" Rudolf sah in das entsetzte Gesicht seiner Eltern und erzählte in knappen Worten, was in den letzten beiden Stunden in der Villa vorgefallen war. Währenddessen untersuchte Doktor Melcherts den verletzten Diener.

„Wenn das alles stimmt, muss ich mich bei euch entschuldigen! Außerdem soll Hendrik sofort aus dem Gefängnis entlassen werden! Ich werde höchstpersönlich dort vorsprechen!" Anton Waller war es sehr unangenehm, dass er einen unschuldigen Jungen voreilig bestrafen ließ.

„Hoffentlich ist es im Gefängnis etwas ruhiger geworden. Wir lassen es momentan überwachen, denn uns wurde gemeldet, dass die Rixenbande einen Überfall geplant hat", erklärte Polizeisergeant Beermann. Natürlich wusste er nicht, dass Doktor Melcherts diese Nachricht verbreitet hatte.

„Um Gottes Willen! Die Rixenbande ist in Neumünster! Das ist ja grauenhaft! Hoffentlich überfallen sie nicht auch noch unsere Villa! Wir sollten die Hunde ins Haus holen, damit sie anschlagen und uns warnen, wenn diese Halunken hier aufkreuzen. Vor dem Haus erschießen sie unsere Tiere noch, schließlich haben sie das in Kiel genauso gemacht!" Frau Waller war außer sich vor Angst.

„Aber gnädige Frau, unsere Polizei ist bestens vorbereitet auf die Bande. Außerdem sieht es so aus, als wenn sie gar nicht eintreffen würden. Vielleicht haben sie gemerkt, dass sie verraten wurden", versuchte der Polizeisergeant die Tuchfabrikantenfrau zu beruhigen.

„Johanns Verletzung habe ich versorgt. Er kann jetzt ins Gefängnis abgeführt werden." Doktor Melcherts war es ein wenig unangenehm, dass er mit seiner Notlüge über die Rixenbande so viel Unruhe verbreitet hatte. Allerdings konnte er die Sache auch nicht rückgängig machen, ohne unglaubwürdig zu werden.

„Aber ich kann unmöglich laufen!", protestierte der Diener lautstark und fasste dabei an seinen mit weißen Mullbinden verbundenen Kopf.

„Der Doktor hat nichts davon gesagt, dass wir dich tragen müssen. Also los, sonst mach ich dir Beine, Freundchen!" Polizeisergeant Beermann legte Johann Handschellen an, während sein Kollege Knittel das Tau zerschnitt, das Franz-Eckehard ihm kunstvoll um die Füße geschnürt hatte.

„Hier ist übrigens das gestohlene Geld, Herr Waller! Ich hoffe doch sehr, dass nichts fehlt!" Franz-Eckehard Hummel überreichte seinem Chef den sichergestellten Schuhkarton.

„Bis auf fünfzig Reichsmark ist alles vorhanden. Ich bin so froh, dass dieser üble Diebstahl aufgeklärt wurde. Ihr dürft sofort wieder bei uns einziehen und so lange bei uns wohnen, bis eure Eltern gesund sind. Es ist mir alles so furchtbar unangenehm. Wie konnte ich nur so dumm sein und Johann seine Lügereien glauben!" Anton Waller schüttelte verständnislos den Kopf.

„Durch den Mut von Ole, Tim, Merle und deinen beiden Kindern haben wir den Diener entlarvt. Aber wenn Franz-Eckehard nicht so schnell gehandelt hätte, wäre die Sache schlimm ausgegangen. So ist der Polizei allerdings ein großer Fang gelungen!" Doktor Melcherts sprach voller Bewunderung.

„Ich bin ausgesprochen stolz auf euch! Und Franz-Eckehard Hummel, bei dem ich nie gemerkt habe, dass er auf meine wunderbare Köchin Lene ein Auge geworfen hat, bekommt eine Gehaltserhöhung von mir", kündigte Anton Waller großzügig an.

„Na prima, das passt gut, wir werden nämlich heiraten, das heißt, wenn Lene mich will!" Franz-Eckehard war feuerrot im Gesicht geworden, denn er wunderte sich selber über seinen Mut.

„Kann man einen besseren Mann bekommen? Na klar will ich!" Lene strahlte vor Freude über den unerwarteten Heiratantrag.

„Na, so war das aber nicht gedacht! Da verliere ich ja mein gesamtes Personal! Das geht nun wirklich nicht! Die Lene ist die beste Köchin, die ich kenne!" Anton Waller war sehr überrascht, wie schnell sich sein einst so ernster und schüchterner Sekretär verändert hatte.

„Keine Angst, ich werde trotzdem weiter hier in der Küche arbeiten, wenn mein Franz nichts dagegen hat!", lachte Lene und sah den Sekretär verliebt an.

„Der kann nichts dagegen haben, weil er von morgen an gemeinsam mit uns Mittag essen wird. Einen so anständigen Kerl wie Franz-Eckehard Hummel habe ich gern bei mir am Tisch", erklärte der Tuchfabrikant und klopfte seinem Sekretär freundschaftlich auf die Schulter.

„Da willige ich gern ein! Es wird sich auch nicht viel ändern, bis auf die Tatsache, dass meine Lene natürlich nach der Hochzeit zu mir ziehen wird. Meine Mutter freut sich schon auf die Schwiegertochter", erzählte Franz-Eckehard Hummel und nahm seine Lene glücklich in den Arm.

„Wir haben alles erledigt und werden Johann im Gefängnis abliefern. Ich wünsche den Herrschaften einen angenehmen Abend!" Polizeisergeant Beermann hatte noch kurz interessiert das Gespräch von Herrn Waller und dem Sekretär mitverfolgt.

„Ich glaube, es ist besser, wenn ich den Gefangenen begleite. Falls sein Gesundheitszustand sich verändert, kann ich sofort helfen", bot Doktor Melcherts den Polizisten an.

„Wir kommen auch mit, denn wir wollen doch Hendrik gleich mit nach Hause nehmen. Anschließend feiern wir bei mir im Salon seine Freilassung. Franz-Eckehard, Sie werden die Frau von Doktor Melcherts besuchen und sie mit ihrem Sohn Hauke zu uns in die Villa einladen. Wir werden den gemütlichen Abend, der bei meinem Freund begann, bei uns fortsetzen! Lene, Sie sorgen mit meiner Frau für das leibliche Wohl!" Anton Waller war bester Laune, als er mit den Kindern und Nicky den Polizisten und dem Arzt folgte.

„Wollt ihr denn nicht die Kutsche nehmen, Anton?" Frau Waller gefiel es gar nicht, dass die Kinder durch die kalte Winternacht zu Fuß durch die Stadt laufen sollten.

„Ach was, wir sind doch nicht aus Zucker! Frische Luft tut uns allen gut, und Nicky muss bestimmt noch Gassi gehen", lachte der Tuchfabrikant und lief beschwingt die Treppen hinunter zur Eingangstür seiner Villa.

„Ihr könnt euch gar nicht vorstellen, wie froh ich bin, dass Hendrik gleich wieder mit uns zusammen ist!" Ole atmete zufrieden die klare Nachtluft ein.

Die beiden Polizisten Beermann und Knittel gingen mit dem Gefangenen Johann ein paar Schritte voraus. Ab und zu hörte man den Diener schimpfen und fluchen.

„Ihr seid einfach geniale Kinder! Da trickst ihr den alten Anton Waller aus, um unbemerkt in die Villa zu gelangen. Und du, Doktorchen, hast dieses Spiel auch noch mit angezettelt. Und ich Trottel bemerkte nichts davon!" Der Tuchfabrikant schüttelte lachend den Kopf.

„Es hat doch alles gut geklappt! Was wollen wir mehr?" Doktor Melcherts stiefelte durch den Schnee wie ein junger Mann. Selten war er so unbeschwert und zufrieden gewesen wie an diesem Abend.

„Mein Angebot besteht übrigens noch immer, ihr könnt heute Nacht wieder in die Gästezimmer einziehen! Rudolf und Vera werden sich bestimmt freuen. Wenn es euch bei Doktor Melcherts allerdings besser gefallen hat, werde ich es euch natürlich nicht übelnehmen, wenn ihr dort wohnen bleibt, bis es euren Eltern wieder besser geht. Ich habe sogar noch eine Überraschung für euch. Ihr wisst ja, dass ich eine Tuchfabrik leite. Wenn eure Eltern wieder gesund sind, werde ich ihnen anbieten, bei mir zu arbeiten, und dafür sorgen, dass sie anständig bezahlt werden. Damit hat eure Armut endlich ein Ende. Falls einer von euch später eine Arbeitsstelle sucht, kann er jederzeit bei mir in der Fabrik anfangen zu lernen. Natürlich habe ich mir auch schon Gedanken über Merles Wunsch gemacht, Ärztin zu werden. Es ist ja ein sehr ungewöhnlicher Beruf für eine Frau. Aber die Zeiten ändern sich, und vielleicht kann sie wirklich eines Tages studieren. Darum habe ich mir überlegt, dass ich mit ihren Lehrern sprechen werde. Sollten sie der Meinung sein, dass sie das Zeug für die Höhere Schule hat, werde ich für das nötige Schulgeld sorgen. Ihr seid wirklich anständige Kinder, da möchte ich euch helfen, später ein gutes Leben zu führen. Na, nun seid ihr sprachlos, was? Wollt ihr dem netten Onkel Anton nicht um den Hals fallen?" Der Tuchfabrikant war stehengeblieben und sah in ungläubige Gesichter.

„Das ist wirklich eine Überraschung! Mit so viel Großzügigkeit hat keiner von uns gerechnet. Aber wir können das Angebot nicht annehmen!" Ole spürte das Bedürfnis, dem Tuchfabrikanten nun doch von ihrer wahren Herkunft zu erzählen. Er fühlte sich schlecht bei dem Gedanken, den gutmütigen Herrn Waller weiterhin zu belügen, nachdem er sich für seinen schlimmen Verdacht, Hendrik sei ein Dieb, etliche Male entschuldigt hatte. Ole blickte hinüber zu seinen Freunden. Im Schein einer Straßenlaterne sah er in ihre Gesichter und ahnte, dass sie dasselbe dachten wie er.

Doktor Melcherts nickte ihm fast unmerklich aufmunternd zu.

„Jetzt bin ich aber sprachlos! Warum könnt ihr mein Angebot nicht annehmen? Habe ich etwas falsch gemacht?" Anton Waller verstand die Welt nicht mehr.

„Nein, nein! Sie haben keine Fehler gemacht! Es ist nur, wir haben Ihnen nicht alles über uns erzählt. Es gibt da etwas, das Sie jetzt endlich wissen müssen, damit Sie alles begreifen!" Ole wusste nicht, wie er anfangen sollte.

„Also heute ist wirklich ein verdrehter Tag! Los, raus mit der Sprache, mich haut so schnell nichts mehr um nach dem, was ich gerade in der Villa erlebt habe. Schlimmer kann es nicht werden." Der Tuchfabrikant wartete gespannt auf eine Erklärung.

„Wir kommen aus der Zukunft und sind durch eine Zeitreise hier gelandet. Unsere Eltern leben im Jahr 2009 in dieser Stadt. Ich weiß, das ist schwer zu verstehen, aber es ist die Wahrheit. Doktor Melcherts wollte uns die Geschichte auch erst nicht glauben." Ole war froh, dass die Wahrheit endlich heraus war.

„Hahahaha! Das ist ja irre! So einen Witz hat sich noch keiner mit mir erlaubt. Das ist wirklich lustig! Eine Zeitreise!" Anton Waller glaubte an einen Scherz, doch als niemand lachte, bemerkte er, dass die Sache offensichtlich doch der Wahrheit entsprach.

„Es ist wirklich so, wie Ole sagt, Anton. Ich habe es von Anfang an gewusst und gemeint, dass es besser wäre, wenn die Kinder es niemandem mitteilen würden. Schließlich klingt es wirklich unlogisch!" Doktor Melcherts schaltete sich ein, um dem Tuchfabrikanten die ungewöhnliche Geschichte glaubhaft zu machen.

„Wir wissen auch Bescheid! Ole und seine Freunde lügen nicht", erklärte Rudolf dem erstaunten Vater.

„Das haut mich jetzt aber doch um! Ich hätte nicht gedacht, dass es so etwas wirklich gibt. Allerdings begreife ich nun auch, warum ihr so merkwürdige Kleidungsstücke mit diesen unbekannten Dingern, ihr nanntet sie Reißverschlüsse, dabei hattet. Und ihr Witzbolde habt mir erzählt, dass sie aus Amerika stammen!" Anton Waller konnte immer noch nicht so richtig begreifen, was er soeben gehört hatte.

„Es tut uns leid, dass wir nicht gleich die Wahrheit gesagt haben", entschuldigte sich Merle und beobachtete wie der Tuchfabrikant gedankenversunken durch den Schnee stiefelte.

„Es ist schon gut! Ich kann euch verstehen! Kein normaler Mensch glaubt diese Geschichte sofort. Ihr hättet überall nur Ärger, wenn ihr von euren Zeitreisen berichtet. Aber eines sage ich euch, heute Abend werdet ihr mir von der Zukunft alles erzählen, was mich interessiert. Das müsst ihr mir unbedingt versprechen!" Anton Waller erkannte die einzigartige Gelegenheit, einen Blick in die nächsten hundert Jahre zu werfen. Er würde Geheimnisse kennen, die niemand seiner Freunde erfahren konnte, außer natürlich Doktor Melcherts.

„Das wird sicher eine lange Nacht werden. Ich schlage vor, dass der Doktor mit seiner Familie ebenfalls in unserer Villa übernachtet. Das ist doch am einfachsten für uns alle und lustig wird es obendrein", schlug Rudolf seinem Vater vor.

„Von mir aus! Ich bin heute zu allen Schandtaten bereit! Wenn mein Freund Claus nichts dagegen hat. Mein Haus hat Zimmer und Betten genug, da muss niemand im Stehen schlafen", lachte der Tuchfabrikant und freute sich auf die nächsten Stunden, die sehr spannend zu werden versprachen.

„Wir sind endlich da!" Vera fror und war froh, sich eine Zeitlang im Gefängnis aufwärmen zu können.

Widerwillig ließ sich Johann durch die Gefängnistür schieben.

„Wen bringt ihr uns denn zu so später Stunde noch?" Oberaufseher Müller wunderte sich über den neuen Häftling.

Polizeisergeant Beermann erzählte kurz den Sachverhalt.

„Hendrik wird natürlich sofort entlassen", entschied der Oberaufseher und führte die kleine Gruppe zu der Zelle. „He, Junge, aufwachen! Du bist frei! Wir brauchen jetzt die Zelle für den wahren Dieb!"

Oberaufseher Müller schloss mit einem großen Schlüssel das Zellenschloss auf.

„Wahnsinn! Ihr habt mich hier rausgeholt. Danke, Leute! Ihr seid einfach coole Freunde!" Hendrik hatte auf seinem Bett gelegen, aber schlafen konnte er nicht, denn er dachte unentwegt an die Begegnung mit seinen Freunden am Mittag. Kaum hatte er die Zelle verlassen, fiel er seinen Befreiern glücklich in die Arme.

„So, Messer-Emil, dein neuer Nachbar heißt Siegesmund Puttfarken. Ihr werdet euch sicher bald kennenlernen!" Oberaufseher Müller schloss die Zellentür ab. Es klirrte laut, als er den Eisenschlüssel im Schloss herumdrehte.

„Wir kennen uns schon!" Messer-Emil war ebenfalls noch wach und kam nun an die Zellentür. „Ich wünsche dir viel Glück, mein junger Freund! Du bist ein prima Kerl. Auf diesen Puttfarken habe ich lange gewartet. Es ist mir ein Vergnügen, neben ihm im Knast zu sitzen. Mach's gut, Hendrik!"

„Du auch, Messer-Emil. Es war echt nett mit dir. Ich werde dich bestimmt nie vergessen!" Hendrik verabschiedete sich von dem Gefangenen und warf dann noch einen verächtlichen Blick in die Nebenzelle, in der jetzt wütend der Diener saß und pöbelte, bis Oberaufseher Müller ihm mit Prügel drohte, falls er sich nicht endlich anständig benahm.

„Endlich kriegt der Kerl seine Strafe", rief Tim ziemlich laut und deutlich, als sie den Raum verließen.

„Habt ihr etwas von der Rixenbande gehört?", fragte Aufseher Fischer den Polizeisergeanten Beermann etwas beunruhigt.

„Nein, hier in der Stadt ist alles still und friedlich geblieben. Wenn sie heute Nacht keinen Überfall planen, wird das Ganze sicher eine Fehlmeldung gewesen sein, oder die Halunken ahnten, dass sie verraten wurden", überlegte der Polizeisergeant und hoffte, einen ruhigen Feierabend verbringen zu können.

Nachdem Oberaufseher Müller noch ein paar Formalitäten wegen Hendriks Entlassung erledigt hatte, verabschiedeten sich Doktor Melcherts und Anton Waller mit den Kindern von den Polizisten.

Die beiden Gefängniswärter begleiteten sie noch bis zur Tür.

„Wenn du magst, kannst du mich mit deinen Freunden mal besuchen kommen. Du bist ein netter Junge", schlug Aufseher Fischer Hendrik zum Abschied freundlich vor.

„Endlich bin ich wieder in Freiheit. Ich hatte höllische Angst, dass ich da für ein paar Monate bleiben müsste", gestand Hendrik seinen Freunden und stapfte glücklich durch den Schnee.

„Da wäre eure Zeitreise aber verdammt in Gefahr geraten. Schließlich können deine Freunde dich nicht so einfach im Stich lassen", meinte Anton Waller und legte seinen Arm väterlich um Hendrik, denn ihn plagte noch immer das schlechte Gewissen. Durch seine Dummheit hatte er die Kinder in eine unangenehme Lage gebracht.

„Wie? Sie wissen von unserer Zeitreise?" Hendrik stutzte. Wer konnte das Geheimnis verraten haben?

„Wir haben alles erzählt, weil wir es für klüger hielten, uns nicht länger durch noch mehr Lügen zu verstricken. Am Ende wäre doch alles herausgekommen", klärte Ole den Freund auf.

„Und ich finde es spannend, von euch etwas über die Zukunft zu hören. Wird unsere Stadt durch unsere Stoffe vielleicht noch weltberühmt? **Schon jetzt haben wir Tuchfabrikanten sehr gute Umsätze zu verbuchen. Die neuen Maschinen erleichtern die Arbeit ungemein und steigern die Produktion**", freute sich Anton Waller.

Etwas enttäuscht hörte der Fabrikant, dass im 21. Jahrhundert in seiner Heimatstadt keine Tuchfabrik mehr existierte.

„Ja, ja! Alles entwickelt sich weiter. Aber dass meine schönen Maschinen in hundert Jahren niemanden mehr interessieren werden, finde ich traurig, äußerst traurig! Ich mache euch einen Vorschlag! Morgen zeige ich euch meine Tuchfabrik, ihr sollt sehen, wie wir arbeiten, damit ihr es den Menschen im 21. Jahrhundert erzählen könnt", schlug Anton Waller den Freunden vor, denn er war sehr stolz auf das, was er geschaffen hatte.

„Endlich, wir sind zu Hause!" Vera spürte ihre Füße kaum noch, die eisige Kälte saß ihr tief in den Knochen und sie sehnte sich nach einer heißen Wärmflasche und einem leckeren Kakao.

„Alle hereinspaziert!" Anton Waller öffnete das schwere Eisentor vor seiner Villa und einer nach dem anderen eilte hindurch, den langen Weg entlang bis zur Eingangstür.

Im großen Salon wartete Frau Waller schon ungeduldig mit Lene und Franz-Eckehard Hummel auf die Rückkehr der beiden Männer und der Kinder. Frau Melcherts saß mit ihrem Sohn Hauke vor dem großen Kamin. Sie plauderten über die aufregenden Ereignisse des Abends.

Hendrik wurde mit großem Hallo empfangen und musste nun von seinem Aufenthalt im Gefängnis berichten.

Den gesamten Abend bis spät in die Nacht hinein saßen sie zusammen und feierten Hendriks Freilassung und die Festnahme des Dieners Johann.

„Endlich bist du diesen unsympathischen Kerl los, Anton. Ich werde dir helfen, einen anständigen Diener einzustellen. Ich frage mich nur, ob Thea bei dir bleibt, sie wollte den Burschen schließlich heiraten. Vielleicht wird sie hier nur immer wieder an Johann erinnert!" Doktor Melcherts paffte genüsslich an einer dicken Zigarre, die ihm Anton Waller angeboten hatte.

„Ich werde Thea morgen fragen, was sie vorhat. Zur Not muss ich mir eben auch noch ein neues Dienstmädchen suchen. Prost!" Der Tuchfabrikant erhob sein Weinglas und stieß mit seinen Gästen gut gelaunt auf den schönen Abend an.

Als Ole von der Zeitreise und den vielen Abenteuern, die damit verbunden waren, erzählte, war es mucksmäuschenstill im Salon. Hin und wieder ergänzten seine drei Freunde die eine oder andere Geschichte mit kleinen Einzelheiten. Anschließend mussten die Kinder von ihrem Leben im 21. Jahrhundert berichten. Dabei wurden ihnen immer wieder neue Fragen gestellt, und Franz-Eckehard Hummel glaubte seinen Ohren nicht richtig zu trauen, als er von der Zeitreise erfuhr.

„Morgen sehe ich mir den Stoff von euren Hosen noch genau an. Vielleicht kann ich ihn auch herstellen. Das wäre ein großer Gewinn für meine Firma. Bestimmt will jeder Mann und jedes Kind eine Jeans tragen. Die Dinger könnten groß in Mode kommen, weil der Stoff sich gut anfühlt und sie dadurch bequem sind", vermutete der Tuchfabrikant geschäftstüchtig. Das Kleidungsstück ging ihm nicht mehr aus dem Sinn, seitdem es das erste Mal in den Händen gehalten hatte.

„Aber ich kann mir nicht vorstellen, dass wir Damen mit solchen Beinkleidern herumlaufen würden. Sie sehen doch nun wirklich nicht sehr vornehm aus." Frau Waller zog es auf jeden Fall vor, ihre langen, eleganten Kleider zu tragen und konnte kaum glauben, dass sich die Damenwelt im 21. Jahrhundert ganz selbstverständlich mit diesen Männersachen einkleidete.

„Ich werde mehrere hundert Ellen Stoff weben. Schneider Greve wird die Hosen nähen. Zu dumm, dass es diese Reißverschlüsse noch nicht gibt, da müssen wir uns noch mit Knöpfen behelfen", überlegte Anton Waller und wünschte sich, dass ihm die Herstellung des Stoffes gelingen würde.

„Was sind denn bitte Ellen?" Hendrik konnte mit dem Begriff nichts anfangen.

„Anton, du musst dir endlich mal angewöhnen, **dass es die alten Maße nicht mehr gibt! Seit 1872, das sind bereits 19 Jahre, messen wir in Metern und Zentimetern.** Die Kinder lernen es doch auch in der Schule so!", tadelte Frau Waller ihren Mann.

„Ja, ja, aber es ist schon so spät, da habe ich nicht mehr dran gedacht. Manchmal verfalle ich eben in die alten Maßeinheiten zurück", entschuldigte sich Anton Waller etwas zerknirscht.

„Das kenne ich von meinen Eltern auch. Wir haben seit ein paar Jahren den Euro als Währung, aber sie rechnen noch immer in D-Mark", fiel es Tim sofort ein.

„Ich hätte nie gedacht, dass man mal anders gemessen hat als in Metern. Wie lang ist denn eine Elle?", wollte Merle wissen.

„**Ein Meter ist 1¾ Elle!**", erklärte Frau Melcherts den Freunden.

„Was gibt es denn noch für alte Maßeinheiten, die sich geändert haben?", interessierte sich jetzt Ole.

„**Mit der ‚Kanne' wurden Flüssigkeiten abgemessen. Ein Liter entspricht ½ Kanne. Schließlich wurde noch das ‚Kilogramm' neu eingeführt. Ein Kilogramm sind 2 Pfund.** Eigentlich ist es nicht schwer zu lernen, oder?" Frau Waller hatte keine Probleme gehabt, sich auf die neuen Maße umzustellen.

Inzwischen war es drei Uhr morgens geworden und eine allgemeine Müdigkeit breitete sich aus. Doktor Melcherts nahm gern den Vorschlag seines Freundes an und übernachtete mit seiner Familie in der Villa. Franz-Eckehard Hummel dagegen verabschiedete sich liebevoll von seiner Lene.

„Warum schläft der Sekretär denn nicht bei der Köchin? Es ist doch ganz schön nervig für ihn, jetzt mitten in der Nacht und bei dieser Kälte zu Fuß nach Hause zu laufen", wunderte sich Merle.

„**So etwas schickt sich nicht für eine anständige Frau. Kein Mann darf vor der Hochzeit bei seiner Freundin übernachten. Wenn jemand erfährt, dass Lene und Franz-Eckehard hier bei uns in einem Zimmer geschlafen haben, können meine Eltern dafür bestraft werden. Kuppelei ist nämlich verboten. Kennst du das Gesetz etwa nicht?**" Vera sah mit ernstem Blick zu Merle, die offensichtlich kein Verständnis für das Verbot hatte.

„Nee, bei uns ist das nicht mehr so. Die Nachbarin meiner Eltern lässt immer die Freunde ihrer Tochter bei sich übernachten. Da sie alle paar Wochen einen neuen hat, schliefen dort schon verschiedene Typen", erinnerte sich Merle und dabei schweiften ihre Gedanken ab zu ihrem Elternhaus. Wie sehr vermisste sie ihre Familie, auch wenn sie sich ständig mit ihrer älteren Schwester stritt. Instinktiv griff sie nach dem schwarzen Stein an ihrer Halskette. Zum Glück war er nicht verlorengegangen, so dass sie hoffte, bald wieder zu Hause sein zu können.

„Wie? Die Mutter lässt es zu, dass verschiedene Männer bei ihrer Tochter schlafen dürfen, und sie wird nicht einmal bestraft?" Veras Mutter hatte das Gespräch der beiden Mädchen mitgehört und verstand die Welt nicht mehr. „Das ist höchst unmoralisch!"

„Aber meine Liebe, du vergisst, dass Merle im 21. Jahrhundert lebt. Die Zeiten ändern sich, und somit auch die Menschen und ihre Gesetze", gab Anton Waller seiner Frau zu bedenken.

„Das mag ja sein. Aber ich bin froh, dass wir im 19. Jahrhundert leben. Es ist nicht alles gut, was neu ist, Anton", meinte die Fabrikantenfrau ziemlich resolut und schickte dann die Kinder ins Bett. Sie hielt es für erzieherisch klüger, nicht länger über dieses unmoralische Thema mit ihnen zu sprechen. Merle und ihre drei Freunde bezogen natürlich wieder die Gästezimmer.

„Schade, dass ihr morgen weiterreisen wollt! Ich hätte gerne noch Silvester mit euch gefeiert. Vielleicht überlegt ihr es euch ja und bleibt bis zum Ende der Weihnachtsferien bei uns!" Rudolf war traurig, als er erfuhr, dass die vier Freunde ihn am nächsten Tag wieder verlassen wollten.

„Das geht wirklich nicht. Wir müssen Walburgas Wunsch befolgen, sonst wird sie nie erlöst werden!" Ole verriet natürlich nicht, dass er es kaum noch erwarten konnte, den Schatz der Wittorfer Burg endlich auszugraben. So zog er sich mit Tim und Hendrik in ihr Gästezimmer zurück und wünschte allen eine gute Nacht.

Auch Merle lag kurze Zeit später in ihrem Bett und dachte an die vielen Tage der Zeitreise, die hinter ihr lagen. Dabei fiel ihr Christian wieder ein. Eigenartigerweise verspürte sie eine immer größer werdende Entfernung zu ihm. Mit jedem Jahrhundert, das sie weiter von ihm wegführte, verringerte sich das Bedürfnis, ihn mit Hilfe des schwarzen Zaubersteins zu treffen. Erklären konnte sie es sich nicht, denn sie hatte doch sehr unter der Trennung von Christian gelitten. Sie erinnerte sich an einen Spruch ihrer Oma. „Die Zeit heilt alle Wunden!" Da war wirklich etwas Wahres dran, schließlich lebte Christian vor dreihundert Jahren! Merle kuschelte sich in ihre warme Bettdecke und gähnte herzhaft.

„Gute Nacht, Walburga! Morgen musst du uns in ein neues Jahrhundert führen. Hoffentlich ist es endlich das richtige", flüsterte sie leise und dachte beim Einschlafen an das schöne Burgfräulein.

Am nächsten Tag packten Merle und ihre Freunde nach dem Frühstück die Rucksäcke für das nächste Abenteuer. Frau Melcherts hatte sie am Abend zuvor noch mit in die Villa gebracht. Aber bevor sie mit dem Tuchfabrikanten in der Kutsche zur Wittorfer Burg fahren wollten, sollten die vier Freunde unbedingt noch seine Fabrik kennenlernen.

Da er am Morgen keinen Dienst im Krankenhaus hatte, entschied sich Doktor Melcherts, die Kinder mit seinem Sohn Hauke zu begleiten, denn natürlich waren auch Rudolf und Vera mit unterwegs.

Von der Villa des Herrn Waller war es eine Viertelstunde Fußweg, bis sie die große Tuchfabrik erreichten.

Stolz öffnete der Tuchfabrikant die breite Eingangtür zu seiner Fabrik. Ohrenbetäubender Lärm drang den Besuchern entgegen. Ole war froh, dass er Nicky in der Villa bei Lene gelassen hatte, denn sein Hund hätte den Krach nicht ertragen und wäre ängstlich davongerannt.

Als Anton Waller bemerkte, dass die Kinder sich die Ohren zuhielten, ließ er kurzentschlossen die Maschinen für einen Augenblick stoppen.

„Ist es so angenehmer für euch?", fragte er besorgt seine Gäste.

„Auf jeden Fall! Wie halten es die Arbeiter bei dem Krach bloß aus, den ganzen Tag zu arbeiten? Mir würden die Ohren wegfliegen", stöhnte Tim, dem die Ohren noch immer brummten.

„Die meisten von ihnen haben schon Hörschäden. Viele sind nach einigen Jahren schwerhörig oder taub. Das ist leider eine Begleiterscheinung der modernen Maschinen, sie sind einfach zu laut", gab Anton Waller zu, während er sie durch die Fabrik führte.

„Wie viele Stunden arbeiten denn die Leute hier am Tag?", wollte Ole wissen, dem die Arbeiter leidtaten. Schließlich wusste er, dass sie für die harte, ungesunde Arbeit auch noch sehr schlecht bezahlt wurden.

„Moment, Kinder, ich bin gleich wieder da! Ich muss mir nur schnell einen Stoff ansehen." Anton Waller wurde von einem seiner Weber gerufen.

„Wir stehen sechs Tage die Woche für vierzehn Stunden täglich an den Maschinen. Allerdings kämpfen wir dafür, dass die Arbeitszeit verkürzt wird. Diese Strapazen hält kein Mensch auf Dauer durch", klagte ein junger Arbeiter, der plötzlich neben ihnen stand und das Gespräch mitgehört hatte.

„Vierzehn Stunden täglich?", wiederholte Hendrik ungläubig und sah in das verschwitzte Gesicht des Mannes vor ihm.

„Allerdings! Du bist wohl nicht aus dieser Gegend was? Sonst wäre dir das nicht so unbekannt. **Vor drei Jahren haben alle Arbeiter in der Stadt wegen der schlechten Bedingungen für zwei Monate gestreikt. Wir wollten endlich eine vernünftige Mittagspause haben. Die Tuchfabrikanten mussten Arbeiter von auswärts einstellen, um weiter Ware herstellen zu können. Nach dem Streik waren dann dreihundert Arbeiter arbeitslos, weil die Fabrikanten es ihnen übelnahmen, dass sie die Arbeit niedergelegt hatten.** Herr Waller war da großzügig, er entließ niemanden und verlängerte die Mittagspause, so dass wir ohne zu hetzen essen konnten. **Bis vor Kurzem arbeiteten hier sogar noch die Kinder der Arbeiter, doch das ist jetzt zum Glück verboten worden. Sie schufteten so hart, dass sie zu schwach und müde waren, um die Fabrikschule besuchen zu können.** Seid froh, dass ihr nicht zu den Armen in unserer Gesellschaft gehört! Sonst würdet ihr hier auch arbeiten. Aber ich muss jetzt wieder an meine Maschine, sonst bekomme ich Ärger!" Der junge Arbeiter verabschiedete sich und ging schnell an seinen Arbeitsplatz zurück.

„Viele dieser Männer und Frauen habe ich schon als Patienten behandelt. Sie sind wirklich nicht zu beneiden!" Doktor Melcherts dachte an die schweren Unfälle mit den gefährlichen Maschinen in der Fabrik.

„Na, habt ihr euch umgesehen? Vera und Rudolf kennen sich hier ja aus. Sicher können sie euch einiges erklären!" Anton Waller war zurückgekehrt und übernahm nun wieder die Führung durch seine große Fabrik.

„Die meisten Maschinen kenne ich sogar. Sie stehen in unserem Museum. Die Webstühle und Spinnmaschinen sehen ganz genau so aus wie diese hier, und sie funktionieren auch noch", erzählte Merle, während sie weitergingen.

„Es ist gut, dass unsere Arbeit und unser Leben auch in der Zukunft nicht in Vergessenheit geraten werden. Ich bin mir sicher, dass auch ihr vier Freunde mit euren Geschichten aus unserem Jahrhundert dazu beitragt. Auf jeden Fall bin ich dankbar, dass ich euch kennenlernen durfte, auch wenn die Sache mit der Zeitreise für mich noch immer wie ein Märchen klingt." Anton Waller öffnete die Eingangstür seiner Fabrik, denn die Besichtigung war beendet.

„Darf ich Ole und seine Freunde noch mit zur Wittorfer Burg begleiten?" Hauke sah seinen Vater flehend an.

„Wenn noch ein Platz in der Kutsche frei ist, habe ich nichts dagegen." Doktor Melcherts klang etwas wehmütig. Wie gern wäre er selber zum Abschied mitgefahren!

„Ihr werdet euch ganz schön zusammenquetschen müssen, sonst muss einer zu Fuß nebenherlaufen", witzelte Anton Waller auf dem kurzen Weg zu seiner Villa.

Köchin Lene erwartete die kleine Schar mit einem leckeren Essen, denn sie wollte, dass die Kinder sich noch einmal ordentlich stärken konnten, bevor sie wieder weiterreisten.

„Leider erlebt ihr meine Hochzeit mit Franz-Eckehard nicht mehr mit. Aber vergesst uns nicht, wenn ihr wieder im 21. Jahrhundert seid. Vielleicht leben dann unsere Enkelkinder in dieser Stadt und ihr findet durch sie noch Spuren von uns wieder", wünschte sich die gefühlvolle Köchin, als es endlich an das Abschiednehmen ging. Mit ihrer weißen Schürze wischte sie sich verlegen ein paar dicke Tränen ab, die langsam von ihren Wangen kullerten.

Frau Waller nahm schluchzend alle vier Freunde nacheinander in den Arm.

Doktor Melcherts und seiner Frau fiel es ebenfalls schwer, sich von den ungewöhnlichen Kindern zu trennen.

„Danke für alles, was Sie für uns getan haben!" Tim schluckte ein paar Mal, um nicht weinen zu müssen. Schließlich waren Abschiedstränen nur etwas für Frauen und absolut nicht männlich, dachte er schweren Herzens.

Endlich saßen alle in der Kutsche von Anton Waller. Rudolf, Vera und Hauke wollten auf keinen Fall darauf verzichten, die vier Freunde zur Wittorfer Burg zu begleiten, um ihnen dort „Lebewohl" zu sagen.

Der Fabrikant hatte auf dem Kutschbock Platz genommen und ließ die Pferde langsam durch die verschneite Stadt traben.

Der einzige, dem der Abschied nichts ausmachte, war Nicky. Er lag gemütlich auf dem Boden der Kutsche und ließ sich abwechselnd von den Kindern kraulen.

„Ist es schlimm, durch einen Zeittunnel zu reisen?", unterbrach Vera die Stille, die durch die Abschiedsstimmung herrschte.

„Nein, es geht alles so schnell, dass man kaum etwas mitbekommt. Uns ist hinterher nur immer etwas schwindelig. Aber daran gewöhnt man sich", antwortete Ole etwas heldenhaft, während er Vera dabei ansah. Er schwärmte noch immer heimlich für sie, und der Gedanke, sie nicht mehr wiederzusehen, machte alles noch viel schwerer. Natürlich würde er nie jemandem davon erzählen.

„Wahnsinn, ich hätte nie den Mut, eine Zeitreise zu machen. Schließlich ist das nicht ganz ungefährlich", bewunderte Vera die Freunde.

„Wenn ich könnte, würde ich sofort mit euch mitgehen. Ich kenne keine Angst!", tönte Hauke sehr selbstbewusst, denn ein richtiges Abenteuer wollte er schon immer mal erleben.

Nach einer halben Stunde erreichten sie ihr Ziel. Anton Waller stoppte die Pferde.

„So, jetzt heißt es Abschied zu nehmen!" Der Tuchfabrikant öffnete die Kutschentür und ließ die Kinder aussteigen.

„Sollen wir noch mit nach oben kommen?" Rudolf zeigte zum alten Burgplatz.

„Nein, es ist besser, wir trennen uns hier. Wenn wir Walburga rufen, müssen wir allein sein, sonst zeigt sie sich nicht!" Tim wollte die letzten Meter lieber ohne die neuen Freunde gehen. So konnte er besser mit dem Abschied fertigwerden, der ihm auch dieses Mal mächtig naheging.

„Viel Glück für eure neue Zeitreise! Vergesst uns nicht!" Anton Waller schniefte ein wenig, denn er wollte die Tränen zurückhalten, die ihm über die Wangen liefen, als er jedes der vier Kinder noch einmal in den Arm nahm. Aber es gelang ihm nicht.

„Du weinst ja!" Vera konnte sich nicht daran erinnern, jemals bei ihrem Vater solche Gefühlsregung gesehen zu haben.

„Ach was, das sind nur ein paar Schneeflocken", verlegen wischte sich der Tuchfabrikant die Wangen trocken.

Merle und ihre drei Freunde schnallten sich die Rucksäcke um. Gemeinsam mit Nicky liefen sie nun den kleinen, verschneiten Weg zur Wittorfer Burg hinauf.

Oben drehten sie sich noch einmal um und winkten dem Tuchfabrikanten mit den Kindern ein letztes Mal zu. Hendrik rief ihnen noch einen Abschiedsgruß zu, der sie aber nicht mehr erreichte, denn eine Lokomotive rauschte mit Volldampf an der Burg vorbei und verbreitete einen Höllenlärm.

„Es ist schweinekalt! Wir sollten keine Zeit verlieren und Walburga rufen!" Ole sah noch einmal der Kutsche nach, dabei fror er erbärmlich.

„Kein Problem! Seid ihr bereit?" Merle holte den schwarzen Stein hervor.

„Alles klar!", gaben Tim und Hendrik zeitgleich ihre Zustimmung zur Abreise.

Merle hielt den Stein in ihrer Hand und rief das Burgfräulein.

Im selben Moment erschien eine dichte Nebelwolke, aus deren Mitte Walburga trat.

„Schön, dass wir uns endlich wiedersehen", begrüßte sie die Freunde und ließ sich dann von ihnen berichten, was sie alles erlebt hatten.

„Es tut mir leid, dass ihr erneut ein gefährliches Abenteuer bestehen musstet und Ole in großer Gefahr war. Nie gelingt es mir, euch in das richtige Jahrhundert zu schicken. Immer bringe ich euch dadurch in schreckliche Schwierigkeiten. Habt ihr überhaupt noch Mut und Lust, weitere Zeitreisen zu unternehmen? Ich könnte euch natürlich auch wieder in eure Zeit zurückschicken, auch wenn ich dann nicht mehr erlöst werde!" Walburga seufzte leicht, und die Kinder spürten, wie stark es das Burgfräulein belastete, dass sie durch ihre Schuld ständig in Gefahr gerieten.

Die Freunde waren sich aber einig, dass sie auf keinen Fall aufgeben wollten. Schließlich lockte der Schatz der Wittorfer Burg, und Walburga sollte unbedingt ihren Volkwart wiedersehen.

„Wir wissen, dass du uns beschützt. Wir wollen dir helfen, damit du erlöst wirst. Deswegen bitten wir dich, uns jetzt auf Reisen zu schicken. Dieses Mal wird es sicher klappen, das 12. Jahrhundert zu erreichen. Wir vertrauen dir!" Merle fühlte zwar etwas Unbehagen, weil sie nicht wusste, was sie erwarten würde, aber sie nahm allen Mut zusammen, um auch das nächste Abenteuer zu meistern.

„Dann werde ich mit meinem Zauberspruch beginnen!" Walburga murmelte wieder ein paar Worte, bis sich die Erde vor ihnen öffnete und einer nach dem anderen im Zeittunnel verschwand.

Plötzlich wurde es unheimlich still. Es war dunkel um die vier Freunde und Walburga.

„Was ist das? Warum geht es nicht weiter?" Ängstlich wartete Merle darauf, wieder an die Erdoberfläche zu gelangen.

„Ich weiß es nicht!" Das Burgfräulein konnte sich den Zustand nicht erklären.

Da begann die Erde zu beben, es grollte, und die Kinder spürten, wie Gestein an ihnen vorbeipolterte. Es wurde sehr heiß und dann wieder sehr kalt.

„Odin, Thor! Wo seid ihr Götter? Wir sind in größter Gefahr und zwischen den Welten! Helft den Kindern, bevor sie sterben müssen!" Walburgas Stimme klang verzweifelt.

„Ich will wieder zurück auf die Erde! Ich kriege keine Luft mehr! Warum kommen wir nicht mehr hier heraus?" Hendrik begann zu weinen, und Nicky jaulte vor Angst.

„Wir sind in der Zwischenwelt steckengeblieben. Nur ein Wunder kann uns noch helfen. Gib mir den Stein, Merle, schnell!" Walburga tastete nach Merles Hand, die ihr den gewünschten Gegenstand zitternd reichte.

Das Burgfräulein murmelte einen Zauberspruch. Mit pochenden Herzen warteten die vier Freunde darauf, dass endlich Hilfe eintraf. Die Luft wurde immer knapper, und Ole fand sich bereits damit ab, dass wohl nun sein Ende da war. Mit einem gewaltigen Krach wurde es plötzlich taghell um ihn und seine Freunde herum. Seine Augen konnten das grelle Licht kaum ertragen.

„Sibelia! Odin sein Dank, dass du gekommen bist! Was ist passiert, warum kommen wir nicht weiter?" Walburga blickte erleichtert auf die Zauberin in den lila Kleidern, die den Kindern ebenfalls schon einmal begegnet war.

„Auf der Erde passiert gerade etwas Schreckliches! Darum steckt ihr in der Zwischenwelt fest. Deine Zauberkraft reicht nicht aus, um die Zeitreise wieder zu aktivieren. Odin und Thor haben mich zu dir geschickt, als du sie mit dem Stein gerufen hast. Und jetzt schweigt, ich muss mich konzentrieren. In welches Jahrhundert wollt ihr überhaupt?" Sibelia sah die Kinder fragend an.

„In das 12. Jahrhundert!" Ole keuchte nur noch leise, das Atmen fiel ihm sehr schwer.

„Ich beeile mich, bevor es zu spät ist!" Sibelia murmelte unverständliche Wörter, nur die Namen Odin und Thor konnten die Kinder verstehen. Da geschah das Wunder! Wieder bebte die Erde, wieder fielen Gesteinsbrocken an ihnen vorbei, doch plötzlich spürten sie, wie die Reise weiterging. Die Erde öffnete sich, und wie durch Zauberhand wurden die Freunde auf harten Boden geworfen. Ole atmete tief ein. Sie waren gerettet und nur knapp dem Tod entkommen! Für einen Moment schloss er die Augen, denn das grelle Tageslicht blendete ihn. Genau wie seine Freunde brauchte er etwas Ruhe, um sich von den Strapazen zu erholen. Hoffentlich waren sie dieses Mal im richtigen Jahrhundert angekommen!

Ende - Teil 2

Quellennachweise

„Neumünster – Die Geschichte" von Rudolf Ullemeyer
Herausgeber: Kurt Leuschner Verlag, Neumünster, November 1999

„Tuch + Technik. Leben und Weben in Neumünster"
Herausgeber: Stiftung Museum, Kunst und Kultur der Stadt Neumünster,
Wachholtz Verlag, Neumünster, 2007

Neumünster Lexikon
Herausgeber: Marianne Dwars, Dr. Klaus Fahrner, Bärbel Nagar,
Wachholtz Verlag, Neumünster, 2003

„Heimatkunde von Neumünster und Umgebung" von Hermann Lütjohann,
Wachholtz Verlag, Neumünster, 1953

Das Neumünsterbuch
Herausgeber: Irmtraut Engling, Wachholtz Verlag, Neumünster, 1985

„Knaurs Kostümbuch in Farben" von Henny Harald Hansen,
Droemer Verlag, München, Januar 1956

Brockhaus Enzyklopädie in 30 Bänden
Verlag: Brockhaus F.a. Mannheim, 21. Auflage, Mannheim, Oktober
2005

Meyers Enzyklopädisches Lexikon in 25 Bänden
Verlag: Bibliographisches Institut Mannheim, 9. Auflage, November 2002

Das Neumünsteraner Stadtarchiv

http://de.wikipedia.org

http://www.wasistwas.de

http://www.luftfahrtspuren.de/nmschr.htm

http://www.dosenmoor.de

Danksagung

Auch wenn ich dieses Buch alleine geschrieben habe, so gab es doch einige wichtige Wegbegleiter, bei denen ich mich an dieser Stelle bedanken möchte.

Zuerst danke ich meiner jüngsten Tochter Dana-Carolin. Ohne Dich hätte es diesen Roman nie gegeben. Ich danke Dir dafür, dass Du mich täglich aufs Neue inspiriert hast, weitere Geschichten zu erfinden, denn es verging kein Abend, an dem Du nicht neue Seiten der Abenteuergeschichte lesen wolltest.

Bei meiner Tochter Sandy, die mir als Geschichtsstudentin bei schwierigen Fragen Rede und Antwort stehen musste, bedanke ich mich ebenfalls. Ich weiß ja, ich habe Dich manchmal mit meinen Fragen genervt. Aber auch Mütter dürfen mal nerven!

Mein technisch versierter Sohn Ron-Christopher musste mir mit seinem modernen Laserdrucker aushelfen, als mein altes Druckgerät wegen Überforderung den Geist aufgab. Er tat es gern, und ich danke ihm dafür, dass er diesen Stress mit seiner, wie er zu sagen pflegte, verrückten Mutter („Wie kann man nur ein Buch schreiben!") aushielt. Leider wird er nie ein fertiges Exemplar in seinen Händen halten können, sondern nur vom Himmel aus die Sache begutachten und hoffentlich toll finden.

Meinem Mann danke ich für das Verständnis, das er mir entgegenbrachte, wenn ich wieder einmal viel zu lange am PC saß und schrieb.

Nachdem ich zwei Jahre an meinem Roman gearbeitet hatte, suchte ich nach lesewilligen Opfern, die bereit waren, sich meines 500 DIN-A4-Seiten starken Werkes anzunehmen.

Meine beiden Freundinnen Katharina Behrend und Beate Hoffmann erwiesen sich als absolut passende Exemplare, denn beide sind eifrige Leserinnen.

Beate, Dir sage ich vielen Dank, dass Du zwischen Arbeit und Haushalt immer wieder Zeit gefunden hast, die vielen Seiten zu lesen! Gemeinsam diskutierten wir über mein Buch, und Du sporntest mich stets an, es zu veröffentlichen.

Und Du, Katharina, kamst sogar nach dem Notdienst bei mir vorbei, um gelesene Seiten gegen neuen „Stoff" zu tauschen, denn ich hatte ja anfangs nur ein Manuskript, das Du Dir bereitwillig mit Beate teilen musstest. Ich danke Dir für Deinen Leseeinsatz und auch dafür, dass Du vom ersten Moment an an mein Buch geglaubt hast. Wie viele Gespräche folgten, nachdem Du den Roman gelesen hattest! Auch Du triebst mich immer wieder an, das Buch einem Verlag zu schicken.

Nachdem nun zwei weibliche Wesen als Testpersonen erfolgreich hergehalten hatten, wagte ich mich in zaghaften Schritten auch an das männliche Geschlecht. Mein Opfer war mein Hundefreund Ernst Wohlgehagen, seines Zeichens Lehrer und deswegen von mir ein wenig gefürchtet. In meiner längst vergangenen Zeit als Schüler hatte ich nämlich nicht immer nur die besten Erfahrungen mit dieser Berufsgruppe erzielt. Doch Du Ernst, wolltest unbedingt mein Buch lesen. Ich hatte Dich auf unseren gemeinsamen Spaziergängen neugierig darauf gemacht.

Jetzt danke ich Dir dafür, dass Du es sehr kritisch gelesen und sogar auf Rechtschreibfehler korrigiert hast. Aber Du warst für mich in dieser Zeit noch viel mehr. Deiner Begeisterung für mein Buch verdanke ich, dass Du schon Reklame dafür gemacht hast, als es noch keinen Verlag gab, der es drucken wollte. Du wolltest es unbedingt als Lehrbuch in den Schulen haben, lange bevor ich in meinen kühnsten Träumen darüber nachdachte. Danke auch dafür, dass Du mich immer wieder angetrieben hast, wenn ich keine Lust mehr hatte, das Buch zu veröffentlichen.

Was wäre ein Buch ohne Lektoren! An dieser Stelle möchte ich mich bei Herrn Dr. Alfred Heggen, Herrn Dr. Karl-Heinz Harbeck und Herrn Klaus Tidow bedanken. Sie stehen für die historische Richtigkeit des Romans.

Ein großes Dankeschön geht auch an Frau Emmi Obst, die mein Buch ebenfalls sehr kritisch gelesen hat und mit der ich hinterher ein sehr interessantes Gespräch darüber führte. Natürlich bedanke ich mich auch bei ihrem Sohn, Herrn Dr. Carsten Obst, der mir als Leiter des Neumünsteraner Stadtarchivs sehr hilfreich zur Seite stand. Es war schon ein tolles Erlebnis, in alten Zeitungen herumzublättern und in vergangene Zeiten einzutauchen!

Bei Frau Heike Sibilis, Lehrerin der Grundschule Gadeland, und ihrer Tochter Lena bedanke ich mich für die Bereitschaft, einige Kapitel des Buches zu lesen, um so die Tauglichkeit der Geschichte bei Kindern zu beurteilen.

Meinem ehemaligen Grundschullehrer Lothar Heinz danke ich für die gute Unterstützung, die ich in vielen Gesprächen bekam. Danke, Lothar, ich lerne immer noch von Dir!

Ich danke Frau Karin Ruhmöller, Museumspädagogin des Museums „Tuch + Technik" in Neumünster, für ihre mühevolle Arbeit, alle Schulen über mein Buch zu informieren, die Lesung zu organisieren, kurz, alle Fäden in der Hand zu halten.

Dem kalten, langen Schneewinter verdanke ich, dass der Zufall mich mit meiner Nachbarin Sabine Nitschke zusammenführte und sich aus der Nachbarschaft eine wunderbare Freundschaft entwickelte. Täglich kämpften wir mit der weißen Pracht und kamen ins Gespräch. Sabine, ich danke Dir, dass Du den entscheidenden Stein ins Rollen gebracht und damals Frau Steinberg über mein Buch informiert hast!

Womit ich jetzt bei der „Stiftung der Sparkasse Südholstein" wäre, deren Geschäftsführerin Frau Urte Steinberg ist. Ich danke Frau Steinberg dafür, dass sie sich so für mein Buch einsetzte, dass es ihr, gemeinsam mit der Stiftung „Museum, Kunst und Kultur der Stadt Neumünster" gelang, meinen Roman für alle interessierten Schulen Neumünsters zu sponsern.

In diesem Zusammenhang möchte ich mich auch einmal bei unserer Neumünsteraner Schulrätin, Frau Liske Salden, bedanken, dass sie sich ebenfalls für das Projekt begeisterte und es mit unterstützte.

Zum Schluss danke ich noch den vielen Zeitzeugen des Zweiten Weltkrieges, die mich mit ihren anschaulichen Erzählungen zu meiner Geschichte inspirierten und dazu beitrugen, dass wahre Begebenheiten mit in den Roman hineinflossen.

Dagmar Wilhelmsen-Schmitt, Oktober 2010